NOVO CPC
para
Advogados

CB021412

abdr
ASSOCIAÇÃO
BRASILEIRA
DE DIREITOS
REPROGRÁFICOS

Respeite o direito autoral

O GEN | Grupo Editorial Nacional – maior plataforma editorial brasileira no segmento científico, técnico e profissional – publica conteúdos nas áreas de concursos, ciências jurídicas, humanas, exatas, da saúde e sociais aplicadas, além de prover serviços direcionados à educação continuada.

As editoras que integram o GEN, das mais respeitadas no mercado editorial, construíram catálogos inigualáveis, com obras decisivas para a formação acadêmica e o aperfeiçoamento de várias gerações de profissionais e estudantes, tendo se tornado sinônimo de qualidade e seriedade.

A missão do GEN e dos núcleos de conteúdo que o compõem é prover a melhor informação científica e distribuí-la de maneira flexível e conveniente, a preços justos, gerando benefícios e servindo a autores, docentes, livreiros, funcionários, colaboradores e acionistas.

Nosso comportamento ético incondicional e nossa responsabilidade social e ambiental são reforçados pela natureza educacional de nossa atividade e dão sustentabilidade ao crescimento contínuo e à rentabilidade do grupo.

Daniel Amorim Assumpção Neves

NOVO CPC para *Advogados*

Perguntas e respostas
para a prática profissional

2ª Edição
revista, atualizada e ampliada

■ **CIP – BRASIL. CATALOGAÇÃO NA FONTE.**
SINDICATO NACIONAL DOS EDITORES DE LIVROS, RJ.

N423n
Neves, Daniel Amorim Assumpção

Novo CPC para Advogados: perguntas e respostas para a prática profissional / Daniel Amorim Assumpção Neves. – 2. ed. – Rio de Janeiro: Forense; São Paulo: MÉTODO, 2018.

ISBN 978-85-309-8152-5

1. Direito processual civil – Brasil. 2. Processo civil – Brasil. I. Título.

18-50208

CDU: 347.91/.95(81)

Meri Gleice Rodrigues de Souza – Bibliotecária CRB-7/6439

Às minhas sócias no Neves, De Rosso e
Fonseca Advogados Associados:
Carolina, Rossana e Camila.

APRESENTAÇÃO

No final do ano de 1988, ao me formar em Direito no Largo de São Francisco (Faculdade de Direito da Universidade de São Paulo), tinha tomado apenas uma decisão quanto à minha vida profissional: a de me aventurar na advocacia, abrindo meu escritório e sendo meu próprio patrão. Como todo começo, não foi nada fácil. No entanto, o escritório cresceu e pude ampliar a sociedade. Desde então, já se passaram dezoito anos...

Como sabia que no início teria pouco trabalho – e muito tempo livre –, resolvi participar do processo seletivo para o curso de mestrado em Direito Processual Civil. O tema da prova foi Ação Monitória, e ter essa matéria com o Professor Botelho Mesquita praticamente na véspera muito me ajudou. Eram duas vagas e fiquei em terceiro. Acho que fui bem, considerando que havia mais de trinta candidatos. Porém, aí, veio o golpe de sorte: a abertura de mais uma vaga em razão de um mestrando não ter entregado sua dissertação dentro do prazo.

Desde que entrei no mestrado e posteriormente no doutorado, tomei gosto pelo estudo do processo civil. Pouco depois comecei a ministrar aulas e, então, o meio acadêmico passou a fazer parte, em quantidade considerável, de minha vida. Nada disso foi muito planejado, nenhum sonho de criança ou projeto de vida foram devidamente delineados. As coisas foram simplesmente acontecendo e, assim, passei a participar cada vez mais intensamente da área acadêmica, primeiramente com as aulas e, mais tarde, com os livros.

Ao mesmo tempo que a rotina acadêmica passava a ser parte muito presente de minha vida, nunca abri mão de continuar advogando e batalhando para o escritório crescer. Nessa época, tive o prazer de trabalhar com meu irmão e meu pai, o primeiro atualmente fora da área jurídica e o segundo, já falecido.

Trabalhei também com dois grandes amigos, Felipe Ezabella e Márcio Opromolla, que são, hoje, dois expoentes da advocacia. Tenho também o prazer de contar com sócias incríveis, para as quais dedico este livro.

Conto tudo isso para explicar que sempre tive essa "vida dupla", no bom sentido, transitando entre a vida acadêmica e a advocacia, tendo a certeza de que a prática alimenta a teoria, tanto quanto o inverso. Em especial no direito processual, sem prática não há qualquer razão para existir teoria, e sem teoria não se consegue atuar na prática.

Essa dualidade de atuação me levou a este livro, prático e com base teórica. Um trabalho escrito para servir ao advogado nessa difícil adaptação ao Novo Código de Processo Civil. São centenas de dúvidas práticas respondidas objetivamente, com o propósito de auxiliar o operador do Direito em seu dia a dia.

E nesta segunda edição, com a vigência de pouco mais de dois anos do novo diploma processual, as respostas, sempre que existentes, têm fundamento e indicação em precedentes vinculantes e persuasivos dos tribunais superiores. Além disso, também há diversas respostas fundamentadas em Enunciados aprovados na I Jornada de Direito Processual Civil do Conselho da Justiça Federal.

Espero sinceramente que os colegas gostem da proposta, e que esta obra seja capaz de auxiliá-los na praxe forense.

O Autor

SUMÁRIO

PROCESSO/FASE DE CONHECIMENTO

TEORIA GERAL DA EXECUÇÃO

PROCESSO DE EXECUÇÃO

PROCEDIMENTOS ESPECIAIS

3. **AÇÕES POSSESSÓRIAS** 237

    417. Como deve ser realizada a citação em ação possessória em que figure no polo passivo grande número de pessoas? 237

    418. Como deve ocorrer a publicidade dos atos processuais em ação possessória em que figure no polo passivo grande número de pessoas? 238

    419. O Ministério Público deve intervir em ação possessória como fiscal da ordem jurídica? 238

    420. A Defensoria Pública deve participar da ação possessória? 238

    421. Na pendência de ação possessória, é sempre vetada a discussão de propriedade? 239

    422. Há condições especiais para a concessão de liminar possessória no litígio coletivo de posse de imóvel? 239

    423. A demora na execução de liminar possessória pode prejudicar o autor da ação? 240

    424. Quem deve ser intimado para a audiência de mediação prevista para as ações possessórias que tenham como objeto o litígio coletivo pela posse de imóvel? 240

4. **DISSOLUÇÃO PARCIAL DE SOCIEDADE** 243

    425. Quais pedidos são cabíveis na ação de dissolução parcial de sociedade? 243

    426. Quem são os legitimados ativos para a propositura da ação de dissolução parcial de sociedade? 244

    427. Há especialidade na citação na ação de dissolução parcial de sociedade? 244

    428. Qual a consequência processual de os réus concordarem com o pedido de dissolução? 245

    429. Qual o termo inicial da apuração de haveres? 245

    430. Qual o critério que deve ser adotado pelo juiz na apuração de haveres na ação de dissolução parcial de sociedade? 245

    431. Que espécie de perito deve realizar a prova técnica na ação de dissolução parcial de sociedade? 246

5. **AÇÃO DE INVENTÁRIO E PARTILHA** 247

    432. O inventário pode ser iniciado de ofício? 247

    433. É possível a cumulação de inventários num mesmo processo? 248

    434. Cabe ao juiz do processo de inventário e partilha a solução de qualquer questão jurídica surgida no processo? 248

    435. Como funciona a representação do espólio no caso do inventariante dativo? 248

ORDEM DOS PROCESSOS NO TRIBUNAL

TEORIA GERAL DOS RECURSOS

RECURSOS EM ESPÉCIE

DIREITO INTERTEMPORAL

Teoria Geral
do Processo

1

NORMAS FUNDAMENTAIS

a) DURAÇÃO RAZOÁVEL DO PROCESSO

– O princípio da duração razoável do processo está previsto no art. 5º, LXXVIII, da CF e no art. 4º do Novo CPC.

– No art. 4º do Novo CPC está contemplada tanto a atividade de conhecimento (reconhecimento do direito) como de execução (satisfação do direito).

1 **O que deve ser considerado para a aferição de que a duração do processo foi razoável?**

A duração razoável do processo não se confunde com a celeridade processual, sendo legítimo considerar que o processo pode não ser célere, mas deve demorar o tempo estritamente necessário para a entrega de tutela jurisdicional de qualidade. Para aferição de eventual demora excessiva, deve-se considerar a complexidade da causa, a postura dos litigantes e de seus patronos, a estrutura e o volume de trabalho do órgão jurisdicional.

2 **O que fazer durante o processo se o princípio da duração razoável do processo for violado em razão de comportamento da parte contrária?**

Sendo o atraso injustificável do processo derivado de conduta de má-fé da parte, serão cabíveis as sanções processuais pertinentes, sendo o exemplo mais comum a aplicação de multa e a possibilidade de pedido de tutela da evidência prevista no art. 311, I, do NCPC. Nesse caso, entendo que as sanções, inclusive por meio da tutela da evidência, podem ser aplicadas por provocação da parte prejudicada, do Ministério Público como fiscal da ordem jurídica e de ofício pelo juiz.

3

O que fazer durante o processo se o princípio da duração razoável do processo for violado em razão de comportamento do juiz?

Apesar de os prazos do juiz serem impróprios, ou seja, não gerarem preclusão temporal quando descumpridos, seu vencimento injustificado não pode deixar de gerar consequências. Caso haja vencimento desses prazos sem justificativa, caberá ao advogado formalizar representação contra o juiz perante o Conselho Nacional de Justiça (CNJ) ou a corregedoria do Tribunal, o que poderá levar ao seu afastamento do processo com sua remessa ao substituto legal (art. 235 do NCPC).

4

Cabe propositura de ação para cobrança de perdas e danos em razão da violação do princípio da duração razoável do processo?

O Estado deve responder pelos danos suportados pela parte, ainda que meramente de natureza moral, no caso de o processo ter demorado além do tempo razoável. A legitimidade passiva do juiz depende da prova de sua má-fé, o que sempre torna mais complicada a configuração da responsabilidade.

b) BOA-FÉ OBJETIVA

– O princípio da boa-fé objetiva está expressamente previsto no art. 5º do Novo CPC.

– Na análise de boa-fé objetiva, considera-se a conduta de qualquer sujeito que de alguma forma participe do processo (litigantes, patronos, juiz, serventuários da Justiça, perito, testemunhas, depositário etc.).

– São conceitos parcelares da boa-fé objetiva: (a) *supressio* (a supressão, por renúncia tácita, de um direito ou de uma posição jurídica, pelo seu não exercício com o passar dos tempos); (b) *tu quoque* (situação de abuso que se verifica quando um sujeito viola uma norma jurídica e, posteriormente, tenta tirar proveito da situação em benefício próprio; (c) *venire contra factum proprium* (vedação de comportamento contraditório); (d) *duty to mitigate the loss* (dever imposto ao credor de mitigar suas perdas); (e) abuso do direito.

5

Como se deve interpretar a afirmação de que a boa-fé objetiva está expressamente consagrada no art. 5° do Novo CPC?

Sendo objetiva, a exigência de conduta de boa-fé independe da existência de boas ou más intenções dos sujeitos processuais (Enunciado 01 da I Jornada de Direito Processual Civil do CJF: "A verificação da violação à boa-fé objetiva dispensa a comprovação do *animus* do sujeito processual"). Conforme já decidiu o Superior Tribunal de Justiça, a boa-fé objetiva se apresenta como uma exigência de lealdade, modelo objetivo de conduta, arquétipo social pelo qual impõe o poder-dever de que cada pessoa ajuste a própria conduta a esse modelo, agindo como agiria uma pessoa honesta, escorreita e leal (STJ, 3ª Turma, REsp 803.481/GO, Rel. Min. Nancy Andrighi, j. 28/06/2007, *DJ* 01/08/2007, p. 462).

6

A *supressio* e o *venire contra factum proprium* já não eram uma realidade processual, mesmo antes do Novo CPC?

Acesse o **QR Code** e assista à aula explicativa sobre este assunto.

https://goo.gl/pGTha1

7

A redução do valor consolidado das *astreintes* pode ter como fundamento o princípio da boa-fé objetiva?

Sendo um dos conceitos parcelares da boa-fé objetiva o *duty to mitigate the loss*, é possível que o executado busque a diminuição do valor consolidado das *astreintes* com o fundamento de que o exequente permitiu a eternização do descumprimento da decisão judicial sem demonstrar qualquer interesse em sua efetivação. Essa postura demonstraria uma renúncia tácita do direito a ser satisfeito, quedando-se o exequente inerte para constituir poupança de elevado valor com a aplicação da multa cominatória.

8

Qual a consequência da violação do princípio da boa-fé processual pelo juiz?

Conforme entendimento consagrado no Superior Tribunal de Justiça, o juiz deve, até com maior intensidade e justificativa do que as partes, atuar no processo com boa-fé (STJ, 1ª Turma, EDcl no AgRg no REsp 1.394.902/MA, Rel. Min. Gurgel de Faria, j. 04/10/2016, *DJe* 18/10/2016). Na hipótese de uma decisão ser proferida em desrespeito ao princípio da boa-fé processual, em especial quando o juiz adota comportamento contraditório no processo, violando dessa forma a proibição do *venire contra factum proprium*, tal decisão será nula. Um excelente exemplo é o julgamento de improcedência por ausência de provas cujo requerimento de produção foi indeferido pelo juiz (STJ, 3ª Turma, REsp 1.502.989/RJ, Rel. Min. Ricardo Villas Bôas Cueva, j. 13/10/2015, *DJe* 19/10/2015).

9

O princípio da boa-fé processual proíbe a adoção de comportamento contraditório do juiz em processos diferentes?

A proibição do *venire contra factum proprium* tem o mesmo fundamento da preclusão lógica: a vedação de comportamentos contraditórios. Há, entretanto, uma diferença substancial. A preclusão é um fenômeno endoprocessual, operando-se apenas dentro do processo em que se verificou, enquanto o *venire contra factum proprium* não tem, a menos *a priori*, limitação ao processo em que a conduta do juiz foi adotada. Dessa forma, não parece desarrazoado exigir-se, mesmo que em processos distintos, um comportamento não contraditório do juiz. Qual a explicação para que a personalidade jurídica de uma determinada sociedade seja desconsiderada para um autor em determinado processo e não para outro em processo distinto, se a causa de pedir é a mesma e as decisões são proferidas pelo mesmo juiz? Que sentido tem um juiz proferir sempre uma decisão padrão para determinada questão jurídica e somente num determinado processo decidir de forma diferente, sem qualquer explicação a respeito da mudança de seu posicionamento? Entendo que uma decisão que representa a adoção de comportamento contraditório, mesmo que a decisão anterior tenha sido proferida em outro processo, é nula por violação ao art. 5º do Novo CPC.

c) COOPERAÇÃO

– No processo cooperativo, as partes e o juiz devem manter constante diálogo, sendo relevante a participação das partes inclusive na formatação procedimental (arts. 190 e 357, § 2º, do Novo CPC).

– O juiz atua com base nos deveres de: (a) esclarecimento sobre alegações e pedidos; (b) consulta das partes antes de decidir, mesmo nas matérias conhecíveis de ofício; (c) prevenção e permissão de correção de vícios formais.

10 **Em razão do art. 6º do Novo CPC, o advogado passa a ter o dever de ajudar a parte contrária, mesmo que em prejuízo de seus interesses?**

A redação do dispositivo legal pode dar essa falsa impressão, levando a crer que a decisão justa passa a ser responsabilidade também das partes, de modo que elas não teriam mais que defender seus interesses, mas sim buscar a Justiça. Na realidade, a busca da Justiça é tarefa exclusiva do juiz, de forma que as partes devem, dentro dos limites impostos pelo princípio da boa-fé objetiva, tutelar seus interesses contrapostos em juízo. Segundo correto entendimento do Superior Tribunal de Justiça, o novo sistema processual impôs aos julgadores e partes um procedimento permanentemente interacional, dialético e dialógico, em que a colaboração dos sujeitos processuais na formação da decisão jurisdicional é a pedra de toque do Novo Código de Processo Civil (STJ, 2ª Turma, REsp 1.676.027/PR, Rel. Min. Herman Benjamin, j. 26/09/2017, *DJe* 11/10/2017).

11 **A violação ao princípio da cooperação justifica a anulação de decisão judicial?**

A possibilidade de anulação de decisão judicial decorre da violação de algum dos deveres do juiz decorrentes do princípio da cooperação. Será possível, inclusive, com a alegação de violação ao art. 6º do Novo CPC, chegar até o Superior Tribunal de Justiça por meio de recurso especial. Como tais deveres são consagrados de forma específica em normas legais, a violação ao princípio da cooperação virá sempre acompanhada por violação a algum dispositivo legal diverso do art. 6º do Novo CPC, como, por exemplo, os arts. 10, 139, IX, 317, 932, parágrafo único, todos do Novo CPC.

d) ISONOMIA

– O princípio da isonomia previsto no art. 7º do Novo CPC sugere o tratamento igual das partes iguais e desigual das partes desiguais, na medida de suas desigualdades.

– A busca pela isonomia real justifica o tratamento diferenciado de determinados sujeitos e em determinadas situações dentro do processo, hipóteses chamadas de prerrogativas processuais.

12 **Como o Novo CPC inova nas prerrogativas da Fazenda Pública em juízo?**

O art. 183, *caput*, do Novo CPC exige que o prazo deve ser contado em dobro para a prática de qualquer ato processual, mas o § 2º do mesmo dispositivo prevê o prazo simples quando ele for dirigido especificamente à Fazenda Pública, como ocorre, por exemplo, com o prazo de 30 dias para os embargos à execução previsto no art. 910, *caput*, do Novo CPC. A Fazenda Pública continua a estar dispensada de depositar a caução prévia da ação rescisória (art. 968, § 1º, do Novo CPC) e passa a ser expressamente dispensada de depositar o valor da multa para continuar a recorrer, nos termos dos arts. 1.021, § 5º, e 1.026, § 3º, do Novo CPC. A condenação dos honorários pode ser fixada em patamar inferior a 10% do valor da condenação ou do proveito econômico obtido em prejuízo da Fazenda Pública (art. 85, § 3º, do Novo CPC). O reexame necessário continua a estar previsto, ainda que suas exceções, dispostas nos §§ 3º e 4º do art. 496 do Novo CPC, diminuam sensivelmente seu cabimento no caso concreto.

13 **Cabe recurso especial por violação à isonomia com fundamento na negativa de vigência ou contrariedade do art. 7º do Novo CPC?**

Sendo resolvida a causa por decisão proferida em única ou última instância por tribunal de segundo grau, será cabível o recurso especial por violação ao art. 7º do Novo CPC. Nesse caso, entretanto, deve-se lembrar de que o princípio da isonomia justifica tanto o tratamento igual das partes (regra) como as prerrogativas processuais (exceção), de forma que a violação ao princípio da isonomia provavelmente estará representada em violação a outra norma legal, além do art. 7º do Novo CPC. Assim, por exemplo, se o juiz deixar de conceder prazo em dobro em processo físico no qual haja litisconsortes representados por advogados distintos de diferentes sociedades de advogados, estará imediatamente violando o art. 229 do Novo CPC e mediatamente o art. 7º do mesmo diploma legal.

e) CONTRADITÓRIO

- O contraditório é formado por três elementos: informação (dever do juízo), possibilidade de reação (ônus da parte) e poder de influência (aptidão concreta da reação em convencer o juiz).

- A prolação de decisão sobre matérias que o juiz pode conhecer de ofício (fatos simples, fundamento jurídico, matérias de ordem pública) depende de oitiva prévia das partes.

- O juiz não pode proferir decisão contra uma das partes sem que ela seja previamente ouvida, salvo na hipótese do contraditório diferido.

- No caso de a decisão favorecer a parte, ela não precisa ser intimada previamente para manifestação (contraditório inútil).

- O contraditório diferido, previsto no art. 9º, parágrafo único, do Novo CPC, permite que o juiz profira decisão contra a parte sem sua oitiva prévia, cabendo sua comunicação e possível reação após a prolação da decisão.

 14 Há violação ao princípio do contraditório se o autor juntar documento aos autos e o juiz sentenciar o processo sem a oitiva prévia do réu?

Nesse caso, a violação ao contraditório dependerá do teor da decisão proferida. Caso o julgamento seja de procedência do pedido, o princípio restará violado porque a decisão proferida prejudicou o réu sem sua oitiva prévia. Por outro lado, caso o julgamento seja de improcedência, não tendo o réu sucumbido, não haverá qualquer violação ou, ainda que se entenda pela violação, aplicar-se-á a teoria do contraditório inútil para afastar a decretação de nulidade da decisão. Mesmo na primeira situação o documento deve ter sido essencial à fundamentação do julgamento, aplicando-se ao caso o princípio da instrumentalidade das formas, ou seja, não se considerando a decisão nula se não for provado o efetivo prejuízo do réu.

15 **As hipóteses de cabimento do contraditório diferido previstas no art. 9º, parágrafo único, do Novo CPC são exaurientes?**

O art. 9º, parágrafo único, II, do Novo CPC, ao limitar expressamente as hipóteses de tutela provisória da evidência previstas nos incisos II e III do art. 311 do mesmo diploma legal, aparentemente se "esqueceu" de algumas hipóteses de tutela da evidência especificamente consagradas em lei, como a liminar nas ações possessórias e nos embargos de terceiro, o que não ocorre, entretanto, com a expedição do mandado monitório, previsto no inciso III do parágrafo único do art. 9º do Novo CPC. Apesar de não estabelecidas expressamente no art. 9º, parágrafo único, do Novo CPC, e aparentemente excluídas pela limitação imposta pelo inciso II, é inconcebível que as liminares suprarreferidas não possam ser concedidas *inaudita altera partes*.

16 **O juiz pode sentenciar a demanda com base em fundamento jurídico diverso daquele indicado pelo autor em sua petição inicial?**

Em razão da aplicação das regras do *iura novit curia* e do *dahim factum dabo tibi ius*, é permitido ao juiz embasar sua decisão em fundamento jurídico distinto daquele constante da causa de pedir. Essa decisão, entretanto, será nula se o juiz não intimar as partes e lhes der prévia oportunidade de manifestação sobre a fundamentação jurídica que será utilizada no caso concreto. Injustificáveis, portanto, os Enunciados 01 e 06 da ENFAM. Há quanto ao tema interessante precedente do Superior Tribunal de Justiça no sentido de que fundamento legal (indicação de artigo de lei) não se confunde com fundamento jurídico (liame jurídico derivado do ordenamento jurídico entre os fatos e o pedido), sendo que a previsão do art. 10 do Novo CPC não exige a prévia intimação das partes quando a decisão se limitar a indicar artigo de lei distinto do indicado pelo autor (STJ, 4ª Turma, AgInt no AREsp 1.124.598/

SE, Rel. Min. Luis Felipe Salomão, j. 05/12/2017, *DJe* 12/12/2017). É possível concluir-se do precedente que a utilização de diferente fundamento jurídico na decisão exige a intimação prévia das partes nos termos do art. 10 do Novo CPC.

17 **A decisão sobre incompetência absoluta deve respeitar o princípio do contraditório?**

Tratando-se de matéria de ordem pública, a incompetência absoluta deve ser reconhecida de ofício pelo juiz, não antes, entretanto, da intimação das partes e da concessão de oportunidade de manifestação sobre a matéria, nos termos do art. 10 do Novo CPC. Não há qualquer razão para tratar a incompetência absoluta de forma diversa das demais matérias de ordem pública, e por essa razão é injustificável e sem qualquer embasamento teórico o Enunciado 04 da ENFAM.

18 **Como funciona o indeferimento da petição inicial em respeito aos arts. 9º, *caput*, e 10 do Novo CPC?**

Se o juiz entender ser caso de indeferimento da petição (art. 330 do Novo CPC), deverá intimar o autor apontando o vício formal para que este possa, antes da prolação da sentença, manifestar-se a seu respeito. Mesmo que o juiz entenda tratar-se de vício insanável, deve proceder a intimação, que não será para emenda da petição inicial, nesse caso incabível, mas para que o autor tenha a oportunidade de tentar convencer o juiz da inexistência do vício. Decisão proferida sem essa intimação e oportunidade de manifestação é nula por violação ao princípio do contraditório. Como o juiz não pode humanamente saber o que o autor dirá sobre a matéria, é injustificável o Enunciado 03 da ENFAM.

19 **Existe uma cláusula geral de dispensa do contraditório inútil?**

O contraditório é um meio, e não um fim em si mesmo. O objetivo de toda parte é vencer o processo, e para isso precisa convencer o juiz de sua razão, o que será viabilizado pelo pleno exercício do contraditório. Ao ser informada de todos os atos produzidos no processo, podendo sempre reagir e ter sua reação levada em consideração, as chances de a parte convencer o juiz naturalmente aumentam consideravelmente. Sendo o contraditório um meio para se atingir um fim (vencer o processo), sendo a parte vitoriosa mesmo sem a observância do contraditório, este, se observado, teria sido inútil, já que desnecessário. O legislador percebe essa realidade e cria técnicas procedimentais de dispensa do contraditório inútil, como ocorre no art. 332 do Novo CPC (julgamento liminar de improcedência) e no art. 1.019, *caput*, do mesmo diploma processual (negativa de seguimento liminar do agravo de instrumento). O Superior Tribunal de Justiça já entendeu que em todos os recursos a intimação para contrarrazões do recorrente pode ser dispensada na hipótese de inadmissão ou negativa de provimento do recurso (STJ, 4ª Turma, AgInt nos EDcl no REsp 1.591.085/SP, Rel. Min. Luis Felipe Salomão, j. 17/10/2017, *DJe* 20/11/2017). Entendo que a interpretação a *contrario sensu* do art. 9º, *caput*, do Novo CPC, criou uma cláusula geral de dispensa do contraditório inútil, porque o dispositivo só exige a intimação prévia da parte quando a decisão a ser proferida for contra ela, permitindo a conclusão de que sendo a decisão a seu favor, sua intimação prévia é dispensável.

f) MOTIVAÇÃO

– A exigência de motivação das decisões judiciais está prevista no art. 93, IX, da CF.

– Motivar decisão significa exteriorizar as razões do decidir, cabendo ao juiz atender às exigências do art. 489, § 1º, do Novo CPC.

– A justificativa endoprocessual é permitir a impugnação, enquanto a justificativa panprocessual é a legitimação política da atividade jurisdicional.

– Decisão sem fundamentação ou com pseudomotivação (violação ao art. 489, § 1º, do Novo CPC) é absolutamente nula.

– A fundamentação *per relationem* é admitida, salvo no acórdão do agravo interno em razão da expressa vedação consagrada no art. 1.021, § 3º, do Novo CPC.

O juiz que se limita a copiar texto legal para fundamentar sua decisão profere decisão nula?

A decisão é nula por violação ao art. 489, § 1º, I, do Novo CPC, porque o juiz, quando se vale de texto legal para fundamentar sua decisão, tem o dever de consignar sua correlação com o caso concreto. Não há, naturalmente, problema de o juiz se valer de dispositivo legal como razão do decidir, mas a explicação de como ele se aplica ao caso concreto é exigência de fundamentação válida.

21 **O juiz pode empregar conceitos jurídicos indeterminados sem explicar os motivos de sua incidência no caso concreto?**

Havendo conceito jurídico indeterminado – ou cláusula aberta –, cabe ao juiz dar seu exato significado levando em consideração as circunstâncias do caso concreto. Justamente por exigir uma atividade complementar do juiz para se determinar o real alcance da norma no caso concreto, o art. 489, § 1º, II, do Novo CPC impõe ao juiz a exposição dos motivos da incidência de tal espécie de norma como razão do decidir.

22 **O juiz pode se valer de razão de decidir que poderia fundamentar a decisão de qualquer outro pedido ou processo?**

A decisão com fundamentação padrão, que pode ser utilizada para resolver qualquer pedido ou processo, é vedada pelo art. 489, § 1º, III, do Novo CPC, porque sua aceitação não permitiria a constatação de que o juiz efetivamente apreciou o pedido que está decidindo. É natural que em processos repetitivos admita-se uma mesma decisão padrão para resolver a mesma questão jurídica, mas a vedação legal contempla outra situação, na qual, mesmo diante de diferentes questões jurídicas, uma mesma fundamentação possa ser utilizada para o acolhimento ou a rejeição do pedido. Situação rotineira é a decisão de tutela provisória na qual o juiz cria um modelo que pode ser utilizado em qualquer caso, por mais diversos que sejam os fatos e o direito envolvidos.

23 **O juiz está obrigado a enfrentar todas as alegações da parte?**

É em regra essa a interpretação a ser dada ao art. 489, § 1º, IV, do Novo CPC, mas essa exigência envolve apenas as alegações que podem em tese influenciar a formação do convencimento do juiz. Dessa forma, alegações prejudicadas, irrelevantes e impertinentes não precisam ser enfrentadas pelo juiz em sua fundamentação. O Novo Código de Processo Civil adotou a teoria da fundamentação exauriente, diferente do diploma revogado, que seguia a teoria da fundamentação suficiente, de forma que todas as alegações devem ser enfrentadas, e não somente as causas de pedir e os fundamentos de defesa. Afinal, cada causa de pedir e cada fundamento de defesa podem estar embasados em vários argumentos, devendo cada um deles ser enfrentado pelo juiz, desde que abstratamente aptos a convencê-lo e a determinar o resultado do processo.

24 **A adoção pelo art. 489, § 1°, IV, do Novo CPC da teoria da fundamentação exauriente vem sendo respeitada pelos órgãos jurisdicionais?**

Infelizmente não. Há precedentes do Superior Tribunal de Justiça não só no sentido de que o julgador não está obrigado a responder todas as questões suscitadas pelas partes quando já tiver encontrado motivo suficiente para prolatar a decisão, como chegam ao extremo de afirmar que a previsão do art. 489, § 1°, IV, do Novo CPC veio para confirmar a jurisprudência consolidada do Superior Tribunal de Justiça formada na vigência do CPC/1973 (STJ, Corte Especial, EDcl no AgRg nos EREsp 1.483.155/BA, Rel. Min. Og Fernandes, j. 15/06/2016, *DJe* 03/08/2016). E mesmo em decisões que aparentemente acatam a novidade, apontando para a aplicação dos princípios da cooperação e do contraditório, continua-se a afirmar que o julgador não está obrigado a rebater cada um dos argumentos deduzidos pelas partes (STJ, 3ª Turma, REsp 1.622.386/MT, Rel. Min. Nancy Andrighi, j. 20/10/2016, *DJe* 25/10/2016).

25 **Na aplicação ou no afastamento de precedente vinculante ou súmula com eficácia vinculante, como deve o juiz fundamentar sua decisão?**

O tema é versado pelos incisos V e VI do § 1° do art. 489 do Novo CPC. Na decisão fundada em precedente ou enunciado de súmula, cabe ao juiz identificar seus fundamentos determinantes e demonstrar que o caso sob julgamento se ajusta àqueles fundamentos. Quando decidir deixar de seguir enunciado de súmula, jurisprudência ou precedente invocado pela parte, cabe ao juiz demonstrar a existência de distinção no caso em julgamento ou de superação do entendimento. Entendo que se trata de dever do juiz, não sendo justificável o Enunciado 09 da ENFAM, que condiciona a aplicação da exigência legal a manifestação prévia das partes.

26 As exigências formais de fundamentação previstas no art. 489, § 1º, do Novo CPC são aplicáveis aos Juizados Especiais?

Não me parece possível sua não aplicação, até porque com isso se diminuiria a relevância da decisão proferida nos Juizados Especiais, como se lá pudesse ser proferida decisão sem a devida fundamentação exigida pela lei. Nesse sentido deve ser interpretado o art. 38 da Lei 9.099, ao prever que devem constar da sentença os elementos de convicção do juiz, que devem ser expostos à luz do art. 489, § 1º, do Novo CPC. Ocorre, entretanto, que o Enunciado Cível 162 do FONAJE aponta em sentido diverso, pela não aplicação do dispositivo legal nos Juizados Especiais.

g) ORDEM CRONOLÓGICA DE JULGAMENTO

– A existência de uma ordem cronológica de julgamento afasta, ao menos em regra, a escolha livre dos juízes dos processos que decidirão.

– A regra é benéfica porque evita que processos mais complexos nunca sejam julgados, além de permitir às partes uma previsibilidade do momento em que os processos serão julgados.

– Critica-se a novidade pois ela atrapalha a organização do trabalho cartorial e busca tratar processos desiguais de forma igual, o que violaria o princípio da isonomia real.

27 O juiz deve obrigatoriamente seguir a ordem cronológica de julgamento prevista no art. 12 do Novo CPC?

O § 2º do art. 12 do Novo CPC prevê uma série de situações nas quais é inaplicável a ordem cronológica de julgamento. Além dessas exceções previstas em lei, o art. 12, *caput*, do Novo CPC anuncia que a ordem cronológica será preferencialmente observada, o que permite ao juiz, por decisão fundamentada, a inversão da ordem, além das hipóteses consagradas no § 2º do art. 12 do Novo CPC.

28 A decisão proferida fora da ordem cronológica de julgamento é nula?

Mesmo fora das exceções legais, a inversão da ordem cronológica de julgamentos sem decisão fundamentada não é nula. A decisão nesse caso não tem qualquer vício intrínseco, o que deve prevalecer diante do vício extrínseco gerado pela ilegal inversão da ordem cronológica de julgamento. Por outro lado, a inversão por si só não gera causa de suspeição do juiz, já que esse ato não é suficiente para demonstrar a perda de sua imparcialidade. Nesse sentido, é elogiável o Enunciado 34 da ENFAM.

29 **Requerimento de má-fé elaborado em processo já incluído na ordem cronológica faz com que o processo volte ao final da fila?**

Essa manobra da parte será ineficaz porque, nos termos do § 5º do art. 12 do Novo CPC, sendo decidido o requerimento, o processo retornará à mesma posição em que anteriormente se encontrava na lista. A única possibilidade de o processo perder seu lugar na fila é o requerimento ser acolhido e demandar a reabertura da instrução ou a conversão do julgamento em diligência (art. 12, § 4º, do Novo CPC). Nesse caso, entretanto, não haverá qualquer má-fé da parte na elaboração do requerimento.

30 **A calendarização procedimental é justificativa para o processo furar a fila da ordem cronológica de julgamento?**

A calendarização do procedimento prevista no art. 191 do Novo CPC permite ao juiz designar datas para a prática dos atos processuais dele e das partes, inclusive a prolação de sentença. Nesse caso, com o agendamento prévio da data da prolação da sentença acredito estar-se diante de justificativa para a inversão da ordem cronológica prevista no art. 12 do Novo CPC.

2

JURISDIÇÃO E AÇÃO

- O julgamento do mérito está condicionado à análise dos pressupostos processuais e das condições da ação.
- A possibilidade jurídica do pedido não está mais prevista como condição da ação no Novo Código de Processo Civil.

31 **Há interesse prático no debate doutrinário a respeito da manutenção ou não das condições da ação no Novo Código de Processo Civil?**

Para parcela da doutrina, por não se valer das expressões "condições da ação" e "carência da ação" no Novo Código de Processo Civil, teriam sido abolidas as condições da ação como categoria processual autônoma, apesar de o art. 485, VI, do Novo CPC prever que a ilegitimidade de parte e a falta de interesse de agir são fundamentos para a prolação de sentença terminativa. Embora não concorde com esse raciocínio, na prática o debate é inócuo. Para os que defendem o fim das condições da ação, a ilegitimidade extraordinária e a falta de interesse passam a ser pressupostos processuais, de forma que a extinção com fundamento em tais matérias será sempre terminativa. A ilegitimidade ordinária seria mérito (o que, inclusive, contraria a expressa previsão do art. 485, VI, do Novo CPC), mas, nesse caso, como o saneamento do vício exigido pelo art. 486, § 1º, do Novo CPC levaria à formação de uma nova ação, mesmo que se entenda ter sido a extinção por carência dela, sua repropositura não será permitida. Por outro lado, nesse caso, mesmo se tratando de sentença terminativa, será cabível a ação rescisória, nos termos do art. 966, § 2º, I, do Novo CPC, exatamente como ocorreria se a decisão fosse de mérito.

32 **Como deve o réu alegar a ilegitimidade e a falta de interesse de agir?**

Como entendo que a supressão das expressões "condições da ação" e "carência da ação" pelo Novo Código de Processo Civil não é suficiente para que as condições da ação deixem de ser consideradas fenômeno processual autônomo, distinto dos pressupostos processuais e do mérito, a alegação deve ser formulada como preliminar da contestação. O Superior Tribunal de Justiça manteve o entendimento de que a ilegitimidade (STJ, 2ª Turma, AgInt no REsp 1.679.189/PE, Rel. Min. Mauro Campbell Marques, Rel. p/ acórdão Min. Og Fernandes, j. 05/12/2017, *DJe* 19/12/2017) e a falta de interesse de agir (STJ, 3ª Turma, REsp 1.431.244/SP, Rel. Min. Nancy Andrighi, j. 06/12/2016, *DJe* 15/12/2016) geram carência de ação e a consequente extinção terminativa do processo. De qualquer forma, é questão de importância prática limitada, para não dizer insignificante, porque, independentemente da forma de alegação, cabe ao juiz enfrentar e decidir a matéria.

33 **Como os processos que na vigência do CPC/1973 eram extintos por impossibilidade jurídica do pedido devem ser julgados na vigência do Novo Código de Processo Civil?**

Há uma tendência em entender que as situações fático-jurídicas que outrora eram tratadas à luz da possibilidade jurídica do pedido devem, com o advento do novo diploma processual, ser tratadas como matéria de mérito (STJ, 1ª Seção, AR 3.667/DF, Rel. Min. Humberto Martins, j. 27/04/2016, *DJe* 23/05/2016), de forma que a sentença que no passado era de carência de ação por impossibilidade jurídica do pedido passe a ser de improcedência. É preciso, entretanto, limitar esse entendimento às hipóteses nas quais a impossibilidade jurídica é efetivamente do pedido, porque derivando tal impossibilidade jurídica da causa de pedir, a solução deve ser tratar a matéria como interesse de agir (adequação), e não como matéria de mérito, com a consequente extinção do processo por carência de ação. Um exemplo vai demonstrar o acerto da solução. Numa ação de cobrança de dívida de jogo não há nada de juridicamente impossível no pedido, que, aliás, é um pedido bastante tradicional: condenação ao pagamento de quantia certa. A impossibilidade jurídica decorre da origem da dívida cobrada, que faz parte da causa de pedir e não do pedido. A dívida de jogo, como outra qualquer, existe, só não podendo ser cobrada em juízo, de forma que uma extinção do processo pela improcedência estará declarando inexistente uma dívida cuja existência jamais foi objeto de apreciação pelo juiz.

34 **O substituído processual tem o direito de participar do processo como parte?**

Nos termos do art. 18, parágrafo único, do Novo CPC, havendo substituição processual, o substituído poderá intervir como assistente litisconsorcial, quando passará a ter os poderes processuais de um litisconsorte unitário. Não há previsão, entretanto, para que o terceiro seja intimado da existência do processo, o que, contudo, não impede que o juiz a determine no caso concreto.

3

COMPETÊNCIA

a) COMPETÊNCIA TERRITORIAL

- A competência territorial é a que fixa o foro competente.
- Foro é a circunscrição territorial, sendo chamado de comarca na Justiça Estadual e de seção judiciária ou subseção judiciária na Justiça Federal.
- A competência territorial é relativa, salvo nas ações coletivas e nas ações reais imobiliárias previstas no art. 47 do Novo CPC.
- Foro comum é o foro do domicílio do réu; qualquer outro é considerado foro especial.

35 **Qual a competência para julgamento da ação de impugnação ou anulação de partilha extrajudicial?**

Nos termos do art. 48, *caput*, do Novo CPC, a competência será do domicílio do autor da herança no Brasil. Se o autor da herança não possuía domicílio certo em território nacional, seguem sucessivamente as regras previstas pelo parágrafo único do dispositivo: (I) o foro de situação dos bens imóveis; (II) havendo bens imóveis em foros diferentes, qualquer destes; (III) não havendo bens imóveis, o foro do local de qualquer dos bens do espólio.

36 **É correto o autor propor ação contra a União no foro de seu domicílio?**

Figurando a União no polo passivo do processo, aplica-se o parágrafo único do art. 51 do Novo CPC, que prevê como foros concorrentes o foro de domicílio do autor, o de ocorrência do ato ou fato que originou a demanda, o de situação da coisa ou o Distrito Federal. Como nos foros concorrentes a escolha é do autor (*forum shopping*), é legítima a opção por litigar no foro de seu domicílio.

37 **É correto o autor propor ação contra o Estado em foro distinto da capital? E em outro Estado?**

É nesse sentido a previsão do art. 52, parágrafo único, do Novo CPC, ao consagrar foros concorrentes para a demanda em que figuram no polo passivo o Estado e o Distrito Federal. Como entre os foros concorrentes estão o foro do domicílio do autor, o da ocorrência do ato ou fato que originou a demanda e o de situação da coisa, é possível que nenhum deles coincida com a capital do Estado e tampouco pertença ao Estado que figura no processo como réu.

38 **A esposa ou companheira perdeu a prerrogativa de litigar em seu domicílio nas ações de divórcio?**

Sim, sendo o tema tratado no art. 53, I, do Novo CPC. Não há no caso foros concorrentes, mas sim foros subsidiários, devendo, portanto, ser respeitada a ordem legal e não a escolha livre do autor. Assim, havendo filho incapaz, a competência será do foro de domicílio do guardião de filho incapaz. Não havendo filho incapaz ou sendo a guarda compartilhada, a competência será do último domicílio do casal, desde que alguma das partes ainda resida no foro, porque em caso contrário o foro competente será o comum, ou seja, o foro do domicílio do réu.

39 **É possível se demandar pessoa jurídica em qualquer foro em que tenha agência ou sucursal, independentemente do local em que foi contraída a obrigação?**

*Acesse o **QR Code** e assista à aula explicativa sobre este assunto.*

https://goo.gl/GiQYx4

40 O idoso passa a ter prerrogativa de sempre litigar no foro de seu domicílio?

Nem sempre, porque o art. 53, III, "e", do Novo CPC exige, além da presença do idoso num dos polos da demanda, que o objeto do processo seja um direito tutelado pelo Estatuto do Idoso (Lei 10.741/2003). Trata-se de foro especial, portanto, de aplicação condicionada ao sujeito e à matéria.

41 Qual a competência territorial para ações movidas contra a serventia notarial ou de registro?

Segundo o art. 53, III, "f", do Novo CPC, será do foro da sede da serventia notarial ou de registro a competência para a ação de reparação de dano por ato praticado em razão do ofício. O problema é que se partimos da premissa de que a prestação de serviços pela serventia notarial ou de registro tem natureza consumerista, o art. 101, I, do CDC prevê ser competente o foro do domicílio do consumidor.

b) PRINCÍPIO DA *PERPETUATIO JURISDICTIONIS*

- A *perpetuatio jurisdictionis* significa perpetuação da competência e não da jurisdição, como sugere uma tradução livre do termo em latim.
- Mudanças supervenientes de fato ou de direito não são capazes de alterar a competência do processo.
- Está previsto expressamente no art. 43 do Novo CPC.

42 O princípio da *perpetuatio jurisdictionis* pode ser excepcionado?

Há duas exceções consagradas no art. 43 do Novo CPC: a extinção do órgão jurisdicional e a mudança de fato ou de direito que modifique a competência absoluta da demanda. Além das exceções previstas no dispositivo legal, o Superior Tribunal de Justiça também excepciona o princípio quando ocorre a mudança de endereço do titular do direito alimentar em ações de alimentos (STJ, 2ª Seção, CC 114.461/SP, Rel. Min. Raul Araújo, j. 27/06/2012, *DJe* 10/08/2012) e do incapaz em ação de guarda (STJ, 2ª Seção, CC 114.782/RS, Rel. Min. Nancy Andrighi, j. 12/12/2012, *DJe* 19/12/2012). Por outro lado, os tribunais superiores entendem não ser caso de exceção ao princípio a criação de nova subseção judiciária (*Informativo* 783/STF, 1ª Turma, HC 117.871/MG, Rel. Min. Rosa Weber, j. 28/04/2015, *DJe* 01/07/2015) e de nova vara ou comarca (STJ, 2ª Turma, REsp 1.373.132/PB, Rel. Min. Mauro Campbell Marques, j. 07/05/2013, *DJe* 13/05/2013).

43 **Qual o momento de perpetuação da competência?**

Nos termos do art. 43 do Novo CPC, a competência se perpetua no momento do registro ou da distribuição da petição inicial. Trata-se de péssima escolha legislativa, porque na realidade a perpetuação da competência ocorre no momento da propositura da ação, o que se dá com o mero protocolo da petição inicial, nos termos do art. 312 do Novo CPC. O registro (que ocorrerá em toda situação) e a distribuição (que só será realizada em foros com mais de uma vara) da petição inicial são atos posteriores à propositura da ação e dependentes de ato cartorial.

c) INTERVENÇÃO DE ENTE FEDERAL EM PROCESSO EM TRÂMITE NA JUSTIÇA ESTADUAL

– A remessa do processo da Justiça Estadual para a Justiça Federal no caso de pedido de intervenção da União, suas empresas públicas, entidades autárquicas e fundações, ou conselho de fiscalização de atividade profissional, na qualidade de parte ou de terceiro interveniente, é tratada pelo art. 45 do Novo CPC.

– Se o juiz federal não admitir a intervenção, o processo retorna ao juízo estadual de origem, não sendo cabível nesse caso a suscitação de conflito de competência.

 **O que ocorre se um ente federal requerer sua intervenção em processo em trâmite perante a Justiça Estadual?**

Em regra, o processo deve ser imediatamente encaminhado à Justiça Federal, porque é do juízo federal a competência para decidir sobre o pedido de intervenção. Tal remessa, entretanto, não ocorrerá em duas hipóteses: (a) quando, apesar da intervenção do ente federal, a competência para o processo continuar a ser da Justiça Estadual, como ocorre nas hipóteses previstas pelo art. 45, I, do Novo CPC e na hipótese de intervenção do ente federal como *amicus curiae* (art. 138, § 1º, do Novo CPC); (b) quando a competência da Justiça Federal só passar a existir na eventualidade de interposição de recurso, como ocorre na competência por delegação e na intervenção por interesse econômico prevista no art. 5º da Lei 9.469/1997.

45 **Na hipótese de o interesse do ente federal estar limitado a um dos pedidos cumulados, haverá a remessa à Justiça Federal nos termos do art. 45, *caput*, do Novo CPC?**

Nesse caso não haverá remessa do processo à Justiça Federal, devendo-se aplicar o § 2º do art. 45 do Novo CPC, cabendo ao juiz excluir o pedido para o qual é absolutamente incompetente em razão da intervenção do ente federal, prosseguindo o processo com relação aos demais pedidos. Em vez da extinção, portanto, haverá uma diminuição objetiva do processo em virtude da exclusão de um ou mais dos pedidos, em excepcional hipótese na qual o próprio juízo estadual decidirá sobre o cabimento da intervenção do ente federal.

d) CONEXÃO E CONTINÊNCIA

– Haverá conexão quando houver identidade de pedido ou de causa de pedir em diferentes processos.

– Haverá continência quando entre duas ou mais ações houver identidade quanto às partes e à causa de pedir, mas o pedido de uma, por ser mais amplo, abrange o das demais.

– Conexão e continência são espécies de prorrogação legal de competência.

46 **É possível a reunião de processos conexos se um deles já tiver sido julgado?**

A principal razão para a reunião de processos conexos é permitir um julgamento conjunto das ações pelo mesmo juízo para evitar decisões contraditórias ou conflitantes, em prestígio da harmonização dos julgados. Caso um deles já tenha sido julgado, esse objetivo não poderá ser alcançado no caso concreto, sendo motivo para a não reunião, nos termos do art. 55, § 1º, do Novo CPC.

47 **Há conexão entre processo de execução e de conhecimento que tenham como objeto um mesmo ato jurídico?**

Trata-se de interessante hipótese de conexão porque nesse caso não haverá identidade da causa de pedir nem do pedido, mas ainda assim o art. 55, § 2º, I, do Novo CPC prevê expressamente a existência de conexão. Seria mais adequado prever somente a reunião das ações para evitar decisões conflitantes ou contraditórias, porque para atingir esse objetivo prático o dispositivo cria desnecessariamente uma espécie anômala de conexão.

48 **Existe conexão entre processos de execução fundados num mesmo título executivo?**

É nesse sentido a previsão do art. 55, § 2º, II, do Novo CPC, tratando-se de norma legal desnecessária, porque, havendo identidade de título executivo, haverá identidade da causa de pedir, hipótese já contemplada no conceito de conexão consagrado no art. 55, *caput*, do Novo CPC.

49 **Somente processos conexos podem ser reunidos para julgamento conjunto pelo juízo prevento?**

Em interessante novidade, o art. 55, § 3º, do Novo CPC admite a reunião de processos para julgamento conjunto, mesmo que não haja conexão, sempre que houver risco de prolação de decisões contraditórias ou conflitantes. Nesse caso, a parte poderá elaborar pedido subsidiário para a reunião de processos: com fundamento na conexão e, caso o juiz entenda não haver conexão entre as demandas, no risco de prolação de decisões contraditórias ou conflitantes.

50 **O reconhecimento da conexão é causa de reunião obrigatória das demandas perante o juízo prevento?**

É entendimento pacificado que a mera existência de conexão não é motivo suficiente para a reunião dos processos perante o juízo prevento, cabendo ao juiz no caso concreto fazer um juízo de conveniência a respeito de tal reunião (STJ, 2ª Turma, REsp 1.707.572/SP, Rel. Min. Herman Benjamin, j. 07/12/2017, *DJe* 16/02/2018). Cabe ao juízo, portanto, valorar os prós e contras advindos dos efeitos da reunião para decidir no caso concreto.

Ações conexas de diferentes competências absolutas podem ser reunidas?

A diversidade de competência absoluta em ações conexas é um impeditivo da reunião de tais ações perante o juízo prevento. Nesse caso, os objetivos perseguidos pela reunião dos processos (harmonização dos julgados e economia processual) poderão ser alcançados pela suspensão de um dos processos em razão de prejudicialidade externa, nos termos do art. 313, V, "a", do Novo CPC. Há exceção consagrada na Súmula 489/STJ na hipótese de conexão ou continência de ações coletivas em trâmite perante a Justiça Federal e a Justiça Estadual, quando serão reunidas perante a primeira, independentemente de qual ação tenha sido proposta antes.

Qual o juízo prevento em que serão reunidos os processos conexos?

Nos termos do art. 59 do Novo CPC, a prevenção do juiz se estabelece com o registro ou a distribuição da petição inicial. Toda petição inicial é registrada, só sendo distribuída quando o foro tiver mais de uma vara; logo, nesses foros a prevenção se estabelece com a distribuição, enquanto nos foros de vara única a prevenção ocorre com o registro da petição inicial. A norma é ruim, porque a prevenção deveria ser gerada pela propositura da demanda, como ocorre na tutela coletiva, ou seja, com o protocolo da petição inicial (art. 312 do Novo CPC).

A continência leva à reunião dos processos ou à extinção de um deles?

O efeito da continência depende do juízo prevento. Nesse sentido, o art. 58, do Novo CPC, prevê que, se a ação continente tiver sido proposta anteriormente, no processo relativo à ação contida será proferida sentença sem resolução de mérito; caso contrário, as ações serão necessariamente reunidas. Ou seja, se no juízo prevento tramitar a ação contida, o efeito da continência será a reunião dos processos para julgamento conjunto; já se a ação continente tramitar no juízo prevento, a ação contida será extinta sem resolução de mérito porque, nesse caso, não teria sentido a reunião dos processos. A manutenção da reunião nos termos legais evita manobras da parte para modificar o juízo competente ao propor ação para criar a continência quando a ação contida já estiver em trâmite.

e) INCOMPETÊNCIA

- A incompetência pode ser relativa (territorial e valor da causa, ao mesmo em regra) ou absoluta (matéria, pessoa, funcional).
- A incompetência relativa depende de alegação do réu, e a incompetência absoluta deve ser reconhecida de ofício.

54

Como deve ser alegada a incompetência?

Não existe mais previsão no Novo Código de Processo Civil da exceção ritual de incompetência, devendo a incompetência relativa ser alegada como preliminar de contestação, como sempre foi e continua sendo com a incompetência absoluta.

55

É possível evitar que a audiência de conciliação e mediação se realize perante um juízo incompetente?

Como o prazo de contestação, ao menos em regra, tem contagem iniciada da frustração na obtenção da solução consensual na audiência prevista no art. 334 do Novo CPC, pode parecer ser inevitável comparecer a tal audiência perante o foro escolhido pelo autor com a propositura da ação. Essa impressão, entretanto, é afastada pelo art. 340 do Novo CPC, sendo admissível nesse caso a parte contestar alegando a incompetência antes da audiência, o que levará à sua suspensão, que dessa forma só ocorrerá perante o juízo competente. O mais racional seria admitir somente a alegação de incompetência, deixando a contestação, se necessária, para depois da audiência de conciliação ou mediação. Como o dispositivo prevê, entretanto, expressamente o ingresso de contestação, é o mais seguro a fazer, não se correndo o risco de a mera alegação de incompetência ser compreendida como contestação com a geração de preclusão consumativa, a impedir a alegação posterior de outras matérias de defesa.

56

O juiz pode conhecer de ofício a incompetência relativa?

O reconhecimento da incompetência relativa depende, ao menos em regra, de alegação do réu em preliminar de contestação. Há, entretanto, duas exceções: (a) no art. 63, § 3º, do Novo CPC há previsão que admite que o juiz declare de ofício a ineficácia de cláusula de eleição de foro abusiva, com a remessa do processo ao foro do domicílio do réu; (b) nos Juizados Especiais a incompetência territorial pode ser reconhecida de ofício.

57

Qual o destino dos atos praticados por juízo incompetente após o reconhecimento de sua incompetência?

Nos termos do art. 64, § 4º, do Novo CPC, os atos praticados por juízo incompetente – relativa ou absolutamente – são válidos, inclusive mantendo sua eficácia até que o juízo competente possa revogá-los. Só perderão sua eficácia se houver decisão expressa nesse sentido do juízo que decidiu pela sua incompetência, de forma que, não havendo tal decisão, a situação se mantém inalterada, cabendo, entretanto, possível revisão dos atos pelo juízo competente quando receber os autos do processo.

58

Como deve ser sanada divergência entre o membro do Ministério Público que alega a incompetência relativa e o representante legal do réu que pretende a prorrogação de competência?

O Ministério Público tem legitimidade para alegar a incompetência relativa, nos termos do art. 65, parágrafo único, do Novo CPC. É possível, entretanto, que essa alegação encontre resistência do representante legal do incapaz, que pode ter conscientemente deixado de alegar a incompetência relativa por entender que a prorrogação de competência é o que melhor atende aos interesses do incapaz no caso concreto. Nesse caso, como existe uma divergência de concepções do que seja melhor para o incapaz, deve o juiz decidir.

4

HONORÁRIOS ADVOCATÍCIOS

- Honorários sucumbenciais são os fixados por decisão judicial, enquanto honorários contratuais são acordados entre parte e o advogado por ela constituído.
- O advogado é o titular do direito de crédito gerado pela condenação ao pagamento de honorários sucumbenciais.

As regras da causalidade e da sucumbência convivem no Novo CPC para a fixação do responsável pelo pagamento dos honorários advocatícios?

Apesar de o art. 85, *caput*, do Novo CPC manter a regra de fixação de honorários com base na sucumbência (frustração de uma expectativa inicial), no § 10 do dispositivo legal há inovadora disposição na fixação de honorários com base na causalidade. Nos termos do dispositivo legal, nos casos de perda do objeto, os honorários serão devidos por quem deu causa ao processo. A consagração específica de aplicação de tal regra na hipótese de perda superveniente do objeto não impede sua aplicação em outras hipóteses nas quais a causalidade seja mais adequada que a sucumbência para a fixação dos honorários advocatícios.

Cabe fixação de honorários na reconvenção?

Apesar de o Novo Código de Processo Civil passar a permitir que a reconvenção seja alegada na própria contestação, essa espécie de reação do réu não perdeu sua natureza de ação. Nesses termos, é elogiável a previsão do art. 85, § 1º, do Novo CPC no sentido de serem devidos honorários advocatícios na reconvenção. Como serão duas ações julgadas (ação originária e ação reconvencional) numa mesma sentença, as limitações previstas pelo art. 85, § 2º, do Novo CPC devem ser aplicadas para cada uma delas.

61

Cabe fixação de honorários no cumprimento de sentença?

Nos termos do art. 85, § 1º, do Novo CPC, a fixação de honorários em sede de cumprimento de sentença é devida tanto em cumprimento definitivo como provisório. Segundo o art. 523, § 1º, do Novo CPC, os honorários só serão fixados em 10% do valor da causa na hipótese de o executado não pagar em 15 dias.

62

Caso o executado não resista à pretensão executiva, ainda assim serão devidos honorários advocatícios?

A fixação de honorários no processo de execução se dá na decisão que determina a citação do executado, enquanto no cumprimento de sentença a fixação ocorre diante do não pagamento no prazo de 15 dias da intimação do executado. Dessa forma, os honorários passam a ser devidos antes mesmo da oportunidade de apresentação de defesa pelo executado. O art. 85, § 7º, do Novo CPC prevê que não serão devidos honorários no cumprimento de sentença contra a Fazenda Pública que enseje expedição de precatório, desde que não tenha sido impugnada, dando a entender pelo seu cabimento no cumprimento de sentença que enseja expedição de RPV e no processo de execução, independentemente da apresentação de defesa pelo executado. Ocorre, entretanto, que o art. 1º-D da Lei 9.494/1997 prevê que na execução contra a Fazenda Pública não embargada não haverá a incidência de honorários advocatícios, mas, mesmo que prevaleça essa regra legal, a dispensa só será admitida no processo de execução que gerar a expedição de precatório. Há afetação em recurso especial no Superior Tribunal de Justiça para resolver a aparente incompatibilidade entre a Súmula 345/STJ ("São devidos honorários advocatícios pela Fazenda Pública nas execuções individuais de sentença proferida em ações coletivas, ainda que não embargadas") e o art. 85, § 7º, do CPC (STJ, Corte Especial, ProAfR no REsp 1.648.238/RS, Rel. Min. Gurgel de Faria, j. 03/05/2017, *DJe* 11/05/2017).

63 Os honorários advocatícios têm natureza alimentar?

Nos termos do art. 85, § 14, do Novo CPC, os honorários constituem direito do advogado e têm natureza alimentar, com os mesmos privilégios dos créditos oriundos da legislação do trabalho. Apesar da natureza alimentar reconhecida expressamente em lei, não cabe prisão civil na execução de honorários advocatícios.

64 É cabível a fixação de honorários advocatícios em sede recursal?

Trata-se de inovação prevista no art. 85, § 11, do Novo CPC no sentido de dever o tribunal, ao julgar recurso, majorar os honorários fixados anteriormente levando em conta o trabalho adicional realizado em grau recursal, observando, conforme o caso, o disposto nos §§ 2º a 6º do mesmo dispositivo, sendo vedado ao tribunal, no cômputo geral da fixação de honorários devidos ao advogado do vencedor, ultrapassar os respectivos limites estabelecidos nos §§ 2º e 3º do art. 85 do Novo CPC para a fase de conhecimento. Como o dispositivo prevê a majoração dos honorários advocatícios, só terá aplicação nos recursos interpostos contra decisão que já tenha fixado honorários advocatícios (STJ, 3ª Turma, EDcl no AgInt no AREsp 1.000.107/RJ, Rel. Min. Ricardo Villas Bôas Cueva, j. 27/06/2017, *DJe* 01/08/2017; STJ, 4ª Turma, AgInt no RMS 52.179/MA, Rel. Min. Luis Felipe Salomão, j. 27/06/2017, *DJe* 01/08/2017). A exceção fica por conta da indevida omissão em decisão monocrática do relator que deixa de fixar honorários recursais, hipótese na qual mesmo não havendo fixação de honorários na decisão recorrida, o Superior Tribunal de Justiça entende cabível sua fixação no julgamento do agravo interno interposto contra a decisão monocrática (STJ, 2ª Seção, AgInt nos EREsp 1.539.725/DF, Rel. Min. Antonio Carlos Ferreira, j. 09/08/2017, *DJe* 19/10/2017).

65 É cabível a fixação de honorários recursais em sede de agravo de instrumento?

Dependerá da espécie de decisão de primeiro grau que estiver sendo impugnada pelo recurso de agravo de instrumento. Sendo uma decisão interlocutória de mérito (julgamento antecipado parcial do mérito), devem ser fixados honorários advocatícios em primeiro grau, de forma a ser cabível a fixação de honorários recursais. O mesmo ocorre com a decisão interlocutória terminativa, proferida com fundamento no art. 485 do Novo CPC. Nas demais hipóteses de decisão interlocutória, que se prestam a resolver questões incidentais, por não haver condenação em honorários advocatícios no primeiro grau, também não devem ser fixados no julgamento do agravo de instrumento. É nesse sentido o Enunciado 8 da I Jornada de Direito Processual Civil do CJF: "Não cabe majoração de honorários advocatícios em agravo de instrumento, salvo se interposto contra decisão interlocutória que tenha fixado honorários na origem, respeitados os limites estabelecidos no art. 85, §§ 2º, 3º e 8º, do CPC".

66 **Devem ser fixados honorários recursais no julgamento de embargos de declaração?**

No Superior Tribunal de Justiça há uma tendência à não fixação (STJ, 2ª Seção, AgInt nos EREsp 1.539.725/DF Rel. Min. Antonio Carlos Ferreira, j. 09/08/2017, *DJe* 19/10/2017), tendo o Supremo Tribunal Federal entendimento diverso (STF, 2ª Turma, RE 570.368 AgR-ED/PB, Rel. Min. Alexandre de Moraes, j. 30/06/2017, *DJe* 10/08/2017; STF, 1ª Turma, ARE 974.491 AgR-ED/RS, Rel. Min. Rosa Weber, j. 14/03/2017, *DJe* 25/04/2017), ainda que naquele tribunal haja precedente isolado contra a fixação (STF, 1ª Turma, ARE 762.251 AgR-ED/PR, Rel. Min. Marco Aurélio, j. 20/09/2016, *DJe* 09/12/2016).

67 **Devem ser fixados honorários recursais no julgamento do agravo interno?**

No Superior Tribunal de Justiça, a tendência é pela fixação (STJ, Corte Especial, AgInt nos EAREsp 823.222/MG, Rel. Min. Maria Thereza de Assis Moura, j. 03/05/2017, *DJe* 11/05/2017), ainda que haja precedentes em sentido contrário (STJ, 4ª Turma, EDcl no AgInt no AREsp 1.016.100/DF, Rel. Min. Lázaro Guimarães, j. 12/12/2017, *DJe* 18/12/2017). No Supremo Tribunal Federal está sedimentada a fixação de honorários recursais no julgamento de agravo interno (STF, Tribunal Pleno, AR 1.937 AgR/DF, Rel. Min. Ricardo Lewandowski, j. 30/06/2017, *DJe* 09/08/2017).

68 **O conteúdo do julgamento do recurso é relevante para a fixação ou não de honorários advocatícios recursais?**

Há um interessante precedente do Superior Tribunal de Justiça que afastou a fixação de honorários advocatícios recursais mesmo dando provimento ao recurso e reconhecendo ter havido fixação de honorários advocatícios na decisão recorrida. O provimento nesse caso foi para anular a decisão recorrida, entendendo o tribunal que, sendo a decisão anulada, por consequência, também estaria anulado o capítulo acessório que fixou os honorários, não havendo, portanto, o que ser majorado no caso concreto (STJ, 4ª Turma, EDcl no AgInt no AREsp 1.098.460/AC, Rel. Min. Luis Felipe Salomão, j. 12/12/2017; *DJe* 18/12/2017).

69

A fixação de honorários advocatícios recursais depende da efetiva comprovação de trabalho do advogado?

A mera leitura do art. 85, § 11, do Novo CPC, é suficiente para responder ao questionamento, já que o dispositivo é expresso ao prever que os honorários recursais devem ser fixados levando-se em "conta o trabalho adicional realizado em grau recursal". O dispositivo tem lógica, porque sendo os honorários sucumbenciais forma de remuneração pelo trabalho, é natural que não sejam fixados se não houver trabalho desenvolvido. Os tribunais superiores, entretanto, atribuindo uma natureza sancionatória aos honorários advocatícios, afirmam que quem recorre e perde, ainda que não exista comprovação de trabalho do advogado da parte recorrida, deve ser condenado nos termos do art. 85, § 11, do Novo CPC (STJ, 2ª Seção, AgInt nos EREsp 1.539.725/DF, Rel. Min. Antonio Carlos Ferreira, j. 09/08/2017, *DJe* 19/10/2017; *Informativo* 841/STF, 1ª Turma, AI 864.689 AgR/MS e ARE 951257 AgR/RJ, Rel. Min. Marco Aurélio, Rel. p/ acórdão Min. Edson Fachin, j. 27/09/2016, *DJe* 14/11/2016). Há quanto ao tema o Enunciado 07 da I Jornada de Direito Processual Civil do CJF: "A ausência de resposta ao recurso pela parte contrária, por si só, não tem o condão de afastar a aplicação do disposto no art. 85, § 11, do CPC". Entendo que nem todo o trabalho do advogado do recorrido vitorioso se desenvolve pela apresentação de contrarrazões, podendo ele entregar memoriais, despachar com os julgadores, realizar sustentação oral, requerer questão de ordem na sessão de julgamento. Mas algum trabalho deve restar comprovado para que ele faça jus ao recebimento de honorários.

70

A condenação em honorários advocatícios entre 10% e 20% sempre deve ter como base de cálculo o valor da condenação?

Nos termos do art. 85, § 2º, do Novo CPC, os percentuais mínimos e máximos terão como critério o valor da condenação, em sua ausência o valor do proveito econômico obtido ou, não sendo possível mensurá-lo, o valor atualizado da causa. Sendo o valor da causa irrisório, cabe ao juiz fixar o valor dos honorários em percentuais mínimos e máximos, atendidos o grau de zelo do profissional, o lugar de prestação do serviço, a natureza e a importância da causa e o trabalho realizado pelo advogado e o tempo exigido para o seu serviço. Nos termos do Enunciado 06 da I Jornada de Direito Processual Civil do CJF, "a fixação dos honorários de sucumbência por apreciação equitativa só é cabível nas hipóteses previstas no § 8º do art. 85 do CPC".

71 **O que deve ser compreendido por valor econômico obtido para a fixação dos honorários advocatícios?**

O proveito econômico é critério a ser aplicado em sentenças em que não haja condenação a pagar quantia. Nas condenações de fazer, de não fazer e de entregar coisa, deve ser estimado o valor da obrigação para se descobrir o valor econômico. É critério também aplicável, por meio da mesma técnica de estimativa, nas sentenças de procedência de natureza constitutiva, meramente declaratórias e terminativas. Por fim, o critério também deve ser aplicado nas ações condenatórias no caso de sentença de improcedência, devendo-se considerar como proveito econômico o valor que o autor deixou de receber diante da rejeição do pedido. Nesses termos, é elogiável o Enunciado 14 da ENFAM ao concluir que deverá ser considerada proveito econômico do réu a diferença entre o que foi pleiteado pelo autor e o que foi concedido, inclusive no que se refere às condenações por danos morais. Há interessante precedente, sobre o tema, do Superior Tribunal de Justiça, que considerou o valor da execução ao fixar honorários em sentença de procedência proferida em sede de embargos à execução (STJ, 2ª Turma, REsp 1.671.930/SC, *DJe* 30/06/2017, Rel. Min. Og Fernandes, j. 27/06/2017, *DJe* 30/06/2017).

72 **Na hipótese de parcial procedência, caberá condenação das partes ao pagamento de honorários advocatícios?**

Não há compensação de honorários advocatícios em caso de sucumbência recíproca por força do art. 85, § 14, do Novo CPC, de forma que, na hipótese de parcial procedência, ambas as partes devem ser condenadas a pagar honorários advocatícios aos advogados da parte contrária. Nesse caso, o juiz deve analisar o grau de sucumbência de cada parte e respeitar os limites percentuais previstos pelo art. 85, § 2º, do Novo CPC.

73 **Cabe execução de honorários de sentença transitada em julgado sem fixação de honorários advocatícios? E cobrança por meio de ação de conhecimento?**

Sendo omissa a sentença transitada em julgado, será impossível executar os honorários advocatícios que, apesar de devidos, não foram expressamente fixados. Trata-se de aplicação da regra do *nulla executio sine titulo*. É possível, entretanto, a propositura de ação de conhecimento para a definição e cobrança dos honorários advocatícios, nos termos do art. 85, § 18, do Novo CPC, de forma a estar parcialmente revogada, ainda que tacitamente, a Súmula 453/STJ.

74 **O pagamento de honorários sucumbenciais sempre será feito para o advogado que atuou na causa?**

Nos termos do art. 85, § 15, do Novo CPC, o advogado pode requerer que o pagamento dos honorários que lhe caibam seja efetuado em favor da sociedade de advogados que integra na qualidade de sócio. A regra não cria uma espécie de titularidade de direito de crédito, já que os honorários continuam a ser do advogado que atuou na causa, mas com a previsão legal ora analisada admite-se uma legitimação extraordinária da sociedade de advogados na execução, desde que nesse sentido exista expressa anuência – anterior ou na própria execução – do advogado que atuou na causa.

75 **Como fica a condenação da Fazenda Pública na condenação a pagar honorários advocatícios no Novo Código de Processo Civil?**

A fixação dos honorários em desfavor da Fazenda Pública segue as regras do art. 85, § 3º, do Novo CPC: mínimo de 10% e máximo de 20% sobre o valor da condenação ou do proveito econômico obtido até 200 salários mínimos; mínimo de 8% e máximo de 10% sobre o valor da condenação ou do proveito econômico obtido acima de 200 salários mínimos até 2.000 salários mínimos; mínimo de 5% e máximo de 8% sobre o valor da condenação ou do proveito econômico obtido acima de 2.000 salários mínimos até 20.000 salários mínimos; mínimo de 3% e máximo de 5% sobre o valor da condenação ou do proveito econômico obtido acima de 20.000 salários mínimos até 100.000 salários mínimos; mínimo de 1% e máximo de 3% sobre o valor da condenação ou do proveito econômico obtido acima de 100.000 salários mínimos. Não havendo condenação principal ou não sendo possível mensurar o proveito econômico obtido, a condenação em honorários dar-se-á sobre o valor atualizado da causa. As fatias previstas em lei devem ser consideradas de forma escalonada, a ser aplicada em cada teto máximo de valor.

5

GRATUIDADE DE JUSTIÇA

- A gratuidade da justiça é prerrogativa concedida à parte pobre na acepção jurídica do termo.
- Pobre é quem não tem condições de adiantar custas e despesas processuais e pagar honorários advocatícios sem sacrifício próprio ou de sua família.
- A gratuidade compreende todas as custas e despesas elencadas no art. 98, § 1º, do Novo CPC, inclusive quando for necessária a prática de atos extrajudiciais, como ocorre na hipótese prevista no art. 98, § 1º, IX, do Novo CPC.

76 **A gratuidade da Justiça pode ser concedida para tutelar quais sujeitos processuais?**

Tanto a pessoa natural quanto a pessoa jurídica ou formal podem ter concedidos em seu favor os benefícios da gratuidade da Justiça. A diferença decorre da interpretação do art. 99, § 4º, do Novo CPC, de que em favor da pessoa natural há uma presunção relativa de pobreza diante da juntada de declaração nesse sentido nos autos, enquanto para a pessoa jurídica ou formal a gratuidade depende de sua alegação e provas convencerem o juiz no caso concreto de seu estado de pobreza. Diferente do sistema anterior, o estrangeiro tem direito à gratuidade (STJ, 4ª Turma, REsp 1.225.854/RS, Rel. Marco Buzzi, j. 25/10/2016, *DJe* 04/11/2016).

77 **A gratuidade da Justiça dispensa a parte de depositar multa que esteja prevista em lei como condição de admissibilidade recursal?**

O beneficiário da assistência judiciária não tem um salvo conduto para praticar atos que violem o princípio da boa-fé objetiva, consagrado no art. 5º do Novo CPC. Nesse sentido, o art. 98, § 4º, do Novo CPC prevê que cabe ao beneficiário o pagamento, ao final, das multas processuais a ele impostas. A referência de que o pagamento será realizado somente ao final, aliado com a previsão do art. 98, VIII, do Novo CPC, permitem a tranquila conclusão de que o beneficiário da assistência judiciária está dispensado de depositar multa para que seu recurso seja admitido. É nesse sentido, inclusive, o disposto nos arts. 1.021, § 5º, e 1.026, § 3º, ambos do Novo CPC.

78 **A concessão da gratuidade de Justiça abrange o pagamento de emolumentos devidos a notários ou registradores?**

O art. 98, § 1º, IX, do Novo CPC prevê a dispensa do pagamento dos emolumentos devidos a notários ou registradores em decorrência da prática de registro, averbação ou qualquer outro ato notarial necessário à efetivação de decisão judicial ou à continuidade de processo judicial no qual o benefício tenha sido concedido. Trata-se de interessante regra, porque impõe a terceiro, que não o Poder Judiciário ou seus servidores ou auxiliares, a prática gratuita de ato extrajudicial.

79 **Como deve proceder o notário ou registrador que não concordar com concessão de gratuidade prevista no art. 98, § 1º, IX, do Novo CPC?**

Nesse caso, o notário ou registrador não poderá se recusar a realizar o ato gratuitamente, mas, discordando da condição de pobreza do beneficiário, poderá, depois de praticar o ato, requerer, ao juízo competente para decidir questões notariais ou registrais (Vara de Registros Públicos nas comarcas em que existirem), a revogação total ou parcial do benefício ou a sua substituição pelo parcelamento. Em respeito ao princípio do contraditório, o beneficiário será citado para, em 15 dias, manifestar-se sobre esse requerimento (art. 98, § 8º, do Novo CPC). Sendo o pedido acolhido, entendo que a revogação da gratuidade limitar-se-á ao ato praticado pelo autor do pedido de revogação, que nesse caso poderá cobrar o valor devido, por meio de processo de execução com o título executivo previsto no art. 784, XI, do Novo CPC.

80 **É cabível a concessão de gratuidade somente para determinados atos processuais?**

Essa possibilidade está expressamente consagrada no art. 98, § 5º, do Novo CPC, sendo possível à parte requerer a gratuidade somente no momento da prática de atos que exijam um aporte financeiro mais significativo. Nesse caso, a parte poderá elaborar somente um pedido de gratuidade, já projetando os atos a serem atingidos, bem como fazer diferentes e sucessivos pedidos voltados à prática de cada ato processual individualmente considerado.

81 **A gratuidade pode significar um desconto no pagamento de custas e despesas processuais?**

O art. 98, § 5º, do Novo CPC prevê que a gratuidade poderá consistir na redução percentual de despesas processuais que o beneficiário tiver de adiantar no curso do procedimento. Ainda que a parte possa fazer um pedido requerendo uma diminuição percentual homogênea para todos os atos processuais, parece ser mais adequado um pedido a cada ato processual, com o percentual adequado à situação econômica da parte. Não tem sentido pedir o mesmo desconto para o pagamento de uma guia de juntada e de um preparo recursal.

82 **A concessão da gratuidade pode levar ao pagamento devido, mas de forma parcelada?**

É nesse sentido o § 6º do art. 98 do Novo CPC ao prever que o juiz poderá conceder direito ao parcelamento de despesas processuais que o beneficiário tiver de adiantar no curso do procedimento. Não deve o juiz, entretanto, parcelar o valor devido em muitas parcelas, porque, enquanto não for pago o valor total, o ato praticado não terá condições de gerar efeitos de forma definitiva, devendo a questão do pagamento ser resolvida em curto espaço de tempo.

83 **A parte pode requerer a concessão das diferentes formas de gratuidade de forma cumulativa?**

A parte poderá formular pedido cumulando de forma subsidiária as diferentes formas de gratuidade, requerendo sua concessão total e, não sendo esse o entendimento do juiz, partir para as demais modalidades, tais como o desconto, o parcelamento ou a concessão dirigida a determinados atos.

84 **É possível a concessão simultânea das diferentes formas de gratuidade?**

É natural que, sendo concedida a gratuidade total, não há que se falar na concessão de outras formas de gratuidade, que nesse caso restarão prejudicadas. Mas, não sendo concedida a gratuidade total, não há vedação para que o juiz cumule outras formas de gratuidade. Pode, por exemplo, conceder um desconto e ainda assim parcelar o valor devido, como também pode conceder a gratuidade para ato específico, mas não de forma completa, concedendo um desconto para o pagamento ou um parcelamento.

85 **O juiz está adstrito ao pedido de gratuidade de Justiça?**

Acredito que o juiz não possa conceder mais do que foi pedido. Dessa forma, se a parte pede um parcelamento ou o pagamento com desconto, não poderá o juiz conceder a gratuidade para dispensar a parte do recolhimento total das custas ou despesas processuais. Da mesma forma, sendo requerida gratuidade para apenas alguns atos específicos, não pode o juiz conceder a gratuidade total, ou seja, para a prática de qualquer ato. O contrário, entretanto, é admissível, podendo o juiz, diante de um pedido de concessão de tutela total, conceder outra modalidade de gratuidade, que poderá ser o desconto, o parcelamento ou a concessão limitada para determinados atos processuais.

86 **Qual o momento para se requerer a concessão da assistência judiciária?**

Nos termos do *caput* do art. 99 do Novo CPC, o pedido de gratuidade da justiça pode ser formulado na petição inicial, na contestação, na petição para ingresso de terceiro no processo ou em recurso. O dispositivo é claro, portanto, em admitir a formulação do pedido a qualquer momento do processo, não sendo cabível nesse caso falar em preclusão temporal.

87 **É deserto o recurso interposto pela parte que deixa de recolher o preparo e requer como tópico do recurso a concessão de gratuidade?**

O art. 99, *caput*, do Novo CPC prevê expressamente a permissão de que o recorrente requeira em sua peça recursal a concessão de gratuidade. Tal circunstância se justifica quando a necessidade de tutela surge somente no momento em que à parte cabe o recolhimento de preparo em valor superior às suas capacidades econômicas. A regra consagrada no art. 1.007, *caput*, do Novo CPC, de comprovação imediata do recolhimento do preparo recursal, nesse caso é excepcionada, sendo admissível a interposição do recurso sem o recolhimento do preparo e muito menos de sua comprovação, sendo nesse sentido o § 7º do art. 99 do Novo CPC.

88 **Recurso sem preparo com pedido de concessão de gratuidade de justiça será normalmente julgado?**

O procedimento nesse caso tem a singularidade prevista no art. 99, § 7º, do Novo CPC, porque caberá ao relator apreciar, monocraticamente, o requerimento da parte. Como o dispositivo prevê que o relator apreciará o pedido, deve proferir uma decisão unipessoal caso o acolha, hipótese em que caberá agravo interno pela parte contrária. De qualquer forma, a decisão é provisória, podendo ser reformada quando o recurso for julgado pelo órgão colegiado. Na hipótese de rejeição do pedido, o relator intimará o recorrente para recolher o preparo em prazo a ser por ele determinado (no caso de omissão, o prazo será de cinco dias). Assim, a parte poderá interpor agravo interno, mas deverá obter efeito suspensivo (art. 995, parágrafo único, do Novo CPC) nesse recurso para evitar a decretação de deserção do recurso caso não seja recolhido o preparo no prazo fixado pelo relator.

89 **O juiz pode indeferir o pedido de assistência judiciária mesmo que a parte junte aos autos a declaração de pobreza?**

A presunção prevista no art. 99, § 3º, do Novo CPC é relativa, podendo o juiz indeferir o pedido de concessão de gratuidade ainda que tenha sido juntada aos autos a declaração de pobreza instruindo o pedido de concessão da gratuidade de justiça. O § 2º do art. 99 do Novo CPC prevê expressamente a possibilidade de o juiz indeferir o pedido se houver nos autos elementos que evidenciem a falta dos pressupostos legais para a concessão de gratuidade. Em respeito ao princípio do contraditório, o indeferimento nunca poderá ser liminar, cabendo ao juiz que suspeitar da efetiva condição de pobreza da parte intimá-la, dando-lhe a oportunidade de comprovar seu real estado de pobreza. Como o dispositivo não menciona prazo, caberá ao juiz fixá-lo; diante de seu silêncio, o prazo será de cinco dias.

Sendo a parte beneficiária da gratuidade de justiça, é dispensado o recolhimento de preparo em recurso que se limite a discutir honorários advocatícios?

Nesse caso, há legitimidade recursal concorrente entre a parte e o seu advogado, mas parece ser irrelevante a definição de quem seja o recorrente diante da previsão do art. 99, § 4º, do Novo CPC. Segundo o dispositivo, exige-se o recolhimento de preparo no recurso que versar exclusivamente sobre valor de honorários de sucumbência fixados em favor do advogado de beneficiário, dando a entender que não tem importância quem é o recorrente. A dispensa de recolhimento de preparo nesse caso dependerá de concessão de gratuidade também ao advogado da parte, titular do direito de crédito gerado pela condenação ao pagamento de honorários advocatícios.

Como impugnar decisão interlocutória que versa sobre o pedido de gratuidade?

Sendo concedido o pedido, a parte poderá no mesmo grau de jurisdição impugnar a concessão, nos termos do art. 100, *caput*, do Novo CPC. Sendo indeferido o pedido ou acolhido o pedido de sua revogação, será cabível agravo de instrumento, nos termos dos arts. 101, *caput*, e 1.015, V, ambos do Novo CPC. Não há previsão de cabimento de agravo de instrumento para a decisão que rejeitar a impugnação à concessão da gratuidade, dando a entender que nesse caso a parte deverá impugnar a decisão por meio de apelação ou contrarrazões, nos termos do art. 1.009, § 1º, do Novo CPC. Entendo, entretanto, que pela aplicação da isonomia é admissível o agravo de instrumento também nessa hipótese. A decisão que concede modalidade menos abrangente de gratuidade do que a pedida pela parte deve ser compreendida como rejeição do pedido – ainda que parcial –, sendo recorrível por agravo de instrumento.

A parte, ao agravar de instrumento contra decisão que indefere o pedido de gratuidade ou que acolhe o pedido de sua revogação, deve recolher preparo?

Nos termos do art. 101, § 1º, do Novo CPC, o recorrente estará dispensado do recolhimento de custas até decisão do relator sobre a questão, preliminarmente ao julgamento do recurso. Segundo o § 2º do mesmo dispositivo, confirmada a denegação ou a revogação da gratuidade, o relator ou o órgão colegiado determinará ao recorrente o recolhimento das custas processuais, no prazo de cinco dias, sob pena de não conhecimento do recurso. Interessante notar que nesse caso a apreciação supostamente prejudicial na realidade terá como objeto a própria pretensão recursal, que é justamente a concessão da gratuidade de justiça. Dessa forma, em especial quando a decisão for do órgão colegiado, a parte pode não ter interesse em recolher o preparo, pois já sabe de antemão que mesmo o fazendo será negado provimento a seu recurso. Não pretendendo continuar a recorrer sobre a mesma matéria, o não conhecimento e o não provimento resultam numa mesma derrota da parte recorrente. Quando a decisão é preferida monocraticamente pelo relator, a situação é diferente, porque nesse caso a parte pode ter interesse em recolher o preparo para tentar no órgão colegiado a concessão da gratuidade, que poderá aproveitá-la na prática de atos processuais subsequentes.

6

CONCILIAÇÃO E MEDIAÇÃO

- Conciliação é forma consensual de conflitos obtida pelo sacrifício unilateral ou bilateral dos interesses das partes.
- O conciliador atuará preferencialmente nos casos em que não houver vínculo anterior entre as partes.
- O conciliador poderá sugerir soluções para o litígio, sendo vedada a utilização de qualquer tipo de constrangimento ou intimidação para que as partes conciliem.
- Mediação é forma consensual de conflitos obtida sem o sacrifício dos interesses das partes.
- O mediador atuará preferencialmente nos casos em que houver vínculo anterior entre as partes.
- O mediador auxiliará os interessados a compreender as questões e os interesses em conflito, de modo que eles possam, pelo restabelecimento da comunicação, identificar, por si próprios, soluções consensuais que gerem benefícios mútuos.
- A conciliação e a mediação são informadas pelos princípios da independência, da imparcialidade, da autonomia da vontade, da confidencialidade, da oralidade, da informalidade e da decisão informada.

93 **Como o sujeito pode se tornar um conciliador ou mediador apto a atuar na audiência de conciliação e mediação?**

A primeira maneira possível é por meio de inscrição em cadastro nacional e em cadastro de tribunal de justiça ou de tribunal regional federal (art. 167, *caput*, do Novo CPC). Para tanto, o sujeito deve preencher o requisito da capacitação mínima, por meio de realização de curso realizado por entidade credenciada, conforme parâmetro curricular definido pelo Conselho Nacional de Justiça em conjunto com o Ministério da Justiça (art. 167, § 1º, do Novo CPC). A segunda maneira é a realização de concurso público para o preenchimento dos cargos (art. 167, § 2º, do Novo CPC). As partes podem, ainda, escolher o conciliador e mediador, hipótese em que ele poderá não estar cadastrado junto ao Centro de Solução Consensual de Conflitos (art. 168, § 1º, do Novo CPC). Por fim, é possível a realização de convênio do Poder Judiciário com entidades privadas especializadas em soluções consensuais do conflito.

94 **O sujeito escolhido como mediador ou conciliador pelas partes deve ter sido capacitado por curso realizado por entidade credenciada, conforme parâmetro curricular definido pelo Conselho Nacional de Justiça em conjunto com o Ministério da Justiça?**

Acredito que essa exigência seja condição apenas para o cadastro perante o Centro de Solução Consensual de Conflitos, nos termos do art. 167, § 1º, do Novo CPC, e não para a sua atuação como mediador ou conciliador na audiência prevista no art. 334 do Novo CPC. Corrobora esse entendimento o disposto no art. 168, § 1º, do Novo CPC ao prever que o conciliador ou mediador escolhido pelas partes pode não estar cadastrado no Centro de Solução Consensual de Conflitos. A vontade das partes, portanto, é soberana e deve ser prestigiada, ainda mais na escolha de alguém que intermediará uma solução de conflitos gerada por suas vontades.

95 **O mediador ou conciliador precisa ser advogado?**

Não há necessidade de o mediador ou conciliador ser advogado, o que, inclusive, constituiria inadmissível e indesejável reserva de mercado. Há outros profissionais, como assistentes sociais, psicólogos, sociólogos etc., que podem ser excelentes mediadores e conciliadores.

96 **Há algum ônus para o advogado caso ele se cadastre como conciliador ou mediador?**

Sendo o conciliador ou mediador um advogado, o que não é necessário, mas plenamente admissível, o art. 167, § 5º, do Novo CPC prevê que estará impedido de exercer a advocacia nos juízos em que desempenhe suas funções. Ao referir o impedimento apenas nos juízos em que desempenha suas funções, o dispositivo não deixa claro se são todos os juízos sujeitos ao Centro de Solução Consensual de Conflitos ou somente aqueles em que efetivamente está atuando. Como se trata de norma impeditiva do exercício profissional do advogado, a interpretação mais restritiva é mais adequada. Por outro lado, o art. 172 do Novo CPC prevê que os mediadores e conciliadores ficam impedidos, pelo prazo de um ano, contado do término da última audiência em que atuaram, de assessorar, representar ou patrocinar qualquer das partes.

97

Como se garante o princípio da confidencialidade?

As tratativas para a solução consensual, sendo ela obtida ou não, só farão parte do termo de audiência se nesse sentido concordarem expressamente as partes, sendo essa a interpretação correta do art. 166, § 1º, do Novo CPC. Há, também, impedimento para que o conciliador ou mediador seja ouvido como testemunha em processo no qual tenha participado da audiência de mediação e conciliação, nos termos do art. 166, § 2º, do Novo CPC.

98

Como deve o conciliador ou mediador ser remunerado?

A única previsão a respeito do tema é o art. 169 do Novo CPC, que se limita a estabelecer que o conciliador e o mediador receberão pelo seu trabalho remuneração especificada em tabela fixada pelo tribunal, conforme parâmetros estabelecidos pelo Conselho Nacional de Justiça. O próprio dispositivo excepciona a hipótese prevista no art. 167, § 6º, do Novo CPC, ou seja, quando houver preenchimento de vagas por concurso público, porque nesse caso a remuneração será mensal e não por ato específico praticado. O problema maior, entretanto, não foi resolvido pelo legislador: quem é o responsável por esse pagamento? É claro que se pode apontar o Estado como responsável, mas dificilmente essa tese vingará, sendo mais provável que o conciliador e o mediador, considerados serventuários eventuais da Justiça, sejam remunerados pelas partes. Nesse caso, deverá pagar o valor devido quem perder o processo, sendo o adiantamento dessas verbas regulado pelo art. 95 do Novo CPC.

7

LITISCONSÓRCIO

- Há litisconsórcio quando houver mais de um sujeito em um ou em ambos os polos da relação jurídica processual.
- O litisconsórcio será ativo quando houver mais de um autor e passivo quando houver mais de um réu.
- O litisconsórcio será inicial/originário quando for formado desde a propositura da ação e ulterior/posterior/incidental quando formado após esse momento procedimental.
- O litisconsórcio será necessário quando a lei exigir sua formação ou a demanda tiver como objeto relação jurídica incindível, e facultativo quando sua formação depender da vontade das partes.
- O litisconsórcio será unitário quando a decisão tiver que ser a mesma para todos os litisconsortes, e simples quando a decisão puder ser diferente.

99 **Quais são os motivos para considerar excessivo o número de litisconsortes a ponto de admitir sua limitação?**

Há litisconsórcio multitudinário sempre que o juiz considerar que o excessivo número de litisconsortes compromete a rápida solução do litígio ou dificulta a defesa ou o cumprimento da sentença (art. 113, § 1º, do Novo CPC).

100 Em qualquer hipótese de litisconsórcio multitudinário haverá desmembramento da ação?

O desmembramento da ação, com a criação de tantos processos quantos sejam necessários para acomodar o número máximo de litisconsortes determinado pelo juiz no caso concreto, só é possível na hipótese de litisconsórcio facultativo. Sendo o litisconsórcio necessário, ainda que o número excessivo de litisconsortes comprometa a rápida solução do litígio ou dificulte o direito de defesa, não é possível o desmembramento, justamente pela natureza obrigatória da formação litisconsorcial. A dificuldade no exercício de defesa pode ser contornada, ou pelo menos amenizada, com a dilação de prazos processuais, o que o juiz poderá fazer valendo-se do poder consagrado no art. 139, VI, do Novo CPC.

101 Há preclusão temporal para o reconhecimento do litisconsórcio multitudinário?

Parece haver uma certa contradição entre o previsto nos parágrafos do art. 113 do Novo CPC. Enquanto o § 1º dispõe que o juiz poderá limitar o litisconsórcio facultativo quanto ao número de litigantes na fase de conhecimento, na liquidação de sentença ou na execução, o § 2º prevê que o requerimento de limitação interrompe o prazo para manifestação ou resposta, dando a entender que há uma preclusão temporal para a alegação. Não parece ser a interpretação mais adequada aquela que condiciona o § 1º à limitação temporal sugerida pelo § 2º, sendo superior a interpretação de que para o reconhecimento do litisconsórcio multitudinário não há preclusão temporal, até porque as dificuldades descritas no § 1º do art. 113 do Novo CPC podem aparecer no processo apenas depois do prazo de manifestação ou resposta do réu.

102 A não formação de litisconsórcio necessário gera que espécie de vício?

O tema é versado pelo art. 115 do Novo CPC. Nos termos do inciso I, a sentença de mérito nesse caso será nula na hipótese de o litisconsórcio, além de necessário, ser unitário. Já o inciso II do mesmo dispositivo prevê que a decisão será ineficaz, apenas para os que não foram citados, na hipótese de o litisconsórcio, além de necessário, ser simples.

A relação entre os litisconsortes é inteiramente autônoma?

O art. 117 do Novo CPC prevê que os litisconsortes serão considerados, em suas relações com a parte adversa, litigantes distintos, exceto no litisconsórcio unitário, caso em que os atos e as omissões de um não prejudicarão os outros, mas os poderão beneficiar. Ocorre, entretanto, que mesmo no litisconsórcio simples a sugerida autonomia plena pode ser excepcionada, como ocorre na hipótese do art. 345, I, do Novo CPC, quando a contestação de um litisconsorte, tendo defesa que aproveita o litisconsorte revel, impedirá a presunção de veracidade dos fatos, mesmo sendo o litisconsórcio simples. Também parece inaplicável a regra consagrada no art. 117 do Novo CPC diante do princípio da comunhão das provas, já que nesse caso a prova produzida por um litisconsorte, por ser prova do processo, poderá beneficiar ou prejudicar os demais, independentemente da espécie de litisconsórcio.

8

INTERVENÇÃO DE TERCEIROS

a) ASSISTÊNCIA

- O terceiro juridicamente interessado será admitido no processo como assistente.
- O interesse jurídico consiste na titularidade de relação jurídica distinta da discutida no processo, que poderá a ser afetada a depender de seu resultado.
- O assistente litisconsorcial é titular da relação jurídica de direito material discutida no processo, sendo tratado procedimentalmente como litisconsorte unitário.
- O assistente simples tem sua atuação condicionada à vontade do assistido, não podendo contrariá-la.
- A assistência será admitida a qualquer momento do processo, mas o assistente receberá o processo no estado em que ele se encontra.

O assistente simples pode atuar na omissão do assistido?

Segundo o parágrafo único do art. 121 do Novo CPC, sendo revel ou, de qualquer outro modo, omisso o assistido, o assistente será considerado seu substituto processual. Significa dizer que o assistente pode atuar diante da omissão do assistido, mas, como a vontade do assistido não pode ser contrariada caso ele se posicione contra o ato praticado pelo assistente posteriormente à sua prática, ele perderá sua eficácia.

b) OPOSIÇÃO

- A oposição será oferecida contra as partes que litigarem por direito ou coisa sempre que o opoente entender ser ele o titular do objeto da disputa alheia.
- A oposição será admitida até a prolação da sentença.
- A oposição será distribuída por dependência.

105 **A oposição foi suprimida no Novo Código de Processo Civil?**

Na realidade, houve a mudança de sua natureza jurídica. Enquanto o CPC/1973 previa a oposição como espécie de intervenção de terceiro típica, o Novo Código de Processo Civil a qualifica como ação de procedimento especial.

106 **A oposição leva obrigatoriamente à suspensão do processo originário?**

É nesse sentido a previsão do art. 685, parágrafo único, do Novo CPC. A única questão a ser resolvida pelo juiz no caso concreto é se, iniciada a audiência de instrução e julgamento, a suspensão deve ser imediata ou ocorrer somente após o encerramento da instrução probatória, sendo imediata somente se o juiz entender que a unidade da instrução atende melhor ao princípio da duração razoável do processo. De qualquer forma, as duas ações serão julgadas por uma mesma sentença, nos termos do art. 685, *caput*, do Novo CPC.

c) NOMEAÇÃO À AUTORIA

- Sendo alegada a ilegitimidade passiva, o réu deve, desde que tenha conhecimento, indicar o sujeito que deveria compor o polo passivo da demanda.
- Alegada a ilegitimidade passiva em contestação, o autor será intimado para, querendo, alterar o réu no prazo de 15 dias.
- O novo réu será integrado automaticamente à relação jurídica processual com sua citação.

Existe nomeação à autoria no Novo Código de Processo Civil?

A nomeação à autoria era considerada espécie de intervenção de terceiro no CPC/1973 e, nesses moldes, foi suprimida pelo Novo Código de Processo Civil. O réu, entretanto, poderá, em qualquer hipótese, alegar em preliminar de contestação ser parte ilegítima e indicar o sujeito que entende ser o legitimado. Nesse caso, o autor será intimado para se manifestar sobre a eventual sucessão processual em 15 dias. Se discordar do réu e pretender continuar o processo contra ele, basta recusar o pedido; se caso concordar com o réu, sua manifestação já será o suficiente para a sucessão processual, sendo o novo réu (ex-terceiro, apontado pelo réu como legitimado) citado para comparecer à audiência de conciliação ou mediação ou para contestar, conforme o caso.

É dever do réu indicar o legitimado passivo quando alega em preliminar de contestação sua ilegitimidade?

O art. 339, *caput*, do Novo CPC prevê que o réu que deixar de indicar o legitimado arcará com as despesas processuais e indenizará o autor pelos prejuízos decorrentes da falta de indicação. Ocorre, entretanto, que o mesmo dispositivo limita esse dever do réu para a situação em que tenha conhecimento de quem é o legitimado passivo que deve assumir seu lugar no polo passivo do processo. Caso não saiba, a mera alegação de ilegitimidade será admitida sem qualquer responsabilização do réu.

d) DENUNCIAÇÃO DA LIDE?

- Trata-se de intervenção de terceiro provocada, pelo autor ou réu, e coercitiva, já que com a citação o terceiro se torna parte no processo.

- A denunciação é uma demanda incidente, regressiva, eventual e antecipada.

- O interesse jurídico do terceiro que justifica sua denunciação da lide é o direito de regresso.

- O denunciado à lide é réu na denunciação e litisconsorte do denunciante na ação originária.

A denunciação da lide é obrigatória ou facultativa?

O art. 125, *caput*, do Novo CPC prevê ser a denunciação da lide admissível nos casos legais, sugerindo, portanto, sua facultatividade. Mas é o disposto no art. 125, § 1º, do Novo CPC que não só não deixa margem a dúvida a respeito da facultatividade da denunciação da lide como também explica o que isso significa. Segundo o dispositivo legal, caso a denunciação da lide deixe de ser promovida, o direito regressivo será exercido por meio de ação autônoma. O mesmo ocorre na hipótese de indeferimento da denunciação da lide, ou seja, de seu julgamento sem a resolução de mérito. A previsão da mesma consequência para a hipótese em que a denunciação da lide não seja permitida (como ocorre, por exemplo, nos Juizados Especiais) é desnecessária, apesar de correta, porque nesse caso ou o réu não a promove, ou, se a promover, ela será extinta sem resolução do mérito.

Na hipótese de denunciação da lide com fundamento na evicção, é cabível a denunciação de qualquer participante da cadeia de transmissão do bem?

A chamada denunciação *per saltum*, que admite a denunciação de terceiro que não tenha sido o alienante imediato da coisa para a parte, mas que tenha participação em sua cadeia de transmissão, não é mais admitida no Novo Código de Processo Civil. O art. 125, I, do Novo CPC é expresso ao indicar que o denunciado à lide na hipótese de evicção será o alienante imediato, enquanto o art. 1.072, II, do Novo CPC revogou o art. 456 do CC, que na vigência do CPC/1973 era utilizado como fundamento da permissão da denunciação *per saltum*.

É cabível denunciação sucessiva ilimitadamente?

A denunciação da lide sucessiva decorre da denunciação da lide por denunciado à lide. Nos termos do art. 125, § 2º, do Novo CPC, ela será admitida somente uma vez, de forma que eventual direito regressivo de terceiro que poderia ser denunciado à lide nesse caso deverá ser discutido em ação autônoma. A depender do momento de propositura dessa ação e da existência de conexão ou de risco de prolação de decisões conflitantes ou contraditórias, é possível haver reunião desses processos perante o juízo da ação original, que no caso será o juízo prevento.

O autor pode executar por cumprimento de sentença o denunciado à lide pelo réu?

Com a denunciação da lide, o processo se amplia objetivamente, passando a contar com duas ações, cada qual com seu pedido. O autor pede a condenação do réu na ação originária (por vezes chamada de ação principal), e o réu, ao denunciar à lide, pede a condenação regressiva do denunciado. Em tese, portanto, a sentença que acolher esses pedidos condenará o réu a pagar o autor e o denunciado ao ressarcir o réu. Não há como condenar diretamente o denunciado a pagar o autor, porque, além de não existir relação de direito material entre eles, não há pedido nesse sentido. Não obstante, o art. 128, parágrafo único, do Novo CPC admite expressamente que, sendo procedente o pedido da ação principal, pode o autor, se for o caso, requerer o cumprimento da sentença também contra o denunciado, nos limites da condenação deste na ação regressiva.

e) CHAMAMENTO AO PROCESSO

- Trata-se de intervenção de terceiro fundada em coobrigação, quando nem todos os coobrigados compõem o polo passivo.
- Cabe ao réu chamar ao processo os terceiros coobrigados em sua contestação.
- Os prazos previstos no art. 131 do Novo CPC para a citação do chamado ao processo são impróprios, e não podem prejudicar o réu se o atraso não decorrer de sua desídia.

Os chamados ao processo ingressam no processo com qual qualidade processual?

Nos termos do art. 131 do Novo CPC, os chamados ao processo são litisconsortes passivos ulteriores, de forma que o credor escolhe contra quem propor a ação fundada em coobrigação, mas contra quem ele vai efetivamente litigar dependerá da postura a ser adotada pelo réu em sua contestação.

f) INCIDENTE DE DESCONSIDERAÇÃO DA PERSONALIDADE JURÍDICA

- Os requisitos para a desconsideração da personalidade jurídica são previstos por norma de direito material, em especial pelo art. 50 do CC e art. 28 do CDC.

– O Novo Código de Processo Civil apenas se limita a prever o procedimento diante de requerimento de desconsideração da personalidade jurídica.

114

O incidente previsto nos arts. 133 a 137 do Novo CPC é obrigatório?

A instauração do incidente de desconsideração da personalidade jurídica é obrigatória sempre que houver pedido formulado pela parte nesse sentido, salvo se tal requerimento já for formulado na própria petição inicial do processo de conhecimento ou de execução, quando haverá um litisconsórcio passivo inicial entre sociedade e sócios.

115

O incidente previsto nos arts. 133 a 137 do Novo CPC é exigido para qualquer espécie de desconsideração da personalidade jurídica?

Há na lei (p. ex. art. 50 do CC e art. 28 do CDC) a desconsideração tradicional da personalidade jurídica, na qual a sociedade empresarial é devedora e seus sócios responsáveis patrimoniais secundários. O Superior Tribunal de Justiça também reconhece a desconsideração inversa, na qual o sócio é o devedor e a sociedade empresarial a responsável patrimonial secundária (*Informativo* 606/STJ, 3ª Turma, REsp 1.522.142-PR, Rel. Min. Marco Aurélio Bellizze, por unanimidade, j. 13/06/2017, *DJe* 22/06/2017) e a desconsideração econômica, na qual diferentes sociedades empresariais pertencentes a um mesmo grupo econômico figuram como devedora e responsável patrimonial secundária (*Informativo* 513/STJ, 4ª Turma, AgRg no REsp 1.229.579/MG, Rel. Min. Raul Araújo, j. 18/12/2012). Para todas essas espécies de desconsideração da personalidade jurídica é exigida a aplicação das regras procedimentais consagradas nos arts. 133 a 137 do Novo CPC, conforme corretamente consignado no Enunciado 11 da I Jornada de Direito Processual Civil do CJF: "Aplica-se o disposto nos arts. 133 a 137 do CPC às hipóteses de desconsideração indireta e expansiva da personalidade jurídica".

116

O incidente de desconsideração da personalidade jurídica é cabível nos Juizados Especiais?

Já antevendo resistência à aplicação do incidente nos Juizados Especiais, que em certo grau contraria a simplicidade consagrada como princípio informador do procedimento lá seguido (art. 2º da Lei

9.099/95), o art. 1.062 do Novo CPC prevê expressamente sua incidência nos Juizados Especiais. Entendo que, tendo o diploma processual estabelecido a aplicação do incidente nos Juizados Especiais, não há como defender sua aplicação parcial, em especial no que toca ao previsto no art. 1.015, IV, do Novo CPC, que exige o cabimento de agravo de instrumento da decisão interlocutória que decide tal incidente. Nesse caso, portanto, deve-se admitir, ainda que em caráter excepcional, o agravo de instrumento nos Juizados Especiais.

117 **Em que momento pode ser suscitado incidente de desconsideração da personalidade jurídica?**

Nos termos do art. 134, *caput*, do Novo CPC, o incidente de desconsideração é cabível em todas as fases do processo de conhecimento, no cumprimento de sentença e na execução fundada em título executivo extrajudicial. Não há, portanto, preclusão temporal para a instauração do incidente. Parece, inclusive, não ser interessante suscitar o conflito muito cedo no procedimento, e ainda menos já formar litisconsórcio passivo inicial entre os sócios e a sociedade, porque essa precipitação só se justificaria para prevenção a fraudes, mas o art. 792, § 3º, do Novo CPC prevê, nos casos de desconsideração da personalidade jurídica, que a fraude à execução se verifica a partir da citação da parte cuja personalidade se pretende desconsiderar.

118 **O juiz pode desconsiderar a personalidade jurídica do demandado de ofício?**

Uma desconsideração de ofício será ilegal porque realizada sem a instauração do incidente previsto em lei. Nem mesmo esse incidente poderá ser instaurado de ofício, porque o art. 133, *caput*, do Novo CPC, seguindo o já previsto no art. 50 do CC, dispõe que o incidente de desconsideração da personalidade jurídica será instaurado a pedido da parte ou do Ministério Público, quando lhe couber intervir no processo.

119 **É cabível a desconsideração da personalidade jurídica antes da oitiva dos sócios?**

O Novo Código de Processo Civil adotou a técnica do contraditório tradicional no incidente de desconsideração da personalidade jurídica, de forma que, antes da decisão judicial, os sócios ou a sociedade (desconsideração inversa) devem ser citados, podendo se defender no prazo de 15 dias e pedir a produção de provas, se necessário. Essa opção legislativa, entretanto, consagra somente a regra, sendo possível a prolação de decisão liminar de acolhimento do pedido de desconsideração nas hipóteses previstas no art. 9º, parágrafo único, do Novo CPC. O contraditório diferido, portanto, será admitido nas hipóteses de preenchimento dos requisitos de tutela provisória – de urgência ou da evidência – no caso concreto. O Superior Tribunal de Justiça tem precedente admitindo a penhora do bem de sócios (antecipação prática da tutela definitiva de desconsideração da personalidade jurídica) antes de sua citação (STJ, 4ª Turma, AgInt no AREsp 1.043.266/DF, Rel. Min. Raul Araújo, j. 06/06/2017, *DJe* 20/06/2017). No mesmo sentido, o Enunciado 42 da I Jornada de Direito Processual Civil do CJF: "É cabível a concessão de tutela provisória de urgência em incidente de desconsideração da personalidade jurídica".

120 **Qual o recurso cabível contra a decisão que resolve o incidente de desconsideração da personalidade jurídica?**

Apesar da excepcionalidade, o incidente de desconsideração da personalidade jurídica pode ser decidido na sentença, hipótese em que será cabível a apelação. Sendo decidido por meio de decisão interlocutória, independentemente de seu conteúdo, caberá agravo de instrumento, nos termos do art. 1.015, IV, do Novo CPC. Sendo decidido monocraticamente por relator, caberá agravo interno, nos termos dos arts. 136, parágrafo único, e 1.021, *caput*, ambos do Novo CPC.

g) *AMICUS CURIAE*

– Trata-se de terceiro que, em razão de seu grande conhecimento a respeito da matéria jurídica, pode contribuir com a qualidade da prestação jurisdicional.

– O *amicus curiae* tem interesse institucional na solução da demanda.

– O *amicus curiae* não se confunde com o perito, porque o primeiro atua no direito; o segundo, nos fatos.

– A intervenção do *amicus curiae* não altera a competência do processo.

121 **A pessoa natural pode participar de processo como *amicus curiae*?**

O art. 138, *caput*, do Novo CPC prevê que tanto a pessoa natural como a jurídica podem funcionar como *amicus curiae*, sendo no primeiro caso exigido o notório saber jurídico a respeito do objeto do processo, a ponto de permitir a conclusão de que sua intervenção possa efetivamente contribuir com a qualidade da prestação jurisdicional. Registre-se a notória resistência do Supremo Tribunal Federal na admissão da pessoa natural como *amicus curiae*.

122 **O que deve ser compreendido como representatividade adequada exigida do terceiro que pretende ingressar no processo como *amicus curiae*?**

A representatividade adequada, expressamente exigida pelo art. 138, *caput*, do Novo CPC, deve ser compreendida como resultado da soma de dois elementos. Primeiro, o terceiro deve demonstrar a correlação de sua área de atuação com o objeto do processo (representatividade temática), não fazendo sentido, por exemplo, admitir o Instituto Brasileiro de Defesa do Consumidor (IDEC) como *amicus curiae* em demanda que versa sobre direito ambiental. Segundo, o terceiro deve demonstrar notório saber jurídico sobre a matéria de direito discutida no processo, só se justificando sua intervenção se realmente tiver capacidade técnica de levar ao juízo elementos de conhecimento aptos a melhorar a qualidade da tutela jurisdicional.

123 **É cabível a intervenção de *amicus curiae* em primeiro grau de jurisdição?**

Não há qualquer vedação na lei nesse sentido, inexistindo motivo para impedir a atuação do *amicus curiae* em processos em trâmite perante o primeiro grau de jurisdição. Basta que os requisitos previstos no art. 138, *caput*, do Novo CPC sejam preenchidos, independentemente do grau jurisdicional.

124 **Quais são os poderes do *amicus curiae*?**

Cabe ao juiz definir os poderes do *amicus curiae* na decisão que admite ou determina sua intervenção, nos termos do art. 138, § 2º, do Novo CPC. Há, entretanto, poderes já consagrados em lei, como o de ter legitimidade para a interposição de embargos de declaração e recurso especial ou extraordinário do julgamento de IRDR, e o de manifestação por escrito em 15 dias. Nesses casos, os poderes outorgados por expressa previsão legal não podem ser suprimidos pelo juiz ou relator.

125 **A decisão que versa sobre a intervenção do *amicus curiae* é recorrível?**

Nos termos do art. 138, *caput*, do Novo CPC, a decisão que solicita ou admite a intervenção do terceiro como *amicus curiae* é irrecorrível, silenciando o dispositivo a respeito da decisão que indefere o pedido de intervenção. Não havendo nesse sentido previsão de irrecorribilidade, a decisão deve seguir a regra da recorribilidade, havendo, entretanto, dúvida a respeito do recurso cabível quando a decisão for proferida em primeiro grau de jurisdição. O Supremo Tribunal Federal consagrou na vigência do CPC/1973 que o *amicus curiae* não era um terceiro interveniente, mas um mero auxiliar do juízo, de forma que, se esse entendimento for mantido, o recurso cabível contra a decisão de inadmissão de sua intervenção será a apelação ou as contrarrazões, nos termos do art. 1.009, § 1º, do Novo CPC. A inutilidade prática desse recurso sugere o cabimento de mandado de segurança contra o ato judicial. O Novo Código de Processo Civil, entretanto, incluiu o *amicus curiae* como terceiro interveniente típico, e se assim ele for considerado, a decisão ora tratada será recorrível por agravo de instrumento, nos termos do art. 1.015, IX, do Novo CPC. Nos tribunais, a decisão monocrática do relator que indefere o pedido de intervenção é recorrível por agravo interno, nos termos do art. 1.021 do Novo CPC. Apesar de não estar prevista como irrecorrível a decisão que inadmite a intervenção do *amicus curiae*, há precedente do Superior Tribunal de Justiça entendendo como irrecorrível (STJ, 3ª Turma, AgInt na PET no REsp 1.367.212/RR, Rel. Min. Raul Araújo, j. 06/06/2017, *DJe* 20/06/2017).

126 **Há um momento adequado para a intervenção do *amicus curiae* no processo?**

Ainda que não exista um momento preclusivo previsto no art. 138 do NCPC – o que dá a entender pela inexistência de preclusão temporal para a intervenção do terceiro na qualidade de *amicus curiae* –, os tribunais superiores, mesmo diante do novo diploma processual, continuam a entender que a intervenção não se justifica após o julgamento do recurso extraordinário (STF, Tribunal Pleno, RE 593.849 AgR/MG, Rel. Min. Edson Fachin, j. 22/09/2017, *DJe* 03/10/2017) ou especial (STJ, 2ª Seção, EDcl no REsp 1.439.163/ SP, Rel. Min. Marco Buzzi, j. 09/11/2016, *DJe* 18/11/2016), considerando-se que nesse momento não teria o *amicus curiae* como efetivamente colaborar com o resultado do processo.

127

Como deve proceder o órgão julgador diante de quantidade considerável de terceiros com pretensão de intervir no processo na qualidade de *amicus curiae*?

Para a solução de tal circunstância deve se aplicar o entendimento consagrado no Enunciado 82 da I Jornada de Direito Processual Civil do CJF: "Quando houver pluralidade de pedidos de admissão de *amicus curiae*, o relator deve observar, como critério para definição daqueles que serão admitidos, o equilíbrio na representatividade dos diversos interesses jurídicos contrapostos no litígio, velando, assim, pelo respeito à amplitude do contraditório, paridade de tratamento e isonomia entre todos os potencialmente atingidos pela decisão".

9

ATOS PROCESSUAIS

a) FLEXIBILIZAÇÃO PROCEDIMENTAL PELO JUIZ

– Um dos aspectos da tutela diferenciada é o poder do juiz de adaptar o procedimento às exigências do caso concreto.

128

O juiz pode dilatar prazos?

Nos termos do art. 139, VI, do Novo CPC, é poder do juiz a dilação dos prazos processuais. Entendo que o dispositivo legal aboliu tradicional critério de classificação dos prazos processuais, pelo qual os prazos eram divididos em peremptórios, que não admitiam dilação, e dilatórios, que poderiam ser ampliados. Como por força do art. 139, VI, do Novo CPC todos os prazos processuais podem ser dilatados, não há mais sentido em tal distinção. É possível, entretanto, afirmar que há excepcionalmente prazos que não podem ser prorrogados por expressa vedação legal, sempre que houver previsão taxativa de serem improrrogáveis (arts. 438, § 1º, 641, § 1º e 937, *caput*, todos do Novo CPC).

129

O juiz pode reduzir prazos?

Nos termos do art. 222, § 1º, do Novo CPC, é vedado ao juiz reduzir prazos peremptórios sem anuência das partes. O dispositivo me causa extrema estranheza, porque entendo não existir mais a distinção entre prazo dilatório e peremptório, já que o art. 139, VI, do Novo CPC admite que o juiz dilate qualquer prazo processual. A única forma razoável de interpretação do dispositivo legal, que evita sua total inutilidade, é entender que qualquer prazo processual só pode ser reduzido com a anuência da parte a qual aproveita tal prazo. Não há necessidade, como equivocadamente sugere a redação do art. 222, § 1º, do Novo CPC, da anuência de ambas as partes quando o prazo aproveitar apenas uma delas, quando somente dela deve-se exigir a anuência.

130 **O juiz pode inverter a ordem de produção dos meios de prova?**

Essa sadia providência está prevista no art. 139, VI, do Novo CPC, sendo justificável no caso concreto sempre que se mostrar mais adequada a produção de prova pericial antes da prova oral. Basta imaginar uma hipótese em que se discutem danos gerados por acidente do trabalho, quando invariavelmente a prova técnica se presta a demonstrar a extensão e a espécie de danos suportados, e a prova oral se presta a determinar a responsabilidade pelo acidente. Nesse caso, é mais adequado realizar a perícia somente se a prova oral indicar a responsabilidade do réu pelo acidente.

131 **Além da hipótese legal consagrada no art. 139, IV, do Novo CPC, o juiz pode flexibilizar o procedimento em razão das particularidades da causa?**

Trata-se de interessante questão envolvendo a tipicidade de condutas do juiz no âmbito da tutela diferenciada. Apesar de uma liberdade maior ao juiz ser mais adequada ao ideal de tutela diferenciada, poder-se-ia ter com isso maior insegurança jurídica, já que o procedimento preestabelecido em lei é garantia das partes contra eventuais arbitrariedades do juiz. Cumpre registrar que nas versões iniciais do Projeto de Lei do Novo Código de Processo Civil havia previsão no sentido dessa liberdade maior, com previsão genérica a respeito dos poderes do juiz na adequação do procedimento às exigências do caso concreto. Na versão final, entretanto, preferiu-se tipificar os poderes do juiz no art. 139, VI, do Novo CPC, devendo ser prestigiada a opção legislativa, em sentido contrário ao estabelecido no Enunciado 35 da ENFAM.

b) NEGÓCIO JURÍDICO PROCESSUAL

– O negócio jurídico processual pode ter como objeto o procedimento e os ônus, poderes, faculdades e deveres processuais das partes.

– Pode ser típico, quando previsto expressamente em lei (escolha do foro, suspensão do processo, escolha do perito etc.), ou fundado na generalidade consagrada no art. 190 do Novo CPC.

– Pode ser bilateral, quando decorre de acordo das partes, ou plurilateral, quando conta com a participação das partes e do juiz.

Em que momento pode ser celebrado o negócio jurídico processual?

O negócio jurídico processual pode ser celebrado a qualquer tempo, antes ou durante o processo. Quando celebrado antes do processo, poderá constar cláusula de contrato celebrado entre as partes ou de contrato específico para esse fim. Nesse caso, há nítida semelhança com a cláusula arbitral e com o compromisso arbitral, espécies de convenção de arbitragem. Quando celebrado durante o processo, só afetará atos processuais a serem praticados depois de sua celebração, podendo ser apresentado ao juízo em petição escrita das partes ou em audiência, quando será reduzido a termo.

As partes podem impedir que o juiz produza prova de ofício por meio de acordo procedimental?

O tema é polêmico, mas pessoalmente entendo não poder tal vedação ser objeto do negócio jurídico processual. Se realmente existe um poder instrutório do juiz (prefiro falar nesse caso de faculdade judicial), a própria redação do art. 190, *caput*, do Novo CPC demonstra a impossibilidade, já que o dispositivo legal prevê que o acordo procedimental só pode ter como objeto poderes e faculdades das partes, e não do juiz. É até natural que assim o seja, sendo inadmissível que as partes disponham de poder ou faculdade dos quais não são titulares.

Cabe acordo para dilatar o prazo de sustentação oral?

Trata-se de mais um tema que gera controvérsia. Sendo passível a dilação de prazos para manifestação das partes no processo por meio de negócio jurídico processual, por que não o seria quanto ao prazo de 15 minutos da sustentação oral? O Enunciado 41 da ENFAM entende não poder tal prazo ser dilatado porque a sustentação oral compõe a estrutura do julgamento, argumento bastante razoável. Acredito, entretanto, que a sustentação oral, apesar de fazer parte da estrutura do julgamento, com ele não se confunde, não sendo admissível apenas a mudança de regras de julgamento e não de atos que, apesar de comporem sua estrutura, não fazem parte da decisão em si. De qualquer forma, um acordo nesse sentido deve ser analisado sob a ótica do exercício legítimo do direito, podendo ser anulado sempre que se entender que a dilação consensual do prazo deriva de abuso do direito de autorregulamentação.

135 O negócio jurídico processual celebrado pelas partes depende de homologação judicial?

Nos termos do art. 200 do Novo CPC, o único ato das partes que depende de homologação por sentença para gerar efeitos é a desistência da ação, que só gera efeitos quando homologada pelo juiz com a extinção terminativa do processo. Dessa forma, o negócio jurídico processual gera efeitos imediatos assim que é celebrado entre as partes, independentemente de qualquer homologação judicial.

136 É admissível negócio jurídico processual pela forma oral?

Não há vedação expressa em lei no tocante a essa forma de negócio jurídico processual, mas concordo com o Enunciado 39 da ENFAM no sentido de não ser válida convenção processual oral, em prestígio da segurança jurídica indispensável a essa espécie de negócio jurídico. Mesmo quando celebrado em audiência, o negócio jurídico processual deve ser reduzido a termo escrito.

137 É possível celebrar negócio jurídico processual em cláusula de contrato de adesão?

Não vejo impedimento nesse caso, devendo-se apenas atentar para as causas de nulidade previstas no art. 190, parágrafo único, do Novo CPC. É inclusive nesse sentido o dispositivo legal ao prever que somente não se admitirá o negócio jurídico processual em contrato de adesão se a inserção for considerada abusiva. Uma forma de evitar essa nulidade é o tratamento procedimental dispensado ao aderente e à parte que formula o contrato ser igualitário, porque, mesmo que no plano de direito material a situação entre as partes demonstre uma desigualdade, procedimentalmente o tratamento isonômico afasta a abusividade.

138

Vulnerável pode celebrar negócio jurídico processual?

O art. 190, parágrafo único, do Novo CPC prevê que o negócio jurídico processual é nulo se uma das partes se encontrar em manifesta situação de vulnerabilidade. Esta decorre de uma limitação pessoal involuntária de caráter permanente ou provisório, ensejada por fatores de saúde, de ordem econômica, informacional, técnica ou organizacional, devendo ser devidamente comprovada no processo. Acredito que, mesmo havendo vulnerabilidade de uma das partes, se o negócio jurídico processual não lhe gerar danos, não será caso de nulidade.

139

Os princípios processuais podem ser objeto de acordo procedimental?

*Acesse o **QR Code** e assista à aula explicativa sobre este assunto.*

https://goo.gl/7UT99D

140

As normas cogentes podem ser objeto de acordo procedimental?

*Acesse o **QR Code** e assista à aula explicativa sobre este assunto.*

https://goo.gl/QB6a9H

Cabe recurso contra a decisão que anula o negócio jurídico processual celebrado pelas partes?

Essa decisão interlocutória não consta no rol do art. 1.015 do Novo CPC nem existe previsão específica de cabimento de agravo de instrumento contra ela. Entendo exageradas as interpretações ampliativas da hipótese apresentada no inciso III do art. 1.015 do Novo CPC para contemplar a decisão interlocutória ora analisada. Nesses termos, apesar de falha imperdoável do legislador, a decisão será recorrível por apelação ou contrarrazões, conforme disposição do art. 1.009, § 1º, do Novo CPC. Ocorre, entretanto, que o recurso previsto em lei nesse caso é manifestamente inútil, porque não terá qualquer sentido lógico ou jurídico a anulação de processo em grau de apelação para que o procedimento estabelecido pelas partes seja respeitado. Por essa razão, entendo ser cabível nesse caso o mandado de segurança contra a decisão que anular o negócio jurídico processual.

c) ATOS PROCESSUAIS EM MEIO ELETRÔNICO

– Os arts. 193 a 199 do Novo CPC destinam-se à regulamentação dos atos praticados por meio eletrônico.

– Deve-se aplicar também a Lei 11.419/2006.

 **Em atos praticados em processo eletrônico, considera-se o horário do local em que tramita o processo ou do local em que o ato foi praticado?**

Nos termos do art. 213, parágrafo único, do Novo CPC, no ato praticado pelo meio eletrônico, para fins de contagem de prazo, deve-se considerar o horário do órgão no qual tramita o processo. Dessa forma, em razão de fuso horário ou de horário de verão, o horário no foro em que a peça é enviada é irrelevante, considerando-se apenas o horário no foro de destino.

d) PRAZOS

– Prazo é todo período de tempo destinado à prática de um ato.

– O prazo pode ser contado em horas, dias, meses ou anos.

– Ato praticado fora do prazo é considerado intempestivo, salvo se o prazo for impróprio.

143 **Como funciona a contagem de prazo no final do ano?**

Nos termos do art. 220, *caput*, do Novo CPC, durante os dias compreendidos entre 20 de dezembro e 20 de janeiro, inclusive, os prazos processuais serão suspensos. A suspensão não atinge os atos materiais que devem ser praticados pela parte ou por terceiros (não são atos postulatórios). Durante o período de suspensão de prazos não se admitirá, nos termos do § 2º do art. 220 do Novo CPC, a realização de audiências ou sessões de julgamento. O Poder Judiciário, entretanto, com as ressalvas já apontadas, continuará a praticar atos normalmente.

144 **Na hipótese de litisconsortes com patronos diferentes, o prazo será contado em dobro?**

A contagem de prazo em dobro na hipótese de litisconsortes depende do preenchimento de dois requisitos previstos pelo art. 229, *caput*, do Novo CPC: terem advogados diferentes e que pertençam a diferentes sociedades de advogados.

145 **Há contagem de prazo em dobro em processo em autos eletrônicos?**

Por expressa previsão do art. 229, § 2º, do Novo CPC, não se conta o prazo em dobro nos processos em autos eletrônicos, ainda que preenchidos todos os requisitos previstos pelo *caput* do dispositivo legal. A norma tem sentido porque, sendo os autos eletrônicos, não há dificuldade de acesso aos autos pelos advogados, razão de ser da contagem em dobro. Naturalmente, serão contados em dobro os prazos para o Ministério Público (art. 180, *caput*, do Novo CPC), para a Fazenda Pública (art. 183, *caput*, do Novo CPC) e para a Defensoria Pública (art. 186, *caput*, do Novo CPC), ainda que os autos sejam eletrônicos, porque nesses casos a justificativa da prerrogativa não é a dificuldade de acesso aos autos.

146 **É necessário pedido da parte para a concessão do prazo em dobro (art. 229, *caput*, do Novo CPC)?**

Por expressa previsão do art. 229, *caput*, do Novo CPC, a concessão do prazo em dobro diante do preenchimento dos requisitos legais dispostos no mesmo dispositivo independe de pedido expresso das partes. Significa dizer que a parte, mesmo sem decisão judicial nesse sentido, poderá praticar o ato processual valendo-se do prazo em dobro sempre que entender pelo preenchimento dos requisitos formais. Caso tenha dúvida a esse respeito, o mais seguro a fazer é requerer manifestação expressa do juiz para evitar praticar ato intempestivo.

147 Nos Juizados Especiais é aplicável a regra do prazo em dobro consagrada no art. 229 do Novo CPC?

Não vejo por que não seria aplicável tal regra nos Juizados Especiais, já que a justificativa de dificuldade dos advogados de acesso aos autos independe de o processo tramitar na Justiça Comum ou nos Juizados Especiais. Ocorre, entretanto, que já existe Enunciado do FONAJE (164) em sentido contrário, provavelmente por entender que a contagem do prazo em dobro conspira contra o princípio informador da celeridade processual, consagrado no art. 2º da Lei 9.099/95.

148 Qual o termo inicial de contagem de prazo quando o ato de comunicação processual se der por meio de carta precatória?

Nesse caso, o art. 232 do Novo CPC prevê que a realização da citação ou da intimação será imediatamente informada, por meio eletrônico, pelo juiz deprecado ao juiz deprecante. O objetivo dessa informação é agilizar o início da contagem de prazo de ato processual, já que o art. 231, VI, do Novo CPC traz como termo inicial da contagem de prazo a data de sua juntada aos autos principais. Ocorre, entretanto, que o envio dessa informação dependerá do cartório judicial do juízo deprecado, e já considerando sua inércia, o mesmo dispositivo prevê como termo inicial do prazo a juntada da carta precatória aos autos principais quando ela não ocorrer. Entendo que a parte interessada no início da contagem do prazo pode juntar a comprovação da comunicação do ato processual nos autos principais, ainda que não haja previsão expressa nesse sentido.

149 Qual o termo inicial de contagem do prazo para atos da parte?

Atos da parte são aqueles que devem ser praticados pela própria parte ou terceiros e não por seu advogado (atos postulatórios). Para esse tipo de prazo, chamado de prazo material para se distinguir do prazo processual, voltado à prática dos atos postulatórios, o termo inicial é fixado pelo art. 231, § 3º, do Novo CPC, sendo a data em que se der a comunicação. Nesse caso, é irrelevante a data de juntada do mandado ou do aviso de recebimento aos autos, importando somente a data em que a parte ou o terceiro postou sua assinatura no mandado ou no aviso de recebimento. Aplica-se o art. 132, *caput*, CC, que prevê que, salvo disposição legal ou convencional em contrário, computam-se os prazos, excluído o dia do começo, e incluído o do vencimento.

150 **Como os prazos devem ser contados no Novo Código de Processo Civil?**

A forma de contagem dos prazos depende de sua natureza jurídica. Nos termos do art. 219, *caput*, do Novo CPC, tratando-se de prazo processual, sua contagem será somente em dias úteis, de forma que não se conta o prazo em dia no qual não há expediente forense (férias, feriado, inclusive finais de semana, recesso). Tratando-se de prazo material, o art. 219, parágrafo único, do Novo CPC, ao prever que contagem somente em dias úteis é exclusiva dos prazos processuais, consagra a regra de contagem contínua para essa espécie de prazo, incluindo-se, portanto, os dias em que não houver expediente forense. Como a contagem somente em dias úteis restringe-se aos prazos processuais, é contínua a contagem de prazos decadenciais ou prescricionais. Além disso, se o prazo estiver previsto em horas, meses ou anos, não se aplica a regra do art. 219, *caput*, do Novo CPC. Registre-se que, nos termos do Enunciado 165 do FONAJE, os prazos processuais nos Juizados Especiais continuam a ser contados de forma ininterrupta. Entendimento contrário vem exposto no Enunciado 19 da I Jornada de Direito Processual Civil do CJF: "O prazo em dias úteis previsto no art. 219 do CPC aplica-se também aos procedimentos regidos pelas Leis n. 9.099/1995, 10.259/2001 e 12.153/2009".

151 **Há prerrogativas quanto ao prazo para a Fazenda Pública, o Ministério Público e a Defensoria Pública?**

Nos três casos, o prazo será em dobro para a prática de qualquer ato processual, salvo se houver previsão específica de prazo para algum dos titulares da prerrogativa. No Novo Código de Processo Civil, podem ser indicados como artigos que preveem prazo para o Ministério Público e não haverá contagem em dobro os arts. 178, *caput*; 364, *caput* e § 2º; 721; 937, *caput*; 956; 982, III; 983; 984, II, "a"; 991 e 1.019, III. Para a Fazenda Pública, os arts. 535, *caput*; 629; 638 e 910, *caput*. Para a Defensoria Pública, não há no Novo Código de Processo Civil prazo específico dirigido a ela, o que não impede tal previsão em legislação extravagante.

152 **Todos os sujeitos são intimados na própria audiência de decisões nela proferidas?**

É nesse sentido o art. 1.003, § 1º, do Novo CPC, ao indicar essa forma de intimação para todos os sujeitos prevista no *caput* do dispositivo (advogados, a sociedade de advogados, a Advocacia Pública, a Defensoria Pública e o Ministério Público). Registre-se, entretanto, precedente vinculante formado pela 3ª Seção do Superior Tribunal de Justiça que, no processo penal, mesmo indicando expressamente o art. 180 do Novo CPC, entendeu pela necessidade de intimação do Ministério Público após a audiência, por carga, remessa ou meio eletrônico, para que se dê início à contagem de seu prazo recursal (*Informativo* 611/STJ, 3ª Seção, REsp 1.349.935-SE, Rel. Min. Rogério Schietti Cruz, 3ª Seção, por maioria, j. 23/08/2017, *DJe* 14/09/2017 [Tema 959]). O precedente, ainda que vinculante, foi formado no processo penal, restando em aberto a discussão a respeito da aplicação do entendimento nele consagrado no processo civil.

10
TUTELA PROVISÓRIA

- Tutela provisória é fundada em cognição sumária e juízo de probabilidade, devendo ser confirmada ou revogada pela tutela definitiva.
- A tutela provisória pode ser de urgência (antecipada e cautelar) e da evidência.
- Tutela antecipada é tutela de urgência que gera a satisfação fática do direito da parte.
- Tutela cautelar é tutela de urgência que garante a eficácia do resultado final do processo.
- Tutela de evidência é tutela provisória satisfativa que independe de risco de dano ou de ineficácia do resultado final do processo.
- A tutela antecipada pode ser concedida de forma antecedente, quando poderá se estabilizar, nos termos do art. 304 do Novo CPC.
- A tutela da evidência e a cautelar só podem ser concedidas incidentalmente, sendo inaplicável a elas o instituto da estabilização, previsto no art. 304 do Novo CPC.

153 **Qual o conceito de tutela da evidência?**

Tutela da evidência é espécie de tutela provisória que não tem entre seus requisitos o tempo como inimigo, típico das tutelas provisórias de urgência. Na tutela da evidência, basta a probabilidade de o direito existir, sendo que nesse caso tal probabilidade é em regra tipificada por lei. O art. 311 do Novo CPC prevê as quatro hipóteses típicas de tutela da evidência, sendo que somente no primeiro inciso a probabilidade do direito não é tipificada, devendo ser apreciada pelo juiz no caso concreto. Além dessas quatro hipóteses, há outras esparsamente previstas no diploma processual, as quais nomeio de tutelas da evidência típicas (ou específicas), como ocorre com o mandado monitório e a liminar na ação possessória e nos embargos de terceiro. Nesses casos, o legislador também tipifica a probabilidade de o direito existir.

154

O autor deve preferir a tutela de urgência ou de evidência?

Na realidade, é abstratamente mais fácil a obtenção da tutela da evidência porque nela o único requisito é a probabilidade do direito, enquanto na tutela de urgência, além da probabilidade do direito, exige-se o risco de dano ou de ineficácia do resultado final do processo. Ocorre, entretanto, que na tutela de urgência a probabilidade do direito é analisada no caso concreto, diante da alegação e eventuais provas apresentadas pela parte, enquanto na tutela da evidência essa probabilidade é tipificada por lei. Dessa forma, o autor deve primeiro analisar o cabimento da tutela da evidência ao caso concreto, e somente não conseguindo adequar sua situação a uma das hipóteses previstas em lei deverá pensar em requerer a concessão de tutela de urgência.

155

A tutela da evidência prevista no art. 311, I, do Novo CPC, depende apenas de má-fé do réu?

Nos termos do art. 311, I, do Novo CPC, será cabível a concessão de tutela da evidência quando ficar caracterizado o abuso do direito de defesa ou o manifesto propósito protelatório da parte. Trata-se de tutela da evidência de natureza sancionatória, mas é indiscutível que apenas a prática dos atos tipificados no dispositivo legal ora comentado não é o suficiente para a concessão da tutela provisória, devendo-se também demonstrar-se a probabilidade do direito da parte a ser beneficiada (Enunciado 47 da I Jornada de Direito Processual Civil do CJF: "A probabilidade do direito constitui requisito para concessão da tutela da evidência fundada em abuso do direito de defesa ou em manifesto propósito protelatório da parte contrária"). Essa probabilidade, diferentemente do que ocorre com os demais incisos do art. 311 do Novo CPC, não é tipificada, devendo, nesse caso, o intérprete se valer da probabilidade genericamente prevista no art. 300, *caput*, do Novo CPC: elementos que evidenciem a probabilidade do direito, a serem analisados pelo juiz no caso concreto.

156

A previsão do art. 311, II, do Novo CPC, deve ser interpretada restritivamente?

O art. 311, II, do Novo CPC, prevê a concessão de tutela da evidência quando as alegações de fato puderem ser comprovadas apenas documentalmente e houver tese firmada em julgamento de casos repetitivos ou em súmula vinculante. Fica claro que a razão de ser do dispositivo foi a grande probabilidade de o autor ter o direito que alega por ter suas razões fáticas corroboradas por prova documental e sua tese jurídica fundada em súmula ou precedente vinculante. Como essa é *ratio* da norma legal, é possível se ampliar o rol de precedentes e súmulas que justificam a concessão de tutela da evidência, contemplando-se todas as hipóteses do art. 927 do Novo CPC. Em sentido próximo ao texto, ainda que um pouco mais restritivo, é o entendimento consagrado no Enunciado 48 da I Jornada de Direito Processual Civil do CJF: "É admissível a tutela provisória da evidência, prevista no art. 311, II, do CPC, também em casos de tese firmada em repercussão geral ou em súmulas dos tribunais superiores".

157

São diferentes os requisitos para a concessão das duas espécies de tutela de urgência?

O Novo Código de Processo Civil trata de forma uniforme os requisitos para a concessão da tutela cautelar e da tutela antecipada. Nos termos do art. 300, *caput*, do Novo CPC, a tutela de urgência será concedida quando houver elementos que evidenciem a probabilidade do direito e o perigo de dano ou o risco ao resultado útil do processo.

158

Como deve ser elaborado o pedido incidental de tutela provisória?

Não há qualquer formalidade para essa espécie de pedido, podendo o autor pedir a concessão de tutela provisória como tópico de sua petição inicial ou posteriormente por meio de mera petição ou como tópico de peça típica, como a réplica, os memoriais etc.

A parte só deve lembrar que se trata de ato postulatório, sendo imprescindível a descrição fática e jurídica da pretensão, de forma a convencer o juiz do preenchimento dos requisitos legais, além da formulação de pedido.

159 **Sendo requerida a tutela antecipada de forma antecedente, há prazo para emendar a petição inicial para elaboração do pedido principal?**

Tendo sido a tutela antecipada requerida de forma antecedente concedida, o art. 303, §, 1º, I, do Novo CPC, prevê que o autor será intimado para aditar sua petição inicial, com a complementação de sua argumentação, a juntada de novos documentos e a confirmação do pedido de tutela final, em 15 (quinze) dias ou em outro prazo maior que o juiz fixar. Sendo o pedido indeferido, o art. 303, § 6º, do Novo CPC prevê que o autor será intimado para que em até cinco dias emende sua petição inicial, transformando sua pretensão de tutela de urgência em pretensão principal, sob pena de a petição inicial ser indeferida e de o processo ser extinto sem resolução de mérito.

160 **Sendo requerida a tutela cautelar de forma antecedente, há prazo para emendar a petição inicial para elaboração do pedido principal?**

No caso de tutela cautelar requerida de forma antecipada, o art. 308, *caput*, do Novo CPC prevê um prazo de 30 dias da efetivação da medida cautelar para o autor emendar a petição inicial formulando o pedido de tutela principal, sob pena de revogação da tutela concedida com a extinção terminativa do processo. Sendo o pedido rejeitado, não há prazo para a emenda da petição inicial, devendo o processo seguir pelo procedimento cautelar.

161 **Cabe pedido de tutela da evidência antecedente?**

O Novo Código de Processo Civil não prevê essa possibilidade, já que o art. 294, parágrafo único, prevê somente a tutela de urgência – cautelar ou antecipada – como passíveis de concessão em caráter antecedente ou incidental.

162 Na hipótese de concessão da tutela antecipada antecedente, o prazo de 15 dias para o autor emendar a petição inicial não vencerá fatalmente antes do prazo de 15 dias para o réu agravar da decisão?

*Acesse o **QR Code** e assista à aula explicativa sobre este assunto.*

https://goo.gl/8Hje7B

163 Sendo concedida tutela antecipada antecedente, somente a interposição de recurso pelo réu impede a estabilização da tutela antecipada?

É nesse sentido a literalidade do art. 304 do Novo CPC, o que poderá incentivar a interposição de recurso pelo réu que não teria interesse em sua interposição, mas que assim procederá somente para evitar a estabilização da tutela antecipada. Para um sistema que busca diminuir o número de recursos, não parece ser a solução mais acertada. Diante disso, parece mais adequado que o termo "recurso" utilizado pelo art. 304, *caput*, do Novo CPC seja compreendido como qualquer forma de irresignação do réu, sendo suficiente, inclusive, a apresentação de petição perante o juízo que concedeu a tutela antecipada com a afirmação de discordância da decisão. Outras formas de reação, como a contestação ou o pedido de suspensão de segurança, também parecem ser meios hábeis a evitar a estabilização da tutela antecipada, ainda que todas essas considerações exijam uma interpretação ampliativa do termo "recurso". A sugestão é se valer do gênero "impugnação" em vez da espécie de impugnação "recurso".

164 Há estabilização na hipótese de tutela antecipada antecedente concedida parcialmente?

Entendo ser inviável a estabilização da tutela antecipada nesse caso, porque o art. 304, § 1º do Novo CPC prevê que, sendo estabilizada a tutela antecipada, o processo será extinto. Como não existe extinção parcial do processo, não será possível falar em estabilização parcial da tutela antecipada, hipótese na qual o processo deve seguir adiante para que a parcela da pretensão que foi objeto da antecipação seja confirmada ou revogada pela decisão final. Não vejo sentido em estabilizar a tutela antecipada e o processo seguir, ainda que com limitação objetiva, porque a razão de ser da estabilização é a consequente extinção do processo.

165 A estabilização da tutela antecipada concedida antecedentemente impede definitivamente a discussão do direito material em cognição exauriente?

*Acesse o **QR Code** e assista à aula explicativa sobre este assunto.*

https://goo.gl/CXvFbM

166 **A estabilização da tutela antecipada gera coisa julgada material?**
É natural que a decisão que extingue o processo em razão da estabilização da tutela antecipada não produza coisa julgada, já que se trata de sentença terminativa, que não julga o mérito. O mesmo, entretanto, não pode ser dito da decisão interlocutória que antecipa a tutela, inegavelmente uma decisão de mérito. Tratando-se de decisão fundada em cognição sumária, que permite ao juiz apenas um juízo de probabilidade do direito, o art. 304, § 6º, do Novo CPC prevê expressamente que ela não faz coisa julgada material. O legislador prestigiou entendimento consolidado de que a coisa julgada material de decisão de mérito transitada em julgado depende de cognição exauriente, não se admitindo que a mera probabilidade de o direito existir se torne imutável e indiscutível.

167 Cabe ação rescisória diante da tutela antecipada estabilizada?

Há uma percepção quase generalizada pelo não cabimento de ação rescisória nesse caso, sendo nesse sentido o Enunciado 27 da ENFAM. Apesar da aparente tranquilidade da interpretação, não concordo com esse entendimento e muito menos com seus fundamentos. Dizer que a decisão não faz coisa julgada, nos termos do art. 304, § 6º, do Novo CPC, não é suficiente, porque atualmente é cabível ação rescisória de decisão terminativa transitada em julgado, a qual, naturalmente, não produz coisa julgada. Por outro lado, não é dessa decisão que será cabível a ação rescisória, mas sim da decisão que extinguiu o processo. A existência de ação para rever, reformar ou invalidar a tutela antecipada, prevista no art. 304, § 2º, do Novo CPC, não exclui o cabimento da ação rescisória depois de vencido o prazo de dois anos dessa ação, considerando-se a diversidade de natureza, fundamentos e objetivos das duas ações. Em meu entendimento, depois dos dois anos da ação prevista no art. 304, § 2º, do Novo CPC, a sentença terminativa que extinguiu o processo em razão da estabilização não permitirá mais a repropositura da ação, sendo cabível nesse caso a aplicação do art. 966, § 2º, I, do Novo CPC, para justificar o cabimento da ação rescisória. Imagino uma hipótese de colusão das partes para fraudar a lei com o réu deixando de impugnar a concessão de tutela antecipada concedida antecedentemente. Transcorrido o prazo previsto no art. 304, § 5º, do Novo CPC, e tomando o Ministério Público ciência da fraude, não poderá ingressar com ação rescisória? Não me parece correto defender tal inadmissão.

168 Qual a natureza do prazo de dois anos para a ação para rever, reformar ou invalidar a tutela antecipada estabilizada?

Esse prazo, previsto no art. 304, § 5º, do Novo CPC, tem natureza decadencial, a exemplo do que ocorre com o prazo de dois anos da ação rescisória. Sendo decadencial, não se suspende nem se interrompe.

169 O autor terá interesse de agir na ação prevista no art. 304, § 2º, do Novo CPC?

É no mínimo estranho imaginar um autor ingressar com tal ação para reformar ou invalidar a tutela antecipada, porque não há interesse jurídico dele em tais resultados. Rever a tutela antecipada também parece ser algo que interesse mais ao réu do que ao autor, mas nesse caso se deve admitir uma interpretação que permita a legitimidade do autor, até porque o art. 304, § 2º, do Novo CPC prevê que qualquer das partes poderá ingressar com essa ação. Entendo que o autor terá interesse de agir sempre que pretender a tutela definitiva, o que não obtém com a estabilização da tutela antecipada. É verdade que nesse caso poderia ter assim se manifestado no próprio pedido de tutela antecipada antecedente ou ter se valido da tutela antecipada incidental, mas, ainda que incomum, não se deve negar o direito a ele de num primeiro momento obter uma tutela provisória estabilizada e depois buscar sua substituição pela tutela definitiva.

170 **A tutela antecipada concedida incidentalmente se estabiliza?**

Não há estabilização nesse caso, sendo suficientemente claro o art. 304 do Novo CPC ao limitar tal fenômeno processual à tutela antecipada concedida de forma antecedente. Dessa forma, sendo concedida tutela antecipada incidental mesmo que a parte contrária não interponha recurso contra tal decisão, o processo deve seguir adiante, devendo a tutela provisória ser reformada ou confirmada pela tutela definitiva.

171 **Qual é o recurso previsto no art. 304, *caput*, do Novo CPC?**

Não tenho dúvida de que o legislador pensou no agravo de instrumento a ser interposto contra a tutela antecipada requerida de forma antecedente em primeiro grau (art. 1.015, I, do Novo CPC). Mesmo sendo concedida a tutela antecipada antecedente por decisão de primeiro grau, o réu poderá embargar de declaração, meio de impugnação reconhecido como espécie recursal pelo diploma processual. Nesse caso, há interessante questão a respeito da possibilidade de evitar a estabilização da tutela antecipada por meio desse recurso, parecendo possível desde que os embargos de declaração tenham efeitos modificativos ou infringentes, quando se busca a reforma ou anulação da decisão impugnada. Por outro lado, há a possibilidade de a tutela antecipada antecedente ser concedida pelo tribunal de segundo grau no julgamento do agravo de instrumento interposto contra a decisão que rejeitou o pedido do autor. Nesse caso, a decisão concessiva de tutela antecipada pode ser proferida monocraticamente pelo relator, devendo o recurso disposto no art. 304, *caput*, do Novo CPC ser compreendido como o agravo interno previsto no art. 1.021 do Novo CPC. Sendo a decisão colegiada, os recursos cabíveis serão o recurso especial e extraordinário, mas nesse caso parece ser exagerada a exigência de sua interposição para evitar a estabilização da tutela antecipada diante de sua fundamentação vinculada e da restrição do efeito devolutivo, limitado ao direito.

172 O Novo Código de Processo Civil suprimiu a ação cautelar autônoma?

Essa parece ser a impressão generalizada da doutrina, mas uma leitura atenta do capítulo destinado à tutela provisória demonstra que a única ação cautelar autônoma que deixou de existir com o Novo Código de Processo Civil foi a ação incidental, de forma que basta à parte interessada, durante o processo principal, formular o pedido de tutela cautelar de forma incidental, seja na própria petição inicial, seja posteriormente por meio de mera petição. Entendo que a ação cautelar antecedente continua a existir por duas razões. A primeira é que a emenda da petição inicial que veicula pedido cautelar deve ocorrer no prazo de 30 dias da efetivação da tutela cautelar (art. 308, *caput*, do Novo CPC), de forma que, não efetivada a tutela cautelar concedida de forma antecedente, o processo seguirá com o procedimento previsto nos arts. 306 e 307 do Novo CPC, tendo tal processo inegavelmente natureza cautelar. A segunda é a possibilidade de rejeição do pedido de tutela cautelar formulado de forma antecedente, quando não há prazo para a emenda da petição inicial, devendo o processo seguir pelo mesmo procedimento. Nesses dois casos, o pedido será cautelar, a contestação terá como objeto a pretensão cautelar, a eventual prova produzida terá como objeto os fatos que embasam o direito cautelar e a sentença a ser proferida decidirá o pedido cautelar. É evidente, portanto, a natureza cautelar desse processo autônomo.

173 A efetivação da tutela provisória é realizada por cumprimento de sentença ou por processo de execução?

Nos termos do art. 297, parágrafo único, do Novo CPC, a efetivação da tutela provisória observará as normas referentes ao cumprimento provisório da sentença, no que couber. Ao prever o cabimento das regras do cumprimento de sentença à execução da decisão que concede tutela provisória no que couber, o legislador permite que o juiz, em aplicação da tutela diferenciada, adeque o procedimento para atender à urgência da situação quando a tutela provisória concedida for de urgência. Por vezes, seguir o procedimento do cumprimento de sentença é incompatível com o risco de perigo de dano ou de ineficácia do resultado final do processo, o que justifica sua adequação para manter a efetividade da execução e da própria tutela de urgência concedida. No caso de tutela provisória da evidência, por não existir o perigo do tempo, a aplicação do procedimento do cumprimento de sentença não dependerá de adequações.

Ainda existem no sistema cautelares nominadas (típicas)?

No Novo Código de Processo Civil, não existem mais cautelares nominadas, de forma que todo pedido de tutela cautelar depende do preenchimento dos requisitos impostos pelo art. 300, *caput*, do Novo CPC e seguirá o procedimento consagrado nos arts. 305 a 310 do mesmo diploma legal. Por essa razão, é no mínimo curiosa a opção do legislador em continuar a prever algumas espécies de cautelares que eram consideradas típicas pelo CPC/1973 no art. 301 do Novo CPC (arresto, sequestro, arrolamento de bens, registro de protesto contra alienação de bem), ainda mais quando o próprio dispositivo consagra que o rol é exemplificativo ao prever, além dessas medidas típicas, qualquer outra medida idônea para asseguração do direito. Registre-se que em legislação extravagante continuam a existir cautelares nominadas, como ocorre, por exemplo, na Lei de Improbidade Administrativa, com a previsão da cautelar de indisponibilidade (art. 7º da Lei 8.429/1992) e de afastamento temporário de cargo, emprego ou função (art. 20, parágrafo único, da Lei 8.429/1992).

Qual a consequência de não se emendar a petição inicial quando for concedida a tutela provisória de urgência requerida antecedentemente?

Apesar de diferentes prazos e termos iniciais, a consequência de não se emendar a petição inicial quando concedida tutela provisória de urgência requerida de forma antecedente é a mesma: a extinção terminativa do processo por indeferimento da petição inicial com a consequente revogação da tutela concedida. Para a tutela antecipada, há previsão expressa nesse sentido no art. 303, § 2º, do Novo CPC, e, para a tutela cautelar, essa é a conclusão derivada do art. 309, I, do mesmo diploma legal.

176 **O pedido de tutela de urgência antecedente tem valor da causa?**

Quanto à tutela antecipada, o art. 303, § 4º, do Novo CPC prevê expressamente que na petição inicial o autor terá de indicar o valor da causa, que deve levar em consideração o pedido de tutela final. Não existe uma previsão como essa para a tutela cautelar antecedente, mas parece ser também essa a realidade em razão do disposto no art. 308, *caput*, do Novo CPC no sentido de que a emenda da petição inicial para transformar o pedido cautelar em pedido principal não depende do aditamento de novas custas processuais, dando a entender que elas já foram recolhidas tomando como base um valor da causa que considere o valor do pedido de tutela final (Enunciado 44 da I Jornada de Direito Processual Civil do CJF: "É requisito da petição inicial da tutela cautelar requerida em caráter antecedente a indicação do valor da causa").

177 **Qual o juízo competente para a ação de revisão, reforma ou invalidação da tutela antecipada estabilizada?**

Nos termos do art. 304, § 4º, do Novo CPC, o juízo em que a tutela antecipada antecedente foi concedida é prevento para essa ação, tratando-se de competência funcional, de natureza absoluta. A literalidade do dispositivo merece, entretanto, um reparo, já que, sendo concedida a tutela antecipada antecedente por decisão monocrática do relator em agravo de instrumento interposto contra decisão denegatória proferida em primeiro grau e não sendo interposto agravo interno, a tutela antecipada se estabiliza em segundo grau de jurisdição. Nesse caso, entretanto, a competência para a ação de revisão, reforma ou invalidação da tutela antecipada estabilizada não será do tribunal, mas do juízo de primeiro grau que indeferiu o pedido formulado pelo autor.

178 **Há relevância prática na distinção entre tutela cautelar e tutela antecipada?**

Entendo que tal distinção tem significativa relevância somente quando o pedido de tutela de urgência é formulado de forma antecedente. Primeiro, porque no caso de concessão da tutela o prazo e o termo inicial de sua contagem para o aditamento da petição inicial que evita a extinção do processo são diferentes: na tutela antecipada, o prazo é de 15 dias – ou outro que o juiz fixar – da intimação do autor da concessão da tutela (art. 303, § 1º, I, do Novo CPC), enquanto no caso de tutela cautelar o prazo é de 30 dias da data da efetivação da medida cautelar (art. 308, *caput*, do Novo CPC). Segundo, porque as consequências para o caso de indeferimento do pedido são diferentes: na tutela antecipada, cabe ao autor emendar a petição inicial, formulando seu pedido de tutela principal, sob pena de extinção terminativa do processo (art. 303, § 6º, do Novo CPC), enquanto na tutela cautelar não há necessidade de emendar a petição inicial, devendo o processo seguir normalmente com o procedimento previsto nos arts. 306 e 307 do Novo CPC. Por fim, somente a tutela antecipada pode se estabilizar, nos termos do art. 304 do Novo CPC. Sendo o pedido formulado de forma incidental, a distinção é irrelevante, porque nesse caso não há qualquer diferença procedimental.

179

Há fungibilidade entre a tutela antecipada e a cautelar?

O art. 305, parágrafo único, do Novo CPC prevê que, se o pedido de tutela cautelar formulado de forma antecedente tiver natureza de tutela antecipada, o juiz deverá receber um pelo outro e passar a seguir o procedimento dessa espécie de tutela de urgência. Ainda que não exista previsão em sentido contrário, sendo a fungibilidade fenômeno de "mão dupla", também é aplicável ao pedido antecedente de tutela antecipada com natureza cautelar. Nesse caso, em razão dos diferentes prazos e termos iniciais para o aditamento da petição inicial quando a tutela é concedida, bem como das diferentes consequências para a hipótese de indeferimento do pedido e da eventual estabilização, o juiz deve, se for o caso, aplicar a fungibilidade antes de apreciar o pedido do autor, dando segurança às partes a respeito das providências a serem tomadas a partir da prolação da decisão judicial a respeito do pedido.

Processo/Fase de Conhecimento

1

PETIÇÃO INICIAL

- Em razão do princípio da inércia da jurisdição (art. 2º do Novo CPC), o início do processo depende de inciativa da parte por meio do protocolo de petição inicial.
- A petição inicial é ato processual solene, devendo preencher os requisitos formais do art. 319 do Novo CPC.

180 **Caso o autor não tenha condições de qualificar o réu, como deve proceder?**

O art. 319, § 1º, do Novo CPC permite que o autor, quando não tiver acesso a todos os dados necessários para a qualificação do réu, requeira em sua petição inicial que o juiz diligencie para tal obtenção. É natural que tal requerimento só faz sentido quando os dados pretendidos não puderem ser obtidos pelo autor, dependendo-se, dessa forma, de determinação judicial.

181 **É cabível o indeferimento da petição inicial em razão de qualificação incompleta?**

Num primeiro momento, deve-se considerar que a qualificação deficitária é vício sanável, sendo, portanto, caso de intimação do autor para a emenda da petição inicial e não de seu indeferimento. Mas o processo pode seguir mesmo sem tal emenda, ou seja, mesmo com a qualificação deficitária do réu, porque o art. 319, § 2º, do Novo CPC prevê que, sendo os dados indicados na petição inicial suficientes para a realização da citação do réu, o procedimento deve seguir adiante. Nesse caso, o réu, ao ser citado e integrado ao processo, terá a oportunidade de se autoqualificar.

182 A exigência de qualificação das partes pode impedir o exercício do direito de ação?

Por vezes é impossível ou extremamente difícil ao autor qualificar o réu nos termos do art. 319, II, do Novo CPC. Tal circunstância se verifica quando o polo passivo é formado por muito sujeitos e nem sempre com boa vontade para serem identificados nos termos da lei, como, por exemplo, em ações possessórias promovidas contra grande número de esbulhadores. Exigir do autor nesse caso a qualificação de todos os réus representaria uma impossibilidade material para a propositura da ação. Nesse sentido, é elogiável o art. 319, § 3º, ao prever a dispensa da qualificação nos termos do art. 319, II, do Novo CPC quando a obtenção dos dados dos réus necessários à sua qualificação tornar impossível ou excessivamente oneroso o acesso à justiça.

183 Cabe ao autor em sua petição inicial indicar o valor pretendido a título de reparação por dano moral?

Na vigência do CPC/1973, o Superior Tribunal de Justiça pacificou o entendimento de ser o pedido de condenação em dano moral genérico, ou seja, dispensava-se o autor de indicar o valor pretendido. Apesar de divergência doutrinária a respeito do tema, entendo que com o Novo Código de Processo Civil não exista mais essa possibilidade, devendo o autor formular nesse caso pedido determinado, com a expressa indicação do valor pretendido. Nos termos do art. 292, V, do Novo CPC, na ação indenizatória, inclusive a fundada em dano moral, o valor da causa será o do valor pretendido, sendo a interpretação mais correta do dispositivo legal aquela que aponta para a exigência de pedido determinado, já que não teria sentido o autor deixar o arbitramento do valor ao juízo porque nesse caso não se poderia dar o valor da causa conforme a exigência do dispositivo legal.

184 Caso o autor pretenda discutir apenas uma parte do contrato, qual será o valor da causa?

O art. 292, II, do Novo CPC consagrou entendimento doutrinário e jurisprudencial formado na vigência do CPC/1973 no sentido de que na ação que tiver por objeto a existência, a validade, o cumprimento, a modificação, a resolução, a resilição ou a rescisão de ato jurídico, o valor da causa será o valor do ato ou o de sua parte controvertida.

185 **Como deve proceder o autor que não deseja a realização da audiência de mediação e conciliação prevista no art. 334 do Novo CPC?**

Nesse caso, o art. 319, VII, do Novo CPC prevê que cabe ao autor, já em sua petição inicial, indicar sua opção pela não realização da audiência, sem necessidade de justificar sua opção. Embora entenda que não se trata de prazo preclusivo, podendo o autor se manifestar nesse sentido após a propositura da ação, em especial se o réu, mesmo diante da omissão do autor em sua petição inicial, manifestar-se expressamente contra a realização da audiência, o mais seguro é o autor se manifestar nesse sentido já na petição inicial. Essa manifestação, inclusive, já demonstra ao réu, ao ser citado, as pretensões do autor, o que poderá incentivá-lo a se manifestar no mesmo sentido.

2

POSTURA DO JUIZ DIANTE DA PETIÇÃO INICIAL

a) EMENDA DA PETIÇÃO INICIAL

- Havendo vício sanável na petição inicial, o juiz deve intimar o autor para emendá-la.
- A emenda da petição inicial é um direito do autor, sendo nulo o indeferimento da petição inicial sem que seja dada tal oportunidade ao autor.

186

Qual o prazo para a emenda da petição inicial?

Nos termos do art. 321, *caput*, do Novo CPC, o prazo para a emenda da petição inicial é de 15 dias. Esse prazo pode ser dilatado por convenção das partes (negócio jurídico processual consagrado no art. 190 do Novo CPC) ou pelo juiz (poder do juiz previsto no art. 139, VI, do Novo CPC). No caso de emenda para que conste da petição inicial o endereço do advogado do autor, o prazo é de cinco dias, nos termos do art. 106, § 1º, do Novo CPC.

187

É cabível o recurso de embargos de declaração da decisão que determina a emenda da petição inicial sem especificar o vício a ser saneado?

O art. 321, *caput*, do Novo CPC exige que o juiz, ao determinar a emenda da petição inicial, indique com precisão o que deve ser corrigido ou completado, de forma que, não procedendo dessa maneira, a decisão que determinar a emenda será omissa, sendo impugnável por embargos de declaração com fundamento no art. 1.022, II, do Novo CPC. Registre-se que cabe ao juiz apenas apontar o vício a ser saneado ou a irregularidade a ser corrigida, enquanto é função do advogado descobrir como isso deve ser feito no caso concreto.

188

É cabível a emenda da emenda da petição inicial?

Há lição doutrinária no sentido de que se o autor realizar uma emenda parcial, ou seja, melhorar a qualidade formal de sua petição inicial, mas ainda não a ponto de saneá-la por completo, deverá ter uma segunda chance para complementar a emenda da petição inicial. Trata-se da chamada emenda sucessiva da petição inicial. O Superior Tribunal de Justiça, entretanto, tem precedente em sentido contrário, no qual, inclusive, afirma que o princípio da primazia no julgamento do mérito (arts. 4º, 139, IX, e 317 do Novo CPC) não permite a concessão sucessiva de chances para a parte sanear o vício e com isso evitar a extinção do processo sem resolução do mérito (STJ, 1ª Seção, AgInt na AR 5.303/BA, Rel. Min. Assusete Magalhães, j. 11/10/2017, *DJe* 24/10/2017).

189

Cabe agravo de instrumento contra o pronunciamento que determina a emenda da petição inicial?

Acesse o **QR Code** e assista à aula explicativa sobre este assunto.

https://goo.gl/Kw29yl

b) INDEFERIMENTO DA PETIÇÃO INICIAL

– O indeferimento da petição inicial é sempre liminar, antes da citação do réu.

- Pode ser total ou parcial.

- Em respeito ao disposto no art. 9º, *caput*, do Novo CPC, antes de indeferir a petição inicial o juiz deve intimar o autor para que possa se manifestar sobre o vício que pode levar à extinção do processo.

190 **Há novidades no Novo Código de Processo Civil quanto aos vícios que tornam a petição inicial inepta?**

A impossibilidade jurídica do pedido deixou de ser causa de inépcia da petição inicial porque não está mais prevista como condição da ação pelo Novo Código de Processo Civil. No inciso II do § 1º do art. 330 do Novo CPC foi incluída nova hipótese de inépcia da petição inicial: a elaboração de pedido genérico quando a lei exige o pedido determinado. Entendo que o legislador exagerou, porque o vício descrito no dispositivo legal é sanável, podendo o autor na emenda da petição inicial transformar seu pedido genérico em pedido determinado. Trata-se, portanto, de hipótese de emenda e não de indeferimento da petição inicial, mas, com a previsão expressa da lei no segundo sentido, é possível a um juiz mais formal a extinção do processo sem a concessão de oportunidade ao autor para a emenda da petição inicial.

191 **Na hipótese de o juiz não se retratar de sua sentença que indefere a petição inicial, o réu deve ser citado para contrarrazoar a apelação do autor?**

Diferentemente do que ocorria no CPC/1973, o art. 331, § 1º, do Novo CPC prevê que, não havendo retratação do juiz diante da apelação interposta pelo autor, o réu será citado para responder ao recurso. Essa oportunidade de participação do réu no julgamento da apelação o vincula ao seu resultado, ainda que não tenha se manifestado por meio de contrarrazões.

c) JULGAMENTO LIMINAR DE IMPROCEDÊNCIA

- Trata-se de julgamento de rejeição do pedido antes da citação do réu (julgamento antecipadíssimo do mérito).

- Forma de julgamento liminar destinada aos processos repetitivos.

- Além de julgados fundados em súmulas e precedentes com eficácia vinculante, o julgamento liminar de improcedência pode ter como fundamento a prescrição e a decadência.

 **Que tipo de precedente legitima o julgamento liminar de improcedência?**

Nos termos do art. 332, II e III, do Novo CPC, o julgamento liminar de improcedência pode ter como fundamento os precedentes criados em julgamento de casos repetitivos (recurso especial e extraordinário repetitivos e Incidente de Resolução de Demandas Repetitivas (IRDR)) e de Incidente de Assunção de Competência (IAC). Por questão de lógica sistêmica, parece ser também possível tal forma de julgamento de liminar com fundamento nos precedentes previstos nos incisos I e V do art. 927 do Novo CPC, considerando-se sua eficácia vinculante. Não tão abrangente como o defendido no texto, há ampliação das hipóteses de julgamento liminar de improcedência no Enunciado 22 da I Jornada de Direito Processual Civil do CJF: "Em causas que dispensem a fase instrutória, é possível o julgamento de improcedência liminar do pedido que contrariar decisão do Supremo Tribunal Federal em controle concentrado de constitucionalidade ou enunciado de súmula vinculante".

d) CITAÇÃO

- A citação é o ato de comunicação processual por meio do qual o réu é integrado à relação jurídica processual.
- Nem sempre é necessária, porque o julgamento pode ser liminar (indeferimento da petição inicial e julgamento liminar de improcedência) e o réu pode se integrar ao processo voluntariamente.
- Pode ser realizada por via postal, por oficial de justiça, por edital ou por meio eletrônico.

 **Como ficou a interrupção da prescrição no Novo Código de Processo Civil?**

O art. 240, *caput*, do Novo CPC não prevê mais a interrupção da prescrição como efeito da citação, mas o tema é tratado nos parágrafos do dispositivo legal. Nos termos do § 1º, a interrupção da prescrição, operada pelo despacho que ordena a citação, ainda que proferido por juízo incompetente, retroagirá à data de propositura da ação. O problema é que, nos termos do § 2º, caso o autor não cumpra o prazo de 10 dias para a citação por sua desídia, não se aplica o dispositivo no parágrafo anterior, de forma que nesse caso não haverá no diploma legal previsão de qual ato interrompe a prescrição. O problema é seríssimo, porque, da forma como está o art. 240 do Novo CPC, passaríamos a ter uma forma de prescrição intercorrente na fase de conhecimento, o que é de todo indesejável, sendo mais crível acreditar que mesmo sem previsão expressa a doutrina e a jurisprudência continuem a entender que, sendo a citação realizada depois do prazo legal por culpa do autor, será desse ato interrompida a prescrição. É verdade que o problema é parcialmente resolvido pela combinação dos arts. 240, *caput*, do Novo CPC e 202, V, do CC, já que o primeiro vê como efeito da prescrição a constituição do devedor em mora, e o segundo prevê que qualquer ato judicial que constitua o devedor em mora interrompe a prescrição. Ocorre, entretanto, que essa solução é apenas parcial, considerando as inúmeras hipóteses em que não é a citação que constitui o devedor em mora, conforme disposto nos arts. 397 e 398 do CC, dispositivos, inclusive, previstos pelo próprio *caput* do art. 240 do Novo CPC.

194 **A teoria da aparência na citação da pessoa jurídica foi consagrada no Novo Código de Processo Civil?**

A teoria da aparência foi construída pela doutrina e jurisprudência na vigência do CPC/1973 para validar citação da pessoa jurídica realizada em pessoa sem poderes legais de representação, mas que exerça função em que aparente ter tais poderes. A teoria foi consagrada pelo art. 248, § 2º, do Novo CPC ao prever que, sendo o citando pessoa jurídica, será válida a entrega do mandado a pessoa com poderes de gerência geral ou de administração.

195 **Foi consagrada no Novo Código de Processo Civil a teoria do risco na citação da pessoa jurídica?**

A teoria do risco foi construída pela doutrina e jurisprudência na vigência do CPC/1973 para validar citação da pessoa jurídica realizada em pessoa sem poderes legais de representação, mas que seja responsável pelo recebimento da correspondência. A teoria foi consagrada pelo art. 248, § 2º, do Novo CPC ao prever, que sendo o citando pessoa jurídica, será válida a entrega do mandado a funcionário responsável pelo recebimento de correspondências.

196 **O réu domiciliado em condomínios edilícios ou loteamentos com controle de acesso pode ser citado na pessoa do funcionário da portaria responsável pelo recebimento de correspondência?**

É nesse sentido a previsão do art. 248, § 4º, do Novo CPC, sendo que nesse caso o funcionário da portaria responsável pelo recebimento de correspondência poderá recusar o recebimento, se declarar, por escrito, sob as penas da lei, que o destinatário da correspondência está ausente. É no mínimo intrigante imaginar porteiros e carteiros autodidatas travando uma discussão a respeito de tal dispositivo legal. A questão mais relevante diz respeito a ser tal forma de citação real ou ficta. Ainda que a doutrina majoritária venha entendendo tratar-se de citação real, mantendo-se, assim, a tradição da citação por via postal, julgo que tal citação é ficta, não sendo possível ter a certeza de ciência do réu da existência do processo. A relação entre o responsável pelo recebimento da correspondência e uma pessoa jurídica justifica a teoria do risco, porque nesse caso esta assume o risco de a correspondência não ser entregue a quem de direito por seu funcionário. A relação entre o condômino e o porteiro, entretanto, é bem diferente, sendo exagero injustificável a aplicação nesse caso da teoria do risco.

197 **No Novo Código de Processo Civil continua o autor podendo optar pela citação por oficial de justiça?**

A via postal continua a ser a forma preferencial de citação, mas o autor pode requerer no caso concreto a citação por oficial de justiça. A novidade é que, nos termos do art. 247, V, do Novo CPC, o requerimento do autor nesse sentido deve ser fundamentado, ou seja, o autor deve convencer o juiz de que no caso concreto é preferível realizar-se a citação por oficial de justiça em vez da via postal. Entendo que a justificativa não precise ser devidamente comprovada, bastando a indicação de indícios que apontem a superioridade da citação por oficial de justiça.

198 **Houve mudança na citação por hora certa?**

Há apenas duas inovações, sendo que apenas uma delas pode ser considerada efetivamente uma novidade. O porteiro passa a constar expressamente do rol dos sujeitos que podem servir eventualmente ao juízo avisando o réu do retorno do oficial de justiça no primeiro dia útil subsequente em horário predeterminado (art. 252, parágrafo único, do Novo CPC). As diligências frustradas passam de três para duas, nos termos do art. 252, *caput*, do Novo CPC.

199 **É possível a citação por meio eletrônico de qualquer réu em qualquer processo?**

Em tese, sempre que o polo passivo for composto por pessoa jurídica, salvo nos casos de microempresas e empresas de pequeno porte, a citação, independentemente da espécie de processo, deve ser realizada preferencialmente por meio eletrônico, nos termos do art. 246, § 1º, do Novo CPC. Para tanto, tais pessoas jurídicas devem cadastrar seus endereços eletrônicos nos termos dos arts. 1.050 e 1.051 do Novo CPC, porque, sem que os tribunais disponibilizem tais cadastros, a citação por meio eletrônico se inviabiliza.

200 **Qual a consequência de a pessoa jurídica deixar de cadastrar perante o Poder Judiciário seu endereço eletrônico?**

Não há consequência específica prevista em lei, mas, tratando-se de medida extremamente saudável para agilizar ato processual que nem sempre é realizado de forma rápida nem simples, é possível tipificar a conduta da pessoa jurídica, em cada processo em que figurar como réu, no art. 80, IV, do Novo CPC, considerando-se que sua omissão em se cadastrar cria uma injustificável resistência ao andamento do processo. Nesse caso, será aplicável, em cada processo, a multa de até 10% do valor da causa prevista no art. 81, *caput*, do Novo CPC.

3

AUDIÊNCIA DE CONCILIAÇÃO E MEDIAÇÃO

- A audiência de conciliação e mediação será realizada antes do início da contagem do prazo de contestação.
- Seu pleno funcionamento depende de Centros de solução consensual dos conflitos devidamente estruturados.

201

A audiência de mediação e conciliação é obrigatória?

O art. 334, § 4º, do Novo CPC elenca as duas hipóteses em que a audiência não será realizada, mas entendo ser inaplicáveis tais previsões às ações de família por conta do disposto no art. 695, *caput*, do Novo CPC, quando sua realização será obrigatória. Não ocorrerá a audiência mencionada no art. 334 do Novo CPC se ambas as partes se manifestarem expressamente contra sua realização, sendo o dispositivo claro – embora infeliz nesse ponto – da insuficiência da resistência de apenas uma das partes. Também não será realizada a audiência se o direito versado no processo não admitir autocomposição, o que não se confunde com direitos indisponíveis, que podem ser objeto de autocomposição na forma, no modo e no tempo de seu exercício. Há interessante Enunciado da I Jornada de Direito Processual Civil do CJF (nº 24) interpretando de forma ampliativa a hipótese de não realização de audiência prevista no art. 334, § 4º, II, do Novo CPC: "Havendo a Fazenda Pública publicizado ampla e previamente as hipóteses em que está autorizada a transigir, pode o juiz dispensar a realização da audiência de mediação e conciliação, com base no art. 334, § 4º, II, do CPC, quando o direito discutido na ação não se enquadrar em tais situações".

202 **Onde será realizada a audiência de conciliação e mediação?**

A regra é de que a audiência seja realizada no Centro de solução consensual de conflitos vinculados ao juízo. Nos termos do art. 334, § 1º, do Novo CPC, o conciliador ou mediador, onde houver (Enunciado 23 da I Jornada de Direito Processual Civil do CJF: "Na ausência de auxiliares da justiça, o juiz poderá realizar a audiência inaugural do art. 334 do CPC, especialmente se a hipótese for de conciliação"), atuará necessariamente na audiência de conciliação ou de mediação, o que dá a entender que nos locais onde não exista o Centro de solução consensual dos conflitos a audiência deve se realizar no juízo em que tramita o processo, sendo conduzida pelo juiz. A notória falta de estrutura para a realização dessa audiência por conciliadores e mediadores vem fazendo com que frequentemente o juiz deixe de designá-la, citando-se o réu para contestar em 15 dias, como se o procedimento comum previsto pelo Novo Código de Processo Civil continuasse a ser o procedimento ordinário do CPC/1973.

203 **Qual o momento adequado para o réu se manifestar contra a realização da audiência de mediação e conciliação?**

Nos termos do art. 334, § 5º, do Novo CPC, cabe ao réu, por meio de petição, manifestar-se contra a realização da audiência com pelo menos 10 dias de antecedência da data da audiência. Teria sido mais adequado que esse prazo tivesse termo inicial na citação do réu, o que pode, inclusive, levar juízes no caso concreto a fixar tal prazo no mandado de citação. Entendo, entretanto, que, apesar de preferível, a fixação de prazo com termo inicial da citação significa redução do prazo do réu, o que só pode ser admitido com sua expressa anuência.

204 **Pode o réu alegar desinteresse na realização da audiência do art. 334 do Novo CPC mesmo que o autor não tenha se manifestado nesse sentido em sua petição inicial?**

Acredito que sim, ainda que num primeiro momento essa manifestação possa parecer inútil porque a não realização da audiência depende de manifestação nesse sentido de ambas as partes (art. 334, § 4º, I, do Novo CPC). Essa manifestação, entretanto, pode ser elaborada com um pedido de intimação do autor para que se manifeste, diante da recusa do réu, se ainda assim pretende a realização da audiência. Entendo que nesse caso o autor possa perder a motivação de participar de uma audiência em tese predestinada a frustração, podendo também se manifestar contra a realização da audiência.

205 **Como deve ser encarada a vontade de não realização da audiência de mediação e conciliação se houver litisconsortes no processo?**

Nos termos do art. 334, § 6º, do Novo CPC, havendo litisconsórcio, o desinteresse na realização da audiência deve ser manifestado por todos os litisconsortes.

206 **A parte pode deixar de comparecer à audiência de mediação e conciliação?**

O comparecimento da parte na audiência é tratado como dever pelo art. 334, § 8º, do Novo CPC, ao prever que o não comparecimento injustificado do autor ou do réu à audiência de conciliação é considerado ato atentatório à dignidade da justiça e será sancionado com multa de até dois por cento da vantagem econômica pretendida ou do valor da causa, revertida em favor da União ou do Estado. Mesmo para a parte que se manifestou contra a realização da audiência haverá o dever de comparecer, o que me parece um exagero legislativo fruto da verdadeira paranoia em torno das formas consensuais de solução do conflito. Quanto ao tema, o Enunciado 26 da I Jornada de Direito Processual Civil do CJF prescreve que "a multa do § 8º do art. 334 do CPC não incide no caso de não comparecimento do réu intimado por edital".

207 O art. 27 da Lei 13.140/2015 não tornou a audiência de mediação e conciliação obrigatória?

Acesse o **QR Code** e assista à aula explicativa sobre este assunto.

https://goo.gl/62gFaV

208 Qual a consequência de o advogado deixar de comparecer à audiência de mediação e conciliação?

O art. 334, § 9º, do Novo CPC prevê que as partes devem estar acompanhadas por seus advogados ou defensores públicos na audiência do art. 334 do mesmo diploma legal. Entendo que, sendo a autocomposição um ato da parte, que não depende da presença de advogado, a audiência poderia ser realizada mesmo com as partes desassistidas. A previsão do art. 334, § 9º, do Novo CPC, entretanto, conspira contra tal solução, dando a entender que a presença do advogado da parte é obrigatória. Diante de tal exigência, parece ser a melhor solução a indicação de um advogado dativo para participar da audiência auxiliando a parte que comparecer a ela sem advogado constituído.

209 A parte pode ser representada por preposto na audiência de conciliação e mediação?

É nesse sentido o art. 334, § 10, do Novo CPC ao prever que a parte poderá constituir representante, por meio de procuração específica, com poderes para negociar e transigir. Ainda que se possa afirmar que sem a presença da parte pode-se contrariar princípios fundamentais das formas consensuais de solução do conflito, em especial a mediação, a opção legislativa é clara e não tem como ser ignorada. Dessa forma, comparecendo à audiência representante nos termos do art. 334, § 10, do Novo CPC, a audiência deve ser realizada normalmente, sendo inaplicável nesse caso a sanção prevista no § 8º do mesmo dispositivo legal.

210

Existe impedimento profissional para o advogado que atua como mediador ou conciliador?

Estará impedido de exercer a advocacia nos juízos em que exerça suas funções. O impedimento poderá diminuir o interesse dos advogados naquelas comarcas menores, onde o advogado teria que optar entre as atividades: advocacia ou mediação e conciliação, sendo difícil crer que o advogado abrirá mão da advocacia para se limitar à atividade de solução consensual de conflitos.

O disposto no art. 167, § 5º, do Novo CPC, merece uma interpretação restritiva. Primeiro, não se pode confundir juízo (vara) com foro, de forma que a atuação do advogado-mediador/conciliador está liberada em varas não vinculadas à sua atividade de mediador/conciliador, ainda que do mesmo foro em que a exerça. Por outro lado, deve haver algum tipo de relacionamento entre o mediador/conciliador e o juiz da causa, porque se as atividades de mediação e conciliação forem realizadas sem qualquer relação com o juiz da causa, não se justifica a causa de impedimento.

4

RESPOSTAS DO RÉU

– As diferentes espécies de respostas do réu foram concentradas na contestação.

211 **Não há mais reconvenção no Novo Código de Processo Civil?**

A reconvenção está mantida no art. 343 do Novo CPC. A novidade é que passa a ser alegada na própria contestação e não mais por petição inicial autônoma. Mantém, entretanto, sua natureza de ação do réu contra o autor e sua autonomia com relação à ação originária (art. 343, § 2º, do Novo CPC).

212 **O réu pode reconvir sem contestar?**

Essa possibilidade está expressamente consagrada no art. 343, § 6º, do Novo CPC. Nesse caso, bastante raro na praxe forense, surge interessante questionamento a respeito da forma da reconvenção, porque, não sendo apresentada contestação, naturalmente a reconvenção não poderá ser um tópico dessa defesa do réu. Entendo que nesse caso, em razão da natureza jurídica de ação da reconvenção, o mais adequado é o réu reconvir por meio de uma petição inicial. Uma mera petição, sem os requisitos formais do art. 319 do Novo CPC, deve levar o juiz a intimar o autor para emendá-la nos termos do art. 321 do Novo CPC.

213 **A reconvenção tem valor da causa?**

Com a reconvenção sendo elaborada na própria contestação, pode parecer estranho ter o réu que atribuir valor à causa, mas, tendo mantido sua natureza jurídica de ação, parece não caber outra solução.

214 **Houve ampliação das preliminares alegáveis em sede de contestação?**

Matérias que no CPC/1973 eram alegadas por peça autônoma passam a ser alegáveis como matéria preliminar de contestação no Novo Código de Processo Civil: impugnação ao valor da causa, impugnação a concessão da gratuidade da justiça e incompetência relativa.

215 **Havendo audiência de conciliação e mediação, quando se inicia a contagem do prazo de defesa do réu?**

Caso as partes resolvam seu conflito por autocomposição, não haverá oportunidade de o réu apresentar contestação, sendo extinto o processo por sentença de mérito nos termos do art. 487, III, "b", do Novo CPC. Não havendo autocomposição, o termo inicial de contestação, nos termos do art. 335, I, do Novo CPC, é a data da audiência, mesmo que o réu não tenha comparecido.

216 **Caso não haja audiência de conciliação e mediação, quando se inicia a contagem do prazo de defesa do réu?**

Há duas possibilidades de a audiência não ser realizada, nos termos do art. 334, § 4º, do Novo CPC. Havendo manifestação expressa das partes por sua não realização, o termo inicial do prazo de contestação é o protocolo do pedido de cancelamento da audiência de conciliação ou de mediação apresentado pelo réu (art. 335, II, do Novo CPC). Não ocorrendo audiência de conciliação e mediação porque o direito versado no processo não admite autocomposição, o termo inicial do prazo para a contestação é regido pelo art. 231 do Novo CPC combinado com o art. 335, III, do Novo CPC, sendo nesse caso o réu citado para contestar em 15 dias.

A decisão que extingue prematuramente a reconvenção sem resolução do mérito é recorrível?

O art. 354, parágrafo único, do Novo CPC prevê que no caso de a decisão fundada no art. 485 do Novo CPC dizer respeito a apenas parcela do processo, será cabível contra ela agravo de instrumento. Apesar de a norma estar disposta no Capítulo do julgamento conforme o estado do processo, deve ser aplicável para tal espécie de decisão quando proferida a qualquer tempo do processo. A decisão que extingue prematuramente a reconvenção sem resolução de mérito diz respeito a apenas parcela do processo – na realidade a uma das ações num processo objetivamente complexo – e por isso é recorrível por agravo de instrumento.

A decisão que extingue prematuramente a reconvenção com resolução do mérito é recorrível?

Essa decisão interlocutória é recorrível por agravo de instrumento, nos termos do art. 1.015, II, do Novo CPC.

É admissível na reconvenção formar litisconsórcio com terceiro que não faça parte do processo?

Essa possibilidade está expressamente prevista nos §§ 3º e 4º do art. 343 do Novo CPC, podendo o réu, ao reconvir, formar um litisconsórcio com terceiro no polo ativo da reconvenção, bem como formar um litisconsórcio passivo do autor da ação originária com terceiro.

5

PROVIDÊNCIAS PRELIMINARES E JULGAMENTO CONFORME O ESTADO DO PROCESSO

– As providências preliminares tratam dos efeitos da revelia e do cabimento da réplica.

– O julgamento conforme o estado do processo cuida do julgamento antecipado do mérito, total ou parcial, e do saneamento e organização do processo.

 220

O juiz pode decidir apenas parcela do mérito e deixar o restante para decisão posterior?

Trata-se do julgamento antecipado parcial do mérito, previsto no art. 356 do Novo CPC. Assim, se um ou mais dos pedidos formulados, ou parcela deles, se mostrarem incontroversos, caberá essa forma de julgamento parcial do mérito, devendo-se entender que nesse caso o réu reconhece parcialmente o pedido e o juiz profere decisão interlocutória de mérito meramente homologatória (art. 487, III, "a", do Novo CPC). Também será cabível o julgamento antecipado parcial do mérito quando parcela do pedido ou um ou mais dos pedidos cumulados estiverem prontos para imediato julgamento, nos termos do art. 355 do Novo CPC (Enunciado 27 da I Jornada de Direito Processual Civil do CJF: "Não é necessário o anúncio prévio do julgamento do pedido nas situações do art. 355 do CPC"). Nesse caso, trata-se de genuína decisão de mérito, por meio da qual o juiz acolhe ou rejeita parcela da pretensão do autor. O restante do mérito será posteriormente decidido por meio de sentença, salvo se houver mais um fracionamento do julgamento do mérito, quando antes da sentença haverá a prolação de mais uma decisão interlocutória de mérito.

221 **É cabível recurso contra a decisão que julga parcialmente o mérito?**

Nos termos do art. 356, § 5º, do Novo CPC, dessa decisão interlocutória de mérito cabe agravo de instrumento, o que se poderia concluir da mera leitura do art. 1.015, II, do Novo CPC. Caso a parte não agrave da decisão, ela transitará em julgado, sendo gerada, inclusive, coisa julgada material, de forma que não será cabível nesse caso o disposto no art. 1.009, § 1º, do Novo CPC.

222 **A decisão de julgamento antecipado de mérito pode ser imediatamente executada?**

O art. 356, § 2º, do Novo CPC prevê que a parte poderá liquidar ou executar, desde logo, a obrigação reconhecida na decisão que julgar parcialmente o mérito, independentemente de caução, ainda que haja recurso contra esta interposto. Apesar de se tratar de cumprimento provisório de sentença, o dispositivo expressamente dispensa a prestação de caução, sugerindo tratar-se de mais uma hipótese de seu afastamento além daquelas previstas pelo art. 521 do Novo CPC. Ainda que pareça realmente não ter sentido a previsão legal, a norma é clara, sendo incorreto o Enunciado 49 da ENFAM, que equivocadamente defende que a dispensa vale somente para o início do cumprimento, devendo-se aplicar ao caso o exposto no art. 520, IV, do Novo CPC. Nenhum cumprimento de provimento de sentença depende de prestação de caução para ser iniciado, e, ao se adotar o Enunciado 49 da ENFAM, a dispensa da caução prevista no art. 356, § 2º, do Novo CPC será letra morta.

223 **Na decisão interlocutória de julgamento antecipado parcial do mérito é cabível a fixação de honorários advocatícios?**

Tratando-se de decisão que resolve definitivamente uma parcela do mérito, não há dúvida de que serão devidos honorários advocatícios nos limites do julgamento parcial. É nesse sentido o Enunciado 5 da I Jornada de Direito Processual Civil, que inclusive vai mais longe ao consagrar também o cabimento de fixação de honorários advocatícios em decisão terminativa parcial: "Ao proferir decisão parcial de mérito ou decisão parcial fundada no art. 485 do CPC, condenar-se-á proporcionalmente o vencido a pagar honorários ao advogado do vencedor, nos termos do art. 85 do CPC".

224 O saneamento e a organização do processo serão realizados por escrito ou oralmente em audiência?

A regra é que ocorra de forma escrita, prevendo o art. 357, § 3º, do Novo CPC a audiência somente quando haja na causa complexidade em matéria de fato ou de direito. Entendo que, mesmo não havendo tal complexidade, o juiz poderá designar audiência com o objetivo de sanear e organizar o processo em conjunto com as partes, mas com o abarrotamento das pautas de audiência é mais provável que o contrário ocorra, ou seja, que, mesmo havendo complexidade em matéria de fato ou de direito, o saneamento e a organização do processo sejam realizados por escrito.

225 As partes podem contribuir com o juiz no saneamento do processo?

Sendo realizado em audiência, é possível que o saneamento ocorra em cooperação entre as partes, quando o juiz, nos termos do art. 357, § 3º, do Novo CPC, as convidará a integrar ou esclarecer suas alegações. Trata-se do chamado "saneamento compartilhado", fundado no princípio da cooperação expressamente consagrado no art. 6º do Novo CPC. Ainda que o saneamento nesse caso possa ser feito em conjunto com as partes, a palavra final, naturalmente, é sempre do juiz.

226 As partes podem no saneamento do processo, por acordo de vontade, limitar as questões fáticas e jurídicas que serão apreciadas pelo juiz?

O art. 357 do Novo CPC permite que as partes apresentem ao juiz, para homologação, delimitação consensual das questões de fato e de direito, dando a entender que nesse caso o negócio jurídico será plurilateral, ou seja, além do acordo de vontade das partes o juiz também deve concordar, sem o que não homologará o negócio jurídico processual bilateral celebrado por elas. Quanto à delimitação dos fatos, entendo não haver maiores problemas, até porque, se os fatos a serem analisados são somente aqueles levados ao juiz pelas partes, é possível sua exclusão por acordo de suas vontades. Quanto às questões de direito, entretanto, vejo a disposição com maior resistência, porque sugere um afastamento – ou ao menos um abrandamento – dos brocardos do *iura novit curia* e *dahim factum dabo tibi ius*. Dessa forma, se o juiz entender que determinada questão de direito deve ser enfrentada como condição inafastável para a boa aplicação do Direito no caso concreto, não vejo como a vontade das partes possa impedi-lo.

227 | **Cabe recurso contra a decisão de saneamento e organização do processo?**

O pronunciamento de saneamento e organização do processo é objetivamente complexo, contendo capítulos de diferentes naturezas. O capítulo em que se designa a audiência de instrução e julgamento, quando for necessária a produção de prova oral, é despacho e não recorrível. Os capítulos da resolução de questões processuais pendentes, delimitação das questões de fato e de direito, a especificação dos meios de prova admitidos e a definição sobre a distribuição do ônus da parte são interlocutórios, mas somente o último deles é recorrível por agravo de instrumento, nos termos do art. 1.015, XI, do Novo CPC. Os demais seguem a regra prevista no art. 1.009, § 1º, do Novo CPC, devendo ser impugnados por apelação ou contrarrazões após a prolação da sentença. Justamente por essa considerável limitação à impugnação imediata, é de extrema relevância o previsto no art. 357, § 1º, do Novo CPC, que permite às partes pedir esclarecimentos ou solicitar ajustes na decisão de saneamento e organização do processo no prazo comum de cinco dias. De qualquer forma, como corretamente consignado no Enunciado 29 da I Jornada de Direito Processual Civil do CJF, "a estabilidade do saneamento não impede a produção de outras provas, cuja necessidade se origine de circunstâncias ou fatos apurados na instrução".

6

TEORIA GERAL DAS PROVAS

a) ÔNUS DA PROVA

– Ônus da prova no aspecto objetivo é regra de julgamento para a hipótese de ausência total ou parcial de provas aptas a convencer o juiz a respeito das alegações de fato da demanda.

– Ônus da prova no aspecto subjetivo é regra de conduta, determinando qual das partes será prejudicada se a regra for aplicada no caso concreto e, com isso, incentivando uma maior diligência probatória de quem tem o ônus da prova.

– A regra do ônus da prova justifica-se pela impossibilidade de o juiz declarar o *non liquet* (deixar de decidir por estar em dúvida a respeito das alegações fáticas).

– Em razão do princípio da comunhão das provas, é irrelevante saber quem produziu a prova, não sendo aplicada a regra do ônus da prova se o juiz se convencer das alegações de fato.

 **O Novo Código de Processo Civil adotou o sistema de distribuição fixa ou dinâmica do ônus da prova?**

O sistema fixo de distribuição do ônus da prova decorre de uma previsão legal que abstratamente divide entre autor e réu tal ônus a depender da espécie de fato alegado no processo. No sistema dinâmico, cabe ao juiz no caso concreto dividir o ônus entre autor e réu, tomando por base a maior facilidade da parte em se desincumbir dele, ou seja, de produzir a prova. O Novo Código de Processo Civil parece ter adotado um sistema híbrido, mostrando pouca confiança na expectativa de que todo juiz, em todo processo, defina de qual parte será o ônus da prova. Dessa forma, o art. 373, I e II, do Novo CPC prevê ser ônus do autor a prova do fato constitutivo de seu direito, e ônus do réu a prova dos fatos modificativos, impeditivos e extintivos do direito do autor. Poderá o juiz, entretanto, nos casos previstos em lei ou diante de peculiaridades da causa relacionadas à impossibilidade, à excessiva dificuldade de cumprir o encargo nos termos do *caput* ou à maior facilidade de obtenção da prova do fato contrário, atribuir o ônus da prova de modo diverso (art. 373, § 1º, do Novo CPC).

229 **Qual o momento adequado para o juiz decidir de qual das partes é o ônus da prova?**

Nos termos do art. 357, III, do Novo CPC, o momento adequado para o juiz decidir a respeito da distribuição do ônus da prova entre autor e réu é o saneamento do processo. Ocorre, entretanto, que não se trata de momento preclusivo, sendo possível que o juiz após o saneamento entenda interessante redistribuir o ônus da prova, o que poderá ocorrer durante toda a instrução probatória e até mesmo após o seu encerramento, antes da prolação de sentença. Respeitando o contraditório exigido pelo art. 373, § 1º, do Novo CPC, o momento em que a distribuição do ônus da prova ocorre é irrelevante. Esse entendimento tem inegável apelo nos Juizados Especiais, com procedimento no qual não existe saneamento do processo.

230 **A distribuição do ônus da prova pelo juiz pode surpreender as partes?**

Surpresa sempre poderá haver; para tanto, basta a parte não esperar a decisão nos termos em que foi proferida. Quando a surpresa natural diante de qualquer decisão é acompanhada da impossibilidade de a parte reagir previamente, ter-se-á inaceitável violação do princípio do contraditório. O juiz redistribuir o ônus da prova somente no momento do julgamento, não dando oportunidade às partes para reagiram diante dessa novidade, surpreende negativamente a parte que até então não tinha ônus da prova. Para evitar tal violação, o art. 357, § 1º, do Novo CPC exige que o juiz, ao atribuir o ônus da prova de forma diversa da prevista em lei, dê oportunidade de a parte que recebe o ônus dele se desincumbir, ou seja, a chance de essa parte pedir a produção de provas. Por essa razão é elogiável o art. 357, III, do Novo CPC ao estabelecer que a decisão sobre a distribuição do ônus da prova deve ocorrer no saneamento, porque nesse momento a instrução probatória ainda não terá se iniciado e as partes já iniciarão a fase probatória do processo sabendo de quem é o ônus da prova.

231 **O juiz pode redistribuir o ônus da prova ainda que a parte que o receba não consiga dele se desincumbir?**

A redistribuição do ônus da prova não pode servir como forma de prejulgamento do processo, onerando uma parte quando já se sabe de antemão que ela não terá condições de se desincumbir do ônus probatório. Nesse sentido é a feliz previsão do art. 373, § 2°, do Novo CPC, de que a inversão da regra legal de distribuição do ônus da prova não pode gerar situação em que a desincumbência do encargo pela parte seja impossível ou excessivamente difícil.

232 **O art. 373, § 1°, do Novo CPC faz com que o art. 6°, VIII, do CDC seja superado?**

*Acesse o **QR Code** e assista à aula explicativa sobre este assunto.*

https://goo.gl/X0SHSg

b) PROVA EMPRESTADA

– Prova emprestada é a prova oral ou pericial produzida em um processo e utilizada como prova documentada em outro.

– A prova emprestada é prova documentada, tendo procedimento de prova documental no processo que a recebe.

233

O juiz do processo de destino da prova emprestada está vinculado à valoração realizada pelo juízo de origem de tal prova?

O empréstimo, que na realidade é um traslado, tem como objeto a prova oral ou pericial produzida no processo de origem, sendo a valoração privativa de cada juiz. É nesse sentido o art. 372 do Novo CPC ao prever que o juiz do processo de destino da prova emprestada dará a ela o valor que considerar adequado. Uma mesma prova, portanto, pode ser fundamental para a formação do convencimento de um juiz – do processo de origem ou de destino – e não convencer o juiz do outro processo.

234

Prova produzida em procedimento investigativo pode ser utilizada como prova emprestada em processo judicial?

Essa é uma questão importante, porque o art. 372 do Novo CPC prevê que a prova emprestada deve ter sido produzida em processo, não tendo essa natureza jurídica o procedimento investigativo. Ainda que órgãos de classe possam ser responsáveis por conduzir tais espécies de procedimento, até para decidir sobre a aplicação de sanções administrativas, o procedimento investigativo, que inclusive não tem como objetivo sancionar o investigado, mas apenas formar o convencimento do Ministério Público a respeito da viabilidade ou não de propositura de ação coletiva, é o inquérito civil. O Superior Tribunal de Justiça, ainda que com algumas ressalvas, vinha aceitando o empréstimo de prova produzida em inquérito civil para a ação coletiva proposta pelo Ministério Público na vigência do CPC/1973, quando a prova emprestada não tinha regulamentação legal (STJ, 2ª Turma, REsp 849.841/MG, Rel. Min. Eliana Calmon, j. 28/08/2007, *DJ* 11/09/2007, p. 216; STJ, 2ª Turma, REsp 644.994/MG, Rel. Min. João Otávio de Noronha, j. 17/02/2005, *DJ* 21/03/2005, p. 336). Os críticos a essa admissão ganharam mais um motivo para impugnar o empréstimo, agora com fundamento na literalidade do art. 372 do Novo CPC, mas pessoalmente entendo que o termo "processo" possa ser interpretado para conter também o inquérito civil.

235 **Deve existir identidade de partes no processo de origem e destino da prova emprestada?**

*Acesse o **QR Code** e assista à aula explicativa sobre este assunto.*

https://goo.gl/cmFpcV

236 **Uma prova produzida sem respeito ao contraditório pode ser emprestada?**

O art. 372 do Novo CPC prevê que o empréstimo da prova deve respeitar o contraditório, mas não dá sequer um indício do que isso concretamente signifique. Parece claro que, sendo admitida no processo de destino, caberá ao juiz intimar as partes – ao menos a que não pediu a juntada – para que se manifestem no prazo de 15 dias. Como a prova emprestada tem tratamento procedimental de prova documental, ainda que seja apenas prova documentada, respeitar o contraditório é intimar a parte para manifestação em 15 dias. Entendo que o respeito ao contraditório no processo de origem não se refere à admissão da prova emprestada, mas pode ser um obstáculo em sua valoração. O único empréstimo que não entendo viável é o de prova que foi anulada no processo de origem, mas, se ela continua a ser válida em tal processo, poderá ser emprestada, cabendo ao juiz do processo de destino analisar se ela foi ou não produzida em consonância com o princípio do contraditório em tal processo, levando tal circunstância em consideração no momento de sua valoração.

c) PRODUÇÃO ANTECIPADA DE PROVAS

– A ação de produção antecipada de provas prevista nos arts. 381 a 383 do Novo CPC tem como exclusivo objetivo a produção de prova.

– A prova produzida antecipadamente pode ter qualquer natureza, sendo possível a ação ter como objeto a exibição de documento, oitiva de testemunhas, depoimento pessoal e realização de penhora.

237

No Novo Código de Processo Civil, a ação de produção antecipada de provas manteve sua natureza cautelar?

As hipóteses de cabimento da ação de produção antecipada de provas estão previstas no art. 381 do Novo CPC, sendo que somente na situação prevista pelo inciso I a ação tem natureza cautelar, já que o interesse de agir do autor será fundado no receio de que venha a tornar-se impossível ou muito difícil a verificação de certos fatos na pendência da ação. O mesmo, entretanto, não se pode dizer das hipóteses de cabimento previstas nos outros dois incisos. Nos termos do inciso II do art. 381 do Novo CPC, caberá a ação de produção antecipada de provas sempre que a prova a ser produzida for suscetível de viabilizar a autocomposição ou outro meio adequado de solução de conflito. O inciso III permite referida ação nos casos em que o prévio conhecimento dos fatos possa justificar ou evitar o ajuizamento de ação. Como se pode notar, o cabimento é significativamente abrangente, bastando ao autor descrever uma lide que admita autocomposição, alegando que pretende um esclarecimento fático para decidir se tenta resolver o conflito por autocomposição (II) ou que está em dúvida sobre a viabilidade de propor a ação judicial, precisando de um esclarecimento fático para resolver (III).

238

Qual a competência para julgamento da ação de produção antecipada de provas?

O art. 381, § 2º, do Novo CPC prevê como foros concorrentes o de onde deva ser produzida a prova e do domicílio do réu, cabendo ao autor no caso concreto escolher entre eles. Entendo não haver sentido prestigiar o foro do domicílio do réu como competente para uma ação que terá como único objetivo a produção da prova, mas, tendo sido essa a opção legislativa, não há como ignorá-la. A regra de competência, entretanto, pode se tornar letra morta se aplicável ao caso concreto o art. 382, § 4º, do Novo CPC, que prevê não ser cabível defesa do réu na ação produção antecipada de provas. Não podendo o juiz reconhecer a incompetência relativa de ofício (Súmula 33/STJ) e não podendo o réu alegá-la em sua defesa, vedada por lei, o autor fica livre para escolher qualquer foro além daqueles previstos pelo art. 381, § 2º, do Novo CPC. É mais uma consequência absurda da previsão de não cabimento de defesa nessa espécie de ação.

239 **Na ação de produção antecipada de prova aplica-se a competência por delegação?**

O art. 381, § 4º, do Novo CPC prevê a competência por delegação ao indicar que o juízo estadual tem competência para produção antecipada de prova requerida em face da União, de entidade autárquica ou de empresa pública federal se, na localidade, não houver vara federal. Como ocorre em toda hipótese de competência por delegação, eventual recurso interposto – só será cabível apelação da sentença que extingue o processo ao indeferir o pedido do autor – será de competência do Tribunal Federal Regional (TRF), por força do art. 109, § 4º, da CF.

240 **A petição inicial da ação de produção antecipada de provas tem causa de pedir e pedido?**

Como toda petição inicial, a da ação de produção antecipada de provas deve ser elaborada nos termos dos incisos III e IV do art. 319 do Novo CPC. A causa de pedir é substancialmente a descrição fática que se amolde em uma das hipóteses de cabimento previstas no art. 381 do Novo CPC. O pedido é sempre o mesmo, o de produção de prova, cabendo ao autor apenas especificar qual o meio de prova pretendido e, nos termos do art. 382, *caput*, do Novo CPC, mencionar com precisão os fatos sobre os quais a prova há de recair.

241 **É possível a cumulação de diferentes meios de prova na ação de produção antecipada de provas?**

Essa cumulação é tratada pelo art. 382, § 3º, do Novo CPC. Na realidade, o dispositivo não é muito claro a respeito da espécie de cumulação tratada, já que prevê a possibilidade de o autor requerer a produção de qualquer prova, dando a entender que tanto pode estar tratando de diferentes fontes de prova (duas ou mais testemunhas, por exemplo) como de diferentes meios de prova. O primeiro requisito para sua admissão é que os diferentes meios de prova digam respeito ao mesmo fato, o que não deve ser interpretado de forma restritiva, devendo-se admitir a cumulação quando, apesar de voltadas para diferentes fatos, as provas requeridas tiverem como objeto uma mesma situação fática. Num acidente automobilístico, por exemplo, a parte pode chamar uma testemunha para falar sobre o acidente e outras para relatar a agressão física da qual foi vítima após a colisão. O segundo requisito é que o juiz entenda que a produção de todas as provas requeridas numa mesma ação não acarretará excessiva demora, podendo nesse caso indeferir parcialmente o pedido da prova, em decisão irrecorrível, nos termos do art. 382, § 4º, do Novo CPC.

242 Há citação na ação de produção antecipada de provas?

Nos termos do art. 382, § 1º, do Novo CPC, o juiz determinará, de ofício ou a requerimento da parte, a citação de interessados na produção da prova ou no fato a ser provado, salvo se inexistente caráter contencioso. Entendo que os "interessados" previstos no dispositivo legal são todos aqueles contra quem o autor pretenda utilizar a prova produzida numa eventual e futura ação judicial ou na tentativa de solução consensual do conflito. É interessante o dispositivo legal ao prever que as partes podem requerer a citação, porque essa amplitude dá a entender que mesmo o sujeito colocado pelo autor como réu do processo pode formular tal pedido, desde que o justifique na eventualidade de pretender utilizar a prova contra o citando. Para imaginar tal hipótese, basta pensar em um réu citado na ação de produção antecipada de provas que tem uma seguradora, e que, caso o autor eventualmente ingresse com ação indenizatória fundada na prova produzida antecipadamente, pretenda denunciá-la à lide na ação principal. Nesse caso, para a prova poder ser oposta contra a seguradora, ela deve participar do processo, sob pena de violação ao princípio do contraditório, cabendo ao réu o pedido de sua citação.

243 É admitida defesa na ação de produção antecipada de provas?

Por incrível que possa parecer, o art. 382, § 4º, do Novo CPC prevê expressamente a vedação à apresentação de defesa, dando a entender que o réu será citado apenas para acompanhar a produção da prova, não tendo direito de se insurgir contra a pretensão do autor.

A norma é flagrantemente inconstitucional por manifesta violação dos princípios da ampla defesa e do contraditório, mas, mesmo que ela não venha a ser assim declarada pelo Supremo Tribunal Federal, a vedação legal nunca será completa e absoluta. Matérias de ordem pública podem ser conhecidas de ofício pelo juiz, de forma que com relação a estas não tenho dúvida de que o réu possa alegá-las como matérias de defesa. Como exatamente não deixar que o réu alegue a ilicitude da prova pretendida pelo autor? Ou a sua falta de interesse por não estar presente no caso concreto qualquer das hipóteses de cabimento da ação de produção antecipada de provas previstas no art. 381 do Novo CPC? Nesse sentido o Enunciado 32 da I Jornada de Direito Processual Civil do CJF: "A vedação à apresentação de defesa prevista no art. 382, § 4º, do CPC, não impede a alegação pelo réu de matérias defensivas conhecíveis de ofício".

244 É admitida a interposição de recursos na ação de produção antecipada de provas?

Flagrantemente inconstitucional, o art. 382, § 4º, do Novo CPC prevê a irrecorribilidade das decisões proferidas no processo de produção antecipada de provas, salvo da decisão que indeferir totalmente a produção de prova pleiteada do autor. Nesse caso, embora o dispositivo legal não preveja, o juiz proferirá sentença de extinção do processo, sendo cabível o recurso de apelação nos termos do art. 1.009, *caput*, do Novo CPC. A sentença que extingue o processo depois da produção da prova é irrecorrível por força do art. 382, § 4º, do Novo CPC, mas nesse caso não chega a haver um problema prático, porque dificilmente as partes teriam interesse recursal caso tal decisão fosse recorrível por apelação. Os maiores problemas são as decisões interlocutórias proferidas durante o procedimento e tornadas irrecorríveis pelo § 4º do art. 382 do Novo CPC. Decisões como a que indefere parcialmente o pedido elaborado pelo autor, que indefere perguntas formuladas a testemunhas, que indefere quesitos apresentados ao perito, que indefere pedido de presença do perito em audiência para prestar esclarecimentos, e todas as demais decisões interlocutórias não poderão ser impugnadas pela via recursal. Ainda que se possa pensar nesse caso em mandado de segurança contra ato judicial, nos termos do art. 5º, II, da Lei 12.016/2009, vejo com ceticismo sua admissão pelos tribunais de segundo grau.

d) VALORAÇÃO DA PROVA

– Valorar a prova é atribuir uma carga de convencimento a cada prova produzida.

– Existem diferentes técnicas de valoração da prova.

245 **O Novo Código de Processo Civil não consagra mais o livre convencimento motivado?**

*Acesse o **QR Code** e assista à aula explicativa sobre este assunto.*

https://goo.gl/4jq8sg

246 **A prova exclusivamente testemunhal é suficiente para convencer o juiz da existência de qualquer contrato celebrado entre as partes?**

O art. 401 do CPC/1973 previa que a prova exclusivamente testemunhal não era suficiente para convencer o juiz da existência de contrato de valor superior a 10 salários mínimos, enquanto o art. 229 do CC era ainda mais amplo ao prever a vedação desse meio de prova para convencer o juiz da existência de negócio jurídico de valor superior a 10 salários mínimos. Tais regras foram suprimidas pelo Novo Código de Processo Civil, que não repetiu o teor do art. 401 do CPC/1973 e revogou expressamente o art. 229 do CC (art. 1.072, II, do Novo CPC), de forma que a prova testemunhal passa a ser suficiente para a prova de negócio jurídico de qualquer valor.

7

PROVAS EM ESPÉCIE

a) ATA NOTARIAL

– Era prova atípica na vigência do CPC/1973, estando prevista como prova típica no Novo Código de Processo Civil.

– Espécie de prova documentada.

– Certidão elaborada por tabelião com sua descrição da existência e do modo de existir de algum fato.

247

A ata notarial é sempre uma prova pré-constituída?

O art. 384, *caput*, do Novo CPC prevê que a ata notarial será elaborada pelo requerimento do interessado, dando a entender que o sujeito não precisa ser parte para formular tal requerimento. Tal previsão permite que a ata notarial seja produzida independentemente do trâmite de um processo judicial, como forma de prova pré-constituída, que eventualmente virá a ser juntada ao processo quando ele for iniciado. Trata-se, indubitavelmente, do momento mais tradicional de produção de tal meio de prova. Não obstante, inexiste qualquer vedação expressa para a produção de ata notarial durante o processo, mas nesse caso é mais econômico que a parte requeira uma constatação da situação de fato pelo juiz ou por serventuário do juízo, que tem a mesma fé pública em suas declarações que o tabelião de notas.

248

Quais as melhores serventias da ata notarial?

Como todo meio de prova, a ata notarial se presta a convencer o juiz da veracidade de alegações de fato. Mas há situações, que podem ser divididas em dois grupos, em que a utilização da ata notarial é mais comum e adequada. Primeira, trata-se de interessante meio de prova para quem precisa fazer um pedido *inaudita altera parte* de tutela provisória, servindo a ata notarial para corroborar a alegação de fato do autor e assim aumentar suas chances de convencer o juiz da probabilidade de seu direito existir. Outra serventia bastante adequada para a ata notarial é sua utilização como meio da prova para a constatação de fatos rapidamente mutáveis, como ocorre nos direitos de família e vizinhança e na constatação da existência e teor de páginas na *internet*.

249

A ata notarial pode substituir a prova testemunhal?

Entendo que, havendo uma forma típica para que terceiros descrevam suas percepções dos fatos ao juiz, deve ser esse o meio de prova adequado. Ainda que seja possível uma declaração de terceiro por meio de ata notarial, entendo que só se dispensaria a oitiva desse terceiro como testemunha quando a produção desse meio de prova se tornar impossível, e ainda assim com reservas, porque a ata notarial é produzida unilateralmente pelo interessado, diferente da prova testemunhal, sujeita ao contraditório em sua formação. Será também admissível a substituição quando exista dificuldade circunstancial para a produção de prova testemunhal. O Superior Tribunal de Justiça, por exemplo, decidiu que o executado em execução de alimento tem o prazo de três dias para produzir prova para convencer o juiz de ser seu inadimplemento justificável, inclusive a prova testemunhal (*Informativo* 599/STJ, 3ª Turma, REsp 1.601.338-SP, Rel. Min. Ricardo Villas Bôas Cueva, Rel. para acórdão Min. Nancy Andrighi, por maioria, j. 13/12/2016, *DJe* 24/02/2017). Diante da notória dificuldade de se realizar uma audiência em tempo tão exíguo, o juiz deve aceitar a ata notarial, ao menos para evitar a decretação imediata de prisão civil do executado. Também pode ser utilizada como prova documentada para fins de concessão de uma tutela de urgência, o que, entretanto, não afasta a necessidade, desde que requerido pela parte interessada, da oitiva em juízo como testemunha do declarante.

b) DEPOIMENTO PESSOAL

- Espécie de prova oral produzida pela parte.
- O objetivo principal é a obtenção da confissão, e o secundário é o esclarecimento dos fatos.
- Meio de prova regido pelos princípios da pessoalidade e indelegabilidade por se tratar de ato personalíssimo.

250 **É direito da parte prestar depoimento por videoconferência ou outro recurso tecnológico de transmissão de sons e imagens quando o depoente residir em outro foro?**

O art. 385, § 3º, do Novo CPC prevê que o depoimento pessoal da parte que residir em comarca, seção ou subseção judiciária diversa daquela onde tramita o processo poderá ser colhido por meio de videoconferência ou de outro recurso tecnológico de transmissão de sons e imagens em tempo real, o que poderá ocorrer, inclusive, durante a realização da audiência de instrução e julgamento. Como se pode notar do dispositivo legal, não existe um direito da parte, mas a mera possibilidade de seu depoimento pessoal ser colhido da forma ali descrita, porque a aplicação da norma legal depende de estruturação do juízo deprecante e do juízo deprecado em termos tecnológicos.

251 **Como deve o advogado inquirir a parte contrária no depoimento pessoal?**

Aparentemente há uma omissão no Novo Código de Processo Civil quanto à forma de questionamento da parte em seu depoimento pessoal, o que pode levar o intérprete a acreditar que nada mudou, continuando o advogado a fazer a pergunta para o juiz que a repassará para a parte responder. Ocorre, entretanto, que o art. 459, *caput*, do CPC, prevê expressamente que as perguntas para as testemunhas são a elas formuladas diretamente pelos advogados, sem a intermediação do juiz. Se assim é a forma de inquirição de testemunhas, também deverá ser na oitiva da parte em seu depoimento pessoal. Nesse sentido o Enunciado 33 da I Jornada de Direito Processual Civil do CJF: "No depoimento pessoal, o advogado da contraparte formulará as perguntas diretamente ao depoente".

Ainda existe interrogatório no processo civil?

O interrogatório na esfera cível nunca foi um meio de prova muito estudado, dada a considerável raridade prática com que era produzido na vigência do CPC/1973, quando, inclusive, estava previsto de forma incidental no depoimento pessoal. Uma das grandes diferenças desses dois meios de prova foi superada pelo art. 385 do Novo CPC, já que em ambos os casos o meio de prova pode ser determinado de ofício, superando a distinção de que o depoimento pessoal dependeria de pedido da parte e o interrogatório seria designado de ofício. Essa previsão poderia sugerir que não tem mais sentido a distinção, e que o interrogatório não mais existiria em nosso processo civil, mas essa impressão é contrariada pelo art. 139, VIII, do Novo CPC, ao dispor que o juiz pode determinar, a qualquer tempo, o comparecimento pessoal das partes para inquiri-las sobre os fatos da causa. Como o dispositivo indica que nesse caso não incidirá a "pena" de confesso, fica claro tratar-se de interrogatório e não de depoimento pessoal.

c) CONFISSÃO

- A confissão se limita aos fatos, não se confundindo com atos de disposição de direito material.
- Pode ser judicial ou extrajudicial.
- Pode ser espontânea (escrita ou oral, fora da audiência de instrução) ou provocada, (decorrente de depoimento pessoal), quando será real ou ficta.
- Não é prova plena.

A confissão pode ser anulada?

O art. 394, *caput*, do Novo CPC se compatibiliza com o art. 214 do CC ao prever que a confissão é ato irrevogável e irretratável, mas que pode ser anulada por erro de fato e coação. O erro de direito e o dolo não são vícios aptos à anulação da confissão.

Qual a forma procedimental para se buscar a anulação da confissão?

O Novo Código de Processo Civil não é expresso nesse sentido, ainda que aparente sê-lo. Enquanto o *caput* do art. 393 do Novo CPC prevê os vícios aptos a anular a confissão, o parágrafo único do mesmo dispositivo faz remissão à ação constante no *caput*, que, na realidade, não prevê qualquer ação. Tudo leva a crer se tratar da ação anulatória disposta prevista no art. 966, § 4º, do Novo CPC.

255 — **Cabe ação rescisória para desconstituir decisão transitada em julgado fundada em confissão nula?**

No CPC/1973, essa situação era resolvida pela disposição expressa no art. 352, II, mas a norma não foi repetida pelo Novo Código de Processo Civil. Ainda mais grave, no art. 485, VIII, do CPC/1973, a confissão viciada estava prevista como vício de rescindibilidade, o que não ocorre no Novo Código de Processo Civil. Acredito que nesse caso falta interesse de agir em eventual ação anulatória, porque a procedência dessa ação não teria qualquer utilidade prática, por não ter condição de desconstituir decisão transitada em julgado. Sem ser mais a confissão um vício de rescindibilidade, em tese não seria cabível ação rescisória, mas nesse caso é possível uma interpretação ampliativa do art. 966, VI, do Novo CPC, para incluir a confissão nula dentro de um conceito mais amplo de prova falsa. É óbvio que falsidade de prova é diferente da nulidade de confissão, mas essa interpretação é a única que permite o ingresso de ação rescisória – única ação útil após o trânsito em julgado – com fundamento na nulidade da confissão. Por outro lado, sendo caso de confissão nula em razão de dolo, é possível tentar uma ação rescisória com fundamento no art. 966, III, do Novo CPC. É bem verdade que o dolo ali previsto não é exatamente o dolo que vicia a confissão da parte, mas, numa interpretação extensiva do dispositivo legal, parece legítima a admissão da ação rescisória.

d) EXIBIÇÃO DE COISA OU DOCUMENTO

– Prova por meio de apresentação em juízo de coisa ou documento que não esteja em poder da parte que alega o fato.

– Polo passivo do pedido pode ser a parte contrária ou terceiro.

256 — **É cabível a fixação de *astreintes* para o terceiro no caso de descumprimento da decisão de exibição?**

Nos termos do art. 403, parágrafo único, do Novo CPC, se o terceiro descumprir a ordem, o juiz expedirá mandado de apreensão, requisitando, se necessário, força policial, sem prejuízo da responsabilidade por crime de desobediência, pagamento de multa e outras medidas indutivas, coercitivas, mandamentais ou sub-rogatórias necessárias para assegurar a efetivação da decisão. Ainda que o dispositivo não preveja expressamente o cabimento das *astreintes*, tratando-se de medida de execução indireta que coage o devedor a cumprir a obrigação por meio de ameaça de piora em sua situação, fica claro seu cabimento. Dessa forma, está tacitamente revogada a Súmula 372/STJ, no sentido de não ser cabível multa cominatória em ação de exibição.

É cabível a fixação de *astreintes* para a parte contrária caso haja descumprimento da decisão de exibição?

O art. 400, parágrafo único, do Novo CPC prevê que, sendo necessário, o juiz pode adotar medidas indutivas, coercitivas, mandamentais ou sub-rogatórias para que o documento seja exibido. Como as *astreintes* são meio de execução indireta por meio do qual se coage o devedor a cumprir a obrigação mediante uma ameaça de piora em sua situação, não resta dúvida de que elas sejam cabíveis no caso de resistência da parte contrária em exibir o documento em juízo. Ocorre, entretanto, que o art. 400, *caput*, do Novo CPC prevê como consequência da não exibição da coisa ou do documento pela parte contrária a presunção de veracidade dos fatos que a parte pretendia provar com tal exibição. Como compatibilizar as duas regras? A própria redação do parágrafo único do art. 400 do Novo CPC impõe a aplicação das medidas nele descritas somente se necessário, o que dá a entender que, caso seja possível a presunção de veracidade, aplicar-se-á o *caput* do dispositivo legal; assim, será desnecessária a adoção de qualquer outra medida. Não sendo, entretanto, possível tal presunção, aplicar-se-á o art. 400, parágrafo único, do Novo CPC.

e) PROVA DOCUMENTAL

- Documento é qualquer coisa capaz de representar um fato.
- O documento não precisa ser escrito nem em papel.
- Documento não se confunde com instrumento, que é documento produzido com o objetivo de provar um ato.

258

Como deve a parte arguir a falsidade documental?

Nos termos do art. 430, *caput*, do Novo CPC, a falsidade deve ser suscitada na contestação, na réplica ou no prazo de 15 dias, contado a partir da intimação da juntada do documento aos autos. A parte que suscitar a falsidade documental deve atentar para o previsto no art. 431 do Novo CPC, que dela exige a exposição dos motivos em que funda a sua pretensão e os meios com que provará o alegado.

259

A decisão da arguição de falsidade documental faz coisa julgada material?

Tratando-se de questão prejudicial, a formação ou não de coisa julgada segue no Novo Código de Processo Civil as regras previstas no art. 503 desse diploma legal. No caso da falsidade documental, entretanto, há uma importante singularidade em razão do disposto no art. 433 do Novo CPC: a formação de coisa julgada dependerá de pedido expresso da parte para que a questão prejudicial seja decidida no dispositivo da sentença, requisito estranho ao art. 503 do Novo CPC. Essa específica e singular previsão faz surgir na doutrina dúvida a respeito da manutenção, para esse caso, da ação declaratória incidental para fazer incidir a autoridade da coisa julgada sobre a decisão da questão prejudicial. Ainda que numa visão mais instrumentalista se entenda não ser necessária a propositura de uma ação incidental, o pedido da parte dentro do prazo legal é imprescindível para que a solução da questão prejudicial produza coisa julgada material.

260

É correta a decisão que determina o desentranhamento de documentos juntados pelas partes após a petição inicial e a contestação?

Existem hipóteses legais de admissão da produção da prova documental após esse momento procedimental. O art. 435, *caput*, do Novo CPC admite a juntada de documentos a qualquer tempo quando destinados a fazer prova de fatos ocorridos depois dos articulados ou para contrapô-los aos que foram produzidos nos autos. Além disso, o parágrafo único do mesmo dispositivo permite a juntada posterior de documentos formados após a petição inicial ou a contestação, bem como dos que se tornaram conhecidos, acessíveis ou disponíveis após esses atos, cabendo à parte que os produzir comprovar o motivo que a impediu de juntá-los anteriormente. Essa juntada extemporânea, entretanto, deve ser regida pelo princípio da boa-fé objetiva, consagrado no art. 5º do Novo CPC, de forma que o juiz não a admitirá se ficar convencido de que o momento da juntada foi determinado por cálculo da parte para obter a melhor vantagem possível da produção da prova. Trata-se da consagração legal da vedação à chamada "guarda de trunfos", há muito rejeitada pelo Superior Tribunal de Justiça.

261 **Como se preserva o princípio do contraditório diante da juntada de documento aos autos do processo?**

O tema é tratado pelo art. 437 do Novo CPC. Caso o documento seja juntado com a petição inicial, o réu terá oportunidade de se manifestar sobre ele em contestação; caso seja juntado pelo réu na contestação, o autor poderá se manifestar sobre ele em réplica; sendo juntado por qualquer das partes após esses momentos procedimentais, o juiz intimará a parte contrária, concedendo-lhe prazo de 15 dias para se manifestar sobre a prova documental. Esse prazo pode ser dilatado, desde que a parte interessada expressamente assim requeira, fundamentando sua pretensão na quantidade e complexidade da documentação juntada. Apesar de o art. 437, § 2º, do Novo CPC prever tais requisitos de forma cumulativa, é mais adequado compreendê-los como alternativos, sendo suficiente para o deferimento de pedido de dilação de prazo a quantidade de documentos ou sua complexidade. Apesar de ser poder do juiz a dilação de prazos, nos termos do art. 139, VI, do Novo CPC, nesse caso específico depende de requerimento expresso da parte interessada.

f) PROVA TESTEMUNHAL

– Declaração em juízo de um terceiro que tenha presenciado os fatos (qualquer sentido humano: visão, olfato, audição, tato, paladar).

– Testemunha presencial: presenciou o fato; testemunha de referência: ouviu falar (mero indício); testemunha referida: mencionada por outra testemunha.

– Meio de prova desprestigiada: falta de memória; diferentes percepções; incapacidade de reproduzir o fato; má-fé.

262 **Qual o prazo para arrolamento das testemunhas?**

Nos termos do art. 357, V, do Novo CPC, no saneamento do processo cabe ao juiz, desde que exista prova oral a ser produzida, designar a audiência de instrução e julgamento. O prazo para arrolar testemunhas para serem ouvidas em tal audiência dependerá da forma do saneamento e organização do processo no caso concreto. O art. 357, § 4º, do Novo CPC prevê que o juiz fixará prazo comum não superior a 15 dias para que as partes apresentem rol de testemunhas, de forma que ele poderá, a depender do caso concreto, diminuir o prazo legal, sendo tal regra aplicável sempre que o saneamento ou a organização do processo forem realizados por decisão escrita. Já o § 5º do mesmo dispositivo prevê que, havendo a audiência de saneamento e organização do processo, as partes devem comparecer à audiência com o respectivo rol de testemunhas, dando a entender que antes mesmo de o juiz deferir a prova oral e designar a audiência de instrução e julgamento a parte interessada na prova testemunhal já deve estar preparada para indicar o rol de suas testemunhas na própria audiência, sob "pena" de preclusão.

263 **A parte pode arrolar 10 testemunhas no total e até três por fato. Pode o juiz diminuir esse número de testemunhas?**

O art. 357, § 7º, do Novo CPC prevê que o juiz poderá limitar o número de testemunhas levando em conta a complexidade da causa e dos fatos individualmente considerados. O dispositivo tornou norma legal conduta até comum dos juízes de primeiro grau, que, após a oitiva de uma ou algumas das testemunhas arroladas, dão-se por satisfeitos, não querendo ouvir as demais. No CPC/1973, tal postura constituía inegavelmente um cerceamento de defesa, mas no Novo Código de Processo Civil uma decisão nesse sentido é admitida expressamente pelo art. 357, § 7º, bastando ao juiz fundamentar tal decisão nos termos do dispositivo legal, o que não deve criar maiores dificuldades no caso concreto. Essa decisão não poderá ser impugnada por agravo de instrumento por não estar prevista no art. 1.015 do Novo CPC, sendo cabível impugná-la em apelação ou contrarrazões, nos termos do art. 1.009, § 1º, do Novo CPC.

264 **O que deve fazer o advogado que não tem todos os dados exigidos em lei para qualificar a testemunha?**

Os elementos de qualificação da testemunha estão previstos no art. 450 do Novo CPC: o nome, a profissão, o estado civil, a idade, o número de inscrição no Cadastro de Pessoas Físicas, o número de registro de identidade e o endereço completo da residência e do local de trabalho. Caso o autor não tenha acesso a todas essas informações da testemunha, tudo dependerá da aptidão das informações acessíveis permitirem a sua identificação, porque, mesmo que incompleta a qualificação, se ela for capaz de identificar a testemunha, o juiz deve admitir o arrolamento. É nesse sentido, inclusive, o art. 450 do Novo CPC ao prever que a qualificação nos termos legais é exigida sempre que possível. Por outro lado, se nem mesmo essa mínima identificação decorrer da deficitária qualificação, cabe à parte provocar o juízo para a expedição de ofício a órgãos públicos e privados que possam manter dados necessários à qualificação. É interessante quanto ao tema o Enunciado 34 da I Jornada de Direito Processual Civil do CJF: "A qualificação incompleta da testemunha só impede a sua inquirição se houver demonstração de efetivo prejuízo".

265

Cabe ao advogado intimar as testemunhas que arrolar?

Em regra, o advogado passa a ter o ônus de intimar as testemunhas que arrolar, ainda que possa pedir a dispensa de tal intimação, hipótese na qual a ausência injustificada na audiência de instrução e julgamento será compreendida como desistência de sua oitiva (art. 455, § 2º, do Novo CPC). Nos termos do art. 455, § 1º, do Novo CPC, a intimação deverá ser realizada por carta com aviso de recebimento, cumprindo ao advogado juntar aos autos, com antecedência de pelo menos três dias da data da audiência, cópia da correspondência de intimação e do comprovante de recebimento, e, caso a parte não proceda nesses termos, sua conduta importará na desistência da prova testemunhal (art. 455, § 3º, do Novo CPC).

266

Continua no Novo Código de Processo Civil a ser cabível a intimação da testemunha pela via judicial?

Apesar de a regra ser a intimação pelo advogado que arrolou a testemunha, o art. 455, § 4º, do Novo CPC prevê hipóteses em que a intimação ocorrerá pela via judicial. A primeira é a frustração da intimação pelo advogado, que a provará juntando aos autos dentro do prazo legal o aviso de recebimento não assinado. A segunda é a demonstração pela parte que arrolou a testemunha da necessidade de intimação via judicial, sendo nesse caso necessária a apresentação de alguma justificativa pela parte apta a convencer o juiz de retirar o encargo da intimação da parte e passá-lo ao juízo.

A terceira é a testemunha ser servidor público ou militar, o que se demonstrará em sua qualificação. A quarta é o arrolamento ter ocorrido pelo Ministério Público – como parte ou fiscal da ordem jurídica – e pela Defensoria Pública, de forma que pela exclusão da Fazenda Pública desse dispositivo ela deverá intimar as testemunhas que arrolar. Por fim, a quinta hipótese é a testemunha ser uma das autoridades previstas pelo art. 454 do Novo CPC.

267 **O advogado pode fazer perguntas diretamente para a testemunha?**

Em modificação já experimentada pelo direito processual penal, o art. 459, *caput*, do Novo CPC prevê que as perguntas serão formuladas pelas partes diretamente à testemunha. Na realidade, quem formulará as perguntas serão os advogados e não as partes, mas o aspecto mais importante do dispositivo legal é não ser mais necessário o advogado dirigir suas perguntas para o juiz para que este as repasse às testemunhas.

268 **O juiz faz perguntas às testemunhas antes ou depois dos advogados?**

O art. 459, § 1º, do Novo CPC, prevê que o juiz poderá inquirir a testemunha tanto antes quanto depois da inquirição feita pelas partes. Para um advogado bem preparado, que elaborou perguntas de forma a conseguir das testemunhas exatamente o que pretende, é no mínimo perigoso permitir que o juiz faça antes suas perguntas. Corre-se o risco de o juiz fazer perguntas muito diretas, para as quais a testemunha está preparada para responder, frustrando-se assim a estratégia do advogado de, por meio de perguntas indiretas, criar as condições de exigir logicamente determinadas conclusões da testemunha ou forçá-la a manifestamente entrar em contradição. Por tal razão, o advogado deve sempre se valer da possibilidade conferida pelo art. 459, § 1º, do Novo CPC para requerer de forma expressa ao juiz ser o primeiro a perguntar para a testemunha.

269 **Qual a consequência de autoridade prevista no art. 454 do Novo CPC deixar de indicar o local de trabalho e horário para ser colhido seu testemunho?**

Quando alguma das autoridades previstas nos doze incisos do art. 454 do Novo CPC for arrolada como testemunha, o juiz solicitará à autoridade que indique dia, hora e local a fim de ser inquirida, remetendo-lhe cópia da petição inicial ou da defesa oferecida pela parte que a arrolou como testemunha. Como o processo não pode esperar infinitamente pela resposta da autoridade, o § 2º do art. 454 do Novo CPC estabelece que, se não for designada data, horário e local para a oitiva, a autoridade perde sua prerrogativa, cabendo ao juiz intimá-la a comparecer em juízo, provavelmente na audiência de instrução e julgamento, para a prestação do testemunho. E caso na data e horário designados pelo juiz a autoridade injustificadamente deixe de comparecer, será cabível a condução coercitiva (art. 455, § 5º, do Novo CPC).

270 **Qual a consequência da ausência da autoridade prevista no art. 454 do Novo CPC na oitiva por ela mesma designada?**

Nos termos do art. 454, § 3º, do Novo CPC, o juiz designará dia, hora e local para o depoimento, quando a autoridade não comparecer, injustificadamente, à sessão agendada para a colheita de seu testemunho no dia, hora e local por ela mesma indicados. Ou seja, da mesma forma que ocorre com o transcurso do prazo para designar data, horário e local para sua oitiva, a ausência injustificada da autoridade na oitiva por ela própria designada leva à perda de sua prerrogativa de ser ouvida em local, dia e horário por ela mesma designados. Não comparecendo a autoridade perante o juízo para prestar o testemunho e não havendo justificativa para tal ausência, será cabível a condução coercitiva, nos termos do art. 455, § 5º, do Novo CPC.

g) PROVA PERICIAL

– Esclarecimento de fatos que dependam de um conhecimento técnico específico.

– Há três espécies de perícia: (I) exame: tem como objeto bens móveis, pessoas, coisas e semoventes; (II) vistoria: tem como objeto bens imóveis; (III) avaliação: aferição de valor de determinado bem, direito ou obrigação.

– Meio de prova mais complexo, demorado e caro de todo o sistema probatório.

271 **O juiz não é mais soberano na escolha do perito?**

No CPC/1973, o perito era escolhido quase livremente pelo juiz, bastando preencher poucos requisitos formais impostos por lei. O sistema era fundado na relação de confiança do juiz com o perito, o que justificaria sua escolha praticamente sem qualquer possibilidade de controle. Essa realidade, entretanto, é modificada de forma substancial pelo Novo Código de Processo Civil, não se podendo mais afirmar que a escolha do perito pelo juiz seja soberana. Nos termos do art. 156, § 1º, do Novo CPC, os peritos serão nomeados entre os profissionais legalmente habilitados, e os órgãos técnicos ou científicos devidamente inscritos em cadastro mantido pelo tribunal ao qual o juiz está vinculado, só podendo o juiz escolher livremente nos locais em que não haja cadastro (art. 156, § 5º, do Novo CPC). Nota-se, portanto, que em regra o juiz estará limitado em sua escolha aos peritos cadastrados, mas nem entre eles a escolha será livre, porque o art. 157, § 2º, do Novo CPC prevê que será organizada lista de peritos na vara ou na secretaria, com disponibilização dos documentos exigidos para habilitação à consulta de interessados, para que a nomeação seja distribuída de modo equitativo, observadas a capacidade técnica e a área de conhecimento. Por outro lado, as partes, desde que preenchidos os requisitos formais previstos no art. 471 do Novo CPC, podem acordar na indicação do perito, que nesse caso não precisa estar cadastrado e que será imposto ao juiz.

272 O adiantamento dos honorários periciais deve ser feito antes do início da perícia?

Definido, à luz do art. 95 do Novo CPC, de qual das partes é a responsabilidade pelo adiantamento dos honorários periciais, o juiz poderá, nos termos do art. 465, § 4º, do Novo CPC, autorizar o pagamento de até 50% dos honorários arbitrados a favor do perito no início dos trabalhos, devendo o remanescente ser pago apenas ao final, depois de entregue o laudo e prestados todos os esclarecimentos necessários. Nos termos do dispositivo, essa forma de adiantamento não é obrigatória, mas deve ser a regra, só sendo excepcionada quando o perito demonstrar de forma razoável a necessidade de recebimento integral antes de iniciar o trabalho pericial. Ainda que o art. 466, § 4º, do Novo CPC preveja apenas uma forma de parcelamento do pagamento, entendo ser possível o juiz aplicar outras formas, inclusive com número maior de pagamentos a serem realizados durante o trabalho pericial.

273 O prazo para entrega do laudo pericial pode ser ampliado?

Havendo motivo justificado do atraso apresentado pelo perito, o juiz poderá dilatar o prazo originariamente concedido, mas, em razão do previsto no art. 476 do Novo CPC, essa dilatação estará limitada à metade do prazo originalmente fixado. Não sendo entregue o laudo no prazo, caberá a substituição (art. 468, II, do Novo CPC) e responsabilização do perito (art. 468, §§ 2º e 3º, do Novo CPC).

274 **Há um conteúdo ou regras formais do laudo pericial que devem ser respeitadas pelo perito?**

*Acesse o **QR Code** e assista à aula explicativa sobre este assunto.*

https://goo.gl/rOF31m

275 **O perito pode valorar questões em seu laudo?**

A valoração das questões de fato e de direito é atividade exclusiva do juiz, porque a valoração faz parte da decisão, cujo prolator deve estar investido no poder jurisdicional, o que, naturalmente, não ocorre com o perito. A valoração, portanto, não deve ser feita pelo perito, nem mesmo na parte fática da demanda, que será objeto de seu trabalho, porque nesse caso sua atuação deve se limitar a permitir a compreensão de matéria técnica pelo juiz. É nesse sentido que deve ser interpretado o art. 473, § 2º, do Novo CPC ao prever ser vedado ao perito ultrapassar os limites de sua designação, bem como emitir opiniões pessoais que excedam o exame técnico ou científico do objeto da perícia. Há, entretanto, dificuldade prática na aplicação do entendimento quando faz parte da própria atividade pericial um certo grau de valoração dos fatos, como ocorre, por exemplo, com a avaliação do valor de um aluguel numa ação renovatória. Nesses casos, o alcance do art. 473, § 2º, do Novo CPC será menor, proibindo o perito apenas de se manifestar além do estritamente necessário para o desencargo de seu trabalho técnico.

8

AUDIÊNCIA DE INSTRUÇÃO E JULGAMENTO

– Audiência designada para a produção de prova oral (depoimentos pessoal e testemunhal).

– Excepcionalmente, o perito pode ser intimado para prestar esclarecimentos ou apresentar perícia em audiência de instrução e julgamento.

– A audiência é una e contínua, ainda que sua realização possa ser fragmentada em mais de uma sessão.

276 **A audiência de instrução e julgamento pode ser gravada?**

O art. 367, § 5º, do Novo CPC prevê que a audiência poderá ser integralmente gravada em imagem e em áudio, em meio digital ou analógico, desde que reste assegurado o rápido acesso das partes e dos órgãos julgadores, observada a legislação específica. Tal norma é claramente voltada ao órgão jurisdicional, que nesse caso poderá se limitar a gravar a audiência, sem reduzir as perguntas, respostas, alegações finais e a sentença a termo escrito. Por outro lado, sendo ou não gravada a audiência pelo juízo, o art. 367, § 6º, do Novo CPC permite que a gravação seja realizada diretamente por qualquer das partes, sendo dispensável a autorização judicial. Acredito que nesse caso até mesmo a comunicação de que a audiência está sendo gravada é dispensável, ainda que recomendável à luz do princípio da boa-fé objetiva, consagrado no art. 5º do Novo CPC.

277

As alegações finais devem ser feitas por escrito ou oralmente?

As alegações finais devem em regra ser feitas oralmente na audiência de instrução e julgamento após o encerramento da instrução probatória, mas quando a causa apresentar questões complexas de fato ou de direito, o juiz deve substituir as alegações finais orais por razões finais escritas, comumente chamadas de memoriais, nos termos do art. 364, § 2º, do Novo CPC.

278

Qual a forma de contagem do prazo de memoriais escritos?

Sendo hipótese de apresentação de razões finais escritas, haverá prazo sucessivo de 15 dias para as partes, ou seja, primeiro serão contados 15 dias para o autor apresentar seus memoriais, iniciando-se após o esgotamento desse prazo os 15 dias para o réu. A previsão do art. 364, § 2º, do Novo CPC mantém no ato escrito a ordem dos atos orais: primeiro o ataque e depois a defesa, sendo forma adequada de contagem de prazo porque permite que o réu elabore seus memoriais já tendo conhecimento do teor dos memoriais apresentados pelo autor.

279

Há limites para as vezes que as partes podem acordar pelo adiamento da audiência de instrução e julgamento?

Diferentemente do que previa o art. 453, I, do CPC/1973, que limitava esse adiamento a uma vez, o art. 362, I, do Novo CPC não impõe limite à quantidade de vezes em que as partes podem, por acordo, adiar a realização da audiência de instrução e julgamento. Eventual abuso no exercício do direito consagrado nessa regra específica de autorregulamentação de conduta pode levar à anulação do negócio processual pelo juiz, com fundamento no princípio da duração razoável do processo, consagrado no art. 6º do Novo CPC.

9

SENTENÇA

- Sentença é o pronunciamento por meio do qual o juiz, com fundamento nos arts. 485 e 487, põe fim à fase cognitiva do procedimento comum, bem como extingue a execução, salvo no caso de disposição expressa dos procedimentos especiais.
- São elementos da sentença genuína de mérito o relatório, a fundamentação e o dispositivo.
- A sentença terminativa e homologatória de mérito não tem estrutura formal imposta por lei, bastando ser fundamentada.
- Na prolação da sentença, o juiz está adstrito aos elementos da ação.

280 **Diante do novo conceito de sentença, é correto afirmar que não existe mais no sistema sentença ilíquida?**

*Acesse o **QR Code** e assista à aula explicativa sobre este assunto.*

https://goo.gl/qO8j6L

Há requisito formal a ser cumprido pelo juiz na extinção do processo por abandono?

Tanto na hipótese de abandono bilateral (art. 485, II, do Novo CPC) como na de abandono unilateral (art. 485, III, do Novo CPC), o § 1º do art. 485 do Novo CPC exige que, antes da extinção terminativa do processo, o juiz intime pessoalmente o autor para que dê andamento ao processo em cinco dias. A intimação é pessoal porque o legislador parte da premissa de que o advogado tem responsabilidade pelo abandono, de forma que seria inútil intimar a parte em seu nome. O prazo de cinco dias é impróprio, de forma que, sendo dado andamento ao processo depois de decorrido o prazo, mas sempre antes da prolação da sentença de extinção terminativa, o processo deve seguir adiante.

É cabível a repropositura da ação na hipótese de extinção do processo por sentença terminativa?

Como a sentença terminativa não produz coisa julgada material, admite-se sua repropositura. Ocorre, entretanto, que em algumas hipóteses o art. 486, § 1º, do Novo CPC exige como condição da repropositura a correção do vício que levou o processo à extinção sem a resolução do mérito. Por vezes, será possível a mera correção do vício formal sem alteração de qualquer dos elementos da ação, com o que se terá propriamente sua repropositura. A litispendência, por exemplo, pode ser afastada com a comprovação de que processos com a mesma ação já não se encontram mais em trâmite, bem como a correção de vício que tornava inepta a petição inicial pode ser feita mantendo-se os elementos da ação. Há outras situações, entretanto, em que a correção do vício exigida pelo art. 486, § 1º, do Novo CPC necessariamente alterará um dos elementos da ação, hipótese em que não se poderá falar em sua repropositura, mas na propositura de uma nova ação após a correção do vício. Um bom exemplo é a extinção terminativa com fundamento na ilegitimidade ordinária, porque nesse caso a única forma de corrigir o vício será alterar a parte, mas com isso estar-se-á diante de uma nova ação. Nessa hipótese, inclusive, o legislador prevê no art. 966, § 2º, I, do Novo CPC o cabimento de ação rescisória, o que deixa claro que existem sentenças terminativas que não podem efetivamente ser repropostas.

O pedido de desistência da ação depende de anuência do réu para levar o processo à extinção?

A resposta dependerá do momento procedimental em que o pedido de desistência for formulado: antes da apresentação da contestação, o pedido deve ser homologado pelo juiz por sentença (art. 485, VIII, do Novo CPC), independentemente da anuência do réu, que nesse caso nem mesmo será intimado para se manifestar sobre o pedido do autor; já tendo sido apresentada a contestação, a extinção por desistência dependerá da anuência do réu, nos termos do art. 485, § 6º, do Novo CPC. Como o prazo para contestação terá início, ao menos em tese, somente depois de frustrada a audiência de mediação e conciliação, o autor terá um considerável lapso temporal depois da propositura da ação, e mesmo da citação do réu, para conseguir a extinção terminativa por desistência, independentemente da vontade deste, que poderá adiantar a apresentação de sua contestação para evitar que a homologação da desistência da ação não dependa de sua anuência. Ainda que apresentada antes de seu prazo, que seria a frustração da audiência de conciliação e mediação, o ato será considerado tempestivo, nos termos do art. 218, § 4º, do Novo CPC.

O autor pode desistir da ação durante o julgamento da apelação?

O art. 485, § 5º, do Novo CPC prevê que a desistência do processo só será admitida até a prolação da sentença, o que tem bastante lógica porque, tendo sido interposta apelação, o objeto de eventual desistência será o recurso, com o consequente trânsito em julgado da sentença recorrida, e, não sendo interposta apelação, a sentença transitará em julgado, não havendo mais nesse caso como desistir de uma ação que já foi extinta. A norma tem importante função no sistema considerando-se o princípio da boa-fé, consagrado no art. 5º do Novo CPC, já que invariavelmente o pedido de desistência da ação depois de proferida a sentença tem como objetivo substituir uma decisão de mérito desfavorável por uma decisão terminativa.

A confusão não é mais hipótese de sentença terminativa?

A confusão vinha prevista como causa de sentença terminativa no art. 267, X, do CPC/1973, mas não consta do rol previsto pelo art. 485 do Novo CPC. Aparentemente, o legislador adotou opinião doutrinária que sempre defendeu, de que, havendo confusão entre autor e réu – identidade em um mesmo sujeito das qualidades de credor e devedor –, o processo deve ser extinto com resolução do mérito, com a rejeição do pedido do autor em razão da extinção da obrigação objeto da demanda.

286. O juiz pode proferir "sentença" ilíquida tendo o autor formulado pedido determinado?

Diferentemente do sistema vigente no CPC/1973, não existe mais uma correlação entre a natureza do pedido e da sentença, de forma que, mesmo tendo sido elaborado um pedido determinado, a sentença poderá ser ilíquida, bem como poderá ser proferida sentença líquida diante de pedido genérico. O cabimento da sentença ilíquida, previsto nos incisos do art. 491 do Novo CPC, deixa clara a ausência de qualquer correlação entre pedido determinado/genérico e sentença líquida/ilíquida.

287. Quando é cabível a prolação de uma "sentença" ilíquida?

Apesar de ser sempre preferível a prolação de sentença líquida, de forma a poder passar à fase de cumprimento de sentença sem a necessidade da fase intermediária de liquidação, há duas hipóteses nas quais o legislador admite que o juiz no caso concreto profira sentença ilíquida. O art. 491, I, do Novo CPC prevê que, não sendo possível determinar, de modo definitivo, o montante devido, admitir-se-á a prolação de sentença ilíquida, ou seja, quando o *an debeatur* já estiver maduro para julgamento, mas o ato ilícito continuar a gerar efeitos, o juiz poderá condenar o réu ao pagamento devido e deixar a fixação do valor para o momento posterior da liquidação. No art. 491, II, do Novo CPC, a situação é diversa, porque aparentemente o juiz já pode descobrir o valor devido, mas como para isso dependerá de produção de prova de realização demorada ou excessivamente dispendiosa, opta por decidir o *an debeatur* e somente depois, caso seja necessário, produzir a prova necessária para a fixação do valor devido. Podem as partes, inclusive, diante da definição do *an debeatur*, chegar a uma forma consensual do conflito, com o que a demorada e cara prova necessária para a fixação do valor devido nem chegaria a ser produzida.

Qual a utilidade de se fazer uma hipoteca judiciária?

A hipoteca judiciária traz inúmeros benefícios ao autor que tem seu pedido acolhido por sentença, sendo admissível, inclusive, se o réu interpuser apelação recebida no duplo efeito. A primeira vantagem decorre da criação de uma averbação na matrícula de todos os imóveis de propriedade do réu quando a condenação for ilíquida, porque nesse caso não se pode precisar quais os imóveis serão necessários para garantir uma futura execução. Nesse caso, a hipoteca judiciária pode servir como instrumento de pressão para que o réu cumpra sua obrigação ou ao menos se sensibilize de forma mais intensa a uma forma consensual de conflitos. A segunda é que, com a hipoteca judiciária, qualquer ato de alienação ou oneração do imóvel será considerado um ato de fraude à execução, nos termos do art. 792, III, do Novo CPC, independentemente de *olater damni*. A terceira vantagem é que a hipoteca judiciária, nos termos do art. 495, § 4º, do Novo CPC, dá direito de preferência para o autor, que passa a concorrer com tal ato com a penhora ou arresto sobre o mesmo bem por parte de outros credores. São, portanto, variadas e importantes benesses, mas isso não deve incentivar a utilização indevida do instituto processual, cabendo a lembrança de que o autor responde objetivamente pelos prejuízos causados ao réu na hipótese de reforma ou anulação da sentença (art. 495, § 5º, do Novo CPC).

10

COISA JULGADA

- Trânsito em julgado: ausência do recurso cabível; inaplicação do reexame necessário; esgotamento das vias recursais.
- Coisa julgada formal (preclusão máxima): imutabilidade interna da decisão (endoprocessual).
- Coisa julgada material: imutabilidade para fora do processo nas decisões de mérito proferidas com cognição exauriente.
- A função negativa da coisa julgada é fundada na teoria da tríplice identidade, e a função positiva é fundada na teoria da identidade da relação jurídica de direito material.

289 **Os fundamentos da decisão podem fazer coisa julgada material?**

O art. 504, I, do Novo CPC prevê que os motivos, ainda que importantes para determinar o alcance da parte dispositiva da sentença, não fazem coisa julgada, o mesmo ocorrendo com a verdade dos fatos, estabelecida como fundamento da sentença, prevista no inciso II do mesmo dispositivo. Essa previsão pode enganosamente levar o intérprete a concluir que somente o dispositivo faz coisa julgada material, mas essa realidade parece não mais se sustentar diante do disposto no art. 503, §§ 1º e 2º, do Novo CPC. Tais dispositivos impõem requisitos positivos e negativos que, uma vez preenchidos, farão que a decisão da questão prejudicial produza coisa julgada material.

Como interpretar o requisito previsto no inciso I do § 1° do art. 503 do Novo CPC para que a solução da questão prejudicial produza coisa julgada material?

Segundo o dispositivo, só haverá coisa julgada material da solução da questão prejudicial quando dessa resolução depender o julgamento do mérito. O requisito à primeira vista é inútil, porque se da solução da questão não depender o julgamento do mérito ela não será prejudicial, e sua solução jamais terá condições de produzir coisa julgada material. Há tentativas doutrinárias para dar alguma utilidade à previsão legal. Ainda que veja com extrema dificuldade de ocorrência prática, é possível distinguir questão prejudicial decidida *obter dicta* como *ratio decidendi*, sendo somente no caso capaz de sua solução produzir coisa julgada. Entendo não ser adequada a interpretação de que só produz coisa julgada a solução da questão prejudicial que condiciona de forma obrigatória a solução do mérito, o mesmo não ocorrendo com a solução que apenas permite o julgamento do mérito, sem ser possível predeterminar com qual resultado. Numa ação cujo pedido é a condenação ao cumprimento de um contrato, o réu alega sua nulidade, estando formada a questão prejudicial. Se o juiz decidir que o contrato é nulo, só haverá um resultado possível para o pedido do autor: a rejeição. Por outro lado, caso decida que o contrato é válido, ainda terá que analisar outras questões – como o alegado inadimplemento, por exemplo – para resolver se acolhe ou rejeita o pedido do autor. Nos dois casos, a resolução do mérito depende da solução da questão prejudicial, e nesse sentido preenchem o requisito previsto no art. 503, § 1°, I, do Novo CPC.

O respeito ao contraditório na solução da questão prejudicial é requisito para a produção de coisa julgada material?

É nesse sentido o art. 503, § 1°, II, do Novo CPC ao exigir que a respeito da questão prejudicial tenha havido contraditório prévio e efetivo, não se aplicando no caso de revelia. O dispositivo parece descrever uma determinada situação e depois qualificá-la, dando a entender que, sendo o réu revel, não haverá contraditório prévio e efetivo sobre a questão prejudicial, e essa circunstância impede a formação da coisa julgada. A situação será de extrema raridade prática, porque, se o réu é revel, o ponto alegado pelo autor não se torna uma questão, que nada mais é do que um ponto controvertido. E sem a criação da questão não há que se falar em questão prejudicial. A única chance de surgir nesse processo uma questão prejudicial é na improvável hipótese de um terceiro interveniente impugnar o ponto alegado pelo autor.

292 **Como a questão da competência pode impedir a solução da questão prejudicial de produzir coisa julgada material?**

Um dos requisitos para a solução da questão prejudicial produzir coisa julgada material, previsto no art. 503, § 1º, III, do Novo CPC, é o juízo ter competência em razão da matéria e da pessoa para resolvê-la como questão principal. Significa dizer que, se a questão prejudicial que se decide fosse a questão principal, o juiz deve ter competência absoluta em razão da matéria e da pessoa para decidi-la para que sua decisão produza coisa julgada material. A autora de uma ação trabalhista move ação contra seu empregador e contra sua namorada, alegando que ambos respondem pelas verbas trabalhistas em razão de viverem em união estável. A namorada do empregador alega em sua contestação que não vive em união estável com ele, fazendo surgir a questão prejudicial, já que sem a solução dessa questão o juiz não tem como julgar o pedido da autora com relação a esse réu. Nesse caso, entretanto, não se pode falar em produção de coisa julgada material porque o juízo trabalhista não tem competência para julgar o reconhecimento de união estável como questão principal.

293 **Como as restrições probatórias ou limitações à cognição do processo afastam a coisa julgada da solução da questão prejudicial?**

Acesse o **QR Code** e assista à aula explicativa sobre este assunto.

https://goo.gl/Qvmi2Y

294 **A solução da questão prejudicial deve fazer parte do dispositivo para produzir coisa julgada material?**

Não há qualquer previsão legal com tal exigência, ainda que em termos de segurança jurídica seja o ideal. O mais importante, entretanto, não é o elemento da sentença que conterá a solução da questão prejudicial, mas a expressa menção do julgador ao preenchimento dos requisitos do art. 503, §§ 1º e 2º, do Novo CPC. Uma decisão de questão prejudicial desacompanhada de manifestação judicial que permita a conclusão de ter produzido ou não a coisa julgada material não pode ser admitida, sendo, inclusive, omissão que leva ao cabimento de embargos de declaração, nos termos do art. 1.022, II, do Novo CPC.

295 **A sucumbência exclusivamente quanto à solução da questão prejudicial gera interesse recursal?**

É possível que a parte, ainda que seja integralmente vencedora quando considerado o pedido formulado pelo autor, tenha sucumbido na decisão da questão prejudicial, quando o interesse recursal para impugnar por apelação apenas essa parte da sentença dependerá de tal solução ter ou não produzido coisa julgada material. Caso não tenha preenchido os requisitos dos §§ 2º e 3º do art. 503 do Novo CPC, sendo incapaz de produzir coisa julgada material, não há interesse recursal, porque nesse caso a apelação não traria, ainda que provida, qualquer melhora na situação prática do recorrente. Diferente é a conclusão se a solução da questão prejudicial produzir coisa julgada material, porque nesse caso a alteração da solução, ainda que não afete o resultado do julgamento do pedido do autor, tem aptidão para melhorar a situação prática do recorrente, revertendo a coisa julgada que lhe era desfavorável. Numa ação de cumprimento contratual, o réu alega a nulidade do contrato e o juiz, após decidir pela validade do contrato, julga improcedente o pedido do autor por não ter sido provado o inadimplemento. Nesse caso, o réu terá interesse recursal em apelar apenas para discutir a decisão que resolveu pela declaração de nulidade do contrato.

296 **A nova realidade de coisa julgada da solução da questão prejudicial passa a ser aplicada aos processos já em trâmite?**

Para evitar problemas de direito intertemporal, o art. 1.054 do Novo CPC prevê expressamente que o disposto no art. 503, § 1º, do mesmo diploma legal se aplica somente aos processos iniciados após a vigência do novo diploma processual, aplicando-se aos anteriores o disposto nos arts. 5º, 325 e 470 do CPC/1973. Dessa forma, para os processos iniciados até o dia

17 de março de 2016, a coisa julgada da solução da questão prejudicial dependerá do ingresso de ação declaratória incidental, que seguirá o procedimento estabelecido pelo diploma legal revogado.

297 Para a solução da questão prejudicial produzir coisa julgada basta o preenchimento dos requisitos previstos no art. 503, § 1°, do Novo CPC?

O art. 503, § 2°, do Novo CPC prevê um requisito negativo da formação da coisa julgada na solução da questão prejudicial, de forma que, sendo aplicável essa regra legal ao caso concreto, mesmo que preenchidos os requisitos do § 1° do mesmo dispositivo, a solução da questão prejudicial não produzirá coisa julgada. Nos termos do dispositivo, a hipótese do § 1° do art. 503 do Novo CPC não se aplica se no processo houver restrições probatórias ou limitações à cognição que impeçam o aprofundamento da análise da questão prejudicial. A doutrina vem apontando para a inviabilidade de formação de coisa julgada da solução de questão prejudicial em processos como o mandado de segurança, inventário e partilha, os que tramitam nos Juizados Especiais e outros em que haja limitação cognitiva ou restrições probatórias. Ocorre, entretanto, que o mero fato de o procedimento ser regido por tais limitações e restrições não é suficiente para a aplicação do art. 503, § 2°, do Novo CPC, já que o próprio dispositivo prevê que, se essa circunstância não impedir o aprofundamento da análise da questão prejudicial, sua solução produzirá coisa julgada. Em um mandado de segurança, por exemplo, é possível que a cognição plena da questão prejudicial dependa exclusivamente de prova documental, quando não terá sentido afastar a coisa julgada de sua solução. É justamente nesse sentido que entendo ser a norma legal ineficaz, porque, se as limitações cognitivas ou restrições probatórias impedirem a formação de cognição exauriente para a solução da questão prejudicial, ela não poderá ser decidida. E sem sua solução não há como o juiz decidir o mérito, sendo, portanto, hipótese de extinção terminativa, quando não haverá coisa julgada alguma.

298 Qual a melhor interpretação do art. 506 do Novo CPC?

Consagrou-se na vigência do CPC/1973 a lição de que a coisa julgada na tutela individual se produzia *inter partes*, tendo o entendimento como base o art. 472 desse diploma legal, que previa que a coisa julgada não beneficiava nem prejudicava terceiros. O art. 506 do Novo CPC passou a estabelecer apenas que a coisa julgada não prejudica terceiros, dando a entender que pode beneficiá-los, o que levaria à conclusão de que a coisa julgada se opera, de alguma forma, *ultra partes*. Trata-se de um dos temas do Novo Código de Processo Civil que mais vem dividindo as opiniões doutrinárias, sendo possível apontar cinco correntes. A primeira entende que o direito brasileiro consagrou o instituto do *colateral estoppel* do direito americano, de forma que terceiros em situação fático-jurídica assemelhada com aquela discutida no processo são alcançados pela coisa julgada desde que esta os beneficie (a tese é rejeitada pelo Enunciado 36 da I Jornada de Direito Processual Civil do CJF: "O disposto no art. 506 do CPC não permite que se incluam, dentre os beneficiados pela coisa julgada, litigantes de outras demandas em que se discuta a mesma tese jurídica"). A segunda entende ter sido consagrada na tutela individual a coisa julgada *secundum eventum litis in utilibus*, própria da tutela coletiva. Os dois entendimentos geram efeitos práticos idênticos, equiparando a coisa julgada individual àquela produzida em processo coletivo que tenha como objeto direito individual homogêneo. O que é no mínimo estranho, porque, assim, tal espécie de processo coletivo perderia totalmente sua razão de ser. Uma terceira corrente entende que a coisa julgada só pode beneficiar terceiros na hipótese de litisconsórcio facultativo unitário não formado. Um quarto consenso é aquele que admite a geração de coisa julgada para beneficiar terceiros somente na hipótese de cotitulares do direito material discutido no processo, numa generalização da regra consagrada no art. 274 do CC. O entendimento também pode ser criticado porque o substituído processual, por ser titular do direito, suporta a coisa julgada *pro et contra*, ou seja, é beneficiado ou prejudicado por ela a depender do resultado do processo. Por fim, uma última corrente doutrinária defende que a regra consagrada no art. 506 do Novo CPC é ineficaz porque, se a coisa julgada beneficia um terceiro, sempre prejudicará a parte contrária. Esta última posição parece não ser adequada, uma vez que o terceiro se valeria da coisa julgada em prejuízo da parte derrotada no processo em que ela se formou, e não contra um terceiro.

Qual tipo de controle de constitucionalidade pode ser alegado na coisa julgada inconstitucional?

Nos termos dos arts. 525, § 12, e 535, § 5º, ambos do Novo CPC, o devedor poderá alegar em sua impugnação ao cumprimento de sentença ou em ação rescisória a inconstitucionalidade declarada de forma concentrada ou difusa pelo Supremo Tribunal Federal da norma em que se fundamenta a sentença exequenda ou objeto de ação rescisória. O dispositivo atribui ao controle difuso de constitucionalidade realizado pelo Supremo Tribunal Federal uma eficácia *ultra partes*, podendo tal decisão servir de defesa executiva ou causa de pedir em ação rescisória em processo no qual figuram partes que não participaram do processo decidido pela Corte Maior.

Pode o juiz da execução modular os efeitos da declaração de inconstitucionalidade do Supremo Tribunal Federal?

Parecem ser nesse sentido os arts. 525, § 14, e 535, § 6º, ambos do Novo CPC, ao preverem que os efeitos da decisão do Supremo Tribunal Federal utilizada como fundamento da alegação de coisa julgada inconstitucional poderão ser modulados no tempo, de modo a favorecer a segurança jurídica. Outra interpretação possível é de que o dispositivo passou a permitir expressamente que o próprio Supremo Tribunal Federal module os efeitos da declaração de inconstitucionalidade no controle difuso de constitucionalidade, já que tal decisão não terá apenas eficácia *inter partes*. Ainda que venha a se entender que o juiz do cumprimento de sentença tem o poder de modular os efeitos da declaração de inconstitucionalidade do Supremo Tribunal Federal, entendo que, já tendo havido tal modulação na decisão daquele tribunal, não poderá o juiz do cumprimento de sentença contrariá-la, seja para restringi-la, seja para ampliá-la.

Caso a declaração de inconstitucionalidade seja proferida após o trânsito em julgado da sentença, ela continua a ser a coisa julgada inconstitucional alegada por meio de defesa executiva?

A forma procedimental de alegação da coisa julgada inconstitucional (arts. 525, § 12, e 535, § 5º, ambos do Novo CPC) dependerá do momento em que transitar em julgado a decisão do

Supremo Tribunal Federal que declara a norma ou ato normativo inconstitucional. Nos termos dos arts. 525, §§ 14 e 15, e 535, §§ 7º e 8º, do Novo CPC, se o trânsito em julgado de tal decisão se der antes do trânsito em julgado do processo em que a norma foi utilizada como razão do decidir, a forma de alegação será de defesa na impugnação ao cumprimento de sentença; caso o trânsito em julgado em tal processo ocorra antes do trânsito em julgado da decisão do Supremo Tribunal Federal, a forma procedimental de alegação da coisa julgada inconstitucional será a ação rescisória, quando, excepcionalmente, o termo inicial do prazo decadencial de dois anos não será o trânsito em julgado da decisão exequenda, mas da decisão do Supremo Tribunal Federal. Há precedente do Superior Tribunal de Justiça corretamente entendendo incabível a ação de *querela nulitatis* nesse caso (STJ, Corte Especial, AgInt nos EAREsp 44.901/PR, Rel. Min. Felix Fischer, j. 07/12/2016, *DJe* 15/12/2016).

302 ### O Novo Código de Processo Civil rejeitou a tese da coisa julgada parcial?

Trata-se de tema de controvertida interpretação nos tribunais superiores, já que, enquanto o Supremo Tribunal Federal admite a coisa julgada parcial, ela é rejeitada pelo Superior Tribunal de Justiça. Embora a questão não tenha sido expressamente resolvida pelo Novo Código de Processo Civil, a redação do art. 975, *caput*, desse diploma legal, que na realidade consolida em lei o entendimento expresso na Súmula 401/STJ, sugere a inadmissão da tese da coisa julgada parcial. A partir do momento em que o dispositivo prevê que o termo inicial da ação rescisória é o trânsito em julgado da última decisão proferida no processo, tudo sugere que somente nesse momento haverá o trânsito em julgado, o que conspira contra a tese da coisa julgada parcial. Lamento a previsão legal e a interpretação que poderá ser dada a ela, em especial diante da consagração do julgamento antecipado parcial do mérito no art. 356 do Novo CPC, parecendo não fazer qualquer sentido nesse caso não se considerar que com o fracionamento do julgamento do mérito o processo contará com dois trânsitos em julgado em momentos distintos, inclusive para fins de fixação de termo inicial do prazo da ação rescisória.

Teoria Geral
da Execução

1

DISPOSIÇÕES GERAIS

- As regras procedimentais do procedimento comum da execução se aplicam subsidiariamente aos procedimentos especiais executivos e ao cumprimento de sentença.
- Os atos atentatórios à dignidade da justiça estão previstos no art. 774 do Novo CPC, gerando a aplicação de multa de até 20% do valor da causa em favor do exequente.
- O exequente ressarcirá ao executado os danos que este sofreu, quando a sentença, transitada em julgado, declarar inexistente, no todo ou em parte, a obrigação que ensejou a execução.

303 **O Novo Código de Processo Civil consagra o princípio da disponibilidade da execução?**

O art. 775, *caput*, do Novo CPC prevê o direito do exequente de desistir da execução, dando a entender que a desistência não depende da anuência do executado, sendo apenas relevante sua vontade para a continuidade ou não de sua defesa quando ela versar sobre matéria de mérito. Nesse sentido, o art. 775, parágrafo único, I, do Novo CPC dispõe que, diante da desistência da execução, também serão extintos a impugnação e os embargos quando versarem sobre questão processual. O inciso II, parágrafo único, do art. 775 do Novo CPC prevê, por outro lado, que, havendo matéria de mérito nessas defesas executivas, sua extinção dependerá da concordância do impugnante ou do embargante. Caso o embargante pretenda que seus embargos não sejam extintos nesse caso, o juiz homologa a desistência da execução e dá andamento aos embargos, o que é possível por se tratar de duas ações. Já para o impugnante essa solução é inviável, porque a impugnação não tem natureza de ação, e a extinção do cumprimento de sentença geraria inexoravelmente a extinção da impugnação. Nesse caso, portanto, se o impugnante se manifestar pela continuidade da impugnação, na realidade obstará a extinção do cumprimento de sentença, tornando sem efeito o pedido de desistência do exequente.

304 O juiz pode determinar a intervenção judicial em empresa como forma de fazer cumprir uma decisão judicial?

No início do processo legislativo do Novo Código de Processo Civil, essa forma de execução indireta, expressamente prevista para efetivação da tutela específica no art. 102 da Lei 12.529/2011, que estrutura o Sistema Brasileiro de Defesa da Concorrência, estava consagrada no texto legal, mas foi suprimida do texto final. Entendo que a supressão é ineficaz por conta do previsto no art. 139, IV, do Novo CPC, que prevê entre os poderes do juiz a adoção de qualquer medida coercitiva, indutiva, sub-rogatória ou mandamental para a efetivação das decisões judiciais. Dessa forma, ainda que não exista norma expressa a admitir a intervenção judicial, a adoção do princípio da atipicidade dos meios executivos permite sua adoção além dos casos contemplados pela Lei 12.529/2011.

305 Há limites na atipicidade dos meios executivos?

*Acesse o **QR Code** e assista à aula explicativa sobre este assunto.*

https://goo.gl/vVzv2I

306 A atipicidade dos meios executivos permite a fixação de *astreintes* na execução de obrigação de pagar quantia?

Na vigência do CPC/1973, o Superior Tribunal de Justiça consolidou o entendimento pela inaplicabilidade de *astreintes* para pressionar psicologicamente o devedor a cumprir a obrigação de pagar quantia certa, com o fundamento de que tal medida executiva estava prevista no art. 461 do diploma legal revogado, que se limitava a regulamentar a execução das obrigações de fazer, não fazer e entregar coisa certa. O entendimento já era criticável por contrariar o princípio da atipicidade dos meios executivos, e poderia aparentemente ser mantido perante o novo diploma legal, considerando que as *astreintes* estão regulamentadas no art. 537 do Novo CPC, norma do capítulo referente à execução das obrigações de fazer, não fazer e entregar coisa. Ocorre, entretanto, que, por força do previsto no art. 139, VI, do Novo CPC, o entendimento não tem mais como se sustentar porque o dispositivo prevê o poder de o juiz aplicar qualquer medida coercitiva – o que naturalmente inclui as *astreintes* – para efetivação de qualquer decisão judicial, inclusive nas ações que tenham por objeto prestação pecuniária.

307

Caso o executado indique uma forma executiva tão eficaz e menos onerosa que a indicada pelo exequente, o juiz deve acolher o pedido?

O princípio da menor onerosidade não pode ser compreendido desconsiderando o princípio da efetividade da tutela executiva, cabendo ao juiz fazer um juízo de ponderação entre esses dois princípios para que a menor onerosidade em favor do executado não sacrifique ou crie dificuldades consideráveis à satisfação do direito do exequente. Nesse sentido, deve ser elogiado o art. 805, parágrafo único, do Novo CPC, mas o legislador parece ter exagerado na medida quando prevê que, ao executado que alegar ser a medida executiva mais gravosa, incumbe indicar outros meios mais eficazes e menos onerosos. Não tem qualquer sentido lógico indeferir pedido do executado para substituição do meio executivo quando ele se mostrar menos oneroso e tão eficaz quanto o determinado pelo juiz, porque nesse caso não haverá qualquer prejuízo ao exequente. Vou até além, porque, mesmo que a substituição do meio executivo gere uma desvantagem mínima ao exequente e uma vantagem expressiva ao executado, entendo que o pedido deve ser acolhido.

308

Mesmo sendo portador de um título executivo extrajudicial, o autor pode optar pelo processo de conhecimento?

O art. 785 do Novo CPC, ao prever que a existência de título executivo extrajudicial não impede a opção da parte pelo processo de conhecimento, a fim de obter título executivo judicial, consolida legislativamente entendimento consagrado pelo Superior Tribunal de Justiça na vigência do CPC/1973. Dessa forma, caberá ao beneficiado por título executivo extrajudicial optar entre o processo de execução ou o processo de conhecimento, que, nesse caso, também por opção do autor, poderá seguir o procedimento comum ou o procedimento especial da ação monitória (Enunciado 101 da I Jornada de Direito Processual Civil do CJF: "É admissível ação monitória, ainda que o autor detenha título executivo extrajudicial").

309 **Qual credor tem preferência para receber o produto da alienação judicial do bem penhorado se tiver sido instaurado na execução o incidente de concurso de credores?**

Em primeiro lugar, deve-se considerar a natureza do direito material, porque, havendo qualquer preferência estabelecida em lei levando em conta tal natureza, será esse o credor que receberá antes, como ocorre, por exemplo, no crédito fiscal, trabalhista, alimentar e com garantia real. Sendo o direito material de mesma natureza, a preferência será estabelecida pela regra do *prior tempore portior in iure*, que aponta para a primeira penhora válida do bem, quando será irrelevante a data do registro da constrição, importando somente a data em que ela foi realizada. Ocorre, entretanto, que além da penhora há outros dois atos processuais que devem ser considerados para fins de determinação de direito de preferência: o arresto – cautelar ou executivo – e a hipoteca judiciária.

2

PARTES NA EXECUÇÃO

- Os legitimados ativos na execução estão previstos no art. 778 do Novo CPC.
- Os legitimados passivos na execução estão previstos no art. 779 do Novo CPC.
- O responsável patrimonial secundário, mesmo que não previsto no art. 779 do Novo CPC, tem legitimidade passiva na execução.
- É cabível a cumulação de execuções fundadas em títulos diferentes desde que o executado seja o mesmo, para todas elas seja competente o mesmo juízo e idêntico o procedimento.

310 **O fiador judicial não tem mais legitimidade passiva na execução?**

Fiador judicial é o terceiro que presta garantia no processo em favor de uma das partes. Por incrível que pareça, o legislador suprimiu sua legitimidade passiva para a execução, já que o art. 779, IV, do Novo CPC, ao prever a legitimidade passiva do fiador, limita-a ao fiador do débito constante em título extrajudicial. O fiador judicial jamais constará de título executivo, muito menos sendo extrajudicial, porque o título executivo nesse caso será a sentença judicial proferida no processo em que a garantia foi prestada. Trata-se de lamentável supressão legislativa, muito provavelmente feita de forma inconsciente, mas que poderá trazer sérios problemas práticos. Não havendo mais norma legal que preveja sua legitimidade passiva na execução, a figura do fiador judicial parece não fazer mais sentido, já que de nada adiantará aceitar sua garantia no processo se futuramente ele não puder ser executado. Seria nesse caso a garantia que não garante, ou seja, a garantia prestada por terceiro careceria de idoneidade e não teria mais sentido admiti-la no processo. Caso a parte apresente no processo garantia prestada por fiador judicial, cabe à parte contrária alegar sua falta de idoneidade em razão da ilegitimidade passiva na execução do fiador judicial, porque, caso o juiz entenda que essa legitimidade continua a existir, a parte contrária terá garantido a possibilidade de futuramente executar o fiador judicial.

311

O titular do bem, vinculado por garantia real ao pagamento do débito, tem legitimidade passiva para a execução?

É curioso que esse sujeito sempre tenha sido executado na vigência do CPC/1973, não obstante a ausência de norma legal que consagrasse sua legitimidade passiva. A anomalia foi superada com a expressa previsão do art. 779, V, do Novo CPC. Nesse caso, além do responsável pelo pagamento do débito que seja titular do bem vinculado por garantia real, também o devedor terá legitimidade passiva, nos termos do art. 779, I, do Novo CPC, havendo entre eles uma legitimidade passiva concorrente disjuntiva (litisconsórcio passivo facultativo).

3

COMPETÊNCIA NA EXECUÇÃO

- A competência para o cumprimento de sentença está prevista no art. 516 do Novo CPC.
- A competência para o processo de execução está prevista no art. 781 do Novo CPC.
- A competência territorial da execução – cumprimento de sentença e processo autônomo – é relativa, inclusive na execução hipotecária.

312

O autor tem opções de foro no cumprimento de sentença?

O art. 516, parágrafo único, do Novo CPC consagra a regra de foros concorrentes para o cumprimento de sentença, admitindo a escolha pelo exequente de um dos foros abstratamente competentes previstos em lei. No momento de propositura do cumprimento de sentença, o exequente poderá escolher entre o juízo que formou o título, ou seja, o juízo em que tramitou a fase de conhecimento, o foro (e não juízo, como equivocadamente previsto no dispositivo legal) do atual domicílio do executado, o foro (e não juízo, como equivocadamente previsto no dispositivo legal) onde se encontrem os bens sujeitos à execução e o foro (e não juízo, como equivocadamente previsto no dispositivo legal) do local onde deva ser executada a obrigação de fazer ou de não fazer.

313 **Se houver diferença entre o juízo que processou a causa e aquele que a decidiu, qual deles é competente para o cumprimento de sentença?**

Corrigindo flagrante erro do art. 475-P, II, do CPC/1973 e retornando à regra já existente no sistema antes da Lei 11.232/2005, o art. 516, II, do Novo CPC prevê como competente para o cumprimento de sentença o juízo que decidiu a causa no primeiro grau de jurisdição. É irrelevante, portanto, o juízo que tenha processado a causa, importando apenas aquele que proferiu a sentença em primeiro grau. A expressa menção ao juízo de primeiro grau é importante porque por vezes o título é formado no tribunal, em razão do efeito substitutivo dos recursos, mas, como a competência executiva recursal se limita a decisões proferidas em processos de competência originária (art. 516, I, do Novo CPC), nesse caso a competência continuará a ser do primeiro grau.

314 **No processo de execução há competência concorrente de foros?**

O art. 781, I, do Novo CPC prevê como abstratamente competentes para o processo de execução os foros de domicílio do executado, de eleição constante do título ou, ainda, de situação dos bens a ela sujeitos, enquanto o inciso V do mesmo dispositivo prevê o foro do lugar em que se praticou o ato ou em que ocorreu o fato que deu origem ao título, mesmo que nele não mais resida o executado. A conjugação das normas sugere a existência de foros concorrentes, mas na realidade o foro estipulado por cláusula de eleição de foro prevalece sobre os demais, porque nesse caso terá ocorrido um acordo bilateral de vontades das partes, que sempre se sobrepõe à escolha unilateral do autor. Não havendo cláusula de eleição de foro, caberá ao exequente a escolha entre os outros três foros previstos nos incisos I e V do art. 781 do Novo CPC.

4

TÍTULO EXECUTIVO

- Os títulos executivos judiciais estão previstos no art. 515 do Novo CPC.
- Os títulos executivos extrajudiciais estão previstos no art. 784 do Novo CPC.
- Nos termos do art. 784, XII, do Novo CPC, a legislação extravagante pode criar espécies de título executivo extrajudicial não previstas no diploma processual.
- A obrigação constante de título executivo só é executável se for líquida, certa e exigível.

315 **É possível a execução de uma sentença meramente declaratória?**

*Acesse o **QR Code** e assista à aula explicativa sobre este assunto.*

https://goo.gl/TP7uOY

316 **Um acordo judicial que envolve um terceiro é válido? E o acordo que extrapola o objeto do processo?**

A decisão que homologa autocomposição não está adstrita aos elementos da ação, tanto no aspecto objetivo como no subjetivo. Trata-se da adoção da teoria de Carnelutti da solução integral da lide. Nesse sentido deve ser elogiado o art. 515, § 2º, do Novo CPC ao prever que a autocomposição judicial pode envolver sujeito estranho ao processo e versar sobre relação jurídica que não faça parte do objeto do processo.

317 **Como o perito executará a decisão judicial que fixa seus honorários?**

O título executivo que reconhecia o crédito de auxiliar da justiça quando as custas, emolumentos ou honorários tivessem sido aprovados por decisão judicial era executado na vigência do CPC/1973 por meio do processo de execução, já que esse título executivo era previsto como extrajudicial, por força do art. 585, VI, do diploma processual revogado. Essa opção legislativa sempre foi criticada pela doutrina por considerar extrajudicial um título formado por decisão judicial, tendo sido tal anomalia corrigida pelo Novo Código de Processo Civil, que passa, em seu art. 515, V, a prever tal título executivo como judicial. Dessa forma, a execução passa a ser feita por cumprimento de sentença.

318 **Tem sentido o art. 784, VI, do Novo CPC prever que o contrato de seguro de vida só é título executivo em caso de morte?**

Numa primeira leitura, pode parecer não fazer sentido, porque a exigibilidade do direito de receber o prêmio em contrato de seguro de vida só passa a existir quando o segurado falece. Ocorre, entretanto, que existem contratos de seguro de vida que funcionam como forma de investimento, de maneira que, vencido o contrato sem o falecimento do segurado, uma parcela significativa do valor adiantado lhe é devolvida. Nesse caso, apesar de se tratar de contrato de seguro de vida, eventual inadimplemento da seguradora não permitirá ao segurado sua execução, já que tal contrato só é considerado um título executivo extrajudicial com a morte do segurado, sendo necessária a propositura de ação de conhecimento de cobrança dos valores devidos.

Há possibilidade de o título executivo extrajudicial ser formado unilateralmente pelo credor?

Há três títulos executivos extrajudiciais que podem ser formados unilateralmente pelo credor, previstos pelo Novo Código de Processo Civil: (I) a certidão de dívida ativa da Fazenda Pública da União, dos Estados, do Distrito Federal e dos Municípios, correspondente aos créditos inscritos na forma da lei (art. 784, IX, do Novo CPC); (II) o crédito referente às contribuições ordinárias ou extraordinárias de condomínio edilício, previstas na respectiva convenção ou aprovadas em assembleia geral, desde que documentalmente comprovadas (art. 784, X, do Novo CPC) (Enunciado 100 da I Jornada de Direito Processual Civil do CJF: "Interpreta-se a expressão condomínio edilício do art. 784, X, do CPC de forma a compreender tanto os condomínios verticais, quanto os horizontais de lotes, nos termos do art. 1.358-A do Código Civil"); (III) a certidão expedida por serventia notarial ou de registro relativa a valores de emolumentos e demais despesas devidas pelos atos por ela praticados, fixados nas tabelas estabelecidas em lei (art. 784, XI, do Novo CPC).

5

RESPONSABILIDADE PATRIMONIAL

- A obrigação (instituto de direito material) não se confunde com a responsabilidade patrimonial (instituto de direito processual).
- A responsabilidade patrimonial determina a sujeição de patrimônio à execução.
- O devedor é em regra o responsável patrimonial, mas excepcionalmente o devedor não é responsável patrimonial (p. ex., dívida de jogo), e o responsável patrimonial não é devedor (responsabilidade patrimonial secundária).
- O responsável patrimonial, e não necessariamente o devedor, como equivocadamente prevê o art. 789 do Novo CPC, responde com todos os seus bens presentes e futuros para o cumprimento da obrigação exequenda, salvo as restrições estabelecidas em lei (bens impenhoráveis).

320

O ato praticado em fraude contra credores é nulo ou ineficaz?

O art. 158, *caput*, do CC prevê que o ato praticado em fraude contra credores é anulável, sendo no mesmo sentido o art. 790, VI, do Novo CPC, ao estabelecer a necessidade de ação para anular tal espécie de ato. Trata-se de curiosa opção do legislador que, apesar de ser compatível com o previsto no Código Civil, contraria a mais recente jurisprudência do Superior Tribunal de Justiça no sentido de ser o ato praticado em fraude contra credores ineficaz perante o credor-autor da ação pauliana (STJ, 4ª Turma, REsp 1.100.525/RS, Rel. Min. Luis Felipe Salomão, j. 16/04/2013, *DJe* 23/04/2013). Defender a anulação do ato traz problemas práticos sérios ao autor da ação pauliana, porque, uma vez anulado o negócio jurídico, o bem retorna ao patrimônio do devedor, e consequentemente passa a responder por todas as suas dívidas, sem qualquer garantia de que ele será utilizado para satisfazer o direito do autor da ação pauliana, que terá tido todo o trabalho para recuperar o bem, mas corre o risco de dele não se aproveitar.

321 **O art. 790, VII, do Novo CPC prevê a responsabilidade patrimonial nos casos de desconsideração da personalidade jurídica. O dispositivo é efetivamente uma novidade?**

A doutrina vem entendendo que o dispositivo legal é a consagração da responsabilidade patrimonial do sócio na hipótese de desconsideração da personalidade jurídica. Entendo, entretanto, que essa hipótese já está contemplada pelo inciso II do art. 790 do Novo CPC, que se limita a repetir a previsão do art. 592, II, do CPC/1973, de forma que nesse tocante não vejo qualquer novidade no art. 790, VII, do Novo CPC. O dispositivo, entretanto, tem extrema relevância, e nesse ponto deve ser considerado uma elogiável novidade, nas hipóteses de desconsideração inversa da personalidade jurídica (sócio devedor e sociedade responsável patrimonial secundária) e de desconsideração econômica (sociedades do mesmo grupo econômico como devedora e responsável patrimonial secundária). Essas diferentes espécies de desconsideração da personalidade jurídica já vinham sendo admitidas pelo Superior Tribunal de Justiça na vigência do CPC/1973, mas realmente faltava uma norma processual a prever a responsabilidade patrimonial secundária nesses casos. Com o art. 790, VII, do Novo CPC, esse vácuo legislativo foi preenchido.

322 **O que significa proteção da meação do cônjuge ou companheiro quando bem imóvel do casal é penhorado e ele consegue a procedência nos embargos de terceiro?**

O cônjuge ou companheiro não devedor será intimado da penhora do imóvel do casal, salvo se forem casados em regime de separação absoluta de bens (art. 842 do Novo CPC), formando-se nesse caso um litisconsórcio passivo ulterior. Não obstante tornar-se parte no processo, o art. 647, § 2º, I, do Novo CPC equipara esse sujeito a terceiro, dando-lhe legitimidade ativa para os embargos de terceiro, no qual será defendida sua meação mediante a discussão de a dívida ter ou não revertido em benefício do casal ou da família. Com o julgamento de procedência nos embargos de terceiro, a proteção da meação do embargante não retira a penhora de 50% do imóvel nem impede sua inteira alienação judicial. Proteger a meação nesse caso significa que, nos termos do art. 843, § 2º, do Novo CPC, será garantido ao embargante vitorioso o equivalente a 50% do valor da avaliação do imóvel, entregue quando da alienação do bem, que nesse caso jamais poderá ser realizada por valor inferior a 50% do valor da avaliação. O exequente ficará tão somente com a diferença entre os 50% do valor da avaliação e o valor da alienação judicial do bem. Durante a vigência do CPC/1973, sendo o imóvel avaliado em R$ 500.000,00 e alienado judicialmente por R$ 300.000,00, o exequente recebia R$ 150.000,00 e o cônjuge ou companheiro não devedor e sem responsabilidade patrimonial secundária recebia R$ 150.000,00. Com a previsão do art. 843, § 2º, do Novo CPC, no mesmo caso o cônjuge ou companheiro não devedor e sem responsabilidade patrimonial secundária passa a receber R$ 250.000,00, e o exequente, R$ 50.000,00.

323

Qual o procedimento para a penhora de imóvel que tenha coproprietários sendo apenas um deles devedor?

Na execução promovida contra executado que seja coproprietário de bem móvel, diferentemente do que ocorria na vigência do CPC/1973, a penhora não se limitará à cota parte do executado, sendo o imóvel integralmente penhorado e alienado judicialmente. Do produto da alienação será entregue ao coproprietário não devedor metade do valor da avaliação do bem, sendo entregue ao exequente o excedente a esse valor gerado pela alienação judicial do bem (art. 843, § 2º, do Novo CPC).

324

O terceiro de boa-fé continua a ser protegido no ato de fraude à execução?

Nas hipóteses previstas nos três primeiros incisos do art. 792 do Novo CPC, não há falar em boa-fé de terceiros, porque nesses casos haverá presunção absoluta de ciência dos terceiros da situação do bem e/ou do devedor. Na hipótese consagrada no inciso IV do art. 792 do Novo CPC, será possível um terceiro de boa-fé, sendo nesse sentido importante a previsão do § 2º do mesmo dispositivo legal, ao prever que no caso de aquisição de bem não sujeito a registro, o terceiro adquirente tem o ônus de provar que adotou as cautelas necessárias para a aquisição, mediante a exibição das certidões pertinentes, obtidas no domicílio do vendedor e no local onde se encontra o bem. O dispositivo de alguma forma revoga parcialmente o entendimento consagrado na Súmula 375/STJ, mas seu verdadeiro alcance dependerá do sentido a ser atribuído à expressão "não sujeito a registro". Se a interpretação for em abstrato, serão considerados apenas os bens que jamais poderiam ter sua penhora registrada, como, por exemplo, obras de arte e móveis em geral. Se a interpretação for em concerto, tanto esses bens como aqueles que são abstratamente sujeitos a registro, mas no caso concreto ainda não há tal sujeição porque não houve sua constrição judicial, devem ser considerados. Um imóvel, por exemplo, pode ser objeto de fraude à execução muito antes de sua penhora, durante a fase de conhecimento, de forma que, nesse caso, em abstrato o bem seria sujeito a registro, mas em concreto não. Acredito que nas situações em que não se aplique o art. 792, § 2º, do Novo CPC, com o alcance que tal dispositivo legal tiver, o ônus de provar a má-fé do terceiro será do credor, mantendo-se aqui, ainda que parcialmente, o entendimento consagrado na Súmula 375/STJ.

325 **Cabe o reconhecimento de fraude à execução sem a oitiva prévia do terceiro?**

Nos termos do art. 792, § 4º, do Novo CPC, antes de declarar a fraude à execução, o juiz deverá intimar o terceiro adquirente, que, se quiser, poderá opor embargos de terceiro, no prazo de 15 dias. Em regra, portanto, o reconhecimento de fraude à execução segue o contraditório tradicional, com a oitiva prévia da parte contrária, sua possível reação e somente depois a prolação da decisão, o que, inclusive, contraria a jurisprudência formada pelo Superior Tribunal de Justiça a respeito do tema na vigência do CPC/1973. Ocorre, entretanto, que a decisão liminar que reconhece a fraude à execução não está proibida, tornando-se apenas excepcional por depender da aplicação do art. 9º, parágrafo único, do Novo CPC, de forma a ser admitida sempre que o exequente convencer o juiz do cabimento de tutela provisória de urgência (mais provável) ou da evidência. Nos corretos termos do Enunciado 102 da I Jornada de Direito Processual Civil do CJF, "a falta de oposição dos embargos de terceiro preventivos no prazo do art. 792, § 4º, do CPC não impede a propositura dos embargos de terceiro repressivos no prazo do art. 675 do mesmo Código".

326 **O bem do sócio foi alienado, levando-o à insolvência, antes de ser desconsiderada a personalidade jurídica da sociedade empresarial da qual fazia parte. É possível falar em fraude à execução?**

O art. 792, § 3º, do Novo CPC prevê que nos casos de desconsideração da personalidade jurídica a fraude à execução verifica-se a partir da citação da parte cuja personalidade se pretende desconsiderar, de forma que, mesmo antes da citação daqueles que poderão ter seu patrimônio invadido em razão da desconsideração, a alienação ou oneração de seus bens configurará fraude à execução se criar ou piorar sua insolvência. O legislador aparentemente criou uma ficção jurídica – ou presunção absoluta – no sentido de o sócio já ter ciência da existência do processo contra a sociedade mesmo antes de ter sido citado no incidente de desconsideração da personalidade jurídica. Observa-se tal circunstância, inclusive, quando o credor formar litisconsórcio inicial com sociedade e sócios (art. 134, § 2º, do Novo CPC) e aquela for citada antes destes. Nesse caso, entendo que o terceiro de boa-fé deve ser protegido, já que a presunção absoluta de ciência dos sócios do processo envolvendo a sociedade não se estende a terceiros.

327 **Existe fraude à execução sem o *eventus damni* (insolvência)?**

Entendo que nos três primeiros incisos do art. 792 do Novo CPC há previsão de fraude à execução com dispensa do *eventus damni*. Versando o processo sobre direito real ou pretensão reipersecutória, caso o autor averbe a pendência do processo no respectivo registro público a alienação ou oneração do bem será considerada fraude à execução independentemente de *eventus damni*, até porque nesse caso o bem é o próprio objeto da demanda. Mais interessantes são os incisos II e III do art. 792 do Novo CPC, a preverem que, sendo a execução averbada, realizada a hipoteca judiciária da sentença, ou averbada qualquer constrição judicial, o ato de alienação ou oneração será considerado fraude à execução, independentemente de *eventus damni*. A exigência da insolvência resta limitada à hipótese de fraude à execução descrita no art. 792, IV, do Novo CPC.

É possível a penhora de salário?

Nos termos do art. 833, IV, do Novo CPC, os salários são impenhoráveis. Há, entretanto, duas exceções previstas no § 2º do art. 833: (a) pagamento de prestação alimentícia, independentemente de sua origem (Enunciado 105 da I Jornada de Direito Processual Civil do CJF: "As hipóteses de penhora do art. 833, § 2º, do CPC aplicam-se ao cumprimento da sentença ou à execução de título extrajudicial relativo a honorários advocatícios, em razão de sua natureza alimentar"); (b) importâncias excedentes a 50 salários mínimos mensais. Na realidade, há uma terceira exceção no art. 14, § 3º, da Lei 4.717/1965, ao prever que na ação popular, quando o réu condenado perceber dos cofres públicos, a execução far-se-á por desconto em folha até o integral ressarcimento do dano causado, se assim mais convier ao interesse público. A norma, inclusive, deve ser aplicada a todas as espécies de ação coletiva por conta do microssistema coletivo. O Superior Tribunal de Justiça, entretanto, parece não respeitar as limitações legais, havendo precedentes daquele tribunal no sentido de se admitir penhora de parcela do salário desde que o valor mantido com o executado seja o suficiente para sua manutenção digna (STJ, 3ª Turma, REsp 1.658.069/GO, Rel. Min. Nancy Andrighi, j. 14/11/2017, *DJe* 20/11/2017).

6

CUMPRIMENTO PROVISÓRIO DE SENTENÇA

- O cumprimento de sentença será provisório sempre que o título executivo judicial for provisório.
- Só cabe cumprimento provisório de sentença se o recurso pendente de julgamento não tiver efeito suspensivo.
- Aplica-se a teoria do risco-proveito, tendo o exequente responsabilidade objetiva no ressarcimento dos danos suportados pelo executado no caso de reforma ou anulação da decisão exequenda.
- O cumprimento provisório de sentença exige a formação de carta de sentença, cabendo ao exequente sua instrução.

329

Existe execução provisória de título executivo extrajudicial?

Diferentemente do que ocorria no CPC/1973, a execução de título executivo extrajudicial será sempre definitiva, do começo ao fim, cabendo a execução provisória somente de título executivo judicial. Tanto é assim que o novo diploma legal passou a chamar a execução provisória de cumprimento provisório de sentença, com regulamentação dos arts. 520 a 522 do Novo CPC.

330

No cumprimento provisório de sentença é cabível a multa de 10% pelo não pagamento em 15 dias?

É distinto o tratamento procedimental da aplicação de multa de 10% no cumprimento de sentença, a depender de sua definitividade ou provisoriedade. No cumprimento definitivo de sentença, a única forma pela qual o executado se livra da aplicação da multa é o pagamento do débito no prazo de 15 dias, não se prestando a esse fim o oferecimento de bens à penhora, inclusive dinheiro. No cumprimento provisório de sentença, o tema é regulamentado pelo art. 520, § 3º, do Novo CPC, ao prever que o executado se livra da multa com o mero depósito do valor em juízo, hipótese em que seu recurso pendente de julgamento não restará prejudicado e deverá ser julgado normalmente. Entendo que esse depósito do valor corresponde a uma penhora em dinheiro, que excepcionalmente, somente por se tratar de cumprimento provisório de sentença, será suficiente para evitar a aplicação da multa. Tratando-se de penhora, entendo que o exequente poderá levantar o dinheiro, sendo a necessidade de prestação de caução regulada pelo art. 521 do Novo CPC. Uma vez que o cumprimento de sentença se torne definitivo, o levantamento será admitido independentemente de caução.

331 **No cumprimento provisório de sentença de débito alimentar exige-se a prestação de caução para levantamento de dinheiro?**

Diferentemente do que ocorria no CPC/1973, no qual a dispensa da caução na execução provisória de débito alimentar tinha um limite de 100 salários mínimos, o art. 521, I, do Novo CPC se limita a prever a dispensa da caução quando o crédito for de natureza alimentar, de forma a tornar o valor exequendo irrelevante. Ainda conforme o dispositivo legal, será caso de dispensa da caução independentemente da origem do direito de alimentos, ou seja, além dos alimentos genuínos, derivados da relação de casamento, união estável e parentesco, também estão incluídos os alimentos derivados de verbas trabalhistas e assemelhados, como, por exemplo, os honorários advocatícios (art. 85, § 14, do Novo CPC), e derivados de condenação por ato ilícito.

332 **Quais são as posturas do executado no cumprimento provisório de sentença ao ser intimado a pagar o débito exequendo no prazo de 15 dias?**

Poderá manter-se inerte, sendo nesse caso aplicada multa no valor de 10% do valor exequendo e fixados honorários advocatícios no mesmo valor. Para se livrar da aplicação da multa e da fixação dos honorários advocatícios, poderá pagar o débito, mas nesse caso seu recurso que estava pendente de julgamento restará prejudicado, sendo inadmitido por decisão monocrática do relator, nos termos do art. 932, III, do Novo CPC. Para se livrar da aplicação da multa, deverá depositar o valor exequendo em juízo, de forma a manter o julgamento de seu recurso já interposto. Nesse caso, entretanto, serão fixados os honorários advocatícios no valor de 10% do valor exequendo. Cabe ao advogado do executado deixar claro se o depósito do valor exequendo nos autos representa a satisfação do direito do exequente ou mera garantia do juízo.

333 **A situação de necessidade é o suficiente para a dispensa da caução no cumprimento provisório de sentença?**

Nos termos do art. 521, II, do Novo CPC, demonstrando o credor – na realidade o exequente – situação de necessidade (imprescindibilidade da satisfação imediata e impossibilidade de prestar a caução), o juiz dispensará a prestação de caução. Tal dispensa independe do valor exequendo.

334 **A probabilidade de manutenção da decisão provisória é capaz de gerar a dispensa da caução?**

Parece ser essa a *ratio* dos incisos III e IV do art. 521 do Novo CPC ao preverem a dispensa da caução na pendência do agravo em recurso especial e extraordinário (art. 1.042 do Novo CPC) e quando a sentença a ser provisoriamente cumprida estiver em consonância com súmula da jurisprudência do Supremo Tribunal Federal ou do Superior Tribunal de Justiça ou em conformidade com acórdão proferido no julgamento de casos repetitivos. Por interpretação lógica, também entendo ser hipótese de dispensa de caução no caso de pendência de agravo regimental contra a decisão que denega o seguimento do recurso especial e extraordinário. Em todos esses casos, as chances de sucesso do recurso interposto pelo executado provisório e pendente de julgamento são mínimas, o que justifica a dispensa da caução para a prática de atos de satisfação do direito do exequente.

335 **É possível excepcionar as regras de dispensa da caução?**

Nos termos do art. 521, parágrafo único, do Novo CPC, a exigência de caução será mantida quando da dispensa puder resultar manifesto risco de grave dano de difícil ou incerta reparação. Como se pode notar do dispositivo legal, trata-se de uma diferenciada espécie de tutela provisória de urgência em favor do executado, porque dos dois requisitos exigidos para essa espécie de tutela no art. 300, *caput*, do Novo CPC, somente o perigo do tempo é previsto, de forma que o executado não precisará provar a probabilidade de a execução ser injusta ou ilegal. Estando a regra consagrada no parágrafo único do art. 521 do Novo CPC, é compreensível a conclusão de que seja aplicada a todas as espécies de dispensa da caução previstas nos quatro incisos do dispositivo legal. E essa opção – ou descuido – do legislador é lamentável, porque a exigência de prestação de caução em razão de manifesto risco de grave dano de difícil ou incerta reparação em desfavor do executado só tem sentido quando a dispensa for fundamentada na probabilidade de manutenção da decisão exequenda provisória. Nas hipóteses previstas nos dois primeiros incisos do art. 521 do Novo CPC, a justificativa de dispensa da caução é a tutela do exequente em situação de risco, o que naturalmente deveria prevalecer sobre a situação de risco do executado.

336 **Há outras hipóteses de dispensa da caução além daquelas previstas no art. 521 do Novo CPC?**

Ainda que não exista qualquer razão plausível, o art. 356, § 2 º, do Novo CPC, prevê que no cumprimento provisório da decisão interlocutória de julgamento antecipado do mérito será dispensada a prestação de caução.

7

LIQUIDAÇÃO DE SENTENÇA

- Obrigação ilíquida não pode ser executada.
- Estando a obrigação ilíquida formalizada em título executivo judicial, será cabível a fase de liquidação de sentença; estando formalizada em título executivo extrajudicial, será necessário o processo de conhecimento.
- A liquidação de sentença é uma mera fase procedimental.
- O juízo que profere em primeiro grau a sentença ilíquida tem competência funcional – absoluta – para a liquidação de sentença.
- Tanto o credor como o devedor têm legitimidade ativa para a liquidação de sentença.

337 **A liquidação por mero cálculo aritmético foi mantida pelo Novo Código de Processo Civil?**

Ainda que o CPC/1973 previsse o mero cálculo aritmético como espécie de liquidação de sentença, a doutrina apontava para o seu caráter de pseudoliquidação, já que a liquidez da obrigação não exige a determinação de seu valor, mas sua mera determinabilidade, ou seja, a possibilidade de chegar ao valor por meio de cálculos meramente aritméticos. O Novo Código de Processo Civil acabou com essa anomalia ao dispor expressamente em seu art. 509, § 2º, do Novo CPC que, dependendo a apuração do valor apenas de cálculo aritmético, o credor – exequente – poderá promover, desde logo, o cumprimento da sentença. Se o credor já pode promover o cumprimento de sentença é porque o seu direito já é líquido. Para facilitar os cálculos por parte do exequente, o § 3º do mesmo dispositivo institui que o Conselho Nacional de Justiça desenvolverá e colocará à disposição dos interessados programa de atualização financeira.

338 **O juiz pode diminuir de ofício o valor do cumprimento de sentença se entender que o valor apresentado pelo exequente excede os limites da condenação?**

Nos termos do art. 524, § 1º, do Novo CPC, quando o valor apontado no demonstrativo aparentemente exceder os limites da condenação, a execução será iniciada pelo valor pretendido, mas a penhora terá por base a importância que o juiz entender adequada, podendo este, para a verificação dos cálculos, valer-se de contabilista do juízo. Entendo extremamente infeliz a previsão legal, porque exige do juiz a prolação de uma decisão interlocutória a respeito do valor devido antes mesmo da apresentação de defesa do executado, que, nos termos do art. 1.015, parágrafo único, do Novo CPC, será recorrível por agravo de instrumento.

339 **Como deve proceder o exequente se os dados necessários à elaboração dos cálculos estiverem em poder da parte contrária? E de terceiros?**

Acesse o **QR Code** e assista à aula explicativa sobre este assunto.

https://goo.gl/rDo9Nw

340 **Como se definir a espécie de liquidação de sentença no caso concreto?**

O Novo Código de Processo Civil prevê duas espécies de liquidação de sentença: por arbitramento (art. 510 do Novo CPC) e pelo procedimento comum (art. 511 do Novo CPC). O que determina o cabimento de uma ou outra no caso concreto é a espécie de atividade necessária para se fixar o *quantum debeatur*. Sendo necessária apenas a realização de uma perícia, a liquidação se dará por arbitramento, ao passo que, sendo necessária a alegação e prova de fato novo (fatos não discutidos no processo na fase de conhecimento, quando o título executivo exequendo foi formado), a liquidação seguirá pelo procedimento comum (no CPC/1973 essa espécie de liquidação era chamada de "liquidação por artigos").

8

CUMPRIMENTO DE SENTENÇA

a) TEORIA GERAL

- Aplicam-se subsidiariamente ao cumprimento de sentença as regras procedimentais do processo autônomo de execução.
- O início do cumprimento de sentença que reconheça obrigação de pagar quantia certa depende de provocação do credor.
- O início do cumprimento de sentença que reconheça obrigação de fazer, de não fazer e de entregar coisa pode ocorrer de ofício.
- Por se tratar de mera fase procedimental, no cumprimento de sentença não há petição inicial (basta um requerimento) nem citação (o executado será intimado).
- O cumprimento de sentença é a forma procedimental da execução de títulos executivos judiciais.

No cumprimento de sentença, a intimação do exequente para cumprir a obrigação pode ser feita na pessoa de seu advogado?

Essa forma de intimação é a regra, estando consagrada no inciso I do § 2º do art. 513 do Novo CPC. Para que seja cabível, entretanto, o § 4º do mesmo dispositivo exige que o cumprimento de sentença seja iniciado em até um ano do trânsito em julgado da sentença. Caso o credor "perca" esse prazo, mesmo que muito provavelmente sua pretensão executiva ainda não esteja prescrita, o que torna viável o cumprimento de sentença, a intimação do executado dar-se-á pessoalmente, por meio de carta com aviso de recebimento. Nessa forma de intimação, caso o executado tenha mudado de endereço e não comunicado o juízo, será presumida válida a intimação entregue no endereço do executado constante dos autos, ainda que o aviso de recebimento seja assinado por terceiro, nos termos do art. 274, parágrafo único, do Novo CPC.

342

No cumprimento de sentença, a intimação do exequente para cumprir a obrigação pode ser pessoal?

Existem quatro hipóteses em que a intimação do executado ao cumprimento da obrigação em cumprimento de sentença se dará de forma pessoal. Primeiro na hipótese de o exequente não dar início ao cumprimento de sentença em até um ano do trânsito em julgado da sentença (art. 513, § 4º, do Novo CPC). Segundo, quando o executado for representado pela Defensoria Pública no momento da intimação (art. 513, § 2º, II, do Novo CPC). Terceiro, quando o executado não tiver advogado constituído nos autos (art. 513, § 2º, II, do Novo CPC), o que pode ocorrer em três hipóteses: (a) réu revel citado de forma real na fase de conhecimento; (b) réu citado de forma ficta na fase de conhecimento que não constitui advogado; (c) réu que deixa de ter advogado constituído na fase de cumprimento de sentença, o que pode ocorrer em razão de renúncia ou de limitação de atuação à fase de conhecimento prevista na procuração. Interessante destacar que, tendo sido o réu citado na fase de conhecimento por edital e não constituindo advogado, o art. 513, § 2º, II, do Novo CPC prevê a intimação por edital também no cumprimento de sentença. Por fim, a intimação pode se dar por meio eletrônico, nos termos do art. 513, § 2º, II, do Novo CPC, desde que o executado seja pessoa jurídica com endereço eletrônico devidamente cadastrado perante o Poder Judiciário e que não seja aplicável ao caso concreto o dispositivo no art. 513, § 2º, I, do Novo CPC.

343

No cumprimento de sentença, a intimação do exequente para cumprir a obrigação pode ser por edital?

A intimação do executado a cumprir a obrigação só ocorrerá por edital se essa já tiver sido a forma da citação na fase de conhecimento e o réu não tiver constituído advogado. É interessante porque os incisos II e IV do § 2º do art. 513 do Novo CPC tratam as duas formas de citação ficta de maneira diferente: caso o réu sem advogado constituído tenha sido citado na fase de conhecimento por hora certa, sua intimação no cumprimento de sentença será pessoal, por meio de carta com aviso de recebimento, enquanto, sendo citado por edital, a intimação no cumprimento de sentença será também por essa forma.

344 **É possível iniciar-se o prazo de pagamento em 15 dias do executado no cumprimento de sentença sem que tenha ocorrido sua intimação nos termos do art. 513, § 2º, do Novo CPC?**

De acordo com o art. 269, *caput*, do Novo CPC, intimação é o ato pelo qual se dá ciência a alguém dos atos e dos termos do processo, prestando-se também como termo inicial de contagem de prazos, conforme o art. 231 do Novo CPC. Como o objetivo da intimação é a ciência da parte, é natural que o seu comparecimento espontâneo no processo torne desnecessária sua intimação. Nesse sentido o Enunciado 84 da I Jornada de Direito Processual Civil do CJF: "O comparecimento espontâneo da parte constitui termo inicial dos prazos para pagamento e, sucessivamente, impugnação ao cumprimento de sentença".

345 **Cabe o protesto da sentença em qualquer espécie de cumprimento de sentença?**

O protesto da sentença, que depende de o cumprimento de sentença ser definitivo e de o executado não cumprir sua obrigação no prazo legal após sua intimação, está previsto no art. 517 do Novo CPC. O dispositivo faz parte do capítulo das disposições gerais do cumprimento de sentença, o que num primeiro momento dá a entender por sua aplicação a qualquer espécie de obrigação exequenda. Ocorre, entretanto, que no art. 517, *caput*, do Novo CPC, há previsão de que o protesto será cabível quando o executado, depois de transcorrido o prazo para pagamento voluntário previsto no art. 523 do mesmo diploma legal, deixar de cumprir sua obrigação. A expressa menção ao pagamento e a artigo previsto no capítulo do cumprimento de sentença que reconheça a exigibilidade de obrigação de pagar quantia certa sugere que o protesto seja limitado a essa espécie de obrigação. Além disso, o art. 517, § 2º, do Novo CPC prevê que da certidão de teor da decisão que servirá para instrumentalizar o protesto deve constar o valor da dívida, aspecto exclusivo da obrigação de pagar quantia certa. Esses dispositivos devem limitar o protesto ao cumprimento de sentença que reconheça obrigação de pagar quantia certa, o que é injustificável, já que essa forma de execução indireta, por meio de ameaça de piora na situação do devedor para convencer-lhe a cumprir sua obrigação, é logicamente cabível para qualquer espécie de obrigação.

346 **É cabível em cumprimento de sentença a inclusão do nome do executado nos cadastros de devedores?**

O art. 782, §§ 3º a 5º, do Novo CPC, que regulamenta a inclusão do nome do executado em cadastros de inadimplentes, está estranhamente no Capítulo "Da competência" do processo de execução. Apesar da curiosa opção legislativa, já que a medida típica de execução indireta versada nos dispositivos legais indicados nada tem a ver com o tema da competência, é possível se concluir tratar-se de regra do processo de execução, já que sua regulamentação consta do Livro III do Novo Código de Processo Civil. A medida, entretanto, por expressa previsão legal (art. 782, § 3º, do Novo CPC), também é cabível no cumprimento de sentença, desde que definitivo (de decisão transitada em julgado) (Enunciado 99 da I Jornada de Direito Processual Civil do CJF: "A inclusão do nome do executado em cadastros de inadimplentes poderá se dar na execução definitiva de título judicial ou extrajudicial"). Tratando-se de medida executiva, só passa a ser admissível no caso concreto depois de decorrido o prazo de pagamento. Naturalmente, a previsão legal não veda a possibilidade de o credor, ou mesmo o órgão de proteção ao crédito, fazer a inclusão extrajudicial do nome do executado em cadastros de inadimplentes (Enunciado 98 da I Jornada de Direito Processual Civil do CJF).

347 **Há diferenças entre o protesto previsto no art. 517 do Novo CPC e a inclusão do nome do executado em cadastros de inadimplentes, prevista no art. 782, § 3º, do Novo CPC?**

Apesar de serem ambas as medidas típicas de execução indireta da obrigação de pagar quantia certa, coagindo psicologicamente o executado a realizar o pagamento por meio de ameaça de piora em sua situação, há ao menos duas diferenças importantes. O protesto exige decisão judicial (sentença ou até mesmo decisão interlocutória de mérito, como ocorre no julgamento antecipado parcial de mérito e na concessão de tutela provisória de alimentos), de forma a ser cabível apenas no processo de execução, enquanto a inclusão do nome do executado em cadastros de inadimplentes é cabível em qualquer forma executiva (Enunciado 99 da I Jornada de Direito Processual Civil do CJF: "A inclusão do nome do executado em cadastros de inadimplentes poderá se dar na execução definitiva de título judicial ou extrajudicial"). Por outro lado, a mera garantia do juízo já é o suficiente para a retirada do nome do executado de cadastro de inadimplentes, nos termos do art. 782, § 4º, do Novo CPC, já o levantamento do protesto depende da satisfação integral da obrigação (art. 517, § 4º, do Novo CPC).

b) CUMPRIMENTO DE SENTENÇA QUE RECONHECE A EXIGIBILIDADE DE OBRIGAÇÃO DE PAGAR QUANTIA CERTA

– Do requerimento inicial do cumprimento de sentença devem constar o nome completo das partes, o número de sua inscrição no Cadastro de Pessoas Físicas ou no Cadastro Nacional da Pessoa Jurídica, o valor devido e a indicação dos bens passíveis de penhora, sempre que possível.

– O requerimento inicial do cumprimento de sentença será instruído por demonstrativo discriminado e atualizado do crédito.

– A defesa típica no cumprimento de sentença é a impugnação.

348

O prazo de 15 dias para pagamento é processual ou material?

O tema é de extrema importância em razão dos diferentes termos iniciais e forma de contagem do prazo processual e material. Entendo que o prazo de 15 dias para o executado pagar é material, já que o ato de pagar não é ato postulatório, e sim um ato da parte. Ocorre, entretanto, que o Novo Código de Processo Civil trata procedimentalmente esse prazo de forma processual, sendo em regra realizada a intimação do executado na pessoa de seu advogado para início da contagem do prazo de 15 dias. Nesse momento de incerteza, o mais seguro para o executado é considerar o prazo material, contando-se os 15 dias da data de sua intimação e em dias contínuos. Há precedente do Superior Tribunal de Justiça no sentido de aplicar-se o prazo em dobro para executado assistido pela Defensoria Pública (STJ, 4ª Turma, REsp 1.261.856/DF, Rel. Min. Marco Buzzi, j. 22/11/2016, *DJe* 29/11/2016), o que só se justifica se o prazo for processual. Também há precedente entendendo de forma expressa ser contado o prazo somente em dias úteis (STJ, 4ª Turma, REsp 1.693.784/DF, Rel. Min. Luis Felipe Salomão, j. 28/11/2017, *DJe* 05/02/2018), mesmo entendimento do Enunciado 89 da I Jornada de Direito Processual Civil do CJF: "Conta-se em dias úteis o prazo do *caput* do art. 523 do CPC".

349 **Quais as consequências do não pagamento do débito exequendo no prazo de 15 dias da intimação do executado?**

Caso o executado não pague no prazo de 15 dias de sua intimação, o débito será acrescido de multa de 10% do valor exequendo, passando também a ser devido o pagamento de honorários advocatícios no valor de 10% do valor exequendo (art. 523, § 1º, do Novo CPC). Tratando-se de cumprimento definitivo de sentença, o exequente poderá protestar a sentença, nos termos do art. 517, *caput*, do Novo CPC e incluir o nome do executado em cadastros de inadimplentes, nos termos do art. 782, § 3º, do Novo CPC. Por fim, sem o pagamento, será expedido, desde logo, mandado de penhora e avaliação, seguindo-se os atos de expropriação (art. 523, § 3º, do Novo CPC), e terá início o prazo de 15 dias para impugnação, independentemente de nova intimação (art. 525, *caput*, do Novo CPC). Na realidade, nem sempre é expedido mandado de penhora, já que essa espécie de constrição judicial pode ocorrer por termo nos autos, sem a necessidade de expedição de mandado.

350 **É vantajoso o devedor se adiantar ao credor e oferecer em juízo o valor que entende devido antes do início do cumprimento de sentença?**

Não há qualquer vantagem na adoção dessa postura porque todas as consequências prejudiciais ao executado em razão de seu inadimplemento só são geradas se não houver o pagamento no prazo legal de 15 dias para esse fim. Pode, inclusive, ser prejudicial, porque, nos termos do art. 526, § 2º, do Novo CPC, sendo acolhida a manifestação do executado de insuficiência do depósito, sobre a diferença incidirão multa de 10% do valor exequendo e honorários advocatícios, também fixados em 10%, seguindo-se a execução com penhora e atos subsequentes. A previsão legal contraria jurisprudência do Superior Tribunal de Justiça formada na vigência do CPC/1973, que nesse caso permitia a intimação do exequente para complementação do pagamento em 15 dias, o que evitava a aplicação de multa e a incidência de honorários advocatícios.

c) CUMPRIMENTO DE SENTENÇA QUE RECONHEÇA A EXIGIBILIDADE DE OBRIGAÇÃO DE FAZER E NÃO FAZER

– O juiz poderá, de ofício ou a requerimento, para a efetivação da tutela específica ou a obtenção de tutela pelo resultado prático equivalente, determinar as medidas necessárias à satisfação do exequente.

– O executado incidirá nas penas de litigância de má-fé quando injustificadamente descumprir a ordem judicial, sem prejuízo de sua responsabilização por crime de desobediência.

351

As *astreintes* precisam ser diárias?

O Novo Código de Processo Civil em boa hora deixou de fazer qualquer menção à periodicidade das *astreintes*, o que deve ser elogiado, porque a multa nem sempre é periódica. Numa obrigação instantânea e na obrigação cujo inadimplemento não pode ser repetido, não tem sentido a aplicação de multa periódica, sendo cabível nesse caso a aplicação de uma multa fixa, já que antes do descumprimento não há sentido aplicá-la, e depois dele a aplicação da multa já não terá qualquer utilidade prática. Por outro lado, a periodicidade da multa, adequada às obrigações continuadas e cujo inadimplemento pode ser repetido, não precisa ser necessariamente diária, podendo ser a multa fixada em horas, semanas, meses ou por ato de descumprimento da obrigação praticado.

352

O juiz pode diminuir o valor e/ou a periodicidade da multa?

Nos termos do art. 537, § 1º, do Novo CPC, o juiz poderá, de ofício ou a requerimento, modificar o valor ou a periodicidade da multa vincenda ou excluí-la, caso verifique que se tornou insuficiente ou excessiva ou se o obrigado demonstrar o cumprimento parcial superveniente da obrigação ou justa causa para o descumprimento. Acredito que a demonstração pelo executado de justa causa para o descumprimento da obrigação não deve ser causa para a redução do valor da multa, como previsto no inciso II do art. 537, § 1º, do Novo CPC, mas de sua revogação, porque nesse caso não terá sentido manter uma pressão psicológica sobre o executado, ainda que com valor de multa reduzido, se o juiz estiver convencido da impossibilidade material de cumprimento da obrigação. Manter a multa nesse caso, independentemente de seu valor ou periodicidade, viola o princípio da menor onerosidade.

353 **O valor consolidado da multa pode ser diminuído?**

O valor da multa restará consolidado quando ela não estiver mais sendo aplicada no caso concreto. O Superior Tribunal de Justiça, na vigência do CPC/1973, firmou jurisprudência no sentido de ser possível a diminuição desse valor, entendimento essencialmente fundado na vedação ao enriquecimento sem causa do credor. O art. 537, § 1º, *caput*, do Novo CPC prevê que o juiz pode diminuir o valor da multa vincenda, o que pode levar o intérprete à conclusão de que, sendo a multa vencida, não seria mais cabível essa diminuição. Não acredito, entretanto, ser essa a melhor interpretação do dispositivo legal, porque aparentemente ele versa apenas sobre a multa que ainda está sendo aplicada no caso concreto, servindo a mudança de valor ou de periodicidade para adequar a pressão ao devedor às particularidades do caso concreto. Deve-se lembrar que no início do processo legislativo que veio a culminar no Novo Código de Processo Civil havia expressa previsão no sentido de ser a vedada a diminuição do valor consolidado da multa, regra abandonada e não constante do texto final. Já há precedentes do Superior Tribunal de Justiça indicando o art. 537, § 1º, I, do Novo CPC e admitindo a diminuição do valor consolidado da multa (STJ, 2ª Turma, AgInt no AREsp 968.228/MG, Rel. Min. Assusete Magalhães, j. 06/04/2017, *DJe* 26/04/2017; STJ, 4ª Turma, REsp 1.186.960/MG, Rel. Min. Luis Felipe Salomão, j. 15/03/2016, *DJe* 05/04/2016).

354

A multa cominatória tem executabilidade imediata?

*Acesse o **QR Code** e assista à aula explicativa sobre este assunto.*

https://goo.gl/Ueyt7d

Processo de Execução

1

PETIÇÃO INICIAL

- O processo de execução, como todo e qualquer processo, tem início por provocação da parte por meio de petição inicial.
- Da petição inicial devem constar os nomes completos do exequente e do executado e seus números de inscrição no Cadastro de Pessoas Físicas ou no Cadastro Nacional da Pessoa Jurídica, os bens suscetíveis de penhora, sempre que possível, e o pedido de intimação de terceiros, nos termos do art. 799 do Novo CPC.

355 Como deve ser elaborado o memorial de cálculos para a instrução da petição inicial na execução?

Nos termos do art. 798, parágrafo único, do Novo CPC, o demonstrativo do débito deverá conter o índice de correção monetária adotado, a taxa de juros aplicada, os termos inicial e final de incidência do índice de correção monetária e da taxa de juros utilizados, a periodicidade da capitalização dos juros, se for o caso, e a especificação de desconto obrigatório realizado.

356 Quais são os documentos indispensáveis à propositura da ação de execução?

O art. 798, I, do Novo CPC, prevê a necessidade de o exequente instruir sua petição inicial com o título executivo extrajudicial, o demonstrativo do débito atualizado até a data de propositura da ação, quando se tratar de execução por quantia certa, e a prova de que se verificou a condição ou ocorreu o termo, se for o caso (prova documental ou documentada de que ocorreu o advento do termo ou o implemento da condição). Ainda que o dispositivo indique o memorial descritivo de cálculos como documento indispensável, caso o exequente ingresse com execução pelo valor de face do título executivo, estará dispensado da juntada (perderá dinheiro, mas é possível).

357 **Qual a forma de citação do executado no processo de execução?**

Na vigência do CPC/1973, em razão de expressa previsão legal no art. 222, "d", a citação do executado teria que ser realizada obrigatoriamente por oficial de justiça. O art. 247 do Novo CPC, que prevê as hipóteses em que a citação por oficial de justiça é obrigatória, não tem mais entre os seus incisos o processo de execução. É possível, portanto, se concluir que outras formas de citação, além da citação por oficial de justiça, são cabíveis no processo de execução, conforme bem apontado pelo Enunciado 85 da I Jornada de Direito Processual Civil do CJF: "Na execução de título extrajudicial ou judicial (art. 515, § 1º, do CPC) é cabível a citação postal".

2

AVERBAÇÃO

– Após a averbação da execução, cabe ao exequente no prazo de 10 dias informar o juízo, sob pena de sua ineficácia.

– Cabe ao exequente no prazo de 10 dias cancelar as averbações em bens não penhorados; na inércia do exequente, o juiz deverá atuar de ofício.

– O exequente que promover averbação manifestamente indevida ou não cancelar as averbações no prazo legal responde pelos danos causados ao executado.

358 **Ao distribuir a petição inicial do processo de execução, o exequente já pode requerer a expedição de certidão para averbação em registro de bens do executado?**

O art. 826, *caput*, do Novo CPC só permite a expedição da certidão após a admissão da execução, ou seja, somente após o juiz determinar a citação do executado depois de ter sido analisada a regularidade formal da petição inicial. Dessa forma, não cabe mais, como ocorria na vigência do CPC/1973, ao cartório distribuidor a expedição da certidão, mas ao cartório do juízo em que tramita a ação. Sendo determinada a citação do executado, cabe ao advogado do exequente requerer, inclusive oralmente, a expedição de quantas certidões entender necessárias para a averbação. Diante do pedido, o cartório deverá expedir a certidão independentemente de decisão judicial nesse sentido (Enunciado 104 da I Jornada de Direito Processual Civil do CJF: "O fornecimento de certidão para fins de averbação premonitória (art. 799, IX, do CPC) independe de prévio despacho ou autorização do juiz").

359 **É possível pedir a averbação da execução no cumprimento de sentença?**

*Acesse o **QR Code** e assista à aula explicativa sobre este assunto.*

https://goo.gl/JqzS99

360 **Qual a vantagem do exequente de averbar a execução no registro de bens do executado?**

Nos termos do art. 828, § 4º, do Novo CPC, presume-se em fraude à execução a alienação ou a oneração de bens efetuada após a averbação. Na realidade, não se trata propriamente de presunção de fraude, mas de efetiva fraude, porque o art. 792, II, do Novo CPC prevê que a alienação ou a oneração de bem é considerada fraude à execução quando tiver sido averbada, no registro do bem, a pendência do processo de execução. Para corrigir o equívoco do legislador, a presunção prevista no art. 828, § 4º, do Novo CPC deve ser considerada absoluta.

3

ARRESTO EXECUTIVO

- Não sendo localizado o executado para fins de citação, mas sendo localizados bens de seu patrimônio, será realizado arresto executivo.
- O arresto executivo é uma pré-penhora ou penhora antecipada.
- Cabe arresto executivo *on-line* de dinheiro pelo sistema BacenJud.

361 **Havendo arresto executivo, a citação do executado será necessariamente realizada por edital?**

Prevê o art. 830, § 1º, do Novo CPC que nos 10 dias seguintes à efetivação do arresto, o oficial de justiça procurará o executado duas vezes em dias distintos e, havendo suspeita de ocultação, realizará a citação com hora certa, certificando pormenorizadamente o ocorrido. A citação por edital, portanto, só deve ocorrer se não for cabível a citação por hora certa. Em ambos os casos a citação é ficta, e, caso o executado não constitua advogado, será indicado um curador especial com legitimidade extraordinária para a interposição dos embargos à execução (Súmula 196/STJ).

4

PAGAMENTO PARCELADO

- São três os requisitos formais para a admissão do pagamento parcelado: (a) requerimento no prazo de 15 dias da citação; (b) depósito de no mínimo 30% do valor exequendo; (c) proposta de pagamento parcelado do restante em até seis parcelas mensais, devidamente corrigido.
- O executado poderá imediatamente levantar o depósito judicial e as prestações vincendas depositadas.

362 **Pode o juiz indeferir o requerimento de pagamento parcelado formulado pelo executado?**

O art. 916, § 1º, do Novo CPC prevê que o exequente será intimado para manifestar-se sobre o preenchimento dos pressupostos do pagamento parcelado, dando a entender que a única resistência possível é a fundada na inadequação formal do pedido, como a ausência do depósito inicial, a proposta em parcelas superiores ao limite legal etc. Significa dizer que a resistência do exequente por qualquer outro motivo, ainda que legítimo, não impede o acolhimento do pedido de pagamento parcelado, que passa a ser um direito potestativo do executado. Para seu acolhimento, portanto, basta o preenchimento dos requisitos formais previstos pelo art. 916, *caput*, do Novo CPC, o que contraria a jurisprudência do Superior Tribunal de Justiça formada na vigência do CPC/1973 e atualmente superada.

363 **O executado pode requerer o pedido parcelado de parte do valor exequendo e discutir a outra parcela em sede de embargos à execução?**

Não há essa possibilidade, cabendo ao executado no prazo de 15 dias de sua citação resolver se pretende resistir à pretensão por meio de embargos à execução ou reconhecer juridicamente o pedido do exequente formulando o pedido de pagamento parcelado. São dois caminhos distintos e não cumuláveis, de forma que, adotando um, não poderá adotar o outro. É, inclusive, nesse sentido o art. 916, § 6º, do Novo CPC ao prever que a opção pelo parcelamento importa renúncia ao direito de opor embargos.

364 **Caso o requerimento de pagamento parcelado não seja decidido, como deve o executado proceder?**

Trata-se, infelizmente, de triste, mas rotineira ocorrência na praxe forense. O executado requer o pagamento parcelado, faz o depósito inicial, e no vencimento da primeira parcela do que restou a ser pago ainda não há decisão judicial acolhendo seu requerimento. Para resolver a dúvida a respeito da necessidade de pagamento da primeira parcela, e também das demais, na pendência de decisão sobre o requerimento de pagamento parcelado, o art. 916, § 2º, do Novo CPC prevê que, enquanto não apreciado o requerimento, o executado terá de depositar as parcelas vincendas. Se o juiz deixar de decidir no prazo de seis meses, nem mesmo será preciso decidir, já que a obrigação já terá sido integralmente satisfeita.

365 **É cabível a moratória legal no cumprimento de sentença?**

Nos termos do art. 916, § 7º, do Novo CPC, o pagamento parcelado não se aplica ao cumprimento de sentença. Significa dizer que o exequente não pode ser obrigado a aceitar o requerimento do executado nesse sentido, mas nada impede que por convenção das partes o pagamento possa ser feito de forma parcelada, com a consequente suspensão da execução. Nesse caso, entretanto, as condições do pagamento parcelado são livres, ainda que os requisitos previstos no art. 916, *caput*, do Novo CPC possam ser utilizados como parâmetro do negócio jurídico processual.

5

PENHORA

- O juízo será garantido na execução de pagar quantia certa pela penhora.
- São efeitos processuais da penhora: (a) garantia do juízo; (b) individualização dos bens que suportarão a atividade executiva; (c) outorga do direito de preferência.
- São efeitos materiais da penhora: (a) retirada da posse direta do bem penhorado do executado; (b) ineficácia dos atos de alienação e de oneração.

366 **O dinheiro continua a ser o primeiro bem na ordem de penhora?**

O art. 835 do Novo CPC, responsável pela previsão da ordem de preferência da penhora, indica em seu inciso I o dinheiro, em espécie ou em depósito ou aplicação em instituição financeira. Além disso, o § 1º do mesmo dispositivo legal determina ser a penhora de dinheiro prioritária.

367 **A preferência pela penhora de dinheiro pode ser excepcionada?**

Parece ser nesse sentido a previsão do art. 835, § 3º, do Novo CPC, ao dispor que, na execução de crédito com garantia real, a penhora recairá sobre a coisa dada em garantia. Trata-se, entretanto, de mera preferência, podendo inclusive nesse caso ser penhorado dinheiro do executado.

368 **Mesmo sendo possível a penhora de dinheiro, pode o juiz, diante das peculiaridades do caso concreto, determinar a penhora de outro bem?**

A previsão do art. 835, § 1º, do Novo CPC parece permitir a conclusão de que nenhuma outra espécie de bem, sob qualquer circunstância, prefere ao dinheiro na ordem de penhora. O início do dispositivo não contribui muito para essa conclusão ao prever ser prioritária a penhora de dinheiro, no que, inclusive, é inútil, já que prioritário é o que prefere, e o dinheiro já é a primeira espécie de bem prevista nos incisos do art. 835 do Novo CPC. A segunda parte do art. 835, § 1º, do Novo CPC, entretanto, permite a conclusão ora defendida ao prever que a excepcional inversão da ordem legal, justificável diante de especialidades do caso concreto, só pode ser admitida para outras espécies de bens (STJ, 2ª Turma, REsp 1.676.163/RS, Rel. Min. Herman Benjamin, j. 05/09/2017, *DJe* 14/09/2017). Nesse sentido, entendo estar revogada tacitamente a Súmula 417/STJ.

369 **A penhora de dinheiro pode ser substituída por seguro garantia ou fiança bancária?**

Nos termos do § 2º do art. 835 do Novo CPC, para fins de substituição da penhora, equiparam-se a dinheiro a fiança bancária e o seguro garantia judicial, desde que em valor não inferior ao do débito constante da inicial, acrescido de 30%. O dispositivo, ao equiparar tais garantias à penhora de dinheiro, permite a conclusão de que, mesmo diante da insurgência do exequente, a substituição deve ser admitida. Caberá ao juiz, entretanto, analisar a idoneidade da fiança bancária e do seguro garantia, em especial no tocante à confiabilidade de seu prestador e do prazo de vigência da garantia. Há precedente do Superior Tribunal de Justiça que, ao considerar a equiparação legal dessas garantias ao dinheiro, entende que não pode o exequente rejeitar a indicação, salvo por insuficiência, defeito formal ou inidoneidade da salvaguarda oferecida (STJ, 3ª Turma, REsp 1.691.748/PR, Rel. Min. Ricardo Villas Bôas Cueva, j. 07/11/2017, *DJe* 17/11/2017).

370 **O executado deve ser intimado pessoalmente da penhora?**

Nos termos do art. 841, § 1º, do Novo CPC, a intimação da penhora será feita ao advogado do executado ou à sociedade de advogados a que aquele pertença, sendo pessoal somente se não houver constituído advogado nos autos, quando a intimação ocorrerá preferencialmente pela via postal (§ 2º). A intimação na pessoa do advogado, entretanto, mesmo que o executado já o tenha constituído, será dispensada, nos termos do art. 841, § 3º, do Novo CPC, se a penhora for realizada na presença do executado, que se reputa intimado. Ou seja, se na penhora por oficial de justiça o executado estiver presente ao ato de constrição, independentemente de assinar o mandado, será considerado intimado da penhora, devendo nesse caso constar da certidão do oficial de justiça sua resistência, que, no caso, será ineficaz.

371 **Há novidades no Novo Código de Processo Civil a respeito da penhora de veículos automotores?**

A exemplo do que já ocorria na vigência do CPC/1973 com a penhora de imóvel diante da juntada aos autos de cópia da matrícula atualizada, a penhora de veículo automotor passa a ser realizável por termo nos autos, desde que, de acordo com o art. 845, § 1º, do Novo CPC, o exequente junte aos autos certidão que ateste sua existência. Trata-se de singular hipótese de penhora por termo nos autos, porque, sendo o veículo automotor um bem móvel, será penhorado sem apreensão, o que, inclusive, contraria jurisprudência do Superior Tribunal de Justiça a respeito de não haver penhora sem apreensão do bem. Teria andado melhor o legislador se tivesse previsto a averbação da execução no registro do veículo ou a proibição de seu licenciamento, atos, inclusive, possíveis de ser praticados por força do art. 139, IV, do Novo CPC.

372 **A penhora *on-line* pelo sistema BacenJud pode ser determinada de ofício?**

Mantendo realidade já presente no CPC/1973, o art. 854, *caput*, do Novo CPC condiciona essa forma de penhora ao requerimento do exequente, prevendo, ainda, que seu deferimento e efetivação se darão sem a ciência prévia do executado. O problema é que essa forma de penhora – como qualquer outra – só ocorrerá se o executado não pagar no prazo de três dias, ou seja, ele não será previamente informado da penhora pelo sistema BacenJud, mas terá ciência previamente à penhora da existência do processo de execução. O mesmo ocorre no cumprimento de sentença, quando a penhora só será admitida após o não pagamento no prazo de 15 dias da intimação do executado.

373 **Qual a diferença entre a indisponibilidade de valores e sua penhora *on-line*?**

A penhora de dinheiro em depósito ou em aplicação financeira pelo sistema BacenJud passa a ter duas etapas. Primeiro o juiz determina a indisponibilidade do valor devido, permanecendo tal valor na conta do executado, que, inclusive, poderá continuar normalmente a movimentá-la, salvo no tocante ao valor constrito judicialmente. Após a oportunidade de defesa ao executado, caso ela não seja feita ou seja rejeitada pelo juiz, converter-se-á a indisponibilidade em penhora, com a transferência do valor para conta vinculada ao juízo.

374 **O executado tem como evitar a penhora *on-line* pelo sistema BacenJud?**

Nos termos do art. 854, § 3º, do Novo CPC, após o juiz determinar a indisponibilidade do valor exequendo, o executado será intimado para em cinco dias alegar e comprovar que as quantias tornadas indisponíveis são impenhoráveis (art. 833, IV, do Novo CPC) ou que houve excesso de constrição, o que pode suceder, porque, apesar de a indisponibilidade ser limitada ao valor exequendo, ela ocorrerá em tantas contas quantas tenha o executado e nas quais seja encontrado o valor devido. O acolhimento da primeira espécie de defesa impede a conversão da indisponibilidade em penhora, cabendo à instituição financeira o cancelamento da constrição em 24 horas (art. 854, § 4º, do Novo CPC). O acolhimento da segunda espécie de defesa não impede tal conversão, mas a penhora será limitada ao valor exequendo, cabendo à instituição financeira, também em um prazo de 24 horas, cancelar a indisponibilidade excessiva.

375 **Como deve proceder o oficial de justiça se não localizar no endereço do devedor bens penhoráveis?**

Caso o oficial de justiça não localize qualquer bem, deverá fazer constar tal informação na certidão negativa. A questão fica mais interessante quando o oficial de justiça localiza bens que em seu entendimento são impenhoráveis. Nesse caso, o art. 836, § 2º, do Novo CPC prevê que, independentemente de determinação judicial expressa, o oficial de justiça descreverá na certidão os bens que guarnecem a residência ou o estabelecimento do executado, quando este for pessoa jurídica, nomeando o executado ou seu representante legal como depositário provisório dos bens até ulterior deliberação do juiz (art. 838, § 3º, do Novo CPC). A regra é positiva porque a palavra final sobre a impenhorabilidade de bens é do juiz, mas deve ser aplicada com razoabilidade, sob pena de inviabilizar a diligência.

6

EXPROPRIAÇÃO

- Pela expropriação, converte-se o bem penhorado em satisfação do direito do exequente.
- Não será necessária a expropriação se o bem penhorado for dinheiro, quando bastará seu levantamento.
- A expropriação se dá por adjudicação, alienação por iniciativa particular e leilão judicial.
- O leilão judicial, forma residual de expropriação, será realizado preferencialmente pela via eletrônica.

376 **Qual o momento procedimental para a adjudicação?**

A adjudicação é a forma preferencial de expropriação, de maneira que, tendo decorrido o prazo de três dias para pagamento e não havendo no processo a concessão de efeito suspensivo aos embargos à execução ou à exceção de pré-executividade, será admissível o pedido de adjudicação. A única divergência é a respeito da necessidade de se aguardar o vencimento do prazo dos embargos à execução para evitar uma expropriação antes mesmo de o executado ter exercido seu direito de defesa no prazo legal. O debate, entretanto, tem interesse mais acadêmico do que prático, porque, com a demora natural na penhora e avaliação do bem, sua expropriação só se tornará materialmente viável muito tempo depois de vencido o prazo de 15 dias dos embargos à execução. Há correto entendimento consagrado no Enunciado 106 da I Jornada de Direito Processual Civil do CJF no sentido de que "na expropriação, a apropriação de frutos e rendimentos poderá ser priorizada em relação à adjudicação, se não prejudicar o exequente e for mais favorável ao executado". Apesar de ser a forma preferencial de expropriação, não há preclusão temporal na hipótese de a adjudicação não ser a primeira forma de expropriação tentada no caso concreto, sendo possível a adjudicação, nos termos do art. 878 do Novo CPC, se frustradas as tentativas de alienação do bem, caso em que se poderá pleitear a realização de nova avaliação.

377 **Quem pode funcionar como intermediário na alienação por iniciativa particular?**

Nos termos do art. 880, *caput*, do Novo CPC, a alienação por iniciativa particular poderá ter como intermediário um corretor ou leiloeiro público credenciado perante o órgão judiciário, sendo nesse caso exigida uma experiência profissional de não menos de três anos (art. 880, § 3º, do Novo CPC). Nos locais onde não houver o cadastro, o § 4º do art. 880 do Novo CPC permite que a escolha seja de livre indicação do exequente, podendo, também, ainda que não haja previsão expressa nesse sentido, ser indicado qualquer corretor ou leiloeiro pelo executado ou mesmo de ofício pelo juiz. O próprio exequente também poderá se oferecer para funcionar como intermediário, quando não será devida comissão de corretagem.

378 **Existe valor mínimo na alienação por iniciativa particular?**

*Acesse o **QR Code** e assista à aula explicativa sobre este assunto.*

https://goo.gl/vOfC7I

379 **A definição de preço vil está prevista no Novo Código de Processo Civil?**

O art. 891, parágrafo único, do Novo CPC prevê que se considera vil o preço inferior ao mínimo estipulado pelo juiz e constante do edital, e, não tendo sido fixado preço mínimo, considera-se vil o preço inferior a 50% do valor da avaliação. A norma é interessante porque no edital já se saberá qual o valor vil, de forma a se criar um impeditivo ao leiloeiro público de aceitar lances abaixo desse valor. Como o juiz tem o poder de determinar qual o preço que considera vil, o que deve fazer por decisão fundamentada, em respeito ao disposto no art. 489, § 1º, II, do Novo CPC, é possível que o valor vil seja inferior a 50% do valor da avaliação. A exceção fica por conta do previsto no art. 843, § 2º, do Novo CPC, que envolve a penhora de bem de cônjuges (devedor e não devedor nem responsável patrimonial secundário) e coproprietários, quando necessariamente será vil qualquer valor inferior a 50% do valor da avaliação.

380 **É possível a arrematação em prestações?**

A possibilidade de arrematação do bem penhorado em prestações está prevista no art. 895 do Novo CPC, sendo exigido do proponente um pagamento de pelo menos 25% à vista e o restante parcelado em até 30 meses, garantido por caução idônea, quando se tratar de bem móvel e de hipoteca do próprio bem quando se tratar de imóvel (art. 895, § 1º, do Novo CPC). O valor da oferta será até o início do primeiro leilão não inferior ao da avaliação, e qualquer valor que não seja vil até o início do segundo leilão. Nos termos do art. 895, § 6º, do Novo CPC, a apresentação da proposta de pagamento parcelado não suspende o leilão judicial, o que se justifica porque o § 7º do mesmo dispositivo prevê que lance para arrematação à vista – que só pode ocorrer durante o leilão judicial – sempre prevalece.

7

PRESCRIÇÃO INTERCORRENTE

- Trata-se de prescrição contada durante a execução, tanto no processo autônomo como no cumprimento de sentença.
- A prescrição intercorrente depende da desídia do exequente na localização dos bens do executado.

381 **Qual o termo inicial da contagem do prazo da prescrição intercorrente?**

O art. 921, III, do Novo CPC prevê que a inexistência de bens penhoráveis é causa de suspensão da execução. Pelo que se compreende dos §§ 1º e 4º do art. 921 do Novo CPC, não sendo encontrados bens penhoráveis, cabe ao juiz determinar a suspensão do processo pelo prazo de um ano, período durante o qual também ficará suspensa a prescrição intercorrente, e decorrido tal prazo sem manifestação do exequente, terá início a contagem do prazo de prescrição. Paralelamente, o § 2º do art. 921 do Novo CPC prevê que, decorrido o prazo máximo de um ano sem localização de bens penhoráveis, os autos serão encaminhados para o arquivo, tratando-se de norma com interesse meramente cartorial, sem qualquer influência no termo inicial de contagem do prazo de prescrição intercorrente.

382 **Cabe extinção da execução por prescrição intercorrente?**

A prescrição é causa de extinção do processo com resolução do mérito, nos termos do art. 487, II, do Novo CPC, não sendo diferente com a prescrição intercorrente. Para instrumentalizar tal espécie de extinção do processo, o art. 921, § 5º, do Novo CPC exige que o juiz intime as partes para se manifestarem no prazo de 15 dias, só sendo admissível a extinção após o cumprimento dessa formalidade procedimental. Como se nota do dispositivo legal, a extinção pode inclusive se dar de ofício, mas mesmo nesse caso será exigido o respeito ao princípio do contraditório com a intimação das partes e possibilidade de sua reação. A sentença que extingue a execução nesse caso é de mérito, e ao transitar em julgado produz coisa julgada material.

383 **A extinção da execução por prescrição intercorrente depende apenas da não localização de bens penhoráveis do executado?**

Ter como único requisito da extinção da execução por prescrição intercorrente a não localização de bens penhoráveis significaria premiar o executado sem patrimônio localizável, em detrimento do direito do exequente, que em nada terá contribuído para a inexistência de bens penhoráveis do executado. Sendo a prescrição consequência da inércia, não é compreensível sua ocorrência na hipótese de o exequente, ainda que sem sucesso, tentar constantemente localizar bens penhoráveis do executado. Acredito, inclusive, ser nesse sentido o art. 921, § 4º, do Novo CPC, que condiciona o início da contagem do prazo da prescrição intercorrente à ausência de manifestação do exequente durante o prazo de um ano de suspensão da execução.

384 **O art. 921 do Novo CPC é aplicável aos processos anteriores ao novo diploma processual?**

O tema é atualmente objeto de incidente de assunção de competência instaurado no Superior Tribunal de Justiça (STJ, 2ª Seção, IAC no REsp 1.604.412/SC, Rel. Min. Marco Aurélio Bellizze, j. 08/02/2017, *DJe* 13/02/2017). Será criado precedente vinculante para se definirem duas questões: (a) cabimento, ou não, da prescrição intercorrente nos processos anteriores ao Novo Código de Processo Civil, e (b) imprescindibilidade de intimação e de oportunidade prévia para o credor dar andamento ao processo.

8

EXECUÇÕES ESPECIAIS

a) CONTRA O DEVEDOR INSOLVENTE

- Há procedimento especial na execução contra devedor insolvente.
- O procedimento especial é muito próximo do procedimento falimentar.

Não é mais cabível execução contra devedor insolvente?

Num primeiro momento parece ter sido suprimido o procedimento especial da execução contra devedor insolvente, já que no Novo Código de Processo Civil estão previstos apenas dois procedimentos especiais executivos: execução de alimentos e de pagar quantia certa contra a Fazenda Pública. Ocorre, entretanto, que o art. 1.052 do Novo CPC prevê que até a edição de lei específica as execuções contra devedor insolvente, em curso ou que venham a ser propostas, permanecem reguladas pelo CPC/1973, mais precisamente por seus arts. 748 a 786-A.

b) EXECUÇÃO CONTRA A FAZENDA PÚBLICA

- A execução das obrigações de fazer, não fazer e entrega de coisa contra a Fazenda Pública segue o procedimento comum.

– Como os bens públicos são inalienáveis, e por consequência impenhoráveis, não cabe o procedimento comum executivo, fundado em penhora e expropriação de bens do executado.

– A execução de pagar quantia certa contra a Fazenda Pública segue procedimento especial, com a expedição de precatório ou de Requisição de Pequeno Valor (RPV).

386 **Não é mais cabível processo de execução contra a Fazenda Pública?**

No caso de título executivo, inclusive nas obrigações de pagar quantia certa, a execução contra a Fazenda Pública dar-se-á por meio de cumprimento de sentença. No caso de título extrajudicial, independentemente da natureza da obrigação exequenda, a execução dar-se-á por meio de processo autônomo.

387 **Como se dá a intimação da Fazenda Pública no cumprimento de sentença?**

Nos termos do art. 535, *caput*, do Novo CPC, a intimação da Fazenda Pública será realizada na pessoa de seu representante legal, por carga, remessa ou meio eletrônico, sendo essa última forma de intimação dependente da criação pelos tribunais dos cadastros de endereços eletrônicos.

388 **Aplica-se a multa prevista no art. 523, § 1º, do Novo CPC à Fazenda Pública?**

A aplicação de referida multa na execução de pagar quantia certa contra a Fazenda Pública é expressamente afastada pelo art. 534, § 2º, do Novo CPC. O dispositivo é adequado porque, mesmo se tratando de obrigação de pagar quantia certa, a Fazenda Pública não é intimada para o pagamento em 15 dias, mas, nos termos do art. 535, *caput*, do Novo CPC, para, querendo, impugnar no prazo de 30 dias. Como a multa se aplica à hipótese de não pagamento após o decurso do prazo concedido para tal finalidade, e não havendo tal prazo no cumprimento de sentença contra a Fazenda Pública, de fato não haveria sentido na aplicação da multa.

Qual o prazo da Fazenda Pública para os embargos à execução?

O prazo para embargos à execução é em regra de 15 dias, nos termos do art. 915, *caput*, do Novo CPC, mas, sendo a Fazenda Pública executada, o prazo será de 30 dias, nos termos do art. 910, *caput*, do Novo CPC. Tratando-se de prazo especificamente voltado a ato processual da Fazenda Pública, aplica-se ao caso o art. 182, § 2º, do Novo CPC, de forma a não ser contado tal prazo em dobro.

c) EXECUÇÃO DE ALIMENTOS

– A execução de alimentos tem procedimento especial.

– Tratando-se de título executivo judicial, a execução de alimentos dar-se-á por cumprimento de sentença.

Quais as consequências para o executado em cumprimento de sentença de alimentos se ele, intimado, não pagar, não provar que pagou ou não tiver justificativa para o inadimplemento?

Há duas consequências previstas em lei: (a) o juiz mandará protestar o título executivo, nos termos do art. 528, § 1º, do Novo CPC; e (b) o juiz decretará a prisão civil do executado pelo prazo de um a três meses, nos termos do art. 528, § 3º, do Novo CPC. A prisão civil depende de expresso pedido do exequente, que poderá optar, mesmo se tratando de execução de alimentos, pelo procedimento comum do cumprimento de sentença, com a penhora, avaliação e expropriação de bens do executado. Apesar de não haver regra específica nesse sentido, é aplicável o art. 782, § 3º, do Novo CPC, com a possível inclusão do nome do executado em cadastros de inadimplentes.

Há especialidades no protesto da sentença que condena o réu ao pagamento de alimentos?

Nos termos do art. 517, *caput*, do Novo CPC, somente a sentença transitada em julgado pode ser objeto de protesto judicial, o que limita essa espécie de medida de execução indireta ao cumprimento definitivo de sentença. Tratando-se de sentença que condena o réu ao pagamento de alimentos, entretanto, o protesto é admissível mesmo no cumprimento provisório de sentença, o que tem lógica já que, ainda que provisório o cumprimento de sentença, já será cabível a prisão civil do executado como forma de pressioná-lo psicologicamente a cumprir sua obrigação. Realmente não teria sentido permitir a prisão civil antes do trânsito em julgado e exigi-lo para protestar a sentença. Sendo cabível o protesto em cumprimento provisório de sentença, tal medida de execução indireta é admissível na hipótese de concessão de tutela de urgência, quando o protesto não será de sentença, mas de decisão interlocutória. Por outro lado, o art. 517, *caput*, do Novo CPC prevê que para ser admissível o protesto judicial basta o executado não pagar o valor exequendo no prazo de 15 dias de sua intimação, não havendo, portanto, espaço para justificativas de inadimplemento como suficientes para evitar a admissão dessa medida de execução indireta. Já no cumprimento de sentença que reconheça a exigibilidade de obrigação de alimentos, caso o executado apresente justificativa de impossibilidade absoluta de pagar, não caberá o protesto judicial da sentença, nos termos do art. 528, *caput*, do Novo CPC.

392 **O exequente pode requerer o cumprimento de sentença de alimentos no foro de seu domicílio?**

Tratando-se de cumprimento de sentença, deve-se aplicar o art. 516, parágrafo único, do Novo CPC, podendo o exequente escolher entre o juízo que decidiu a causa, o foro do domicílio do executado e o foro do local dos bens do executado. Além desses três foros, nos termos do art. 528, § 9º, do Novo CPC, o exequente pode promover o cumprimento da sentença ou decisão que condena ao pagamento de prestação alimentícia no juízo – na realidade, no foro – de seu domicílio. Trata-se de competência concorrente, podendo o exequente escolher entre os foros abstratamente competentes para o cumprimento de sentença.

393 **Quais as prestações alimentares em aberto que justificam a prisão?**

Nos termos do art. 528, § 7º, do Novo CPC, o débito alimentar que autoriza a prisão civil do alimentante é o que compreende até as três prestações anteriores ao ajuizamento da execução e as que se vencerem no curso do processo, em consagração legislativa da Súmula 309/STJ. O exequente não precisa aguardar o inadimplemento de três parcelas para dar início à execução, mas, demorando mais do que isso, as parcelas vencidas antes dos três meses anteriores à propositura da ação serão necessariamente executadas pelo procedimento comum da penhora e expropriação. Nesse caso será admissível o desconto em folha de pagamento, nos termos do art. 529, § 3º, do Novo CPC.

394

Com a prisão civil, a obrigação alimentar será extinta?

A prisão civil não se confunde com a prisão penal, já que a primeira é medida de execução indireta; a segunda, de cumprimento de pena. Dessa forma, a prisão civil não se presta a servir como forma de cumprimento da obrigação, mas apenas como forma de pressionar psicologicamente o executado a pagar o devido. É nesse sentido a correta previsão do art. 528, § 5º, do Novo CPC, ao prever que o cumprimento da pena não exime o executado do pagamento das prestações vencidas e vincendas. Só lamento, profundamente, a utilização do termo "pena" pelo dispositivo legal, porque o devedor de alimentos não cumpre qualquer espécie de pena ao ser preso em razão de seu inadimplemento.

395

Em qual regime deve ser cumprida a prisão do devedor de alimentos?

Nos termos do art. 528, § 4º, do Novo CPC, a prisão será cumprida em regime fechado, cabendo ao devedor de alimentos ficar separado dos presos comuns, devendo-se entender que os presos comuns são aqueles que cumprem pena em razão de decisão condenatória penal ou que cumprem prisão provisória ou temporária, também derivadas de decisão proferida por juízo penal.

396

Na execução de alimentos é possível a penhora de salário para pagamento de prestações vencidas?

O art. 529, § 3º, do Novo CPC prevê que, sem prejuízo do pagamento dos alimentos vincendos, o débito objeto de execução pode ser descontado dos rendimentos ou rendas do executado, de forma parcelada, contanto que, somado à parcela devida, não ultrapasse 50% de seus ganhos líquidos. O dispositivo confirma a jurisprudência formada pelo Superior Tribunal de Justiça a respeito do tema na vigência do CPC/1973, apenas inovando no estabelecimento expresso de um limite de 50% dos ganhos para o pagamento das parcelas vencidas e vincendas da obrigação alimentar.

397 No cumprimento de sentença de alimentos há especialidades procedimentais?

Acesse o **QR Code** *e assista à aula explicativa sobre este assunto.*

https://goo.gl/6qp4Bj

9

DEFESAS DO EXECUTADO

- As defesas típicas do executado são os embargos à execução no processo de execução e a impugnação no cumprimento de sentença.
- A exceção de pré-executividade é defesa executiva atípica, sendo cabível tanto no processo de execução como no cumprimento de sentença.

a) EMBARGOS À EXECUÇÃO

398

Qual o termo inicial do prazo de embargos à execução?

O termo inicial do prazo de 15 dias para os embargos à execução seguirá as regras consagradas no art. 231 do Novo CPC. Segundo o art. 915, § 1º, do Novo CPC, quando houver mais de um executado, o prazo para cada um deles embargar conta-se a partir da juntada do respectivo comprovante da citação, salvo no caso de cônjuges ou de companheiros, quando será contado a partir da juntada do último. Essa forma diferenciada de computar o termo inicial para o caso de litisconsórcio passivo formado por cônjuges ou companheiros só tem aplicabilidade para a hipótese de litisconsórcio inicial, de forma que, sendo penhorado bem do casal e intimado o cônjuge não devedor, com formação de litisconsórcio passivo ulterior, o termo inicial de prazo segue a regra prevista no art. 915, *caput*, do Novo CPC. Quanto aos companheiros, será necessário um reconhecimento prévio à propositura da ação, por registro em cartório ou por decisão judicial, só tendo o disposto no art. 915,

§ 1º, do Novo CPC aplicabilidade na hipótese de litisconsórcio passivo inicial formado entre os companheiros.

399 Há especialidade quanto ao termo inicial dos embargos à execução se a citação for realizada por carta?

O termo inicial do prazo de embargos nas execuções por carta é tratado no § 2º do art. 915 do Novo CPC. Na redação do inciso I, o termo inicial será contado da juntada, na carta, da certificação da citação, quando os embargos versarem unicamente sobre vícios ou defeitos da penhora, da avaliação ou da alienação dos bens. Caso o objeto dos embargos seja outras matérias, o inciso II prevê como termo inicial o da juntada, nos autos de origem, do comunicado do juízo deprecado ao juízo deprecante da realização da citação ou, não havendo este, da juntada da carta devidamente cumprida. Caso haja cumulação de matérias, deve-se considerar o termo inicial de contagem do prazo mais benéfico ao executado-embargante, ou seja, aquele previsto no art. 915, § 2º, II, do Novo CPC.

400 Qual o prazo dos embargos à execução?

Segundo o art. 915, *caput*, do Novo CPC, o prazo para os embargos à execução é de 15 dias, não sendo aplicável nesse caso a regra de prazo em dobro consagrada no art. 229 do Novo CPC, por expressa previsão do § 3º do art. 915 do Novo CPC. Dessa forma, mesmo que haja litisconsórcio passivo, com os executados representados por diferentes advogados de distintas sociedades de advogados, o prazo continuará a ser de 15 dias. O dispositivo se justifica em razão da natureza jurídica de ação dos embargos à execução. Registre-se que, nos exatos termos do art. 915, § 3º, do Novo CPC, o art. 229 do Novo CPC não se aplica somente ao prazo para a propositura dos embargos, o que, portanto, não afasta sua aplicação para prazos a serem contados durante o procedimento dos embargos, desde que preenchidos os requisitos legais.

401 Havendo incorreção da penhora ou da avaliação supervenientes à propositura de embargos à execução, será cabível a interposição de novos embargos?

Como a admissibilidade dos embargos à execução não depende da garantia do juízo, é plenamente possível que essa defesa típica do executado seja oferecida antes da penhora e, por consequência lógica, antes também da avaliação do bem penhorado. Nesse caso, pode o executado ter interesse de alegar algum vício ou incorreção desses atos processuais, prevendo o art. 917, § 1º, do Novo CPC que a incorreção da penhora ou da avaliação poderá ser impugnada por simples petição, no prazo de 15 dias, contado da ciência do ato, não cabendo dessa forma a complementação de embargos ainda em trâmite e tampouco o ingresso de novos embargos no caso de os primeiros já terem sido julgados.

O Novo Código de Processo Civil consagra formalidades para a alegação de excesso de execução?

Nos termos do art. 917, § 3º, do Novo CPC, quando alegar que o exequente, em excesso de execução, pleiteia quantia superior à do título, o embargante declarará na petição inicial o valor que entende correto, apresentando demonstrativo discriminado e atualizado de seu cálculo. Trata-se de requisito formal dessa matéria defensiva, que sendo descumprido gerará as consequências previstas no § 4º do mesmo dispositivo legal: os embargos serão liminarmente rejeitados, sem resolução de mérito, se o excesso de execução for o seu único fundamento, ou serão processados, se houver outro fundamento, mas o juiz não examinará a alegação de excesso de execução, em espécie de diminuição objetiva da demanda.

O efeito suspensivo concedido aos embargos à execução suspende integralmente o andamento da execução?

Além dos atos urgentes, que podem ser praticados para evitar perecimento de direito em qualquer hipótese de suspensão do processo, o art. 919, § 5º, do Novo CPC prevê que a concessão de efeito suspensivo aos embargos à execução não impedirá a efetivação dos atos de substituição, de reforço ou de redução da penhora e de avaliação dos bens. Os atos referentes à penhora têm como objetivo adequar a constrição judicial às circunstâncias supervenientes, e os referentes à avaliação do bem penhorado exigem atividade cognitiva do juízo, parecendo legítimo que escapem da suspensão do procedimento gerada pela concessão de efeito suspensivo aos embargos à execução.

É aplicável o art. 1.015, parágrafo único, do Novo CPC à recorribilidade das decisões interlocutórias proferidas nos embargos de declaração?

Os embargos à execução têm natureza de ação, não se confundindo com o processo de execução. A natureza, inclusive, é diferente, porque os embargos têm natureza de processo de conhecimento e não de execução. Essa premissa é importante para afastar a aplicação do art. 1.015, parágrafo único, do Novo CPC, que prevê cabimento de agravo de instrumento de toda decisão interlocutória proferida em sede de processo de execução, imposição que não alcança os embargos à execução. A recorribilidade das decisões interlocutórias proferidas em sede de embargos à execução, portanto, seguirá os incisos do art. 1.015 do Novo CPC, com especial destaque à previsão específica de cabimento dessa espécie recursal contra a decisão que versar sobre concessão, modificação ou revogação do efeito suspensivo aos embargos à execução (art. 1.015, X, do Novo CPC).

b) IMPUGNAÇÃO

O executado precisa garantir o juízo para ter sua impugnação admitida?

Diferentemente da interpretação dada pelo Superior Tribunal de Justiça na vigência do CPC/1973, o art. 525, *caput*, do Novo CPC expressamente prevê que a garantia do juízo não é condição de admissibilidade da impugnação, de forma a ser admitida essa espécie de defesa executiva antes da penhora. O dispositivo teve o mérito de equiparar a impugnação com os embargos à execução, que já não tinham a penhora como condição de admissibilidade desde 2006.

Questões relativas a fato superveniente ao fim do prazo da impugnação permitem o ingresso dessa espécie de defesa?

Nos termos do art. 525, § 11, do Novo CPC, as questões relativas a fato superveniente ao término do prazo para apresentação da impugnação, assim como aquelas relativas à validade e à adequação da penhora, da avaliação e dos atos executivos subsequentes, podem ser arguidas por simples petição, tendo o executado, em qualquer dos casos, o prazo de 15 dias para formular essa arguição, contado da comprovada ciência do fato ou da intimação do ato. Ainda que a impugnação seja uma defesa incidental, o dispositivo, ao dispensar sua formulação nos termos expostos, consagra a incidência de preclusão temporal e consumativa à impugnação, de forma que não sendo apresentada no prazo não poderá ser admitida depois, ainda que para levantar questões supervenientes. Da mesma forma, se já tiver sido oferecida, não haverá sua ampliação objetiva para alegação de questões supervenientes. Tanto num caso como noutro, basta uma mera petição.

407

Qual o termo inicial do prazo de 15 dias para a impugnação ao cumprimento de sentença?

Nos termos do art. 525, *caput*, do Novo CPC, transcorrido o prazo de 15 dias para pagamento voluntário, será iniciada, sem a necessidade de nova intimação, a contagem do prazo de 15 dias para a impugnação. Haverá, portanto, apenas uma intimação do executado, para pagar em 15 dias, sendo no mesmo ato intimado a impugnar o cumprimento de sentença em 15 dias, caso não realize o pagamento. É interessante hipótese de prazos sucessivos e eventuais, já que, apesar de previstos na sequência, para que o segundo seja efetivamente contado depende-se do não pagamento do valor exequendo dentro do primeiro prazo. Como o dispositivo prevê que não haverá uma nova intimação, entende-se que ela já tenha ocorrido justamente quando o executado foi também intimado para pagar em 15 dias (Enunciado 92 da I Jornada de Direito Processual Civil do CJF: "A intimação prevista no *caput* do art. 523 do CPC deve contemplar, expressamente, o prazo sucessivo para impugnar o cumprimento de sentença"). O mais importante, e expressamente previsto no art. 525, *caput*, do Novo CPC, é que o executado não será intimado especificamente para impugnar o cumprimento de sentença após o decurso do prazo de pagamento, e a espera dessa intimação que nunca virá o fará perder o prazo legal para apresentação de sua defesa típica.

408

É cabível a contagem em dobro do prazo da impugnação?

Por expressa previsão do art. 525, § 3º, do Novo CPC, aplica-se à impugnação o disposto no art. 229 do mesmo diploma legal. A contagem do prazo em dobro para o ingresso de impugnação se justifica em razão de sua natureza de defesa incidental, devendo ser aplicada a regra do art. 229 do Novo CPC não só ao prazo de 15 dias para o ingresso da impugnação, mas para todos os prazos de atos a serem praticados durante o seu procedimento. Também será contado em dobro o prazo sempre que houver prerrogativa processual nesse sentido, como ocorre com a Fazenda Pública, Defensoria Pública e o Ministério Público (Enunciado 90 da I Jornada de Direito Processual Civil do CJF: "Conta-se em dobro o prazo do art. 525 do CPC nos casos em que o devedor é assistido pela Defensoria Pública").

Qual o procedimento da impugnação ao cumprimento de sentença?

Deve-se considerar o art. 513, parágrafo único, do Novo CPC, aplicando-se à impugnação regras procedimentais dos embargos à execução, no que for cabível (Enunciado 94 da I Jornada de Direito Processual Civil da CJF: "Aplica-se o procedimento do art. 920 do CPC à impugnação ao cumprimento de sentença, com possibilidade de rejeição liminar nas hipóteses dos arts. 525, § 5º, e 918 do CPC" e Enunciado 95 da I Jornada de Direito Processual Civil do CJF: "O juiz, antes de rejeitar liminarmente a impugnação ao cumprimento de sentença [art. 525, § 5º, do CPC], deve intimar o impugnante para sanar eventual vício, em observância ao dever processual de cooperação [art. 6º do CPC])".

Qual o recurso cabível da decisão que julga a impugnação ao cumprimento de sentença?

Não havendo previsão expressa a esse respeito, o cabimento recursal deve ser determinado pela espécie de decisão que julga a impugnação. Nos termos do art. 203, § 1º, do Novo CPC, sentença é o pronunciamento por meio do qual o juiz, com fundamento nos arts. 485 e 487, põe fim à fase cognitiva do procedimento comum, bem como extingue a execução. E o § 2º do mesmo artigo prevê ser decisão interlocutória todo pronunciamento judicial de natureza decisória que não seja sentença. A decisão da impugnação que coloca fim à execução, geralmente coloca fim ao processo, quando não haverá dúvida de ser uma sentença recorrível por apelação. Caso a decisão não coloque fim ao cumprimento de sentença, sendo irrelevante seu conteúdo, será uma decisão interlocutória recorrível por agravo de instrumento (art. 1.015, parágrafo único, do Novo CPC). Surge uma interessante questão na hipótese do acolhimento da defesa prevista no art. 525, § 1º, I, do Novo CPC, porque nesse caso, embora a decisão ponha fim ao cumprimento de sentença, o processo seguirá, com o retorno ao início da fase de conhecimento, retomando seu procedimento com a intimação do executado a comparecer à audiência de mediação e conciliação. Pela literalidade do art. 203, § 1º, do Novo CPC, a decisão é uma sentença, porque extingue a execução, com o que seria apelável. O processo, entretanto, continuará tramitando, sendo mais adequado o cabimento de agravo de instrumento. O Enunciado 93 da I Jornada de Direito Processual Civil do CJF tenta solucionar o impasse ao consignar que "da decisão que julga a impugnação ao cumprimento de sentença cabe apelação, se extinguir o processo, ou agravo de instrumento, se não o fizer". De qualquer forma, mesmo parecendo ser mais seguro agravar dessa decisão, tem-se uma excelente oportunidade para a aplicação do princípio da fungibilidade recursal.

c) EXCEÇÃO DE PRÉ-EXECUTIVIDADE

411 O Novo Código de Processo Civil consagrou a exceção de pré-executividade como forma de defesa executiva?

*Acesse o **QR Code** e assista à aula explicativa sobre este assunto.*

https://goo.gl/k4kRYy

Procedimentos Especiais

1

CONSIGNAÇÃO EM PAGAMENTO

- Consignação é forma atípica de extinção da obrigação cabível quando o pagamento não puder ser realizado em virtude da recusa do credor em recebê-lo ou em dar quitação, ou quando existir um obstáculo fático ou jurídico alheio à vontade do devedor que impossibilite o pagamento eficaz.
- Desde que preenchidos os requisitos legais e seja essa a vontade do devedor, é cabível a consignação extrajudicial.
- O depósito de valor ou coisa consignada deve ser feito pelo autor no prazo de cinco dias da intimação da decisão que admite a petição inicial.
- A defesa do réu na ação de consignação é limitada às matérias previstas no art. 544 do Novo CPC.
- Sendo acolhida a alegação de insuficiência do depósito inicial, o autor será intimado para complementação no prazo de 10 dias.
- Prestações vincendas podem ser consignadas no mesmo processo, no prazo de cinco dias de seu vencimento.
- Na consignação por dúvida a respeito da titularidade do crédito, sendo a contestação dos réus limitada a essa matéria, o autor será excluído do processo.

Qual é o termo inicial do prazo de 10 dias para o credor rejeitar a consignação em pagamento extrajudicial?

Na consignação extrajudicial, o credor será comunicado por carta com aviso de recebimento, podendo recusar o depósito por escrito, e sem necessidade de justificativa, no prazo de 10 dias. O § 2º do art. 539 do Novo CPC esclarece que o termo inicial da contagem desse prazo não é a data da comunicação, ou seja, a data em que o credor assinou o aviso de recebimento, mas a data de seu retorno, dando a entender que o prazo terá início da data em que for recebido pelo emitente o aviso de recebimento devidamente assinado. Entendo que o aviso de recebimento deve ser devolvido à instituição financeira, para instruir o procedimento aberto pelo pedido de consignação extrajudicial, podendo o credor ter acesso aos "autos" para controlar seu prazo para a recusa. O mais prático, entretanto, e forma infalível de não perder o prazo, é contá-lo a partir da data em que o aviso de recebimento é assinado pelo credor.

Na ação de consignação em pagamento, qual é a consequência de o autor não realizar o depósito no prazo legal?

A propositura da ação de consignação em pagamento não depende do depósito do valor ou da coisa, o que só deve ocorrer após o juiz admitir a petição inicial e intimar o autor para tal ato. O prazo previsto no art. 542, I, do Novo CPC é de cinco dias, podendo ser ampliado pelo juiz por força do art. 139, VI, do Novo CPC. Caso o autor não realize o depósito no prazo legal, o processo será extinto sem a resolução do mérito, nos termos do art. 542, parágrafo único, do Novo CPC.

2

EXIGIR CONTAS

- Na ação de exigir contas, busca-se acertamento econômico definitivo entre as partes quando a administração de bens, valores ou interesses de determinado sujeito é confiada a outrem.
- A ação de exigir contas tem natureza dúplice, já que em sua segunda fase será condenado quem for considerado devedor, seja ele o autor ou o réu.

Não existe mais ação de dar contas no Novo Código de Processo Civil?

No CPC/1973 a ação era de prestação de contas, podendo ser de exigir como de dar contas, e nesse sentido foi suprimido o procedimento especial da ação de dar contas no Novo Código de Processo Civil, que na realidade nunca teve um procedimento diferenciado. Caso aquele que administre bens, valores ou interesses de outrem pretenda exibir contas e pedir o acertamento econômico entre eles, deve-se valer do procedimento comum, restando o procedimento especial, previsto nos arts. 550 a 553 do Novo CPC, somente para a pretensão de se exigir contas, quando o processo terá duas fases procedimentais: condenatória em obrigação de fazer (prestar as contas) e condenatória a pagar quantia certa (saldo apurado).

Como devem ser prestadas as contas na ação de exigir contas?

O art. 917 do CPC/1973 exigia a apresentação das contas na forma mercantil, enquanto o art. 551, § 2º, do Novo CPC exige que ela seja realizada de forma adequada. Nos termos do dispositivo legal, a forma adequada exige a especificação de receitas, a aplicação das despesas e os investimentos, se houver, devendo sempre ser instruída com os documentos justificativos das informações lançadas na prestação.

416 **Qual a natureza da decisão que condena o réu a prestar contas?**

A decisão que condena o réu a prestar contas encerra a primeira fase cognitiva do procedimento da ação de exigir contas, que então passará à sua segunda fase cognitiva de apuração de eventual saldo devedor. O art. 915, § 2º, do CPC/1973 previa expressamente se tratar de sentença, mas o art. 550, § 2º, do Novo CPC prevê tratar-se de decisão, sem especificar de qual espécie. A modificação de redação levou a doutrina majoritária a entender que diante do novo diploma processual esse pronunciamento judicial passou a ser uma decisão interlocutória, recorrível por agravo de instrumento, nos termos do art. 1.015, II, do Novo CPC. Pessoalmente tenho dúvida a respeito do acerto do entendimento, porque a existência de duas sentenças na fase cognitiva da ação de prestação de contas é justamente sua grande especialidade procedimental. Por outro lado, o conceito de sentença previsto no art. 203, § 1º, do Novo CPC parece não ser útil à solução da divergência porque ele mesmo exclui de seu âmbito os procedimentos especiais. Seja como for, trata-se de típica hipótese de fungibilidade recursal entre agravo de instrumento e apelação diante da incerteza de o pronunciamento judicial decisório ser uma decisão interlocutória ou uma sentença.

3

AÇÕES POSSESSÓRIAS

– São espécies de interditos possessórios: a ação de reintegração de posse (esbulho), a ação de manutenção de posse (turbação) e o interdito proibitório (ameaça de agressão à posse).

– O art. 554 do Novo CPC expressamente consagra a fungibilidade entre as ações possessórias.

– A liminar das ações possessórias tem natureza de tutela da evidência, já que não depende de perigo de dano ou de ineficácia do resultado final do processo para ser concedida.

 417 **Como deve ser realizada a citação em ação possessória em que figure no polo passivo grande número de pessoas?**

No caso de ação possessória em que figure no polo passivo grande número de pessoas, será feita a citação pessoal dos ocupantes que forem encontrados no local e a citação por edital dos demais, nos termos do art. 554, § 1º, do Novo CPC. Já antevendo dificuldades na citação pessoal dos ocupantes da área invadida, o § 2º do mesmo dispositivo prevê que o oficial de justiça procurará os ocupantes no local por uma vez, citando-se por edital os que não forem encontrados. Da conjugação dos dois dispositivos conclui-se pela necessidade de expedição de mandado de citação a ser cumprido pelo oficial de justiça, ainda que dele não conste o nome dos citandos, já que na petição inicial não haverá a qualificação dos réus, nos termos do art. 319, § 3º, do Novo CPC. Entendo que na única diligência exigida do oficial de justiça ele poderá certificar que, apesar de localizar os invasores, não pôde realizar sua citação pessoal em razão de resistências ou mesmo da tensão constatada no local. Isso deve bastar para o cumprimento da formalidade legal, passando-se à citação por edital.

418 **Como deve ocorrer a publicidade dos atos processuais em ação possessória em que figure no polo passivo grande número de pessoas?**

Nesse caso, os réus serão sujeitos incertos, sendo sua citação ordinariamente realizada por edital, nos termos dos §§ 1º e 2º do art. 554 do Novo CPC. Tratando-se de citação ficta, e não havendo advogado constituído nos autos, será indicado curador especial para defender os interesses do grupo de pessoas que compõe o polo passivo, que passará a ser intimado de todos os atos processuais. Ainda assim, o § 3º do art. 554 do Novo CPC, preocupado com a efetiva ciência dos réus da existência do processo e dos atos processuais, prevê que o juiz poderá se valer de anúncios em jornal ou rádio locais, da publicação de cartazes na região do conflito e de outros meios.

419 **O Ministério Público deve intervir em ação possessória como fiscal da ordem jurídica?**

O art. 178, III, do Novo CPC prevê a intimação do Ministério Público para que em 30 dias intervenha no processo como fiscal da ordem jurídica nas demandas que tenham como objeto litígios coletivos pela posse de terra rural ou urbana. Além dessa exigência, o art. 554, § 1º, do Novo CPC prevê a intimação do Ministério Público no caso de ação possessória em que figure no polo passivo grande número de pessoas, e o art. 565, § 2º, do Novo CPC impõe a intimação do Ministério Público para comparecer à audiência de mediação designada em ação possessória que tenha como objeto o litígio coletivo pela posse de imóvel.

420 **A Defensoria Pública deve participar da ação possessória?**

O art. 554, § 1º, do Novo CPC prevê a intimação da Defensoria Pública no caso de ação possessória em que figure no polo passivo grande número de pessoas, e o art. 565, § 2º, do Novo CPC prevê sua intimação para comparecer à audiência de mediação designada em ação possessória que tenha como objeto o litígio coletivo pela posse de imóvel. Em ambos os casos, a intervenção da Defensoria Pública só se justifica pelo exercício de sua função típica, devendo ser realizada a intimação prevista em lei somente se houver na demanda pessoas em situação de hipossuficiência econômica.

421 **Na pendência de ação possessória, é sempre vetada a discussão de propriedade?**

O art. 557, *caput*, do Novo CPC consagra condição suspensiva ao exercício do direito de ação petitório ao prever que na pendência de ação possessória é vedado, assim ao autor como ao réu, propor ação de reconhecimento do domínio, exceto se a pretensão for deduzida em face de terceira pessoa. Note-se que a discussão sobre a propriedade de bem objeto de ação possessória é admitida desde que não haja identidade de partes nas ações possessória e petitória. Por outro lado, o parágrafo único do art. 557 do Novo CPC consagra a vedação à chamada "exceção de domínio" ao prever que não obsta à manutenção ou à reintegração na posse a alegação de propriedade, ou de outro direito sobre a coisa. Nesse caso, a exceção fica por conta de ação possessória na qual o autor fundamenta sua posse por sua condição de proprietário, quando o réu poderá defender a posse valendo-se do mesmo argumento a seu favor. É nesse sentido a Súmula 487/STF: "Será deferida a posse a quem, evidentemente, tiver o domínio, se com base neste for ela disputada".

422 **Há condições especiais para a concessão de liminar possessória no litígio coletivo de posse de imóvel?**

O art. 565, *caput*, do Novo CPC não é muito fácil de ser interpretado ao tratar da concessão de liminar condicionada à realização prévia de uma audiência de mediação. O dispositivo prevê que quando o esbulho ou a turbação afirmado na petição inicial houver ocorrido há mais de ano e dia, o juiz, antes de apreciar o pedido de concessão da medida liminar, deverá designar audiência de mediação, a ser realizada em até 30 dias. Ocorre, entretanto, que, se a agressão tiver se dado a mais de ano e dia, a demanda possessória será de "posse velha", não sendo cabível a liminar possessória prevista no art. 562 do Novo CPC. A única forma de interpretar o dispositivo é entender que a liminar nele prevista não é a liminar possessória, prevista no art. 562 do Novo CPC e cabível somente nas ações possessórias de "posse nova", mas sim a liminar de tutela de urgência (antecipada ou cautelar), que nesse caso não poderia ser concedida sem a realização prévia da audiência de mediação. De qualquer forma, nas ações possessórias de "posse nova" a concessão da liminar prevista no art. 562 do Novo CPC não depende da realização prévia da audiência de mediação.

423

A demora na execução de liminar possessória pode prejudicar o autor da ação?

No litígio coletivo pela posse de imóvel, o art. 565, § 1º, do Novo CPC prevê que, sendo concedida a liminar, se esta não for executada no prazo de um ano, a contar da data de distribuição, caberá ao juiz designar audiência de mediação. O dispositivo é no mínimo curioso ao prever como termo inicial da contagem do prazo de um ano não a data de concessão da liminar, mas da distribuição da ação, o que não faz qualquer sentido. Da forma como restou redigido estar-se-á contando um prazo para efetivação de uma medida que ainda foi concedida pelo juiz. Por outro lado, ainda que nenhuma menção a esse respeito conste do dispositivo legal ora analisado, entendo que a designação da audiência só se justifica se o atraso no cumprimento da liminar tiver resultado da desídia do autor, já que impedir sua efetivação enquanto não for realizada a audiência de mediação é obviamente prejudicial a ele, que não pode ser penalizado pela morosidade judicial ou pela postura de resistência do réu em cumprir a liminar.

424

Quem deve ser intimado para a audiência de mediação prevista para as ações possessórias que tenham como objeto o litígio coletivo pela posse de imóvel?

Mesmo que não haja expressa previsão legal nesse sentido, é natural que as partes sejam intimadas, na pessoa de seus advogados. Nos termos do art. 565, § 2º, do Novo CPC, o Ministério Público será sempre intimado para participar da audiência na qualidade de fiscal da ordem jurídica e a Defensoria Pública será intimada somente no caso de haver no processo parte beneficiária da gratuidade de justiça. Nesse tocante, a norma merece interpretação, porque, mesmo que não haja no processo concessão de gratuidade da justiça, entendendo o juiz pela presença de pessoas hipossuficientes econômicas, deverá determinar a intimação da Defensoria Pública. Por fim, o art. 565, § 4º, prevê a intimação dos órgãos responsáveis pela política agrária e pela política urbana da União, de Estado ou do Distrito Federal e de Município onde se situe a área objeto do litígio.

4

DISSOLUÇÃO PARCIAL DE SOCIEDADE

- Extinção parcial do contrato de sociedade em razão de falecimento do sócio, de sua exclusão e do exercício de seu direito de retirada ou recesso.
- O procedimento especial da dissolução parcial de sociedade pode ser aplicado em caso de sociedade anônima de capital fechado quando demonstrado, por acionista ou acionistas que representem 5% ou mais do capital social, que não pode preencher o seu fim.
- Quando há cumulação de pedidos, o processo tem duas fases, sendo que a primeira, destinada à resolução da sociedade, segue o procedimento comum, sendo reservado o procedimento especial para a segunda fase, de apuração de haveres.

425 **Quais pedidos são cabíveis na ação de dissolução parcial de sociedade?**

Há dois pedidos previstos nos incisos I e II do art. 599 do Novo CPC: a resolução da sociedade empresária contratual ou simples em relação ao sócio falecido, excluído ou que exerceu o direito de retirada ou recesso, e a apuração dos haveres do sócio falecido, excluído ou que exerceu o direito de retirada ou recesso. Esses pedidos podem ser formulados de forma cumulativa ou de forma isolada, sendo que somente o pedido de apuração de haveres seguirá por procedimento especial.

Quem são os legitimados ativos para a propositura da ação de dissolução parcial de sociedade?

Na hipótese de falecimento do sócio, a legitimidade ativa dependerá da conclusão da partilha: antes dela, a legitimidade será do espólio, quando a totalidade não ingressar na sociedade (art. 600, I, do Novo CPC), e depois será dos sucessores (art. 600, II, do Novo CPC), quando deverá se considerar seus quinhões para determinar qual deles passou a ser titular de eventual crédito na apuração de haveres. A sociedade é legitimada se os sócios sobreviventes não admitirem o ingresso do espólio ou dos sucessores do falecido na sociedade, quando esse direito decorrer do contrato social (art. 600, III, do Novo CPC) e nos casos em que a lei não autoriza a exclusão extrajudicial (art. 600, V, do Novo CPC), como ocorre nas hipóteses previstas pelos arts. 1.030, 1.004 e 1.085 do CC. O sócio excluído tem legitimidade (art. 600, VI, do Novo CPC), bem como o que exerceu o direito de retirada ou recesso, se não tiver sido providenciada, pelos demais sócios, a alteração contratual consensual formalizando o desligamento, depois de transcorridos 10 dias do exercício do direito (art. 600, IV, do Novo CPC). Finalmente, o parágrafo único do art. 600 do Novo CPC garante ao cônjuge ou companheiro do sócio cujo casamento, união estável ou convivência terminou legitimidade ativa para requerer a apuração de seus haveres na sociedade, que serão pagos à conta da quota social titulada por esse sócio.

Há especialidade na citação na ação de dissolução parcial de sociedade?

Consagrando entendimento consolidado pelo Superior Tribunal de Justiça na vigência do CPC/1973, o art. 601, parágrafo único, do Novo CPC prevê que a sociedade não será citada se todos os seus sócios o forem, mas ficará sujeita aos efeitos da decisão e à coisa julgada. Note-se que o dispositivo em nenhum momento dispensa a presença da sociedade no polo passivo, apenas dispensando sua citação. É curiosa hipótese de dispensa da citação de um dos réus com base numa ficção jurídica de que, se todos os seus sócios foram citados e têm ciência do processo, a pessoa jurídica também será tida como citada e ciente do processo. Parece óbvio que, havendo previsão expressa a justificar a dispensa da citação da sociedade, nenhuma nulidade advirá de tal omissão. Acredito que a previsão expressa no sentido de que, mesmo não tendo sido citada a sociedade, estará vinculada à coisa julgada material afasta qualquer alegação de que por não ter sido citada não teria sido integrada à relação jurídica processual e, dessa forma, não poderia tecnicamente ser considerada parte.

428 **Qual a consequência processual de os réus concordarem com o pedido de dissolução?**

Nos termos do art. 603, *caput*, do Novo CPC, havendo manifestação expressa e unânime pela concordância da dissolução, o juiz a decretará, passando-se imediatamente à fase de liquidação (apuração de haveres), hipótese na qual não haverá condenação em honorários advocatícios de nenhuma das partes, e as custas serão rateadas segundo a participação das partes no capital social (art. 603, parágrafo único, do Novo CPC).

429 **Qual o termo inicial da apuração de haveres?**

O termo inicial para apuração de haveres será a data da resolução da sociedade, tema tratado pelo art. 605 do Novo CPC. A data da resolução da sociedade será: no caso de falecimento do sócio, a data do óbito; na retirada imotivada, o sexagésimo dia seguinte ao do recebimento, pela sociedade, da data da notificação do sócio retirante; no recesso, o dia do recebimento, pela sociedade, da data da notificação do sócio dissidente; na retirada por justa causa de sociedade por prazo determinado e na exclusão judicial de sócio, a data do trânsito em julgado da decisão que dissolver a sociedade; e na exclusão extrajudicial, a data da assembleia ou da reunião de sócios que a tiver deliberado.

430 **Qual o critério que deve ser adotado pelo juiz na apuração de haveres na ação de dissolução parcial de sociedade?**

O tema é tratado pelo art. 606 do Novo CPC, que dá preferência ao critério acordado pelos sócios e constante expressamente no contrato social. Somente na hipótese de não haver tal previsão contratual ou se a estipulação for considerada nula, o juiz adotará como critério o valor patrimonial apurado em balanço de determinação, tomando por referência a data da resolução e avaliando bens e direitos do ativo, tangíveis e intangíveis, a preço de saída, além do passivo também a ser apurado de igual forma. Ou seja, o juiz considerará, por ficção jurídica, que a sociedade foi totalmente dissolvida para apurar os haveres do sócio falecido, excluído ou retirante.

431 **Que espécie de perito deve realizar a prova técnica na ação de dissolução parcial de sociedade?**

Nos termos do art. 606, parágrafo único, do Novo CPC, sendo necessária a realização de perícia, a nomeação do perito recairá preferencialmente sobre especialista em avaliação de sociedades. Trata-se, como se pode concluir da própria literalidade do dispositivo legal, de preferência, já que existem várias comarcas – acredito que a maioria – em que não se encontrará perito com tal especialidade, quando caberá ao juiz indicar técnico com conhecimento suficiente para desempenhar o trabalho pericial.

5

AÇÃO DE INVENTÁRIO E PARTILHA

- No inventário, busca-se identificar o patrimônio que compõe o acervo hereditário, enquanto na partilha se divide o acervo (adjudicação do quinhão hereditário).
- Sendo preenchidos os requisitos legais, o inventário e a partilha poderão ser feitos extrajudicialmente.
- O inventário e partilha extrajudicial é uma opção dos sucessores.
- O inventário judicial pode ser realizado pelo procedimento ordinário ou por arrolamento, que poderá ser comum ou sumário.

432

O inventário pode ser iniciado de ofício?

A possibilidade de o juiz dar início de ofício ao inventário, na hipótese de inércia dos legitimados ativos era prevista no art. 989 do CPC/1973, mas tal regra não foi repetida no Novo Código de Processo Civil. A conclusão é que o inventário será regido pelo princípio da inércia da jurisdição, consagrado no art. 2º do Novo CPC, de forma que o início do processo depende de provocação de um dos legitimados ativos previstos nos arts. 987 e 988 do Novo CPC.

É possível a cumulação de inventários num mesmo processo?

O art. 672 do Novo CPC admite a cumulação de inventários para a partilha de heranças de pessoas diversas, desde que preenchidos três requisitos cumulativos: a identidade de pessoas entre as quais devam ser repartidos os bens, as heranças deixadas pelos dois cônjuges ou companheiros e a dependência de uma das partilhas em relação à outra. Quanto à necessidade de dependência de uma partilha em relação à outra, o parágrafo único do dispositivo legal ora comentado prevê que, sendo a dependência parcial, por haver outros bens, o juiz pode ordenar a tramitação separada, se melhor convier ao interesse das partes ou à celeridade processual (na realidade, à duração razoável do processo).

Cabe ao juiz do processo de inventário e partilha a solução de qualquer questão jurídica surgida no processo?

Todas as questões de direito cujos fatos forem provados por prova meramente documental deverão ser enfrentadas e decididas pelo juiz no processo de inventário e partilha, por mais complexas e polêmicas que sejam. Caso, entretanto, tais questões dependam de produção de prova de outra natureza, que não documental, o art. 612 do Novo CPC prevê que o juiz não as decidirá, remetendo as partes interessadas às vias ordinárias, ou seja, a outro processo de conhecimento que seguirá o procedimento comum. A decisão que tem como fundamento o art. 612 do Novo CPC é interlocutória e recorrível por agravo de instrumento, nos termos do art. 1.015, parágrafo único, do Novo CPC.

Como funciona a representação do espólio no caso do inventariante dativo?

Diferentemente do que ocorria na vigência do CPC/1973, no Novo Código de Processo Civil o inventariante dativo tem poderes para representar o espólio em juízo, de forma a não ser mais necessária nesse caso a formação de litisconsórcio entre todos os sucessores e herdeiros, bastando a presença no polo ativo ou passivo do espólio. Nos termos do art. 75, § 1º, do Novo CPC, os sucessores do falecido nesse caso serão intimados no processo no qual o espólio seja parte, o que lhes dará ciência da existência do processo, abrindo-lhes a oportunidade de intervirem como assistentes litisconsorciais do espólio.

436

Como deve ocorrer a remoção do inventariante?

O inventariante poderá ser removido de ofício ou a requerimento, nos termos do art. 622, *caput*, do Novo CPC. Os seis incisos do dispositivo constituem rol meramente exemplificativo de causas para a remoção, que se justifica diante de qualquer conduta desleal, ímproba ou viciada de qualquer forma por parte do inventariante. Tendo sido elaborado pedido pela parte interessada ou antevendo o juiz a existência de causa para remoção, o inventariante deve ser intimado para que no prazo de 15 dias se defenda e produza – ou peça a produção de provas (art. 623 do Novo CPC). Decorrido o prazo, com ou sem a defesa, que afinal é um ônus do inventariante, o art. 624 do Novo CPC prevê a decisão do juiz, que somente será proferida após a produção de prova, sempre que necessário. Trata-se de decisão interlocutória recorrível por agravo de instrumento, por força do previsto no art. 1.015, parágrafo único, do Novo CPC.

437

Qual é a forma de citação dos réus domiciliados em foro diferente daquele em que tramita o processo de inventário e partilha?

O art. 999, § 1º, do CPC/1973 previa uma inusitada forma de citação no processo de inventário e partilha, dispondo que o simples fato de o réu não ser domiciliado no foro em que tramitava a demanda era o suficiente para sua citação ocorrer por edital. Apesar de o Supremo Tribunal Federal ter reconhecido a constitucionalidade da norma legal, ela sempre foi muito criticada pela melhor doutrina. Em boa hora, portanto, o Novo Código de Processo Civil a abandona, passando a prever em seu art. 626, § 1º, que a citação do cônjuge ou do companheiro, dos herdeiros e dos legatários ocorrerá por correio, observado o disposto no art. 247 do Novo CPC. Como não há qualquer restrição nesse sentido, o foro do domicílio desses réus passa a ser irrelevante, cabendo a citação pela via postal mesmo quando for distinto do foro em que tramita o processo de inventário e partilha. A publicação por edital continua a existir, nos termos do art. 259, III, do Novo CPC, mas nesse caso não é dirigida aos réus, mas a eventuais interessados incertos ou desconhecidos.

No arrolamento, a lavratura de formal de partilha depende de comprovação do pagamento de tributos?

Tratando-se de arrolamento sumário, o art. 659, § 2º, do Novo CPC prevê que, transitada em julgado a sentença de homologação de partilha ou de adjudicação, será lavrado o formal de partilha ou elaborada a carta de adjudicação e, em seguida, serão expedidos os alvarás referentes aos bens e às rendas por ele abrangidos, intimando-se o fisco para lançamento administrativo do imposto de transmissão e de outros tributos porventura incidentes, conforme dispuser a legislação tributária. Compreende-se, portanto, que nessa espécie de procedimento o pagamento de tributos não é condição para a prolação de sentença de partilha e para a geração de seus efeitos. No arrolamento comum, entretanto, como ocorre no procedimento ordinário de inventário, o art. 664, § 5º, do Novo CPC prevê que somente após a quitação dos tributos relativos aos bens do espólio e às suas rendas o juiz julgará a partilha, deixando claro ser condição da partilha o pagamento dos tributos.

 É possível antecipar aos herdeiros o exercício dos direitos de usar e fruir de determinado bem do acervo hereditário?

Essa possibilidade vem consagrada no parágrafo único do art. 647 do Novo CPC, exigindo-se para tanto que, ao término do inventário, tal bem integre a cota do herdeiro contemplado com os direitos de usar e fruir, cabendo a este, desde o deferimento, todos os ônus e bônus decorrentes do exercício desses direitos. Trata-se de uma tutela provisória de natureza satisfativa, não tendo, entretanto, natureza de tutela antecipada porque não está entre os pressupostos de sua concessão o perigo de dano em razão do tempo necessário para a concessão de tutela definitiva. Parece, portanto, tratar-se de espécie específica de tutela da evidência, sendo enigmático o artigo ora comentado por não prever qualquer requisito para sua concessão, salvo o fato de o bem vir a fazer parte do quinhão do herdeiro.

 **O juiz deve seguir regras objetivas ao realizar a partilha?**

Tanto o partidor como o juiz ao julgar o plano de partilha devem atentar-se para o disposto no art. 648 do Novo CPC. Segundo o dispositivo legal, na partilha deve-se observar três regras: a máxima igualdade possível, a prevenção de litígios futuros e a máxima comodidade. A regra da maior igualdade possível não considera apenas o valor dos bens, mas também sua natureza e qualidade, de forma que não atende a tal regra um herdeiro receber em seu quinhão dinheiro e outro herdeiro receber bens de difícil alienação, ainda que economicamente o valor dos quinhões seja igual. A prevenção de litígios futuros tem como objetivo evitar futuras desavenças entre os herdeiros, cabendo ao juiz proceder à partilha atentando para a máxima pacificação social possível. A maior comodidade considera as qualidades pessoais dos herdeiros e a busca por manter, no limite do possível, o *status quo ante*.

441

É possível a desconstituição de partilha?

Sendo a partilha amigável, lavrada em instrumento público, reduzida a termo nos autos do inventário ou constante de escrito particular homologado pelo juiz, cabe ação anulatória no prazo decadencial de um ano, desde que tenham ocorrido dolo, coação, erro essencial ou intervenção de incapaz. O termo inicial desse prazo é tratado pelos incisos do art. 657 do Novo CPC: (I) sendo alegada coação, do dia em que ela cessou; (II) sendo alegado erro ou dolo, do dia em que se realizou o ato; e (III) para o incapaz, do dia em que cessar a incapacidade. Sendo a partilha decidida por sentença genuína de mérito, caberá ação rescisória no prazo decadencial de dois anos. Nos termos dos incisos do art. 658 do Novo CPC, a rescindibilidade pode ter como fundamento os casos mencionados no artigo anterior, a preterição de formalidades legais e a preterição de herdeiro ou a inclusão de quem não o seja. Acredito que o dispositivo preveja matérias específicas cabíveis como fundamento apenas na hipótese de ação rescisória de sentença de partilha, o que não afasta, entretanto, a possibilidade de a ação rescisória ter como causa de pedir qualquer das matérias previstas nos incisos do art. 966 do Novo CPC.

6

EMBARGOS DE TERCEIRO

- Os embargos de terceiro dependem de constrição judicial ilegal já realizada ou na iminência de ocorrer.
- O legitimado ativo é o terceiro ou a parte a ele equiparada.
- Os embargos podem ser propostos pelo proprietário ou pelo possuidor.
- A liminar dos embargos de terceiro tem natureza de tutela provisória da evidência, já que não tem entre os requisitos para sua concessão o perigo de dano ou de ineficácia do resultado final.

Cabem embargos de terceiro para evitar a constrição judicial de bem?

Consagrando jurisprudência criada pelo Superior Tribunal de Justiça na vigência do CPC/1973, o art. 674, *caput*, do Novo CPC prevê que a simples ameaça de constrição judicial ilegal já admite a propositura dos embargos de terceiro. Nesse caso, os embargos de terceiro terão natureza preventiva, por meio dos quais o embargante pretenderá evitar que a constrição se consuma.

É possível que a parte no processo em que foi realizada a constrição tenha legitimidade para a propositura de embargos de terceiro?

A lei pode equiparar a parte a terceiro para fins de atribuir-lhe legitimidade ativa para os embargos de terceiro, parecendo ser justamente essa a hipótese consagrada no art. 674, § 2º, II, do Novo CPC, ao prever como legitimado ativo o cônjuge ou companheiro, quando defende a posse de bens próprios ou de sua meação, porque, nesse caso, com a penhora do imóvel do casal e a "intimação" do cônjuge ou companheiro não devedor, haverá a formação de um litisconsórcio passivo ulterior. Ou seja, mesmo sendo executado, inclusive com legitimidade para ingressar com embargos à execução, tem legitimidade para os embargos de terceiro para defender sua meação. Mesmo não havendo dispositivo legal no Novo Código de Processo Civil como o art. 1.046, § 2º, do CPC/1973, entendo que mesmo diante do Novo Código de Processo Civil também deve ser equiparada a terceiro para fins de legitimidade ativa nos embargos de terceiro a parte que atua no processo com legitimação extraordinária e sofre sobre bem de seu patrimônio a constrição judicial. Nesse caso, é evidente que o patrimônio que deve ser afetado é do terceiro, titular do direito, e não da parte processual, que no caso deve ter legitimidade para ingressar com embargos de terceiro para livrar o bem de seu patrimônio da constrição judicial.

 **O sócio que sofre constrição patrimonial em razão da desconsideração da personalidade jurídica tem legitimidade para ingressar com embargos de terceiro?**

A legitimidade do sócio nesse caso está condicionada à sua participação ou não no incidente de desconsideração da personalidade jurídica previsto nos arts. 133 a 137 do Novo CPC. É nesse sentido o art. 674, § 2º, III, do Novo CPC, ao prever que quem sofre constrição judicial de seus bens por força de desconsideração da personalidade jurídica, de cujo incidente não fez parte, tem legitimidade para os embargos de terceiro. A norma tem lógica, porque, se o sócio tiver feito parte do incidente, será considerado parte no processo no qual for realizada a constrição judicial, preferindo o legislador não o equiparar a terceiro nesse caso. Já se não tiver feito parte do incidente processual, o que obviamente decorrerá de vício formal no processo em que tiver sido instaurado o incidente, não participará do processo, sendo, portanto, um terceiro, e como tal, terá legitimidade para os embargos de terceiro.

 **Quem é legitimado passivo nos embargos de terceiro?**

O tema é tratado pelo art. 677, § 4º, do Novo CPC, sendo certo dizer que o sujeito que se aproveita da constrição judicial será sempre legitimado passivo nos embargos de terceiro. Ainda que tenha se limitado a indicar o sujeito a quem a constrição aproveita, fica clara a intenção do dispositivo ora comentado de apontar como legitimado passivo nos embargos de terceiro o demandante do processo no qual foi realizada a constrição judicial, seja o autor de um processo de conhecimento ou de pedido de tutela de urgência antecedente, seja o exequente em processo de execução ou em cumprimento de sentença. Caso o adversário da parte beneficiada pela constrição judicial, ou seja, o réu ou executado, tenha indicado o bem objeto da constrição, participando dessa forma ativamente para a ilegalidade em detrimento dos interesses do terceiro, também será legitimado passivo, hipótese na qual haverá um litisconsórcio passivo necessário entre autor (ou exequente) e réu (ou executado) do processo no qual tiver sido realizada a constrição judicial.

446 **Há especialidade na competência dos embargos de terceiro quando o ato de constrição judicial é realizado por meio de carta precatória?**

O juízo do processo em que se realizou a constrição judicial tem competência absoluta, de natureza funcional, para o julgamento dos embargos de terceiro. Ocorre, entretanto, que essa regra pode ser excepcionada na hipótese de o ato de constrição judicial ser praticado em cumprimento de carta precatória. Segundo o art. 676, parágrafo único, do Novo CPC, nos casos de ato de constrição realizado por carta, os embargos serão oferecidos no juízo deprecado, salvo se indicado pelo juízo deprecante o bem constrito ou se já devolvida a carta. Apesar de o dispositivo prever apenas o juízo de oferecimento – protocolo – dos embargos de terceiro, na realidade está tratando também da competência para seu julgamento, tomando por base a responsabilidade do juízo deprecado ou deprecante na individualização do bem constrito judicialmente. Se o juízo deprecante apenas expede carta precatória para a penhora de tantos bens quantos sejam necessários para garantir o juízo, a responsabilidade por escolher que bens são esses é do juízo deprecado, que terá competência para o julgamento dos embargos de terceiro. É diferente quando o próprio juízo deprecante já indica um bem para ser penhorado, não tendo nesse caso o juízo deprecado qualquer responsabilidade por tal individualização, o que mantém a competência para os embargos do terceiro com o juízo deprecante. Interessante notar que, mesmo sendo responsabilidade do juízo deprecado a individualização do bem constrito, caso a carta já tenha retornado ao juízo deprecado é nele que os embargos devem ser oferecidos e julgados, o que permite ao terceiro uma escolha entre os dois juízos. Se preferir o juízo deprecado, se adianta e brevemente opõe os embargos de terceiro; se preferir o juízo deprecante, espera o retorno da carta precatória à origem para somente depois oferecer seus embargos de terceiro.

7

AÇÃO DE FAMÍLIA

- Nos arts. 693 a 699 do Novo CPC não há propriamente um procedimento especial, mas técnicas procedimentais diferenciadas que deverão ser aplicadas a determinados processos em razão de sua matéria.

447 **Do que trata o procedimento especial chamado "Das ações de família"?**

São técnicas procedimentais diferenciadas a serem aplicadas em determinados processos que seguem o procedimento comum ou especial em razão da matéria. No art. 693, *caput*, do Novo CPC, referidas técnicas procedimentais diferenciadas serão aplicadas aos processos contenciosos de divórcio, separação, reconhecimento e extinção de união estável, guarda, visitação e filiação. São na realidade processos que seguem o procedimento comum, salvo naquilo que contrariar as regras previstas nos arts. 694 a 699 do Novo CPC. Já o parágrafo único do art. 693 do Novo CPC, ao consagrar que a ação de alimentos e a que versar sobre interesse de criança ou de adolescente observarão o procedimento previsto em legislação específica, aplicando-se, no que couber, as normas procedimentais diferenciadas previstas nos arts. 694 a 699 do Novo CPC, substancialmente mantém o mesmo raciocínio, mas nesse caso os processos já seguem procedimento especial, sendo que as normas especiais previstas na legislação específica preferem às técnicas procedimentais diferenciadas dispostas nos arts. 694 a 699 do Novo CPC.

Há especialidades nos participantes da mediação e conciliação nas ações de família?

Segundo o art. 694, *caput*, do Novo CPC, nas ações de família todos os esforços serão empreendidos para a solução consensual da controvérsia, devendo o juiz dispor do auxílio de profissionais de outras áreas de conhecimento para a mediação e conciliação. Temo que o termo "dever" para qualificar a atuação do juiz tenha sido mal colocado, já que não será em toda comarca que ele terá à sua disposição profissionais de outras áreas de conhecimento. Nesse sentido, seria preferível o termo "pode", mas ainda assim se pode considerar que ele deve, sempre que isso for materialmente possível. De qualquer forma, é inegável que a presença de terceiros, como assistentes sociais, psicólogos etc., poderá otimizar a forma consensual de solução do conflito.

O processo deve ficar suspenso à espera de uma solução consensual a ser realizada fora dele?

O parágrafo único do art. 694 do Novo CPC prevê que, a requerimento das partes, o juiz pode determinar a suspensão do processo enquanto os litigantes se submetem a mediação extrajudicial ou a atendimento multidisciplinar. Trata-se de negócio jurídico processual para a suspensão do processo, o que não chega a ser uma especialidade das ações de família, considerando-se o previsto no art. 313, II, do Novo CPC. A especialidade, entretanto, está na ausência de qualquer prazo para tal suspensão nas ações de família, o que permite a conclusão pela não aplicação do limite temporal de suspensão de seis meses previsto no § 4º do art. 313 do Novo CPC.

É possível a não realização da audiência de conciliação e mediação nas ações de família?

O art. 695, *caput*, do Novo CPC prevê tão somente que o réu será citado para comparecer à audiência de mediação e conciliação, sem qualquer remissão ao art. 334 do Novo CPC. A imperatividade da norma, que parece não deixar outra escolha ao juiz que não designar a audiência de mediação e conciliação, aliada à ausência de qualquer remissão ao art. 334 do Novo CPC, permite a conclusão de que nas ações de família não são aplicáveis as hipóteses previstas no § 4º desse dispositivo quanto à não realização de tal audiência. Entendo, portanto, ainda que pessoalmente lamente que assim seja, que nas ações de família a realização dessa audiência é obrigatória, e independe da vontade das partes, devendo ser realizada mesmo que autor e réu se manifestem expressamente contra sua realização.

Há especialidade na citação do réu?

451

Segundo o art. 695, § 1º, do Novo CPC, o mandado de citação conterá apenas os dados necessários à audiência e deverá estar desacompanhado de cópia da petição inicial, assegurado ao réu o direito de examinar seu conteúdo a qualquer tempo. Ao deixar de entregar ao réu a contrafé (cópia da petição inicial), o legislador pretendeu desarmar os espíritos para a audiência de mediação e conciliação, partindo da premissa de que, se o réu não conhece o teor do ataque do autor, comparecerá à audiência menos beligerante. Concordo com a premissa, mas por outro lado o desconhecimento do réu pode tornar mais difícil uma solução consensual justamente em razão da falta de elementos para se adotar tal espécie de solução. Seja como for, deve ser novidade legislativa de pouca relevância prática, porque, tendo o advogado do réu acesso à petição inicial, dificilmente o réu comparecerá à audiência de mediação e conciliação sem ter conhecimento de seu teor. Afinal, a curiosidade mata...

A audiência de mediação e conciliação pode ser fracionada em diferentes datas?

452

É nesse sentido o art. 696 do Novo CPC, ao prever que a audiência de mediação e conciliação poderá dividir-se em tantas sessões quantas sejam necessárias para viabilizar a solução consensual, sem prejuízo de providências jurisdicionais para evitar o perecimento do direito. O interessante do dispositivo é não limitar o número dessas sessões, como ocorre com o art. 334, § 2º, do Novo CPC, que, apesar de admitir tantas sessões quantas sejam necessárias, exige que ocorram num prazo de dois meses.

Como se dá a participação do Ministério Público nas ações de família?

453

O art. 698 do Novo CPC não foi feliz em sua redação ao prever a participação do Ministério Público como fiscal da ordem jurídica nas ações de família. Segundo o dispositivo, o Ministério Público intervirá somente quando houver interesse de incapaz e deverá ser ouvido previamente à homologação de acordo. A redação é ruim porque não esclarece se são duas hipóteses de intervenção ou apenas uma com participação específica dentro dela expressamente prevista pela norma. E qualquer que seja a solução desse impasse se concluirá pela imprecisão redacional do dispositivo legal. Se entendermos que somente no caso de incapaz a intervenção se justifica, o que me parece a melhor interpretação em razão da finalidade institucional do Ministério Público, não tem qualquer sentido a previsão de que ele será ouvido antes da homologação de acordo, já que, participando do processo o Ministério Público, será intimado de todo ato processual, inclusive, e em especial, da celebração de acordo pelas partes. A outra interpretação possível é que, além da presença do incapaz, o Ministério Público deve intervir em toda ação de família, mesmo sem incapaz, mas somente se houver acordo entre as partes e antes de sua homologação judicial. Seria uma intervenção pontual não em razão da pessoa, já que as partes no processo serão capazes, mas da matéria versada nas ações de família. Como já pontuei, parece-me legítima a interpretação, mas não a mais adequada.

454 **Há especialidade na colheita de depoimento pessoal do incapaz nas ações de família?**

O art. 699 do Novo CPC prevê que, havendo no processo fato relacionado a abuso ou a alienação parental, o juiz, ao tomar o depoimento do incapaz, deverá estar acompanhado por especialista. Novamente o termo "deverá" pode complicar a aplicação do dispositivo legal, considerando-se que não é toda comarca que contará com um especialista em alienação parental. Em razão disso, seria mais adequado o termo "poderá", mas ainda assim é possível defender que o dever do juiz está condicionado à existência de tal especialista na comarca em que tramita o processo.

8

AÇÃO MONITÓRIA

- Tutela diferenciada para a abreviação do *iter* processual para a obtenção de um título executivo judicial.
- Adoção de técnica de cognição sumária (para a concessão do mandado monitório) e do contraditório diferido (permitindo a prolação de decisão antes da oitiva do réu).
- Ação monitória documental (mera alegação do direito exige ação de conhecimento).
- Opção do autor entre procedimento comum e procedimento especial da ação monitória.
- Como forma de medida executiva indireta indutiva, o réu terá sua situação melhorada se cumprir a obrigação em cinco dias com o pagamento de somente 5% do valor da causa de honorários advocatícios e com a isenção do reembolso das custas adiantadas pelo autor.

Qual espécie de obrigação pode ser objeto de ação monitória?

Qualquer espécie de obrigação pode ser objeto de ação monitória, nos termos dos incisos do art. 700 do Novo CPC: (I) pagamento de quantia em dinheiro; (II) entrega de coisa fungível ou infungível ou de bem móvel ou imóvel; (III) adimplemento de obrigação de fazer ou de não fazer.

É cabível ação monitória se já existir título executivo em favor do credor?

Apesar de o art. 700, *caput*, do Novo CPC prever que a ação monitória pode ser proposta por aquele que afirmar, com base em prova escrita sem eficácia de título executivo, ter direito de exigir do devedor o cumprimento de uma obrigação, a disposição não deve ser capaz de afastar a aplicação do art. 785 do Novo CPC, que admite o processo de conhecimento mesmo havendo título executivo extrajudicial em favor do credor (Enunciado 101 da I Jornada de Direito Processual Civil do CJF: "É admissível ação monitória, ainda que o autor detenha título executivo extrajudicial"). A existência de título executivo judicial, por outro lado, afasta qualquer interesse de agir na ação monitória, sendo nesse caso cabível somente o cumprimento de sentença.

Que tipo de prova deve instruir a petição inicial da ação monitória?

O art. 700, *caput*, do Novo CPC exige que a petição inicial da ação monitória seja instruída com prova escrita do direito alegado, o que pode levar o intérprete à conclusão de se tratar de prova documental. O § 1º do art. 700 do Novo CPC, entretanto, admite expressamente a utilização de prova oral documentada, produzida em ação de produção antecipada de provas (arts. 381 a 383 do Novo CPC). Trata-se de prova com conteúdo oral e forma documental, cabendo ao autor instruir a petição inicial da ação monitória com o termo de audiência trasladado da ação de produção antecipada de prova. Ainda que seja remota a chance de uma prova pericial provar a existência de um direito, entendo que pode ser útil para dar liquidez a ele, de forma que também nesse caso não se deve descartar a possibilidade de a petição inicial da ação monitória ser instruída com prova pericial documentada produzida em ação de produção antecipada de prova.

Qual é o valor da causa na ação monitória?

Ao autor caberá, em sua petição inicial, explicitar a importância devida quando a obrigação for de pagar quantia, o valor atual da coisa quando a obrigação for de entregar coisa e o conteúdo patrimonial em discussão ou o proveito econômico perseguido quando a obrigação for de fazer ou de não fazer. Como se pode notar, independentemente da espécie de obrigação, haverá um valor econômico da pretensão explicitada na petição inicial, sendo justamente esse, nos termos do art. 700, § 3º, o valor a ser atribuído à causa na ação monitória.

459 · O não convencimento sumário do juiz da existência do direito do autor de ação monitória leva à extinção do processo?

Nesse caso não poderá ser expedido o mandado monitório, o que depende do convencimento do juiz da existência do direito alegado pelo autor, ainda que mediante um juízo de probabilidade gerado por cognição sumária. Mas indeferir a petição inicial sempre pareceu uma solução muito radical, até porque diante da extinção do processo o mais provável será a repropositura da ação, ainda que num segundo processo pelo procedimento comum. Atento a essa realidade, é elogiável a previsão do art. 700, § 5º, do Novo CPC, no sentido de que, havendo dúvida quanto à idoneidade de prova documental apresentada pelo autor, o juiz intimá-lo-á para, querendo, emendar a petição inicial, adaptando-a ao procedimento comum. Somente não havendo tal emenda será caso de extinção do processo por meio de sentença terminativa, não podendo o juiz de ofício modificar o procedimento escolhido pelo autor, ainda que tal escolha seja inadequada ao caso concreto.

460 · Há especialidade na ação monitória proposta contra a Fazenda Pública?

Preliminarmente é importante registrar que o art. 700, § 6º, do Novo CPC consagra o entendimento de ser cabível a ação monitória contra a Fazenda Pública, havendo nesse caso uma especialidade prevista no § 4º do art. 701 do Novo CPC. O dispositivo prevê interessante hipótese de reexame necessário da decisão que expede o mandado monitório no caso de não haver reação da Fazenda Pública. Ou seja, se a Fazenda Pública deixar de apresentar embargos ao mandado monitório, a conversão deste em título executivo judicial estará sujeita ao reexame necessário, que, entretanto, será dispensado nas hipóteses previstas nos §§ 3º e 4º do art. 496 do Novo CPC. Nesse caso, será irrelevante entender que tal decisão é uma interlocutória ou uma sentença, bastando o disposto no art. 701, § 4º, do Novo CPC, para sujeitá-la ao reexame necessário na hipótese de a Fazenda Pública deixar de embargar o mandado monitório.

Existe especialidade na citação do réu na ação monitória?

Segundo o art. 700, § 7º, do Novo CPC, são admissíveis todas as formas de citação – via postal, oficial de justiça, edital e por meio eletrônico –, de modo a não existir qualquer especialidade. Admite-se, inclusive, a citação ficta por hora certa e por edital, sendo que nesse caso a ausência de embargos por advogado constituído levará à indicação de um curador especial para a sua oposição em defesa do réu citado fictamente.

É cabível ação monitória contra réu incapaz?

O art. 700, *caput*, do Novo CPC exige que o devedor seja capaz para figurar no polo passivo da ação monitória.

É cabível ação rescisória da decisão que determina a expedição do mandado monitório?

O cabimento de ação rescisória da decisão que expede o mandado monitório dependerá da postura do réu adotada diante de sua citação. Caso oponha embargos ao mandado monitório, haverá uma sentença que o julgará, sendo que esta, desde que seja de mérito, pode ser desconstituída por ação rescisória; sendo terminativa, não será cabível ação rescisória nem contra ela, nem contra a decisão que concedeu o mandado monitório. Caso o réu mantenha-se inerte, sem opor embargos ao mandado monitório, a decisão que expede o mandado monitório se converte de pleno direito em título executivo judicial e poderá ser desconstituída por meio de ação rescisória, nos termos do art. 701, § 3º, do Novo CPC.

Cabe na ação monitória a oferta de pagamento parcelada prevista no art. 916 do Novo CPC?

O art. 916 do Novo CPC prevê a possibilidade de o executado em processo de execução de pagar quantia certa de, renunciando aos embargos, oferecer o pagamento parcelado do valor exequendo. Essa forma de reação também é permitida ao réu da ação monitória por força do disposto no art. 701, § 5º, do Novo CPC. O requerimento de pagamento parcelado elaborado pelo réu da ação monitória importa em renúncia ao seu direito de opor embargos ao mandado monitório.

Cabe reconvenção na ação monitória?

Nos termos do art. 702, § 6º, do Novo CPC, na ação monitória admite-se a reconvenção, sendo vedado o oferecimento de reconvenção a reconvenção. O dispositivo confirma a tendência jurisprudencial no sentido de que os embargos ao mandado monitório têm natureza de contestação, passando o procedimento com sua oposição a ser o comum. O aspecto curioso é a vedação expressa da reconvenção da reconvenção, algo ausente da regulamentação dessa espécie de resposta do réu no art. 343 do Novo CPC. A limitação, como se pode imaginar, terá raríssima aplicação prática.

Por que escolher a ação monitória ao procedimento comum?

A ação monitória se propõe a entregar ao credor um título executivo judicial em tempo menor do que ele levaria num processo com procedimento comum. Esse objetivo, entretanto, só será alcançado se o réu deixar de opor embargos ao mandado monitório no prazo de 15 dias de sua citação. Caso o réu se defenda, o procedimento passa a ser o comum, e a grande vantagem da ação monitória desaparece no caso concreto. Há, entretanto, outra grande vantagem prática, mesmo que o réu oponha os embargos ao mandado monitório. O art. 702, § 4º, do Novo CPC prevê que a oposição dos embargos suspende a eficácia da decisão que expede o mandado monitório até o julgamento em primeiro grau, dando a entender que após o julgamento dos embargos aquela decisão se converterá de pleno direito em título executivo judicial. Essa previsão legal é suficiente para concluir que a apelação nesse caso não terá efeito suspensivo, mesmo que tal hipótese não esteja expressamente consagrada no art. 1.012, § 1º, do Novo CPC. Assim, diferentemente do que ocorreria no procedimento comum, que em regra não admite o cumprimento provisório da sentença na pendência da apelação, na ação monitória ela seria cabível, agilizando temporalmente a satisfação do direito do autor.

Ordem dos
Processos no Tribunal

1

PREVENÇÃO

- Prevenção é a escolha de um juízo concretamente competente quando há mais de um abstratamente competente.
- A prevenção gera uma competência funcional, de caráter absoluto, do juízo ou órgão prevento.

Sendo distribuído um recurso, todos os demais recursos interpostos no mesmo processo terão juízo prevento no Tribunal?

É nesse sentido a regra consagrada no art. 930, parágrafo único, do Novo CPC, sendo irrelevante para a determinação da prevenção o resultado do julgamento do primeiro recurso interposto no processo e distribuído livremente no tribunal. A inadmissão ou o julgamento do mérito recursal torna o relator prevento para os recursos que venham a ser posteriormente interpostos no mesmo processo. O mesmo se diga de a decisão do recurso ter sido proferida de forma unipessoal pelo relator ou de forma colegiada, sendo nos dois casos o relator prevento para os recursos a serem interpostos no mesmo processo.

É possível que o recurso interposto em um processo gere prevenção de órgão em tribunal para recurso interposto em outro processo?

O art. 930, parágrafo único, do Novo CPC consagra regra nesse sentido, ao prever a prevenção do relator para eventual recurso subsequente interposto em processo conexo àquele em que foi interposto o primeiro recurso distribuído livremente no tribunal. Entendo que a conexão prevista no dispositivo legal não precisa já ter sido reconhecida em grau inferior de jurisdição, podendo o próprio relator reconhecê-la originariamente em grau recursal para determinar sua competência para receber o recurso interposto no processo conexo. Deve-se recordar que não é mais só a conexão que justifica a reunião de processos perante um juízo prevento, já que o art. 55, § 3º, do Novo CPC prevê que, mesmo não sendo conexas, as ações devem ser reunidas para julgamento conjunto se houver risco de prolação de decisões conflitantes ou contraditórias. Não há qualquer razão lógica ou jurídica para deixar de aplicar tal dispositivo no ambiente recursal, o que permite a conclusão, ainda que diante do silêncio do art. 930, parágrafo único, do Novo CPC sobre o tema, de que, mesmo não havendo conexão entre os processos nos quais foram interpostos os recursos, haverá reunião desses recursos sempre que o tribunal entender que a diversidade de relatores coloca em risco a harmonização dos julgados.

2

PODERES DO RELATOR

- O relator pode atuar com competência delegada do órgão colegiado para proferir decisões monocraticamente.
- As decisões unipessoais do relator podem ser interlocutórias ou finais, bem como resolver questões incidentais, ter natureza terminativa ou resolver o mérito.
- De toda decisão monocrática do relator cabe o recurso de agravo interno no prazo de 15 dias.

469 **Havendo a celebração de autocomposição entre as partes durante o trâmite de recurso, qual é o órgão competente para sua homologação?**

Sempre se discutiu se caberia ao primeiro grau homologar autocomposição celebrada durante o trâmite de recurso ou ao próprio tribunal em que se encontra o recurso para julgamento. O debate parece ter chegado ao fim em razão do art. 932, I, do Novo CPC, que prevê incumbir ao relator a prolação de tal decisão homologatória. Dessa forma, a autocomposição deve ser levada ao conhecimento do relator, que por decisão monocrática a homologará, colocando fim ao processo com julgamento de mérito, sem, entretanto, julgar o recurso, já que a homologação da autocomposição destina-se ao julgamento da ação, e não do recurso. Acredito que diante de tal homologação o recurso perca o objeto, devendo ser julgado prejudicado, já que a homologação da autocomposição resolve o conflito entre as partes, não se direcionando ao recurso em si, que em tese ainda mereceria ser julgado. Como não há sentido julgar o recurso quando o conflito já foi definitivamente resolvido, cabe a inadmissão por perda superveniente do objeto.

O relator pode inadmitir recurso monocraticamente?

470

Nos termos do art. 932, III, do Novo CPC, o relator pode monocraticamente inadmitir recurso inadmissível, prejudicado ou que não tenha impugnado especificamente os fundamentos da decisão recorrida. Na realidade, a primeira hipótese de juízo monocrático negativo de admissibilidade contém as duas seguintes. O recurso prejudicado é aquele que perde supervenientemente seu objeto, tornando-se, portanto, inadmissível, como ocorre, por exemplo, com o agravo de instrumento quando o juízo de primeiro grau, informado de sua interposição, retrata-se de sua decisão interlocutória. Já o recurso que deixa de impugnar especificamente as razões da decisão recorrida é inadmissível por violar o princípio recursal da dialeticidade, que exige efetiva fundamentação recursal. Importante notar que, diferentemente do previsto no art. 557, *caput*, do CPC/1973, não há mais exigência de que a inadmissibilidade seja manifesta, bastando ao relator se convencer da inadmissibilidade, ainda que o tema seja controvertido ou que a conclusão dependa de minuciosa análise da regularidade formal do recurso.

O relator pode liminarmente inadmitir o recurso nos termos do art. 932, III, do Novo CPC?

471

Não há qualquer dúvida de que a inadmissão do recurso é uma decisão contra o recorrente, que não chegará nem mesmo a ter analisado seu pedido de anulação ou reforma da decisão recorrida. Nos termos do art. 9º, *caput*, do Novo CPC, não se proferirá decisão contra uma das partes sem que ela seja previamente ouvida, sendo nula a decisão que não atender a essa exigência por violação ao princípio do contraditório. Dessa forma, antes de o relator inadmitir monocraticamente o recurso, deverá intimar o recorrente, dando-lhe prazo para que se manifeste sobre o vício considerado pelo relator apto a levar à inadmissão recursal. Caberá ao recorrente, nesse caso, convencer o relator da inexistência do vício ou da possibilidade de seu saneamento, o que já deve fazer no prazo legal concedido.

O relator pode por meio de decisão unipessoal negar provimento ao recurso?

Cabe ao relator negar provimento monocraticamente ao recurso sempre que sua fundamentação contrariar súmula do Supremo Tribunal Federal, do Superior Tribunal de Justiça ou do próprio tribunal, acórdão proferido pelo Supremo Tribunal Federal ou pelo Superior Tribunal de Justiça em julgamento de recursos repetitivos, e entendimento firmado em incidente de resolução de demandas repetitivas ou de assunção de competência (art. 932, IV, do Novo CPC).

O julgamento monocrático do relator que nega provimento ao recurso pode ser proferido liminarmente?

Não há, naturalmente, qualquer problema em ser negado provimento ao recurso por decisão unipessoal do relator sem a intimação do recorrido para contrarrazoar o recurso, já que nesse caso o contraditório seria inútil, considerando-se que o relator já deu ao recorrido o melhor resultado que ele poderia ter no julgamento do recurso da parte contrária. Por outro lado, entretanto, o recorrente será prejudicado por tal espécie de julgamento, sendo inegável que nesse caso a decisão será proferida contra o seu interesse em anular ou reformar a decisão recorrida. Pode-se dizer que não há necessidade de intimar o recorrente para manifestação antes desse julgamento monocrático porque a matéria decidida – o mérito recursal – já foi objeto de alegação pelo recorrente em sua causa de pedir recursal. Ocorre, entretanto, que o cabimento do julgamento monocrático, que deve respeitar os limites impostos pelo próprio art. 932, IV, do Novo CPC, certamente não é matéria que tenha sido arguida pelo recorrente em sua causa de pedir recursal. Nesses termos, entendo que, antes de decidir monocraticamente pela negativa de provimento ao recurso, cabe ao relator, em respeito ao princípio do contraditório consagrado no art. 9º, *caput*, do Novo CPC, intimar o recorrente para manifestação, ainda que seja exclusivamente para demonstrar o não cabimento do julgamento unipessoal no caso concreto.

O relator pode monocraticamente dar provimento a recurso?

Nos termos do art. 932, V, do Novo CPC, cabe ao relator dar provimento a recurso por decisão unipessoal sempre que os fundamentos da decisão recorrida contrariarem súmula do Supremo Tribunal Federal, do Superior Tribunal de Justiça ou do próprio tribunal, acórdão proferido pelo Supremo Tribunal Federal ou pelo Superior Tribunal de Justiça em julgamento de recursos repetitivos, e entendimento firmado em incidente de resolução de demandas repetitivas ou de assunção de competência.

475 **A jurisprudência dominante do tribunal é causa suficiente para justificar julgamento monocrático de recurso pelo relator?**

Diferentemente do que previa o art. 557, *caput* e § 1º-A, do CPC/1973, o Novo Código de Processo Civil não prevê como causa de admissão do julgamento monocrático pelo relator a jurisprudência dominante do tribunal, exigindo a existência de uma súmula ou de um precedente vinculante. O Superior Tribunal de Justiça, entretanto, inconformado com a novidade, legislou ao editar a Súmula 568: "O relator, monocraticamente e no Superior Tribunal de Justiça, poderá dar ou negar provimento ao recurso quando houver entendimento dominante acerca do tema". Ainda que referida súmula se refira somente ao Superior Tribunal de Justiça, fatalmente passará a ser utilizada como referência em outros tribunais, inclusive o Supremo Tribunal Federal. Essa súmula, além de em seu conteúdo ser péssima por representar o inconformismo de um tribunal superior com uma novidade legislativa, foi editada antes do início da vigência do novo diploma processual, em manifesta violação ao disposto no art. 926, § 1º, do Novo CPC, já que não é preciso muito esforço para concluir pela impossibilidade de haver jurisprudência dominante de um diploma legal ainda não vigente para justificar a edição de uma súmula.

476 **Cabe julgamento monocrático liminar que dá provimento ao recurso?**

O relator, ao dar provimento ao recurso, naturalmente profere decisão contra o recorrido, o que, sendo feito liminarmente, violaria de forma clara o princípio do contraditório. Afinal, o art. 9º, *caput*, do Novo CPC estabelece que não se proferirá decisão contra uma das partes sem que ela seja previamente ouvida. Nesse sentido deve ser elogiado o disposto no art. 932, V, *caput*, do Novo CPC, ao prever expressamente que tal forma de julgamento monocrático só pode ocorrer depois de facultada a apresentação de contrarrazões.

3

FATO SUPERVENIENTE

– O conhecimento pelo tribunal no julgamento de recurso de fato superveniente e matérias conhecíveis de ofício não examinadas deve respeitar o princípio do contraditório.

477 **Como deve o relator proceder diante de fato superveniente ou questão apreciável de ofício não examinada?**

Nesse caso, o art. 933, *caput*, do Novo CPC prevê que cabe ao relator a intimação das partes para que se manifestem no prazo de cinco dias, exigência ancorada no princípio do contraditório. É possível que nessa manifestação da parte seja requerida a produção de algum meio de prova que não o documental, o que pode se mostrar imprescindível para o tribunal decidir sobre a veracidade do fato superveniente ou dos fatos relacionados à matéria conhecível de ofício ainda examinada. Nesse caso, sendo deferido o pedido de prova, por decisão monocrática do relator nos termos do art. 932, I, do Novo CPC, será expedida carta de ordem para que o primeiro grau produza a prova oral ou pericial.

478 **Qual o procedimento no caso de a constatação de ocorrência de fato superveniente à decisão recorrida ou de existência de questão apreciável de ofício ainda não examinada se dar durante a sessão de julgamento?**

Há duas possibilidades de tal ocorrência. Os julgadores em debate oral durante a sessão de julgamento concordam que existe fato superveniente ou matéria conhecível de ofício ainda não examinada que deve ser analisada. Nesse caso, o art. 933, § 1º, do Novo CPC prevê a suspensão imediata da sessão de julgamento para que as partes se manifestem especificamente sobre a matéria nova que será considerada no julgamento. Mesmo que as partes estejam representadas na sessão por seus advogados, entendo que deva ocorrer a intimação – ainda que na própria sessão de julgamento – para manifestação por escrito, não sendo legítimo exigir do advogado manifestação oral sobre matéria que até então não fazia parte dos debates travados no processo (Enunciado 60 da I Jornada de Direito Processual Civil do CJF: "É direito das partes a manifestação por escrito, no prazo de cinco dias, sobre fato superveniente ou questão de ofício na hipótese do art. 933, § 1º, do CPC, ressalvada a concordância expressa com a forma oral em sessão"). Por outro lado, a percepção de que há fato superveniente a ser considerado ou matéria conhecível de ofício ainda não examinada pode se dar em vista dos autos. Nesse caso, o art. 933, § 2º, do Novo CPC prevê que deverá o juiz que solicitou a vista provocar o relator, que mandará intimar as partes para manifestação em cinco dias e em seguida solicitará a inclusão do feito em pauta para prosseguimento do julgamento, com submissão integral da nova questão aos julgadores.

479 **Como deve proceder o tribunal caso o fato superveniente a ser considerado ou a matéria conhecível de ofício ainda não examinada seja levada ao conhecimento dos julgadores pelo advogado de uma das partes em sustentação oral?**

É certo que o art. 933, § 1º, do Novo CPC parece não se referir a essa hipótese, ainda que preveja a constatação durante a sessão, já que prevê a intimação das partes, dando a entender que o fato superveniente ou a matéria conhecível de ofício não examinada foi levada ao processo por alguns dos julgadores. Acredito, entretanto, ser possível a aplicação dessa regra quando tais matérias são suscitadas originariamente pelo advogado da parte em sustentação oral. Nesse caso, naturalmente, somente a parte contrária será intimada para manifestação, mas aqui surge intrigante questão: considerando que a sustentação oral não é documentada, servindo apenas para os julgadores na sessão de julgamento, a parte contrária seria intimada a se manifestar sobre uma alegação da parte que por meio de seu advogado sustentou oralmente sem ter conhecimento do conteúdo de tal manifestação. Para que o respeito ao contraditório seja pleno nesse caso, entendo que o ideal é intimar a parte que sustentou oralmente por meio de seu advogado a documentar sua sustentação oral por meio de memoriais, para somente depois determinar-se a intimação da parte contrária para se manifestar.

4

SUSTENTAÇÃO ORAL

- Direito do advogado a defender oralmente as razões do recurso ou das contrarrazões após a exposição da causa pelo relator.
- A ordem da sustentação oral é: recorrente, recorrido e Ministério Público como fiscal da ordem jurídica.
- O prazo da sustentação oral é de 15 minutos.

Em que hipóteses o advogado tem direito à sustentação oral no tribunal?

As hipóteses de cabimento de sustentação oral estão previstas no art. 937 do Novo CPC. Os primeiros sete incisos do dispositivo legal tratam de espécies recursais e de processos de competência originária dos tribunais: apelação, recurso ordinário, recurso especial, recurso extraordinário, embargos de divergência, ação rescisória, mandado de segurança e reclamação. O § 3º do art. 937 do Novo CPC estabelece mais uma hipótese de cabimento, no agravo interno interposto contra decisão monocrática que extinga ação rescisória, mandado de segurança e reclamação. Por fim, o art. 937, IX, do Novo CPC prevê que além das hipóteses legais os regimentos internos poderão ampliar o cabimento da sustentação oral. O regimento interno do tribunal não pode excluir hipótese de sustentação oral devidamente consagrada em lei.

Cabe sustentação oral em agravo de instrumento?

A única hipótese de cabimento de sustentação oral em agravo de instrumento está prevista no art. 937, VIII, do Novo CPC, que exige ter sido interposto o recurso contra decisões interlocutórias que versem sobre tutelas provisórias de urgência ou da evidência.

482 Cabe sustentação oral em agravo de instrumento contra decisão interlocutória que julga antecipadamente o mérito de forma parcial?

*Acesse o **QR Code** e assista à aula explicativa sobre este assunto.*

https://goo.gl/4wegfu

483 **Cabe sustentação oral em agravo interno?**

O art. 937, VII, do Novo CPC previa o cabimento de sustentação oral no agravo interno interposto de decisão monocrática em apelação, recurso ordinário, recurso especial e recurso extraordinário, mas foi vetado pela presidência da República sob o argumento de que tal cabimento poderia inviabilizar a já crítica atuação dos tribunais. O veto, entretanto, não eliminou por completo o cabimento de sustentação oral em agravo interno, já que o art. 937, § 3º, do Novo CPC permite tal ato processual quando a decisão unipessoal do relator impugnado for de extinção da ação rescisória, mandado de segurança e da reclamação. Os tribunais superiores não vêm admitindo a sustentação oral em agravo interno fora das hipóteses legais (STJ, 3ª Turma, EDcl no AgInt no AREsp 1.089.766/RS, Rel. Min. Moura Ribeiro, j. 23/11/2017, *DJe* 05/12/2017; STF, 2ª Turma, ARE 952.851 AgR/RJ, Rel. Min. Celso de Mello, j. 06/02/2017, *DJe* 13/03/2017).

484 **O advogado com domicílio profissional em cidade diversa daquela onde está sediado o tribunal tem o direito de sustentar oralmente por meio de videoconferência?**

O art. 937, § 4º, do Novo CPC prevê ser permitido ao advogado com domicílio profissional em cidade diversa daquela onde está sediado o tribunal realizar sustentação oral por meio de video-conferência ou outro recurso tecnológico de transmissão de sons e imagens em tempo real, desde que o requeira até o dia anterior ao da sessão. Como se pode notar da redação do dispositivo legal, não existe propriamente um direito do advogado a tal forma procedimental de sustentação oral, já que sua adoção dependerá dos meios tecnológicos necessários.

5

TÉCNICA DE JULGAMENTO AMPLIFICADO/ESTENDIDO

- Os embargos infringentes foram suprimidos do sistema pelo Novo Código de Processo Civil.
- Há uma técnica diferenciada de julgamento para determinadas hipóteses de julgamento não unânime de apelação, agravo de instrumento e ação rescisória.
- Como se trata de técnica de julgamento, sua aplicação é obrigatória, sendo irrelevante a manifestação e vontade das partes.

485 **Qualquer julgamento não unânime da apelação exige a adoção da técnica de julgamento prevista no art. 942 do Novo CPC?**

Nos termos do art. 942, *caput*, do Novo CPC, a única exigência para que seja aplicável a técnica de julgamento para complementação do julgamento da apelação é que o julgamento não tenha sido unânime (Enunciado 62 da I Jornada de Direito Processual Civil do CJF: "Aplica-se a técnica prevista no art. 942 do CPC no julgamento de recurso de apelação interposto em mandado de segurança"). Significa dizer que não importa ser a sentença recorrida de mérito ou terminativa, como também não importa ser a apelação inadmitia ou, sendo admitida, negar-se ou dar provimento ao recurso, anulando-se ou reformando-se a sentença. Qualquer espécie de sentença e qualquer julgamento por dois votos a um ensejam na apelação a aplicação da técnica de julgamento consagrada no art. 942 do Novo CPC.

O prosseguimento do julgamento nos termos do art. 942 do Novo CPC pode ser realizado na própria sessão de julgamento?

Essa parece ser a preferência do legislador ao prever no art. 942, § 1º, do Novo CPC que, sendo possível, o prosseguimento do julgamento dar-se-á na mesma sessão, colhendo-se os votos de outros julgadores que porventura componham o órgão colegiado. Compreendo que com a continuação do julgamento na mesma sessão não se retarda a finalização do julgamento, o que certamente atende ao ideal de duração razoável do processo. Ocorre, entretanto, que a continuação do julgamento na mesma sessão consagrará um respeito fictício ao princípio do contraditório, num verdadeiro contraditório "para inglês ver". Nos termos do art. 942, *caput*, do Novo CPC, é assegurado às partes e a eventuais terceiros o direito de sustentar oralmente suas razões perante os novos julgadores, direito que estará seriamente abalado com a continuação do julgamento na mesma sessão. Poder-se-á alegar que as partes foram intimadas da sessão de julgamento, e que, sabendo da possibilidade de julgamento não unânime e a continuação do julgamento na mesma sessão, estariam presentes a informação e a possibilidade de reação exigidas pelo contraditório, mas, ao se admitir tal raciocínio em todo julgamento de apelação, ação rescisória e agravo de instrumento contra decisão interlocutória de mérito, os advogados deverão comparecer para, na eventualidade de aplicação do art. 942 do Novo CPC, que possam sustentar oralmente perante os novos julgadores. Trata-se de exigência exagerada quanto à conduta dos advogados, que pode, inclusive, inviabilizar as sessões de julgamento em razão da quantidade incomensurável de advogados presentes.

Os julgadores que já votaram podem modificar seu voto na continuidade do julgamento?

Com a aplicação da técnica prevista no art. 942 do Novo CPC, o julgamento da apelação, agravo de instrumento e ação rescisória não se encerra, apenas se ampliando a composição do órgão colegiado com a inclusão de novos julgadores em número suficiente para a reversão do resultado da primeira etapa do julgamento. Como o julgamento não se encerrou, qualquer dos julgadores que já tenha votado poderá modificar seu voto, sendo nesse sentido a correta previsão do art. 942, § 2º, do Novo CPC.

Sendo inadmitido o recurso de apelação por votação não unânime, como funcionaria a aplicação do art. 942 do Novo CPC?

Como o art. 942, *caput*, do Novo CPC não faz qualquer distinção a respeito da espécie de julgamento não unânime da apelação, havendo maioria de votos (2x1) para inadmitir o recurso, devem ser convocados mais dois desembargadores para dar continuidade ao julgamento da apelação. Nesse caso, entretanto, os novos julgadores votarão tão somente quanto ao juízo de admissibilidade da apelação, considerando que o mérito ainda não foi enfrentado pelo órgão originariamente competente para o julgamento do recurso. Caso a inadmissão seja mantida, o julgamento estará concluído; havendo reversão do julgamento, com a consequente admissão da apelação, o órgão originariamente competente para seu julgamento, composto por três desembargadores, volta ao julgamento do mérito recursal, que se ocorrer por votação não unânime, levará a nova aplicação da técnica de julgamento prevista no art. 942 do Novo CPC.

Sendo admitido o recurso de apelação por votação não unânime, como funcionaria a aplicação do art. 942 do Novo CPC?

Como o art. 942, *caput*, do Novo CPC não faz qualquer distinção a respeito da espécie de julgamento não unânime da apelação, havendo maioria de votos (2x1) para admitir o recurso, devem ser convocados mais dois desembargadores para dar continuidade ao julgamento da apelação. Nesse caso, entretanto, os novos julgadores votarão tão somente quanto ao juízo de admissibilidade de apelação, considerando que o mérito ainda não foi enfrentado pelo órgão originariamente competente para o julgamento do recurso. Caso a admissão seja mantida, o julgamento do mérito volta a ser de competência do órgão originariamente competente para o julgamento do recurso, composto por três desembargadores; sendo revertido o julgamento e inadmitida a apelação, o julgamento do recurso estará concluído.

Existem hipóteses em que, mesmo havendo o julgamento nos termos do art. 942, *caput* e § 3º, do Novo CPC, não se aplicará a técnica de julgamento de complementação do julgamento por órgão de composição mais ampla?

Nesses termos o art. 942, § 4º, do Novo CPC, que exclui de tal técnica de julgamento o julgamento do incidente de assunção de competência, de resolução de demandas repetitivas, da remessa necessária e de decisões proferidas pelo plenário ou pela corte especial. Interessante questão nesse sentido diz respeito à apelação no mandado de segurança, considerando-se haver no art. 25 da Lei 12.016/2009 uma vedação expressa ao cabimento de embargos infringentes. Claro que a técnica de julgamento do art. 942 do Novo CPC não se confunde com os embargos infringentes, suprimidos pelo Novo Código de Processo Civil, não sendo possível interpretar ampliativamente o art. 25 da Lei 12.016/2009 para concluir pela não incidência do art. 942 do Novo CPC ao julgamento não unânime de apelação interposta contra sentença em mandado de segurança.

6

INCIDENTE DE ASSUNÇÃO DE COMPETÊNCIA

- Incidente processual de competência dos tribunais de segundo grau e de superposição.
- O julgamento do incidente é um precedente vinculante.

Quando será cabível o incidente de assunção de competência?

O incidente tem duas hipóteses de cabimento. O *caput* do art. 947 do Novo CPC prevê seu cabimento quando o julgamento de recurso, de remessa necessária ou de processo de competência originária envolver relevante questão de direito, com grande repercussão social, sem repetição em múltiplos processos. A exigência de que não haja multiplicidade de processos naturalmente não torna inadmissível o incidente de assunção de competência se a questão jurídica não for exclusivamente tratada em um processo. Até porque, se o incidente se destina tão somente à solução de questões que não são repetidas em outros processos, não teria qualquer sentido lógico o § 3º do art. 947 do Novo CPC prever que seu julgamento cria um precedente vinculante. O que se pretende é fixar campo de atuação distinto para o Incidente de Resolução de Demandas Repetitivas (IRDR) e para o Incidente de Assunção de Competência (IAC), havendo, naturalmente, uma zona cinzenta entre o campo de atuação de cada um desses novos incidentes processuais, sendo possível, inclusive, o tribunal aplicar o princípio da fungibilidade para receber um pelo outro. A outra hipótese de cabimento vem disposta no § 4º do art. 937 do Novo CPC, que prevê o incidente ora analisado para a prevenção ou composição de divergência entre câmaras ou turmas do tribunal. Acredito que seu cabimento não deveria ficar limitado a divergência entre câmaras e turmas, bastando que seja interna do próprio tribunal, ainda que criada entre quaisquer espécies de órgão julgador. Não tem sentido, por exemplo, admitir o incidente de assunção de competência de divergência entre duas turmas do Superior Tribunal de Justiça e não o admitir na hipótese de divergência entre duas seções do mesmo tribunal.

492 Quem pode suscitar o incidente de assunção de competência?

A legitimidade é consideravelmente ampla, estando consagrada no art. 947, § 1º, do Novo CPC. Podem suscitar o incidente o relator de ofício, as partes, o Ministério Público e a Defensoria Pública. Entendo que, sendo o objetivo do incidente ora estudado a formação de um precedente vinculante, com o que se estará preservando a previsibilidade, segurança jurídica e isonomia, a legitimidade do Ministério Público para suscitar o incidente de assunção de competência é universal, já que, sendo fiscal da ordem jurídica, poderá sempre atuar para preservar os valores que justificam a criação de um precedente vinculante. Não é essa, entretanto, a conclusão quanto à legitimidade da Defensoria Pública, que não tem entre suas finalidades institucionais a defesa da ordem jurídica. Não tenho dúvida de que, sendo a questão jurídica a ser resolvida de interesse de hipossuficientes econômicos, a Defensoria Pública terá legitimidade para suscitar o incidente, não sendo nesse caso necessário que todos os interessados sejam hipossuficientes econômicos e muito menos que as partes do processo tenham tal espécie de hipossuficiência. Mais polêmica será a defesa de legitimidade da Defensoria Pública no caso de admitir-se entre suas funções atípicas a defesa do hipossuficiente organizacional. Entendo que um bom parâmetro para a definição dos contornos da legitimidade da Defensoria Pública para suscitar o incidente de assunção de competência seja sua competência para a propositura de ação coletiva.

493 No julgamento do incidente de assunção de competência, o órgão colegiado também deve julgar o recurso, reexame necessário ou processo de competência originária do tribunal?

Na realidade, diferentemente do que ocorre no incidente de resolução de demandas repetitivas, no qual haverá o julgamento do recurso, reexame necessário ou processo de competência originária e também do incidente processual, no caso do incidente de assunção de competência o incidente em si não será julgado, servindo apenas para modificar a competência do órgão julgador. É nesse sentido o art. 947, *caput*, do Novo CPC, ao prever que, ocorrendo a hipótese de assunção de competência, o recurso, a remessa necessária ou o processo de competência originária será julgado pelo órgão colegiado que o regimento indicar.

494

O incidente de assunção de competência pode ser utilizado para criar precedente vinculante sobre matéria que promete divergência interpretativa?

O caráter preventivo no incidente de assunção de competência vem previsto expressamente no § 4º do art. 937 do Novo CPC ao impor como hipótese de seu cabimento a conveniência de prevenir a divergência entre câmaras e turmas do mesmo tribunal. Assim sendo, é possível que uma questão já polêmica na doutrina possa aparecer pela primeira vez no tribunal, com o que não há falar em divergência interna, até porque a questão nunca foi decidida antes pelo tribunal. Ocorre que, como se trata de questão que tende a se multiplicar em diversos processos, e cuja interpretação não é tranquila, o tribunal pode se adiantar à efetiva desarmonia de julgados e instaurar o incidente de assunção de competência para pacificar o entendimento interpretativo sobre tal questão, formando para isso um precedente com eficácia vinculante. Por exemplo, o art. 304, *caput*, do Novo CPC prevê que se o réu não recorrer da tutela antecipada concedida antecedentemente ela se estabiliza. Parcela da doutrina exige a interposição de agravo de instrumento, e outra entende que qualquer forma de irresignação basta. É óbvio que essa questão tende a ser tratada em múltiplos processos, podendo o tribunal nesse caso, no primeiro recurso em que a matéria for alegada, suscitar o incidente de assunção de competência e criar um precedente vinculante nos limites de sua competência territorial.

495

A instauração do incidente de assunção de competência gera a suspensão dos processos que versam sobre a mesma matéria?

Diferentemente do que ocorre no incidente de resolução de demandas repetitivas e no recurso especial/extraordinário repetitivo, não há no art. 947 do Novo CPC previsão expressa de suspensão dos processos que versem sobre a mesma matéria à espera da formação do precedente vinculante. Sendo apenas diferentes formas procedimentais para se obter um precedente vinculante, tem lógica aplicar regras expressas do IRDR e dos recursos repetitivos no IAC, mas já há precedente em sentido contrário no Superior Tribunal de Justiça (STJ, 3ª Turma, AgInt no AgRg no AREsp 611.249/SP, Rel. Min. Moura Ribeiro, j. 26/09/2017, *DJe* 13/10/2017).

496 Qual a consequência da desistência do recurso no qual foi instaurado o IAC?

Nos termos do art. 200, *caput*, do Novo CPC, qualquer ato praticado pela parte gera efeitos imediatos, independentemente da homologação judicial, não sendo diferente com a desistência do recurso no qual foi instaurado o IAC. Diferentemente do que ocorre de forma expressa com o IRDR (art. 976, § 1º, do Novo CPC) e com o recurso especial/extraordinário repetitivo e com o recurso extraordinário com repercussão geral já reconhecida (art. 998, parágrafo único, do Novo CPC), não existe regra expressa no sentido de que a desistência ora analisada não impeça a criação do precedente vinculante pelo tribunal. Entendo, entretanto, que se tratando apenas de diferentes formas procedimentais para se atingir o mesmo objetivo, qual seja, a formação de um precedente vinculante, também no caso analisado o precedente vinculante deve ser criado pelo tribunal. Nesse sentido o Enunciado 65 da I Jornada de Direito Processual Civil do CJF: "A desistência do recurso pela parte não impede a análise da questão objeto do incidente de assunção de competência".

497 Qual o tribunal competente para o julgamento do IAC?

Qualquer tribunal é competente para o julgamento, inclusive os tribunais superiores, existindo, inclusive, alguns já instaurados no Superior Tribunal de Justiça (STJ, 1ª Seção, IAC no RMS 54.712/SP, Rel. Min. Sérgio Kukina, j. 11/10/2017, *DJe* 20/10/2017; IAC no RMS 53.720/SP, Rel. Min. Sérgio Kukina, j. 11/10/2017, *DJe* 20/10/2017).

7

CONFLITO DE COMPETÊNCIA

- O conflito de competência pode ser positivo ou negativo.
- No conflito de competência negativo, os juízos envolvidos devem atribuir reciprocamente a competência para a demanda.
- No conflito de competência positivo, basta que ambos pratiquem atos que demonstrem que entendem ser competentes.
- O conflito de competência, de competência dos tribunais, tem natureza de incidente processual.
- Podem suscitar o conflito de competência as partes, o Ministério Público como fiscal da ordem pública e qualquer dos juízos envolvidos de ofício.

 **O Ministério Público tem atuação obrigatória no incidente de conflito de competência?**

Diferentemente do previsto no art. 116, parágrafo único, do CPC/1973, o art. 951, parágrafo único, do Novo CPC estabelece que o Ministério Público somente será ouvido nos conflitos de competência relativos aos processos previstos no art. 178 do mesmo diploma legal, tendo, entretanto, qualidade de parte nos conflitos que suscitar. Significa dizer que o Ministério Público só intervirá no conflito de competência pelas mesmas razões que justificariam sua intervenção como fiscal da ordem jurídica em qualquer outro processo e/ou circunstância, de forma a nada haver de diferenciado em tal intervenção.

Qual o destino dos atos praticados pelo juízo considerado incompetente no julgamento do conflito de competência?

O art. 957, *caput,* do Novo CPC prevê que o tribunal, ao decidir o conflito de competência, além de indicar o juízo competente, se pronunciará sobre a validade dos atos praticados pelo juízo incompetente. Entendo que tal dispositivo, que basicamente copia o art. 122 do CPC/1973, está em descompasso com o tratamento dado pelo novo diploma processual aos atos praticados por juízo incompetente. Considerando o previsto no art. 64, § 4º, do Novo CPC, tais atos são válidos, havendo apenas a possibilidade de o juiz que decidiu pela competência de outro juízo suspender a eficácia de seus atos até que eles sejam revisados ou mantidos pelo juízo competente. Aplicando tal dispositivo ao julgamento do conflito de competência, o que me parece inevitável, caberá ao tribunal não decidir sobre a validade dos atos praticados pelo juízo incompetente, mas apenas retirar, se assim entender conveniente, a eficácia de tais atos até que eles sejam reexaminados pelo juízo indicado como competente pelo tribunal no julgamento do conflito de competência.

8

HOMOLOGAÇÃO DE DECISÃO ESTRANGEIRA E DA CONCESSÃO DO *EXEQUATUR* À CARTA ROGATÓRIA

– Em regra, a decisão estrangeira depende de sua homologação pelo Superior Tribunal de Justiça para gerar efeitos no Brasil.

– O procedimento está previsto nos arts. 960 a 965 do Novo CPC e nos arts. 216-A a 216-N do Regimento Interno do Superior Tribunal de Justiça.

500 **Toda sentença estrangeira depende de homologação pelo Superior Tribunal de Justiça para gerar efeitos no Brasil?**

O art. 960, *caput,* do Novo CPC prevê a necessidade de propositura de ação de homologação de sentença estrangeira perante o Superior Tribunal de Justiça para que a sentença estrangeira possa gerar efeitos em território nacional. O próprio dispositivo, entretanto, excepciona tal exigência sempre que tal ação for expressamente dispensada por tratado do qual participe o Brasil. Independentemente de previsão em tratado, a sentença estrangeira de divórcio consensual produz efeitos no Brasil, ainda que não haja homologação pelo Superior Tribunal de Justiça, por força do previsto no art. 961, § 5º, do Novo CPC. O Superior Tribunal de Justiça entende que essa dispensa de homologação só se aplica ao divórcio puro ou simples, sendo exigida a homologação na hipótese de divórcio qualificado, ou seja, acordo que versa sobre outras questões além do divórcio, tais como guarda, alimentos ou partilha de bens (STJ, Corte Especial, SEC 14.525/EX, Rel. Min. Benedito Gonçalves, j. 07/06/2017, *DJe* 14/06/2017).

501 **É possível se discutir a validade de sentença estrangeira de divórcio consensual?**

O art. 960, § 5º, do Novo CPC dispensa a exigência de homologação pelo Superior Tribunal de Justiça para que essa espécie gere efeitos em território nacional. O mesmo dispositivo legal prevê que qualquer juiz examinará a validade da decisão, em caráter principal ou incidental, quando essa questão for suscitada em processo de sua competência, de forma a ser viável o controle de validade da sentença estrangeira, seja como objeto principal do processo, seja como questão prejudicial em processo com outro objeto. Acredito que nesse caso a validade da sentença estrangeria deve ter como parâmetro o art. 963 do Novo CPC, cabendo ao juiz anulá-la somente naquelas hipóteses em que, se fosse necessária, a homologação teria sido rejeitada pelo Superior Tribunal de Justiça.

502 **Decisões administrativas estrangeiras que substituem a sentença no país de origem podem ser homologadas pelo Superior Tribunal de Justiça?**

Seguindo a jurisprudência do Superior Tribunal de Justiça formada na vigência do CPC/1973, o art. 961, § 1º, do Novo CPC prevê ser passível de homologação a decisão judicial definitiva, bem como a decisão não judicial que, pela lei brasileira, teria natureza jurisdicional.

503 **A decisão estrangeira precisa ser definitiva para ser homologada pelo Superior Tribunal de Justiça?**

Acesse o QR Code e assista à aula explicativa sobre este assunto.

https://goo.gl/DsCDCw

Cabe tutela de urgência no processo de homologação de sentença estrangeira?

Tratando-se de processo de conhecimento, não faria qualquer sentido inadmitir a concessão de tutela de urgência na ação de homologação de sentença estrangeira, sendo feliz nesse sentido, ainda que desnecessário, o art. 961, § 3º, do Novo CPC, ao prever que a autoridade judiciária brasileira (leia-se o ministro relator) poderá deferir pedidos de urgência e realizar atos de execução provisória no processo de homologação de decisão estrangeira. Ainda que não haja previsão expressa nesse sentido, entendo também ser cabível a tutela provisória da evidência consagrada no art. 311 do Novo CPC.

9

AÇÃO RESCISÓRIA

- A ação rescisória é forma típica de relativização da coisa julgada.
- Tem natureza de ação autônoma de impugnação de decisão judicial.
- Depende do trânsito em julgado.
- Sua admissão depende da existência de um vício de rescindibilidade, cujo rol exauriente encontra-se previsto nos incisos do art. 966 do Novo CPC.
- Ação de competência originária dos tribunais.
- Em regra há cumulação de pedidos: (a) juízo rescindendo (*iudicium rescindens*): rescisão do julgado; (b) juízo rescisório (*iudicium rescissorium*): novo julgamento.
- Para evitar o abuso no exercício da ação rescisória, cabe ao autor, ao menos em regra, caucionar o juízo em 5% do valor da causa, caução que será perdida para o réu na hipótese de decisão colegiada unânime de inadmissibilidade ou de improcedência.

505 **Somente a decisão de mérito transitada em julgado pode ser objeto de ação rescisória?**

O Novo Código de Processo Civil inovou ao admitir o cabimento de ação rescisória contra decisão terminativa transitada em julgado em duas hipóteses, previstas no art. 966, § 2º, do diploma processual. A primeira hipótese é da decisão terminativa que impeça a nova propositura da ação, devendo ser analisada à luz do disposto no art. 486, § 1º, do Novo CPC. Segundo esse dispositivo legal, em algumas hipóteses de decisão terminativa a repropositura da ação está condicionada ao saneamento do vício ou à correção da irregularidade que levou o processo à extinção terminativa, fazendo crer que a repropositura será sempre possível, desde que preenchido o requisito legal. Ocorre, entretanto, que por vezes o saneamento do vício ou a correção da irregularidade só poderá ocorrer com a mudança de um dos elementos da ação, quando na realidade não haverá a repropositura da ação, e sim a propositura de uma nova ação. Nesse caso, a repropositura não será admissível, sendo cabível a ação rescisória. A segunda hipótese é da decisão que inadmite recurso, ou seja, a decisão que não recebe ou não conhece recurso por questões formais.

506 No CPC/1973, o documento novo era vício de rescindibilidade, e no Novo Código de Processo Civil a prova nova toma seu lugar. A inovação legal gera consequências práticas?

Entendo que houve nesse caso uma ampliação do cabimento da ação rescisória com a nova redação do art. 966, VII, do Novo CPC, considerando que a obtenção de prova nova não restringe a descoberta à prova documental, como fazia o art. 485, VI, do CPC/1973. Dessa forma, provas orais e periciais novas podem ser o fundamento da ação rescisória, além, naturalmente, das documentais. Nesse caso, a existência de prova nova já é o suficiente para a admissão da ação rescisória, mas sua procedência depende da capacidade de tal prova inverter o resultado da decisão rescindenda.

507 O que se deve compreender como prova nova apta a criar vício de rescindibilidade?

Nos termos do art. 966, VII, do Novo CPC, a prova será considerada nova para fins de admissibilidade de ação rescisória se obtida pela parte após o trânsito em julgado da decisão rescindenda. Como a ação rescisória pode ter como fundamento a prova oral ou pericial nova, entendo que nesses casos a ciência da existência de uma testemunha ou da possibilidade de se realizar a perícia sejam suficientes para a admissão da ação rescisória, cabendo produzir essas provas causais na própria ação rescisória. Vejo com extrema preocupação o termo inicial para se considerar uma prova nova: o trânsito em julgado da decisão rescindenda. Não tem sentido desconsiderar uma prova como nova quando obtida durante o trâmite dos recursos excepcionais (especial e extraordinário) porque nesse caso, tendo tais recursos efeito devolutivo limitado à matéria de direito, não será possível à parte a utilização da prova para fins de convencimento do órgão julgador, que em razão da restrição ao efeito devolutivo não poderá reexaminar questões de fato. O momento mais adequado, portanto, é aquele no qual, durante o processo em que foi proferida a decisão rescindenda, já não seja mais possível juridicamente produzir a prova.

508 **É possível rescindir uma decisão de mérito transitada em julgado com fundamento de violação manifesta a princípio?**

Enquanto o art. 485, V, do CPC/1973 previa como rescindível a decisão proferida com violação literal a disposição de lei, o art. 966, V, do Novo CPC consagra como vício de rescindibilidade a violação manifesta à norma jurídica, o que naturalmente engloba a norma legal e os princípios. A admissão de ação rescisória por ofensa a princípios já era uma reivindicação da melhor doutrina durante a vigência do CPC/1973, no que foi atendida pela previsão constante do art. 966, V, do Novo CPC.

509 **Há alguma hipótese específica de violação manifesta à norma jurídica prevista em lei?**

O art. 966, § 5º, do Novo CPC prevê haver violação manifesta à norma jurídica na decisão baseada em enunciado de súmula ou acórdão proferido em julgamento de casos repetitivos que não tenha considerado a existência de distinção entre a questão discutida no processo e o padrão decisório que lhe deu fundamento. Entendo que, mesmo não previsto expressamente no dispositivo legal, além de súmula e precedente criado em julgamento de casos repetitivos, também o precedente criado em julgamento de incidente de assunção de competência deve ser considerado na interpretação do art. 966, § 5º, do Novo CPC. Nessa hipótese de cabimento de ação rescisória, o § 6º do art. 966 do Novo CPC exige do autor, sob pena de inépcia, a fundamentada demonstração de tratar-se de situação particularizada por hipótese fática distinta ou de questão jurídica não examinada, a impor outra solução jurídica.

Cabe ação rescisória por violação manifesta à norma jurídica quando na época da decisão a interpretação sobre a norma era controvertida, ainda que no momento da propositura da ação já tenha sido consolidado entendimento por tribunal superior?

Em regra, deve se aplicar a esse caso o entendimento consagrado na Súmula 343/STF, que nega cabimento à ação rescisória quando o texto legal tiver interpretação controvertida nos tribunais. A mera consolidação posterior de entendimento pelo tribunal não é o suficiente para a admissão da ação rescisória, o que dependerá da formação de precedente com eficácia vinculante contra o entendimento consagrado na decisão transitada em julgado (STJ, 3ª Turma, REsp 1.655.722/SC, Rel. Min. Nancy Andrighi, j. 14/03/2017, *DJe* 22/03/2017).

Há litisconsórcio necessário na ação rescisória?

Devem participar da ação rescisória todos os sujeitos processuais parciais que participaram do processo originário, considerando-se que eventual procedência do pedido afetará necessariamente todos eles. Dessa forma, havendo apenas um autor e um réu no processo originário, eventual litisconsórcio passivo necessário dependerá de ser um terceiro o autor da rescisória, como o Ministério Público ou o terceiro prejudicado na hipótese de simulação ou de colusão das partes (art. 967, III, "b", do Novo CPC). Havendo litisconsórcio no processo originário ou terceiros intervenientes, todos esses sujeitos deverão necessariamente participar da ação rescisória, mas quanto ao polo ativo o litisconsórcio será sempre facultativo, podendo dois ou mais legitimados ativos reunirem-se para propor a ação. Caso sobre apenas um sujeito do processo originário que não seja autor, ele será necessariamente o réu. Caso haja mais de um, será hipótese de formação de litisconsórcio passivo necessário.

A propositura de ação rescisória em tribunal incompetente para o julgamento da ação rescisória gera a extinção do processo?

Era esse o entendimento consolidado do Superior Tribunal de Justiça a respeito do tema na vigência do CPC/1973, mas a solução encontrada pelo legislador ruma em sentido contrário. No art. 968, § 5º, do Novo CPC, é prevista expressamente a natureza dilatória da incompetência do tribunal para a ação rescisória, que não só deverá encaminhar o processo para o tribunal competente, como antes disso deverá intimar o autor para emendar a petição inicial, a fim de adequar o objeto da ação rescisória, quando a decisão apontada como rescindenda não tiver apreciado o mérito e não se enquadrar na situação prevista no § 2º do art. 966 do Novo CPC, ou tiver sido substituída por decisão posterior.

513 **Há isenções para a exigência de prestação de caução prévia de 5% do valor da causa imposta como condição de admissibilidade da ação rescisória?**

Não são todos os sujeitos que devem caucionar previamente o juízo como condição de admissibilidade da ação rescisória, prevendo o art. 968, § 1º, do Novo CPC os isentos de tal recolhimento: União, Estados, Distrito Federal, Municípios, suas respectivas autarquias e fundações de direito público, Ministério Público, Defensoria Pública e os que tenham obtido o benefício de gratuidade da justiça.

514 **Há limite de valor na caução prévia a ser prestada na ação rescisória?**

É nesse sentido o art. 968, § 2º, do Novo CPC, ao prever um limite de recolhimento de no máximo 1.000 salários mínimos.

515 **Qual o termo inicial de contagem de prazo para a propositura da ação rescisória?**

Nos termos do art. 975, *caput*, do Novo CPC, o termo inicial de contagem do prazo de dois anos é o trânsito em julgado da última decisão proferida no processo. Há, entretanto, termos iniciais fluidos, como a descoberta da prova nova (art. 975, § 2º, do Novo CPC), a ciência de simulação ou de colusão entre as partes (art. 975, § 3º, do Novo CPC) e o trânsito em julgado da declaração de inconstitucionalidade pelo Supremo Tribunal Federal na hipótese de ação rescisória com fundamento em coisa julgada inconstitucional (arts. 525, § 15, e 535, § 8º, ambos do Novo CPC).

516 **A parte teve acesso a uma prova nova três anos após o trânsito em julgado. Ainda assim é cabível a ação rescisória?**

Ainda que proposta depois de dois anos do trânsito em julgado da decisão que se busca desconstituir, nesse caso não haverá decadência porque o art. 975, § 2º, do Novo CPC prevê que na ação rescisória fundada em prova nova o termo inicial do prazo é a data de descoberta da prova nova, observado o prazo máximo de cinco anos, contado do trânsito em julgado da última decisão proferida no processo. O legislador criou uma hipótese de termo inicial fluido de prazo, mas dentro de limites temporais previstos em lei. Não foi feliz, entretanto, na redação do dispositivo legal, porque não deixa claro se o prazo máximo de cinco anos do trânsito em julgado é para a descoberta da prova nova ou para a propositura da ação rescisória. Entendo que o prazo máximo de até cinco anos diz respeito ao prazo de propositura da ação rescisória, desde que o autor demonstre que dentro desse prazo descobriu a prova nova há menos de dois anos da propositura da ação rescisória.

517 **O Ministério Público descobre a colusão das partes em processo em que o trânsito em julgado ocorreu 10 anos atrás. Cabe ação rescisória?**

A ação será admitida porque, nos termos do art. 975, § 3º, do Novo CPC, nas hipóteses de simulação ou de colusão das partes o prazo para a propositura da ação rescisória começa a contar, para o terceiro prejudicado e para o Ministério Público que não interveio no processo, a partir do momento em que têm ciência da simulação ou da colusão. Ou seja, o único limite temporal é o de dois anos da ciência da simulação ou da colusão, podendo a ciência dar-se a qualquer tempo depois do trânsito em julgado, mesmo que depois de uma década – e ainda mais –, como colocado na presente questão.

518 **Qual a natureza jurídica do prazo de dois anos para a propositura da ação rescisória?**

A natureza decadencial do prazo para a propositura da ação rescisória é entendimento tranquilo na doutrina e na jurisprudência, e não há qualquer motivo para ser modificado em razão do Novo Código de Processo Civil. Sendo decadencial, o prazo não se interrompe nem se suspende, mas ainda assim o art. 975, § 1º, do Novo CPC consagra a prorrogação do prazo até o primeiro dia útil imediatamente subsequente ao prazo a que se refere o *caput*, quando expirar durante férias forenses, recesso, feriados ou em dia em que não houver expediente forense.

519

O relator pode julgar monocraticamente a ação rescisória?

É interessante notar que o art. 932, III a V, do CPC, que versa sobre o poder de decisão monocrática do relator, prevê apenas essa forma de julgamento nos recursos. Não há, de forma expressa, previsão que delegue ao relator a função do órgão colegiado de julgar processos de competência originária do tribunal. Ocorre, entretanto, que o art. 937, § 3º, do CPC, prevê o cabimento de sustentação oral no agravo interno interposto contra decisão monocrática do relator que extinga mandado de segurança, ação rescisória e reclamação, dando a entender que nesses processos de competência originária é cabível a extinção terminativa por decisão monocrática do relator.

520

Existe revisor na ação rescisória?

O Novo Código de Processo Civil não prevê mais a figura do revisor na ação rescisória, mas há precedente do Superior Tribunal de Justiça no sentido de que, em razão da não revogação do art. 40 da Lei 8.038/1990 pelo Novo Código de Processo Civil, ao menos naquele tribunal continua a existir revisor em ações rescisórias (*Informativo* 603/STJ, Corte Especial, AR 5.241-DF, Rel. Min. Mauro Campbell Marques, por maioria, j. 05/04/2017, *DJe* 12/05/2017).

10

INCIDENTE DE RESOLUÇÃO DE DEMANDAS REPETITIVAS (IRDR)

- Incidente processual de competência dos tribunais de segundo grau destinado à criação de uma tese jurídica para aplicação obrigatória em processos repetitivos.
- O julgamento do IRDR cria um precedente vinculante com eficácia limitada à competência territorial do tribunal de segundo grau competente para seu julgamento.
- A eficácia vinculante nacional do precedente formado no IRDR é obtida pelo julgamento do recurso especial e/ou extraordinário cabível contra o acórdão que julga o incidente.

521 **Quais são os requisitos para o cabimento do IRDR?**

Há dois requisitos cumulativos positivos e um requisito negativo de cabimento do IRDR. O art. 976 do Novo CPC prevê em seus dois incisos os requisitos positivos. A efetiva repetição de processos que contenham controvérsia sobre a mesma questão unicamente de direito afasta do IRDR natureza preventiva, porque exige que efetivamente a mesma questão esteja sendo discutida em múltiplos processos em trâmite. O risco de ofensa à isonomia e à segurança jurídica pode ser compreendido de duas formas: considerado em abstrato, o risco existirá pela mera razão de uma mesma questão jurídica estar sendo discutida em múltiplos processos; considerado em concreto, será necessária não só uma quantidade razoável de decisões sobre a mesma questão jurídica, mas que tais decisões não tenham uma solução uniforme. Entendo que o risco de dano deva ser considerado em concreto, porque sua consideração em abstrato torna o requisito inútil, já que contemplado pelo preenchimento do requisito previsto no art. 976, I, do Novo CPC. O requisito negativo está disposto no art. 976, § 4º, do Novo CPC, que prevê a inadmissão do IRDR quando um dos tribunais superiores, no âmbito de sua respectiva competência, já tiver afetado recurso para definição de tese sobre questão de direito material ou processual repetitiva. Esse requisito negativo é lógico, porque o precedente criado no IRDR terá eficácia vinculante nos limites territoriais do tribunal de segundo grau, enquanto no recurso especial ou extraordinário repetitivo o precedente formado terá eficácia vinculante em todo o território nacional.

522 **Quem tem legitimidade para suscitar o IRDR?**

Os legitimados a suscitar o IRDR estão previstos no art. 977 do Novo CPC: o juiz (do processo) ou relator (do recurso, reexame necessário ou processo de competência originária do tribunal), por ofício, e as partes, Ministério Público ou Defensoria Pública, por petição. A legitimidade do Ministério Público e da Defensoria pública no IRDR deve ter a mesma amplitude das suas legitimidades para suscitar o IAC. Entendo que, sendo o objetivo do incidente ora estudado a formação de um precedente vinculante, com o que se estará preservando a previsibilidade, a segurança jurídica e a isonomia, a legitimidade do Ministério Público para suscitar o incidente de assunção de competência é universal, já que, sendo fiscal da ordem jurídica, poderá sempre atuar para preservar os valores que justificam a criação de um precedente vinculante. Não é essa, entretanto, a conclusão quanto à legitimidade da Defensoria Pública, que não tem entre suas finalidades institucionais a defesa da ordem jurídica. Não tenho dúvida de que, sendo a questão jurídica a ser resolvida de interesse de hipossuficientes econômicos, a Defensoria Pública terá legitimidade para suscitar o incidente, não sendo nesse caso necessário que todos os interessados sejam hipossuficientes econômicos e muito menos que as partes do processo tenham tal espécie de hipossuficiência. Mais polêmica será a defesa de legitimidade da Defensoria Pública no caso de admitir-se entre suas funções atípicas a defesa do hipossuficiente organizacional. Entendo que um bom parâmetro para a definição dos contornos da legitimidade da Defensoria Pública para suscitar o incidente de assunção de competência seja sua competência para a propositura de ação coletiva.

523 **Qual o órgão competente para julgar o IRDR?**

O IRDR é incidente processual de competência dos tribunais de segundo grau, tendo os tribunais superiores competência apenas para julgar os recursos especial e extraordinário porventura interpostos contra o acórdão que julgar o incidente. Dentro do tribunal de segundo grau, o art. 978, *caput*, do Novo CPC prevê que o julgamento do incidente caberá ao órgão indicado pelo regimento interno dentre aqueles responsáveis pela uniformização de jurisprudência do tribunal.

524 **Cabe cobrança de custas processuais no IRDR?**

O art. 976, § 5º, do Novo CPC prevê expressamente que não serão exigidas custas processuais no incidente de resolução de demandas repetitivas. Também não haverá condenação ao pagamento de honorários advocatícios.

525 **A desistência do processo em que foi suscitado o IRDR impede seu julgamento?**

O autor do processo no qual foi instaurado o IRDR pode imaginar que, desistindo do processo, poderá evitar que o tribunal julgue o incidente, frustrando dessa maneira a formação de precedente vinculante. A manobra, entretanto, não surtirá tal efeito, já que o art. 976, § 1º, do Novo CPC prevê que a desistência ou abandono do processo não impede o exame do mérito do incidente.

526 **A inadmissão do IRDR impede sua repropositura?**

A admissibilidade do IRDR é de competência exclusiva do órgão colegiado, não sendo competente, portanto, o relator do incidente para inadmiti-lo monocraticamente. Desse acórdão será cabível apenas o recurso de embargos de declaração, não sendo cabíveis os recursos especial e extraordinário, porque a decisão não decide a causa, limitando-se apenas a decidir pela não solução do mérito do incidente diante do não preenchimento de seus requisitos positivos (incisos do art. 976 do Novo CPC) ou da presença de seu requisito negativo (art. 976, § 4º, do Novo CPC). Como o julgamento não será de mérito, é possível a repropositura do IRDR, mas para tanto o art. art. 976, § 3º, do Novo CPC prevê que ela está condicionada à presença dos requisitos faltantes no primeiro julgamento.

527 **O processo, recurso ou reexame necessário do qual se originou o IRDR será julgado pelo mesmo órgão competente para o julgamento do incidente?**

É nesse sentido o art. 978, parágrafo único, do Novo CPC, ao prever que o órgão colegiado incumbido de julgar o incidente e de fixar a tese jurídica julgará igualmente o recurso, a remessa necessária ou o processo de competência originária do qual se originou o incidente. Essa regra gera duas dificuldades práticas consideráveis. A primeira é explicar a legitimidade do juiz de suscitar o incidente, já que o dispositivo sugere que ele só pode ser suscitado em segundo grau de jurisdição, por depender da existência de um recurso, reexame necessário ou processo de competência originária do tribunal. Entendo que a legitimidade do juiz é limitada ao momento posterior à interposição de apelação contra sua sentença, porque nesse caso, ainda que o processo ainda esteja no primeiro grau, será necessariamente remetido ao tribunal de segundo grau diante da falta de competência do juízo sentenciante para analisar a admissibilidade do recurso de apelação. A segunda dificuldade é a suscitação do IRDR nos Juizados Especiais, porque nesse caso, mesmo que haja recurso inominado em trâmite, o tribunal de segundo grau é absolutamente incompetente para o seu julgamento.

528 **Os processos em trâmite perante os Juizados Especiais serão afetados pelo precedente criado no IRDR?**

A afetação dar-se-á em dois momentos. Primeiro, com a suspensão dos processos repetitivos determinada pelo relator (art. 982, I, do Novo CPC) ou pelo tribunal superior (art. 982, §§ 3º a 5º, do Novo CPC). Segundo, com a eficácia vinculante do precedente a ser criado pelo julgamento do IRDR (art. 985, I, do Novo CPC).

É possível suscitar o IRDR nos Juizados Especiais?

Não há como negar tal possibilidade; mas, em decorrência da regra prevista pelo art. 978, parágrafo único, do Novo CPC, há dificuldade na questão do julgamento do processo em que o incidente foi suscitado, mesmo que ele esteja em fase de julgamento do recurso inominado contra sentença. Afinal, o dispositivo estabelece que o mesmo órgão que julgará o IRDR também julgará o recurso interposto no processo no qual ele foi instaurado. Sendo o Colégio Recursal absolutamente competente para o julgamento do recurso inominado e o Tribunal de Justiça ou Tribunal Regional Federal absolutamente competente para o julgamento do IRDR, como admitir o julgamento do recurso e do incidente sem violação do art. 978, parágrafo único, do Novo CPC? Há três sugestões doutrinárias para a solução do impasse, mas todas de alguma forma "flexibilizam" a regra consagrada no art. 978, parágrafo único, do Novo CPC. A primeira solução é atribuir, excepcionalmente, competência ao tribunal de segundo grau para o julgamento do recurso inominado, o que não parece ser adequado por violar regra de competência absoluta. A segunda solução é, excepcionalmente, permitir que o tribunal de segundo grau julgue apenas o IRDR, deixando para o Colégio Recursal o julgamento do recurso inominado à luz do precedente vinculante criado, sendo essa a decisão que me parece menos sacrificante. Por fim, a terceira solução, consagrada no Enunciado 44 da ENFAM, é o julgamento do IRDR e do recurso inominado por órgão colegiado de uniformização do próprio sistema dos Juizados Especiais. Tal solução não parece adequada, porque será possível nesse caso a concomitância de incidentes na mesma base territorial nos Juizados Especiais e na Justiça Comum. Ou, ainda pior, conflito de julgamento nesses dois incidentes. Por outro lado, como explicar o cabimento de recurso especial, expressamente previsto no art. 987, *caput*, do Novo CPC, de um acórdão proferido por órgão dos Juizados Especiais, que não têm natureza de tribunal?

Há alguma consequência se o IRDR não for julgado no prazo de um ano?

O prazo de um ano para o julgamento do IRDR está previsto no art. 980, *caput*, do Novo CPC, e, para que possa ser cumprido, o mesmo dispositivo prevê a preferência em seu julgamento, salvo nos processos que envolvam réu preso e nos pedidos de *habeas corpus*. Sendo vencido esse prazo sem o julgamento do incidente, o parágrafo único do art. 980 do Novo CPC prevê a cessação da suspensão dos processos repetitivos. Ocorre, entretanto, que esse efeito não é inexorável, porque o mesmo dispositivo legal estabelece que, havendo decisão fundamentada do relator justificando o não cumprimento do prazo, os processos repetitivos continuarão suspensos.

531 **É cabível agravo interno do pronunciamento monocrático do relator do IRDR que determina a suspensão dos processos?**

Entendo que referido pronunciamento, previsto no art. 982, I, do Novo CPC, é um despacho, e nesse sentido não é recorrível, nos termos do art. 1.001 do Novo CPC. O art. 982, I, do Novo CPC dispõe que, em decorrência da admissão do incidente pelo órgão colegiado, o relator suspenderá os processos pendentes, individuais ou coletivos que tramitam no Estado ou na região, conforme o caso. Como se pode notar, não há carga decisória em tal pronunciamento porque não cabe ao relator decidir pela suspensão, sendo ela imposta pela lei. Dessa forma, o pronunciamento monocrático do relator nada decide, apenas dando prosseguimento ao procedimento do IRDR, nos termos da lei. Acredito, inclusive, que, mesmo não sendo admitida tal premissa e considerando o pronunciamento como decisão interlocutória, não será cabível o agravo interno, porque não haverá fundamento possível para o recurso, considerando-se ser dever do relator suspender os processos repetitivos após a admissão do incidente.

532 **É cabível agravo interno do pronunciamento monocrático do ministro do tribunal superior que determina a suspensão dos processos em razão de IRDR?**

O ministro relator do tribunal superior poderá suspender os processos repetitivos em razão do IRDR em dois momentos: quando for provocado a tanto, nos termos dos §§ 3º e 4º do art. 982 do Novo CPC, mesmo antes da interposição de recurso especial ou extraordinário, ou com a remessa ao tribunal superior de tais recursos quando a suspensão ainda estiver limitada pela competência territorial do tribunal de segundo grau. No primeiro caso, entendo tratar-se de decisão interlocutória monocrática, porque o ministro do tribunal superior estará efetivamente sendo chamado a proferir uma decisão sobre a expansão da suspensão dos processos repetitivos para todo território nacional. E, tratando-se de genuína decisão interlocutória monocrática, entendo ser cabível o agravo interno, nos termos do art. 1.021, *caput*, do Novo CPC. No segundo caso, acredito tratar-se de mero despacho, porque, sendo admitido o recurso especial ou extraordinário interposto contra o acórdão que julgou o IRDR, a suspensão dos processos repetitivos em todo território é imperativa, não cabendo ao relator do recurso excepcional decidir sobre o tema, apenas determinar a suspensão em estrito cumprimento da exigência legal. Assim sendo, não será cabível o agravo interno, nos termos do art. 1.001 do Novo CPC.

533 É admissível a intervenção no IRDR de parte em processo repetitivo que será afetado pela criação do precedente vinculante?

Acesse o QR Code e assista à aula explicativa sobre este assunto.

https://goo.gl/Gy3w97

534 É possível que a suspensão dos processos determinada em IRDR em trâmite num determinado tribunal gere a suspensão de processos de competência de outro tribunal?

É natural que a suspensão dos processos repetitivos determinado pelo relator do IRDR (art. 982, I, do Novo CPC) tenha alcance territorial limitado à competência do tribunal competente para o julgamento do incidente. Não teria sentido algum uma suspensão determinada por desembargador do Tribunal de Justiça de Santa Catarina alcançar processos tramitando no Estado do Rio Grande do Norte. Mas, em razão do previsto no art. 982, § 4º, do Novo CPC, essa extensão territorial é possível, desde que qualquer das partes de processo repetitivo em trâmite fora dos limites da suspensão determinada pelo relator do IRDR provoque o tribunal competente para conhecer do futuro e eventual recurso excepcional, que poderá determinar a suspensão de todos os processos repetitivos em trâmite no território nacional.

535 Cabe a intervenção de *amicus curiae* no IRDR?

O art. 138, *caput*, do Novo CPC prevê a admissão do *amicus curiae* em razão da relevância da matéria, da especificidade do tema objeto da demanda ou da repercussão social da controvérsia, havendo ainda no art. 983, *caput*, do Novo CPC a previsão de que o relator do IRDR ouvirá órgãos e entidades com interesse na controvérsia. A conjugação desses dois dispositivos é suficiente para concluir pela admissão do *amicus curiae* no IRDR, devendo-se compreender que o interesse na controvérsia mencionado pelo art. 938, *caput*, do Novo CPC é o interesse institucional na melhor qualidade possível da prestação da tutela jurisdicional, e não um interesse pessoal, o que desvirtuaria a função do *amicus curiae* no processo. Nunca é demais lembrar que o julgamento do IRDR será um precedente vinculante, a ser utilizado como fundamento do decidir em múltiplos processos, afetando dessa forma muitos sujeitos que não terão participado do IRDR. Essa eficácia *ultra partes* do precedente vinculante formado no IRDR exige a qualificação da formação do convencimento dos julgadores, sendo justamente nesse sentido a justificativa da intervenção de terceiro como *amicus curiae*.

536 Julgado o IRDR, qual o recurso cabível?

Como toda decisão, o julgamento do IRDR será recorrível por embargos de declaração. Também é cabível o recurso especial e extraordinário, por expressa previsão do art. 987, *caput*, do Novo CPC. Nesse tocante, é interessante a necessidade de alterar o conceito de causa para afastar o dispositivo legal de inconstitucionalidade, já que o texto constitucional exige uma decisão da causa para o cabimento dos recursos excepcionais. Causa, portanto, passa a ser o julgamento do conflito que forma o objeto do processo e a fixação de uma tese jurídica com eficácia *ultra partes*.

537 Existe interesse recursal para apenas conseguir uma eficácia vinculante nacional do precedente criado no IRDR no tribunal de segundo grau?

A fixação de uma tese jurídica no julgamento do IRDR não gera tecnicamente sucumbência a nenhuma das partes do processo no qual foi instaurado o incidente, porque, ao fixar tese jurídica, o tribunal não frustra qualquer pretensão das partes. Dessa forma, o interesse recursal para os recursos especial e extraordinário contra o acórdão que julga o IRDR não pode ser analisado sob a ótica da sucumbência. Correta lição doutrinária ensina que o interesse recursal é demonstrado quando o provimento do recurso é capaz de melhorar a situação prática do recorrente, e, sendo a parte envolvida no incidente afetada em outros processos em razão do precedente vinculante, não tenho dúvida de seu interesse recursal, ainda que a tese jurídica lhe beneficie, na interposição do recurso especial e extraordinário. Não custa lembrar que o IRDR, ao ser julgado pelo tribunal de segundo grau, cria um precedente vinculante com efeitos limitados à competência territorial desse tribunal, só havendo eficácia nacional com o julgamento dos recursos excepcionais nos tribunais superiores. Se a parte no processo em que foi instaurado o IRDR demonstrar que também é parte em processos repetitivos em trâmite em estados ou regiões distintas daqueles em que foi julgado o IRDR, o interesse de agir pode se limitar a tornar nacional a eficácia local do precedente.

538 Qual a participação do Ministério Público na recorribilidade da decisão do IRDR?

O Ministério Público necessariamente participa do IRDR, como suscitante ou como fiscal da ordem jurídica, tendo, dessa forma, legitimidade recursal para ingressar com recurso especial e extraordinário contra o acórdão que julgar o incidente. Como fiscal da ordem jurídica, o Ministério Público deve recorrer sempre que entender que os processos repetitivos não se restringem aos limites territoriais do tribunal de segundo grau que julgou o IRDR, porque nesse caso a estabilidade, a segurança jurídica e a previsibilidade não podem ficar confinadas a um estado ou região. Basta imaginar os problemas práticos de um acórdão de IRDR transitar em julgado no segundo grau quando os processos repetitivos não se limitam à sua competência territorial. E se IRDR sobre a mesma matéria for suscitado em outro estado ou região e tiver solução em sentido diverso? E se esse outro IRDR subir em grau recursal para os tribunais superiores e for criado precedente em sentido contrário? Para evitar tais problemas, cabe ao Ministério Público, como fiscal da ordem jurídica, recorrer do acórdão do IRDR, independentemente de seu teor, apenas para que seja criado um precedente de eficácia vinculante nacional, sempre que essa abrangência territorial se mostrar necessária.

539 **Os recursos especial e extraordinário cabíveis contra o acórdão do IRDR têm alguma especialidade procedimental?**

Tanto o recurso especial como o extraordinário terão, excepcionalmente, efeito suspensivo, de forma que durante o julgamento desses recursos os processos repetitivos continuarão suspensos, bem como a eficácia vinculante do precedente criado em segundo grau de jurisdição. Além disso, nos termos do art. 987, § 1º, do Novo CPC, há presunção absoluta de repercussão geral do recurso extraordinário interposto contra o acórdão que julga o IRDR.

540 **A admissão do IRDR é o suficiente para a suspensão dos processos que versam sobre a mesma matéria?**

Embora a interpretação literal do art. 982, I, do CPC, permita tal conclusão, os tribunais superiores vêm entendendo que a suspensão dependerá de um juízo de conveniência a ser realizado pelo relator no caso concreto, que poderá, inclusive, modular temporalmente a suspensão, seja por um período pré-determinado ou indicando o momento procedimental a partir do qual o processo deve ficar suspenso (*Informativo* 868/STF, Plenário, RE 966.177 RG/RS, Rel. Min. Luiz Fux, j. 03/11/2016, *DJe* 21/11/2016).

541 **Os tribunais superiores são competentes para o julgamento do IRDR?**

Embora não exista regra expressa nesse sentido, uma mera leitura das regras que regulamentam o procedimento do IRDR demonstra tratar-se de incidente processual de competência de tribunais de segundo grau de jurisdição, sendo a atuação dos tribunais superiores reservada ao julgamento de recursos especial e extraordinário interpostos contra o acórdão que decide o IRDR. O Superior Tribunal de Justiça, inclusive, já tem precedente nesse sentido (STJ, 2ª Turma, AgInt na PET no REsp 1.577.870/DF, Rel. Min. Herman Benjamin, j. 15/12/2016, *DJe* 06/03/2017).

Processos de competência originária com matéria repetitiva justificam o cabimento de IRDR?

Não há dúvida quanto a isso, mas daí decorre um problema para os tribunais superiores. Como não têm competência para o julgamento do IRDR, não podem instaurá-lo para criar um precedente vinculante sobre matéria que se repete em processos de competência originária. Já houve até mesmo uma tentativa de se admitir a instauração do procedimento de recurso especial repetitivo misturado com o IRDR para criação de precedente vinculante em conflitos de competência originária do Superior Tribunal de Justiça. Da decisão de afetação foi interposto e provido agravo interno que entendeu inviável a afetação por falta de previsão legal (STJ, 1ª Seção, AgInt no CC 148.519/MT, Rel. Min. Mauro Campbell Marques, Rel. p/ acórdão Min. Napoleão Nunes Maia Filho, j. 25/10/2017, *DJe* 02/02/2018).

É possível afastar a suspensão do processo gerado pela instauração do IRDR?

A única forma é a parte interessada convencer o juiz do processo da distinção, ou seja, demonstrar que o processo suspenso tem alguma especialidade fática ou jurídica que o distingue da situação fático-jurídica que será resolvida pelo IRDR. Nesse caso, havendo realmente causa para a distinção, a decisão do processo não estará vinculada ao precedente a ser criado no IRDR, não tendo sentido, portanto, mantê-lo suspenso à espera de um julgamento que não o afetará. O pedido de afastamento da suspensão do processo deve ser feito por meio de mera petição, devidamente fundamentada. Sendo elaborada em primeiro grau de jurisdição, a decisão interlocutória que o resolver não é recorrível por agravo de instrumento, já que não há previsão expressa nesse sentido e tal decisão não consta do rol do art. 1.015 do Novo CPC. Como deixar para impugnar tal decisão na apelação ou contrarrazões, nos termos do art. 1.009, § 1º, do Novo CPC, parece ser inútil, pode-se cogitar do cabimento de mandado de segurança contra a decisão. Caso o processo suspenso esteja no tribunal, a decisão que resolver o pedido será monocraticamente proferida pelo relator, sendo nesse caso cabível o recurso de agravo interno, nos termos do art. 1.021, *caput*, do Novo CPC.

11

RECLAMAÇÃO

- A reclamação tem natureza jurisdicional e não se confunde com a correição parcial.
- Apesar de o Supremo Tribunal Federal entender ter a reclamação natureza de direito de petição (art. 5º, XXXIV, da CF), sua natureza é de ação.
- A afronta a decisão de tribunal passível de reclamação deve ocorrer especificamente com relação à decisão determinada, sendo insuficiente para o cabimento da reclamação o mero desrespeito à jurisprudência consolidada.
- Reclamação contra decisão que contraria jurisprudência só é possível nos Juizados Especiais (Resolução STJ 03/2016).
- O procedimento da reclamação é sumário documental, a exemplo do mandado de segurança.
- Com a procedência do pedido formulado em sede de reclamação, o tribunal cassará a decisão exorbitante de seu julgado ou determinará medida adequada à preservação de sua competência.

544 **O Novo Código de Processo Civil ampliou as hipóteses de cabimento da reclamação?**

A reclamação como forma de preservação da competência do tribunal (art. 988, I, do Novo CPC), de garantir a autoridade das decisões do tribunal (art. 988, II, do Novo CPC) e de garantir a observância de enunciado de súmula vinculante (art. 988, III, do Novo

CPC), não é novidade, considerando sua previsão nos arts. 102, I, "l", 105, I, "f", da CF e 7º, *caput*, da Lei 11.417/2006. Mas mesmo nesse caso há uma novidade quanto às duas primeiras hipóteses de cabimento, porque, nos termos do art. 988, § 1º, do Novo CPC, a reclamação pode ser proposta perante qualquer tribunal, ou seja, além de preservar competência e garantir autoridade das decisões dos tribunais superiores, a reclamação também cumprirá essa função com relação aos tribunais de segundo grau. O art. 988, III, do Novo CPC prevê o cabimento da reclamação para garantir a observância de decisão do Supremo Tribunal Federal em controle concentrado de constitucionalidade, enquanto o inciso IV do mesmo dispositivo prevê o cabimento de reclamação para garantir a observância de acórdão proferido em julgamento de incidente de resolução de demandas repetitivas ou de incidente de assunção de competência. Por fim, será cabível reclamação para garantir a observância de acórdão de recurso extraordinário com repercussão geral reconhecida ou de acórdão proferido em julgamento de recursos extraordinário ou especial repetitivos, mas nesse caso a admissibilidade estará condicionada ao esgotamento dos recursos ordinários (art. 988, § 5º, do Novo CPC).

545 **Qual o órgão competente para julgar a reclamação?**

A reclamação é de competência dos tribunais, sendo, nos termos do art. 988, § 1º, do Novo CPC, competente o órgão interno jurisdicional cuja competência se busca preservar ou cuja autoridade se pretenda garantir.

546 **A reclamação pode ter natureza rescisória?**

Nos termos do art. 988, § 5º, I, do Novo CPC, é inadmissível a reclamação proposta após o trânsito em julgado da decisão reclamada, o que deixa clara a inviabilidade de a reclamação ter natureza rescisória. Interessante questão diz respeito à possibilidade de a reclamação ser condição impeditiva do trânsito em julgado da decisão impugnada. É claro que o mais seguro, para evitar qualquer discussão, é a parte recorrer e impugnar por reclamação a decisão, porque nesse caso não haverá a remota chance de se alegar o seu trânsito em julgado. Havendo, entretanto, somente a impugnação por reclamação, naturalmente dentro do prazo recursal (antes, portanto, do trânsito em julgado da decisão), essa seria causa impeditiva do trânsito ou após o vencimento do prazo recursal a impugnação seria extinta por perda superveniente das condições de admissibilidade nos termos do art. 988, § 5º, I, do Novo CPC? Entendo não ter sentido obrigar a parte a recorrer de uma decisão apenas para evitar o trânsito em julgado quando ela já tiver sido impugnada por reclamação, que funcionaria assim como causa impeditiva do trânsito em julgado. Corrobora o entendimento a previsão do § 6º do art. 988 do Novo CPC, no sentido de que a inadmissibilidade ou o julgamento do recurso interposto contra a decisão proferida pelo órgão reclamado não prejudica a reclamação. Em tese, não interposto recurso contra a decisão do recurso – o que, inclusive, nem sempre será possível –, a decisão transita em julgado, mas o art. 988, § 6º, do Novo CPC é expresso em indicar que tal circunstância não afeta o julgamento da reclamação. A premissa de tal dispositivo é a reclamação como condição impeditiva do trânsito em julgado.

547 **A parte pode interpor recurso e reclamação contra a mesma decisão?**

Como são meios de impugnação de diferentes naturezas, não há qualquer vedação à concomitância de recurso e reclamação contra a mesma decisão. Trata-se, inclusive, de postura conservadora da parte, que dessa forma afasta qualquer discussão a respeito do trânsito em julgado da decisão, que é causa de inadmissão da reclamação nos termos do art. 988, § 5º, I, do Novo CPC. Além disso, serão duas formas de se tentar alcançar, ao menos em regra, o mesmo objetivo.

548 **Existe réu na reclamação?**

O art. 989 do Novo CPC prevê em seu inciso I que o relator requisitará informações da autoridade a quem for imputada a prática do ato impugnado, que as prestará no prazo de 10 dias. A autoridade, entretanto, não é ré na reclamação, como fica claro no inciso III do art. 989 do Novo CPC, ao estabelecer que o relator determinará a citação do beneficiário da decisão impugnada, que terá prazo de cinco dias para apresentar a sua contestação. O réu, portanto, inclusive com direito à contestação, é o beneficiário da decisão impugnada pela reclamação.

549

Cabe tutela de urgência na reclamação?

O art. 989, II, do Novo CPC prevê que o relator, ao despachar a reclamação, se necessário, ordenará a suspensão do processo ou do ato impugnado para evitar dano irreparável. Trata-se inegavelmente de tutela de urgência, e nesse sentido a necessidade indicada no dispositivo legal deve ser compreendida como o preenchimento dos requisitos previstos no art. 300, *caput*, do Novo CPC: existência de elementos que evidenciem a probabilidade do direito e o perigo de dano ou o risco ao resultado útil do processo. Questão interessante diz respeito à possibilidade de o relator conceder essa tutela de urgência de ofício, já que o art. 988, II, do Novo CPC não faz qualquer remissão expressa à necessidade de pedido do autor da reclamação. Por outro lado, conforme correto entendimento consagrado no Enunciado 64 da I Jornada de Direito Processual Civil do CJF, "ao despachar a reclamação, deferida a suspensão do ato impugnado, o relator pode conceder tutela provisória satisfativa correspondente à decisão originária cuja autoridade foi violada".

550

Qual é a participação do Ministério Público na reclamação?

O Ministério Público pode figurar na reclamação como reclamante e naquelas que não tiver formulado deverá ser intimado para manifestação no prazo de cinco dias após o decurso do prazo para informações e para o oferecimento da contestação (art. 991 do Novo CPC). Terá, portanto, participação como parte ou como fiscal da ordem jurídica, a depender do caso concreto, mas a ausência de sua manifestação como fiscal da ordem jurídica não impede a continuidade do procedimento e até mesmo o julgamento da reclamação constitucional.

551

É cabível a reclamação contra ato do juiz praticado em razão do sobrestamento do processo em razão de repercussão geral, IRDR ou recurso repetitivo?

Os tribunais superiores vêm entendendo que, por não ser a reclamação um sucedâneo recursal, não tem cabimento contra decisão que não obedeceu à determinação de sobrestamento do processo (STJ, 1ª Seção, AgInt na Rcl 33.674/PE, Rel. Min. Gurgel de Faria, j. 27/09/2017, *DJe* 27/11/2017), bem como aquela que determina o sobrestamento (STF, 1ª Turma, Rcl 25.090 AgR/RJ, Rel. Min. Edson Fachin, j. 11/11/2016, *DJe* 28/11/2016).

552 **Como deve ser interpretada a exigência de esgotamento das instâncias ordinárias para o cabimento da reclamação prevista no art. 988, II, do CPC?**

Tradicionalmente, sempre se entendeu por instâncias ordinárias a primeira e a segunda instância, sendo os tribunais superiores de instância extraordinária. Dessa forma, a interpretação mais adequada à norma legal é de que, esgotados os recursos para o tribunal de segundo grau, passará a ser cabível a reclamação. Os tribunais superiores, entretanto, vêm dando à norma legal uma interpretação apontada como teleológica, concluindo no sentido de que esgotamento da instância ordinária significa o esgotamento de todos os recursos cabíveis, até mesmo os recursos de competência dos tribunais superiores (STF, 2ª Turma, Rcl 24.686 ED-AgR/RJ, Rel. Min. Teori Zavascki, j. 25/10/2016; STJ, 2ª Seção, AgInt na Rcl 34.769/RJ, Rel. Min. Maria Isabel Gallotti, j. 13/12/2017, *DJe* 18/12/2017).

12

REMESSA NECESSÁRIA

- Prerrogativa da Fazenda Pública que impede o trânsito em julgado de sentença mesmo sem a interposição de apelação.
- No processo coletivo, o que se tutela pela remessa necessária é o direito material objeto da demanda, sendo cabível, nos termos do art. 19 da Lei 4.717/1965, no caso de sentença terminativa e de improcedência.
- Trata-se de um sucedâneo recursal interno.
- Apesar de não ser recurso, no julgamento da remessa necessária aplica-se a proibição da *reformatio in pejus*, não podendo a Fazenda Pública ter sua situação piorada (Súmula 45/STJ).
- Apesar de não ser recurso, a remessa necessária pode ser julgado monocraticamente pelo relator, nos termos dos incisos III, IV e V do art. 932 do Novo CPC.
- Não cabe remessa necessária nos Juizados Especiais Federais (art. 13 da Lei 10.259/2001) e nos Juizados Especiais da Fazenda Pública (art. 11 da Lei 12.153/2009).

 **A remessa necessária é realmente uma condição impeditiva de geração de efeitos da sentença?**

É nesse sentido o art. 496, *caput*, do Novo CPC, ao prever que a sentença sujeita à remessa necessária não produz efeitos senão depois de confirmada pelo tribunal. Ocorre, entretanto, que, havendo previsão expressa em lei, é possível que uma sentença sujeita ao reexame necessário gere efeitos, como ocorre, por exemplo, nos §§ 1º e 3º do art. 14 da Lei 12.016/2009: toda sentença que concede a ordem no mandado de segurança está sujeita ao reexame necessário, sendo, entretanto, ao menos em regra passível de cumprimento provisório. Na realidade, o efeito suspensivo do duplo grau obrigatório deve seguir os efeitos da apelação no caso concreto, já que não teria sentido a lei retirar o efeito suspensivo da apelação e a remessa necessária manter os efeitos da sentença suspensos, com o que tornaria inútil a retirada do efeito suspensivo do recurso. É o que ocorre no mandado de segurança, procedimento no qual a apelação não terá efeito suspensivo e por questão lógica – prevista expressamente em lei – o reexame necessário não impedirá o cumprimento provisório da sentença. O ideal, que infelizmente não foi seguido pelo legislador, era conceituar a remessa necessária como condição impeditiva do trânsito em julgado da sentença, e não da geração de seus efeitos.

554 **A interposição de recurso pela Fazenda Pública afasta a remessa necessária?**

O art. 496, § 1º, do Novo CPC prevê que nas sentenças sujeitas à remessa necessária, não interposta a apelação no prazo legal, o juiz ordenará a remessa dos autos ao tribunal, e, se não o fizer, o presidente do respectivo tribunal avocá-los-á. Uma primeira leitura do dispositivo poderia levar a crer que o legislador teria dispensado o reexame necessário no caso de a Fazenda Pública apelar da sentença, mas não parece ser essa a melhor interpretação. O dispositivo apenas menciona a não interposição da apelação para fixar o momento no qual o juiz sentenciante deve determinar a subida dos autos em duplo grau obrigatório: se a Fazenda Pública apelar, os autos serão encaminhados para o tribunal em razão do recurso e também do reexame necessário; sendo omissa a Fazenda Pública, a remessa ao tribunal dependerá exclusivamente da decisão do juiz aplicando ao caso concreto a remessa necessária. A concomitância do recurso da Fazenda Pública e do duplo grau obrigatório se justifica porque o recurso pode ser parcial ou inadmissível, quando o reexame completo da decisão dependerá do instituto da remessa necessária.

A União foi condenada a pagar 500 salários mínimos de indenização ao autor. Cabe remessa necessária? E se fosse um Estado? E um Município?

Quanto ao limite econômico para dispensa do reexame necessário no caso concreto, o Novo Código de Processo Civil inovou ao tratar de forma distinta as diferentes pessoas jurídicas de direito público. Nos termos do art. 496, § 3º, do Novo CPC, não há remessa necessária no caso de a condenação ou do proveito econômico obtido na causa ser de valor certo e líquido inferior a 1.000 salários mínimos para a União e as respectivas autarquias e fundações de direito público, 500 salários mínimos para os Estados, o Distrito Federal, as respectivas autarquias e fundações de direito público e os Municípios que constituam capitais dos Estados, e 100 salários mínimos para todos os demais Municípios e respectivas autarquias e fundações de direito público.

A probabilidade de a decisão ser mantida pelos tribunais é razão suficiente para dispensar a remessa necessária?

É a pequena probabilidade de reversão do resultado da sentença que justifica a maioria das hipóteses de dispensa do reexame necessário consagradas no art. 496, § 4º, do Novo CPC. Dessa forma, estando a sentença fundada em súmula de tribunal superior, em acórdão proferido pelo Supremo Tribunal Federal ou pelo Superior Tribunal de Justiça em julgamento de recursos repetitivos, ou em entendimento firmado em incidente de resolução de demandas repetitivas ou de assunção de competência, não cabe o duplo grau obrigatório. É verdade que sentenças proferidas com base em súmulas ou precedentes vinculantes podem ser reformadas se for provada a distinção do caso concreto ou a superação do entendimento consagrado, mas nesse caso caberá à Fazenda Pública a interposição de apelação, não se justificando a sujeição da sentença à remessa necessária em razão da excepcionalidade dos casos de distinção e superação.

Caso o juiz fundamente sua sentença em entendimento consolidado do ente estatal que é parte no processo, será dispensada a remessa necessária?

Trata-se de interessante novidade consagrada no art. 496, § 4º, IV, do Novo CPC, que dispensa o reexame necessário se a sentença estiver fundada em entendimento coincidente com orientação vinculante firmada no âmbito administrativo do próprio ente público, consolidada em manifestação, parecer ou súmula administrativa. Nesse caso, a própria pessoa jurídica de direito público não terá interesse em apelar da sentença, não tendo sentido a aplicação da remessa necessária. Caso o juiz aplique como fundamento de sua sentença entendimento coincidente com orientação vinculante firmada no âmbito administrativo do próprio ente público, consolidada em manifestação, parecer ou súmula administrativa, mas a pessoa jurídica de direito público entenda que existe distinção no caso concreto suficiente para demonstrar o equívoco judicial, deverá apelar da sentença, sem o que ela transitará em julgado.

13

PRECEDENTES

Qual é a diferença entre precedente, jurisprudência e súmula?

558

Precedente é qualquer julgamento utilizado como fundamento de outro julgamento que venha a ser posteriormente proferido. Há, entretanto, decisões que não têm aptidão para se tornar precedente, por exemplo, que não transcende o caso concreto, que aplica outro precedente ou a letra da lei. Já jurisprudência é o resultado de um conjunto de decisões judiciais proferidas pelos tribunais em um mesmo sentido e sobre uma mesma matéria. Súmula, por sua vez, é a consolidação objetiva da jurisprudência, ou seja, é a materialização objetiva da jurisprudência.

O que significa jurisprudência estável, íntegra e coerente?

559

O art. 926 do Novo CPC prevê que os tribunais devem uniformizar sua jurisprudência e mantê-la estável, íntegra e coerente. A estabilidade da jurisprudência impede que os tribunais simplesmente a abandonem ou a modifiquem sem qualquer justificativa plausível. Jurisprudência íntegra é aquela construída levando-se em consideração o histórico de decisões proferidas pelo tribunal a respeito da mesma matéria jurídica. A coerência assegura uma aplicação isonômica do entendimento consolidado em casos semelhantes.

560 Todos os precedentes previstos no art. 927 do Novo CPC são vinculantes?

*Acesse o **QR Code** e assista à aula explicativa sobre este assunto.*

https://goo.gl/iJNXmx

561 Há posicionamento dos tribunais superiores indicando se as súmulas previstas no art. 927, IV, do Novo CPC e os precedentes previstos no inciso seguinte têm eficácia vinculante?

Com relação aos precedentes criados em julgamento de plenário ou órgão especial já há precedentes tanto de órgão fracionário (STJ, 1ª Turma, HC 370.687/SP, Rel. Min. Reynaldo Soares da Fonseca, j. 18/10/2016, *DJe* 27/10/2016) como da Corte Especial (STJ, Corte Especial, PET no AREsp 957821/MS, Rel. Min. Raul Araújo, Rel. p/ acordão Min. Nancy Andrighi, j. 20/11/2017, *DJe* 19/12/2017) no sentido da eficácia vinculante. Já com relação às súmulas previstas no art. 927, IV, do Novo CPC, o tribunal parece ter entendimento diferente, no sentido de serem meramente persuasivas (*Informativo* 600/STJ, 3ª Turma, REsp 1.655.722/SC, Rel. Min. Nancy Andrighi, j. 14/03/2017, *DJe* 22/03/2017), ainda que com alguma eficácia vinculante horizontal, ou seja, com vinculação para o próprio tribunal que editou a súmula (STJ, 2ª Turma, AgInt no AREsp 853.152/RS, Rel. Min. Assusete Magalhães, j. 13/12/2016, *DJe* 19/12/2016).

562 Qual o remédio processual para impugnar decisão que viola precedente ou súmula com eficácia vinculante?

Da decisão que viola precedente vinculante formado no IRDR (Incidente de Resolução de Demandas Repetitivas) e no IAC (Incidente de Assunção de Competência), o art. 988, IV, do Novo CPC, prevê o cabimento de reclamação. Da decisão que viola precedente vinculante formado no julgamento de recursos especial e extraordinário repetitivo, o art. 988, § 5º, II, do Novo CPC, prevê o cabimento de reclamação, mas, nesse caso, o cabimento está condicionado ao esgotamento dos recursos ordinários contra a decisão. Da decisão que viola súmula vinculante, é cabível a reclamação, nos termos do art. 988, III, do Novo CPC. Por fim, da decisão que viola a súmula com eficácia vinculante (art. 927, IV, do Novo CPC), não cabe reclamação, sendo cabível o regular cabimento recursal.

563 **Quais são as formas de evitar a aplicação de precedente ou súmula com eficácia vinculante ao caso concreto?**

A primeira hipótese é a aplicação da distinção do caso concreto (*distinguishing*), quando se deixa de aplicar o precedente ou súmula sem sua revogação. Trata-se de situação particularizada por hipótese fática distinta ou questão jurídica não examinada, a impor solução jurídica diversa. A segunda hipótese é a superação do precedente ou do entendimento sumulado (*overruling*), quando resta superada pelo próprio tribunal a tese jurídica. A superação depende de superveniente e significativa mudança na realidade econômica, política, social ou jurídica, da revogação ou da modificação de norma em que se fundou a tese do precedente ou de erro manifesto ou grave injustiça, assim reconhecidos pelo tribunal.

564 **Na superação do entendimento consolidado em precedente vinculante é possível a modulação dos efeitos?**

A possibilidade de modulação de efeitos na superação do precedente vinculante vem prevista no art. 927, § 3º, do Novo CPC. Segundo o dispositivo legal, na hipótese de alteração de jurisprudência dominante do Supremo Tribunal Federal e dos tribunais superiores ou daquela oriunda de julgamento de casos repetitivos, pode haver modulação dos efeitos da alteração no interesse social e no da segurança jurídica. O Enunciado 76 da I Jornada de Direito Processual Civil do CJF ("É considerada omissa, para efeitos do cabimento dos embargos de declaração, a decisão que, na superação de precedente, não se manifesta sobre a modulação de efeitos") considera que, ainda que o órgão julgador não esteja obrigado a modular os efeitos da superação, tem o dever de se manifestar sobre o tema, sendo sua omissão passível de correção por meio de embargos de declaração.

565 **O Supremo Tribunal Federal está vinculado à súmula do Superior Tribunal de Justiça que tenha como objeto matéria infraconstitucional?**

Partindo-se da premissa de que o art. 927, IV, do Novo CPC, consagra hipótese de súmula com eficácia vinculante, é natural que tendo a súmula do Superior Tribunal de Justiça como objeto de matéria infraconstitucional, tal eficácia vincule a todos os órgãos jurisdicionais, inclusive o Supremo Tribunal Federal. Mesmo que hierarquicamente possa se imaginar o Supremo Tribunal Federal acima do Superior Tribunal de Justiça, é deste a palavra final sobre a interpretação da norma federal, cabendo ao Supremo Tribunal Federal respeitar tal decisão.

566 **Toda súmula do Supremo Tribunal Federal passará a ter eficácia vinculante no Novo Código de Processo Civil?**

Nos termos do art. 927, IV, do Novo CPC, somente a súmula em matéria constitucional editada pelo Supremo Tribunal Federal tem eficácia vinculante, de forma que as súmulas que versem sobre matéria infraconstitucional continuam a ser meramente persuasivas.

567 **É correto dizer que está consagrada, de acordo com o Novo Código de Processo Civil, a teoria da transcendência dos efeitos determinantes no controle concentrado de constitucionalidade?**

Partindo-se da premissa de que é a *ratio decidendi* (fundamentos determinantes da decisão) que vincula e que o art. 927, I, do Novo CPC cria uma hipótese de precedente vinculante, a teoria da transcendência dos motivos determinantes está consagrada no novo diploma processual.

568 **Qual a relevância da distinção entre *ratio decidendi* e *obter dicta*?**

A *ratio decidendi* é o núcleo do precedente, seus fundamentos determinantes, sendo exatamente o que vincula. O fundamento *obter dicta*, por sua vez, é aquele prescindível ao resultado do julgamento, ou seja, são embasamentos que, mesmo se fossem em sentido invertido, não alterariam o resultado do julgamento. São argumentos jurídicos ou considerações feitas apenas de passagem, de forma paralela e prescindível para o julgamento, só hipoteticamente consideradas. A distinção é importante porque somente a *ratio decidendi* é vinculante (STJ, 2ª Turma, REsp 1.441.457/RS, Rel. Min. Mauro Campbell Marques, j. 16/03/2017, *DJe* 22/03/2017). Nos termos do Enunciado 59 da I Jornada de Direito Processual Civil do CJF: "Não é exigível identidade absoluta entre casos para a aplicação de um precedente, seja ele vinculante ou não, bastando que ambos possam compartilhar os mesmos fundamentos determinantes".

569 **Por que os julgadores, ao criarem precedentes vinculantes, deverão aderir à fundamentação e não à conclusão dos votos precedentes?**

Essa nova técnica de julgamento é essencial na formação dos precedentes porque não é a conclusão do julgamento que vincula, e sim suas razões determinantes, de forma que cabe aos julgadores concordarem não só na parte dispositiva, mas também na fundamentação do julgamento.

Teoria Geral
dos Recursos

1

EFEITOS RECURSAIS

- O efeito obstativo impede a geração da preclusão temporal da decisão recorrida.
- Pelo efeito devolutivo há transferência ao órgão *ad quem* do conhecimento de matérias já decididas pelo órgão *a quo*.
- A dimensão horizontal (extensão) da devolução diz respeito à matéria em relação à qual uma nova decisão é pedida (*tantum devolutum quanto appellatum*).
- A dimensão vertical (profundidade) do efeito devolutivo diz respeito ao material com o qual o órgão julgador trabalhará para decidir o recurso (independe da vontade do recorrente).
- O efeito suspensivo do recurso impede a geração de efeitos da decisão impugnada.
- Efeito suspensivo próprio (*ope legis*) é aquele previsto expressamente em lei, quando a decisão recorrível é ineficaz desde sua prolação.
- Efeito suspensivo impróprio (*ope iudicis*) é aquele concedido pelo juiz no caso concreto desde que o recorrente faça pedido nesse sentido e demonstre o preenchimento dos requisitos previstos no art. 995, parágrafo único, do Novo CPC.
- O efeito translativo permite ao tribunal o conhecimento originário de matérias conhecíveis de ofício.
- Pelo efeito expansivo, atinge-se pelo julgamento do recurso objeto não constante no recurso e sujeito que dele não participou.

- O efeito substitutivo gera a substituição da decisão impugnada pela decisão do recurso.
- Pelo efeito regressivo admite-se a retratação do órgão prolator da decisão recorrida.

570 **No julgamento de recurso excepcional, o tribunal superior pode enfrentar questões não decididas em aplicação da profundidade do efeito devolutivo?**

O problema de aplicar a profundidade do efeito devolutivo aos recursos especial e extraordinário é a exigência do prequestionamento, já que o conhecimento originário de matérias esbarra na exigência de que toda matéria enfrentada pelos tribunais superiores nessa espécie de recurso tenha sido expressamente decidida na decisão recorrida. Parcela da doutrina vem defendendo que o art. 1.034, parágrafo único, do Novo CPC teria consagrado a profundidade do efeito devolutivo nos recursos excepcionais. Segundo o dispositivo, admitido o recurso extraordinário ou o recurso especial por um fundamento, devolve-se ao tribunal superior o conhecimento dos demais fundamentos para a solução do capítulo impugnado. Não tenho grandes esperanças de que o entendimento vá vingar, até porque o previsto no art. 1.034, parágrafo único, do Novo CPC já se encontra na Súmula 292/STF, não havendo notícia de que o entendimento sumulado tenha sido suficiente para os tribunais superiores afastarem a exigência do prequestionamento em razão da geração do efeito devolutivo em sua profundidade. Há, inclusive, precedente do Superior Tribunal de Justiça nesse sentido (STJ, 6ª Turma, AgRg no REsp 1.637.132/RO, Rel. Min. Sebastião Reis Júnior, j. 01/06/2017, *DJe* 21/06/2017).

571 **No julgamento de recurso excepcional, o tribunal superior pode conhecer matéria de ordem pública não suscitada em graus inferiores?**

Trata-se da discussão da geração do efeito translativo nos recursos especial e extraordinário à luz da exigência do prequestionamento, porque por meio desse efeito o tribunal conhece originariamente de matéria que não foi decidida anteriormente. Na vigência do CPC/1973, os tribunais superiores pacificaram o entendimento de que mesmo as matérias cognoscíveis de ofício deveriam ser prequestionadas, afastando dessa forma o efeito translativo dos recursos excepcionais. Parcela da doutrina vem defendendo que, em razão da previsão do art. 1.034, *caput*, do Novo CPC, esse consolidado entendimento teria que ser modificado. Nos termos do dispositivo, admitido o recurso extraordinário ou o recurso especial, o Supremo Tribunal Federal ou o Superior Tribunal de Justiça julgará o processo, aplicando o direito, o que nessa compreensão doutrinária envolve as matérias cognoscíveis de ofício, ainda que sem decisão prévia a seu respeito. Não tenho grandes esperanças de que o entendimento vá vingar, até porque o previsto no art. 1.034, parágrafo único, do Novo CPC já se encontra na Súmula 456/STF e no art. 257 do Regimento Interno do Superior Tribunal de Justiça. Há, inclusive, precedente do Superior Tribunal de Justiça nesse sentido (STJ, 6ª Turma, AgRg no REsp 1.637.132/RO, Rel. Min. Sebastião Reis Júnior, j. 01/06/2017, *DJe* 21/06/2017).

572 **Caso a sentença, fundada exclusivamente em prescrição, seja reformada pela apelação, o tribunal de segundo grau poderá enfrentar outras matérias de defesa formuladas pelo réu e não decididas em primeiro grau?**

A resposta afirmativa tem como fundamento a profundidade do efeito devolutivo da apelação, devidamente consagrado no art. 1.013, § 2º, do Novo CPC. Embora tal dispositivo já seja o suficiente para o tribunal enfrentar outras matérias de defesa formuladas pelo réu e não decididas em primeiro grau ao afastar a prescrição reconhecida na sentença, o art. 1.013, § 4º, do Novo CPC trata especificamente dessa hipótese ao prever que, quando reformar sentença que reconheça a decadência ou a prescrição, o tribunal, se possível, julgará o mérito, examinando as demais questões, sem determinar o retorno do processo ao juízo de primeiro grau. O interessante do dispositivo é explicitar que o julgamento dos demais fundamentos de defesa do réu nesse caso só correrá quando possível, ou seja, desde que tais fundamentos estejam maduros para imediato enfrentamento. Se for necessária a produção de prova ou a tomada de providências de outra natureza antes de se enfrentarem os demais fundamentos de defesa, o tribunal deverá devolver o processo ao primeiro grau, não sendo, nessa hipótese, gerado o efeito devolutivo em sua profundidade.

573 **É possível obter efeito suspensivo quando o recurso não tem tal efeito previsto em lei?**

Se não houver previsão legal de efeito suspensivo (*ope legis*), o recorrente poderá em qualquer espécie de recurso obtê-lo no caso concreto desde que assim requeira expressamente e convença o juiz ou relator do preenchimento dos requisitos legais (*ope iudicis*). Para os recursos em geral, os requisitos estão previstos no art. 995, parágrafo único, do Novo CPC: houver risco de dano grave, de difícil ou impossível reparação em razão da imediata produção de efeitos da decisão e ficar demonstrada a probabilidade de provimento do recurso. Como se pode notar, são os típicos requisitos da tutela de urgência. Para a apelação e embargos de declaração há regra própria, consagrada nos arts. 1.012, § 4º, e 1.026, § 1º, ambos do Novo CPC, que, além de justificar a concessão de efeito suspensivo em tutela de urgência, também a admite com base na tutela da evidência. Segundo os dispositivos legais, a eficácia da decisão recorrida poderá ser suspensa pelo juiz ou relator se o recorrente demonstrar a probabilidade de provimento do recurso ou se, sendo relevante a fundamentação, houver risco de dano grave ou de difícil reparação.

574 **Qual é a competência para conhecer o requerimento de efeito suspensivo da apelação?**

A competência dependerá do momento no qual o requerimento de efeito suspensivo for formulado. Nos termos do art. 1.012, § 3º, do Novo CPC, no período compreendido entre a interposição da apelação e sua distribuição, a competência para decidir sobre o pedido de concessão de efeito suspensivo será do tribunal de segundo grau competente para o julgamento da apelação, ficando nessa hipótese o relator designado para seu exame prevento para o julgamento do recurso; caso a apelação já tenha sido distribuída no tribunal, o requerimento será encaminhado ao relator já designado, que tem competência delegada pelo órgão colegiado para decidir o pedido, nos termos do art. 932, I, do Novo CPC.

575 **Qual é a competência para conhecer o requerimento de efeito suspensivo no recurso especial e extraordinário?**

A competência dependerá do momento no qual o requerimento de efeito suspensivo for formulado, nos termos do art. 1.029, § 5º, do Novo CPC. No período compreendido entre a interposição do recurso e a publicação da decisão de admissão dele, assim como no caso de o recurso ter sido sobrestado em razão de julgamento repetitivo, o requerimento será dirigido ao presidente ou vice-presidente do tribunal recorrido. No período compreendido entre a publicação da decisão de admissão do recurso e sua distribuição, o requerimento será dirigido ao tribunal superior respectivo, ficando o relator designado para seu exame prevento para o julgamento do recurso. Caso o recurso já tenha sido distribuído no tribunal superior, o requerimento será dirigido ao relator já sorteado, que tem competência delegada pelo órgão colegiado para decidir o pedido, nos termos do art. 932, I, do Novo CPC. As novas regras previstas pelo art. 1.029, § 5º, do Novo CPC na realidade consagram o entendimento consolidado nas Súmulas 634 e 635 do Supremo Tribunal Federal.

576 **Qual a forma procedimental para pedir efeito suspensivo ao recurso?**

Não há maior dificuldade na elaboração de pedido de concessão de efeito suspensivo nos recursos interpostos perante o próprio tribunal competente para o seu julgamento, como ocorre, por exemplo, no agravo de instrumento. Nesse caso, o recorrente pode incluir um tópico na própria peça recursal ou, após a distribuição do recurso, peticionar para o relator. Na hipótese de o recurso ser interposto perante o órgão prolator da decisão recorrido e somente depois ser encaminhado para o órgão competente para o seu julgamento, como ocorre, por exemplo, com a apelação e os recursos excepcionais, é até possível formular o requerimento de efeito suspensivo como tópico da própria peça recursal, mas, se o caso é realmente de urgência, não tem sentido formular tal pedido dessa forma, porque ele só será analisado pelo relator depois da distribuição do recurso, o que tende a demorar. Ainda que os autos do processo estejam no juízo *a quo*, o recorrente, em razão da urgência, não pode esperar para formular o requerimento somente depois da chegada dos autos no juízo *ad quem*. Na vigência do CPC/1973 se consagrou na prática a utilização de ação cautelar inominada com pedido de liminar como forma de pedido de concessão de efeito suspensivo, a ser distribuída no tribunal, gerando a prevenção do relator. Ocorre, entretanto, que o Novo Código de Processo Civil suprimiu do sistema processual a ação cautelar incidental, não sendo mais possível manter a prática já consolidada. Nesses termos, os arts. 1.012, § 3º (apelação), e 1.029, § 5º (recurso especial e extraordinário), ambos do Novo CPC, preveem expressamente que a forma procedimental para o requerimento de concessão de efeito suspensivo é uma mera petição.

577 A quantidade de apelações sem efeito suspensivo tende a aumentar no Novo CPC?

*Acesse o **QR Code** e assista à aula explicativa sobre este assunto.*

https://goo.gl/JY43BN

578 Interpostos embargos de declaração contra sentença, a decisão impugnada passa a ter eficácia imediata?

O art. 1.026, *caput*, do Novo CPC dispõe que os embargos de declaração não têm efeito suspensivo, de modo que sua interposição não impede a geração de efeitos da decisão impugnada. Ocorre, entretanto, que da mesma forma que essa espécie recursal não tem efeito suspensivo, também não libera a geração de efeitos de decisão que antes de sua interposição já era ineficaz. A existência de efeito suspensivo previsto em lei torna a decisão recorrível por tal recurso ineficaz desde sua prolação, de maneira que o recurso, ao ser interposto, apenas prorroga o estado natural de ineficácia da decisão impugnada. Por outro lado, se o recurso não tem efeito suspensivo estabelecido em lei, a decisão já é eficaz desde sua prolação, sendo justamente a decisão do juiz ou relator ao conceder o efeito suspensivo impróprio que suspende a geração dos efeitos da decisão impugnada. Dessa forma, se a decisão embargada já era ineficaz, assim continuará sendo com a interposição dos embargos de declaração; caso a decisão já estivesse gerando efeitos, os embargos de declaração não os suspendem. Por exemplo, embargos contra decisão interlocutória não suspendem seus efeitos porque o agravo de instrumento não tem efeito suspensivo próprio; já contra sentença, a decisão continua a ser ineficaz diante da interposição de embargos, visto que a apelação, ao menos em regra, tem efeito suspensivo previsto em lei. Registre-se, por fim, que o efeito suspensivo impróprio pode ser concedido nos embargos de declaração, nos termos do art. 1.026, § 1º, do Novo CPC.

579

O efeito regressivo passou a ser a regra no recurso de apelação?

Como já era previsto no CPC/1973, o novo diploma processual manteve o efeito regressivo na apelação interposta contra as sentenças liminares, ou seja, aquelas proferidas antes da citação do réu. Nesse sentido, as disposições do art. 331, *caput* (indeferimento da petição inicial), e art. 332, § 3º (improcedência liminar do pedido), ambos do Novo CPC. A novidade fica por conta do art. 485, § 7º, do Novo CPC, que passa a prever o efeito regressivo em toda apelação interposta contra sentença terminativa, proferida, portanto, mesmo depois de o réu já ter sido integrado à relação jurídica processual por meio de sua citação.

580

Como compatibilizar o efeito regressivo na apelação e a competência para o juízo de admissibilidade do recurso?

Não será fácil, considerando-se que o juízo de primeiro grau não tem mais competência para fazer o juízo de admissibilidade da apelação, ainda que tenha competência para se retratar das sentenças nas hipóteses previstas nos arts. 331, *caput*, 332, § 3º, e 485, § 7º, todos do Novo CPC. O recurso só pode gerar efeitos, inclusive o regressivo, se for admissível, havendo, portanto, uma ordem cronológica entre os juízos de admissibilidade e de retratação: antes aquele e depois este. Há, portanto, incompatibilidade lógica e jurídica do novo diploma processual ao autorizar ao juiz sentenciante se retratar da sentença quando ele não tem mais competência para o juízo de admissibilidade recursal. Na prática, imagino que o juiz de primeiro grau realizará um juízo informal da admissibilidade, e, caso entenda a apelação inadmissível, não irá se retratar da sentença, encaminhando o recurso ao tribunal competente; na hipótese de entender o recurso admissível, mesmo que não se manifeste expressamente a esse respeito, o juiz sentenciante, se for o caso, se retratará de sua sentença.

581

Como proceder se o juiz de primeiro grau se retratar da sentença diante de apelação inadmissível?

Como o juízo de primeiro grau não tem mais competência para fazer o juízo de admissibilidade da apelação, caso se retrate da sentença em razão da interposição desse recurso, o que pode fazer nas hipóteses previstas nos arts. 331, *caput*, 332, § 3º, e 485, § 7º, todos do Novo CPC, não haverá decisão expressa a respeito da admissão da apelação. O Enunciado 68 da I Jornada de Direito Processual Civil do CJF chega a afirmar que a intempestividade da apelação desautoriza o órgão *a quo* a proferir juízo positivo de retratação. Entendo, entretanto, que por uma questão de ordem cronológica só seria possível ao juiz retratar-se de sua sentença se tiver, ainda que tacitamente, decidido pela admissibilidade recursal. Sei que o tema da decisão implícita é um verdadeiro tabu, já que, se toda decisão precisa ser motivada, a decisão tácita será sempre nula por ausência de fundamentação, mas no caso em questão o raciocínio servirá para justificar o meio de impugnação da decisão de retratação no caso de apelação inadmissível. Trata-se, evidentemente, de decisão interlocutória, já que a anulação da sentença fará com que o procedimento retome seu seguimento, mas, por ausência de sua previsão no rol do art. 1.015 do Novo CPC, ela não é recorrível por agravo de instrumento. O cabimento nesse caso da apelação ou contrarrazões como recurso cabível contra a decisão parece não ser capaz de resolver eficazmente a sucumbência da parte, sendo cabível o mandado de segurança. Mas há outro caminho possível, o da reclamação. Como o juiz não pode se retratar sem conhecer o recurso, ao anular sua própria sentença, terá, ainda que implicitamente, recebido a apelação, praticando ato de competência exclusiva do tribunal de segundo grau. Terá, portanto, usurpado de competência do tribunal e nesse caso será cabível reclamação, nos termos do art. 988, I, do Novo CPC.

2

PRINCÍPIOS RECURSAIS

- O princípio do duplo grau de jurisdição garante o reexame da decisão da causa, podendo ser excepcionalmente afastado em prol dos princípios da economia processual e da duração razoável do processo.
- Pelo princípio da taxatividade (legalidade), só é recurso o meio de impugnação previsto como tal em lei federal.
- O princípio da singularidade (unirrecorribilidade/unicidade) exige que de cada decisão seja cabível apenas uma espécie recursal.
- O princípio da voluntariedade exige da parte interessada em recorrer a materialização da vontade de recorrer por meio da interposição do recurso.
- O princípio da dialeticidade exige que de todo recurso conste fundamentação (causa de pedir recursal) e pedido.
- É possível, desde que preenchidos determinados requisitos, o recebimento de uma espécie de recurso por outra, em aplicação do princípio da fungibilidade.
- A parte recorrente não pode ter sua situação prejudicada pelo julgamento de seu próprio recurso em razão do princípio da proibição da *reformatio in pejus*.
- Em razão do princípio da consumação, o recurso interposto não pode ser substituído por outro.

582 **O relator pode receber embargos de declaração interpostos contra decisão monocrática como agravo interno?**

Nos termos do art. 1.024, § 3º, do Novo CPC, o órgão julgador conhecerá dos embargos de declaração como agravo interno se entender ser este o recurso cabível, desde que determine previamente a intimação do recorrente para, no prazo de cinco dias, complementar as razões recursais, de modo a ajustá-las às exigências do art. 1.021, § 1º, do Novo CPC. O dispositivo não afasta o cabimento de embargos de declaração da decisão monocrática do relator, até porque o art. 1.024, § 2º, do Novo CPC prevê que quando os embargos de declaração forem opostos contra decisão de relator ou outra decisão unipessoal proferida em tribunal, o órgão prolator da decisão embargada decidi-los-á monocraticamente. De qualquer forma, o mais interessante do art. 1.024, § 3º, do Novo CPC é a expressa previsão de que o recorrente sempre terá oportunidade de adaptar suas razões recursais, formuladas por ele para os embargos de declaração, às razões recursais do agravo interno, espécie recursal que afinal será julgada pelo tribunal.

583 **Basta que sejam interpostos embargos de declaração de decisão monocrática do relator para que o recurso seja recebido como agravo interno?**

Uma resposta em sentido positivo seria dizer que a decisão monocrática do relator não é impugnável por embargos de declaração. Tratar-se-ia de interpretação *contra legem*, já que o art. 1.022, *caput*, do Novo CPC prevê o cabimento dos embargos de declaração contra qualquer espécie de decisão, além de ilógica e sem qualquer justificativa plausível. Dessa forma, se a parte interpõe embargos de declaração com o exclusivo objetivo de sanear um ou mais dos vícios formais previstos nos incisos do art. 1.022 do Novo CPC, o relator deverá julgar o recurso como embargos de declaração (art. 1.024, § 2º, do Novo CPC). A fungibilidade prevista pelo art. 1.024, § 3º, do Novo CPC, tem, portanto, aplicabilidade limitada aos embargos de declaração com efeitos infringentes, que são aqueles que pretendem a reforma ou a anulação da decisão, e não meramente a melhora de sua qualidade formal (STJ, 2ª Turma, EDcl no REsp 1.460.403/PR, Rel. Min. Francisco Falcão, j. 16/11/2017, *DJe* 22/11/2017; STF, 1ª Turma, RE

861.823 ED/SC, Rel. Min. Alexandre de Moraes, j. 11/12/2017, *DJe* 19/12/2017).

584 **Sendo hipótese de conversão dos embargos de declaração em agravo interno o recorrente será sempre intimado para complementar suas razões recursais?**

Os tribunais superiores consolidaram o entendimento de que, tendo o recorrente por meio dos embargos de declaração com efeitos infringentes impugnado todos os fundamentos da decisão monocrática, não há mais o que complementar, sendo nesse caso a intimação prevista em lei dispensada (STF, 1ª Turma, ARE 977.156 ED/PR, Rel. Min. Alexandre de Moraes, j. 24/11/2017, *DJe* 07/12/2017; STJ, EDcl no AgInt nos EAREsp 712.743/CE, Rel. Min. Luis Felipe Salomão, j. 19/12/2016, *DJe* 07/02/2017). Caso o advogado interponha embargos de declaração pretendendo, por qualquer razão, se aproveitar da fungibilidade ora analisada, deverá tomar o cuidado de não fazer um recurso completo contra a decisão monocrática, chamando de embargos de declaração o que efetivamente é um agravo interno.

585 **Qual a consequência de a parte deixar de complementar suas razões recursais após o relator converter os embargos de declaração em agravo interno?**

É o próprio art. 1.024, § 3º, do Novo CPC, que prevê ser a complementação das razões recursais necessária no caso concreto para adequar o recurso interposto às exigências do art. 1.021, § 1º, do Novo CPC, ou seja, para que o recorrente tenha a oportunidade de impugnar especificamente todos os fundamentos da decisão recorrida. Caso o recorrente mantenha-se inerte, o recurso será inadmitido justamente pela ausência dessa impugnação específica às razões decisórias (STF, 1ª Turma, ARE 1.045.436 ED/SP, Rel. Min. Alexandre de Moraes, j. 30/06/2017, *DJe* 07/08/2017; STJ, 2ª Turma, EDcl no REsp 1.653.703/PE, Rel. Min. Og Fernandes, j. 19/09/2017, *DJe* 22/09/2017). Cabe ao advogado, portanto, sempre diligenciar para complementar suas razões recursais, ainda que entenda que no recurso interposto já tenha exaurido a fundamentação possível, porque sua inércia levará inexoravelmente à inadmissão do recurso.

Existe fungibilidade entre recurso especial e recurso extraordinário?

Trata-se de interessante inovação do Novo Código de Processo Civil, que inclusive contraria a jurisprudência dos tribunais superiores formada na vigência do CPC/1973, que inadmitia a fungibilidade entre recurso especial e recurso extraordinário com o argumento de que a interposição de um no lugar de outro era erro grosseiro. Nos termos do art. 1.032, *caput*, do Novo CPC, se o relator, no Superior Tribunal de Justiça, entender que o recurso especial versa sobre questão constitucional, deverá conceder prazo de 15 dias para que o recorrente demonstre a existência de repercussão geral e se manifeste sobre a questão constitucional, remetendo o processo ao Supremo Tribunal Federal após realizadas as devidas adequações. Por outro lado, se o Supremo Tribunal Federal considerar reflexa a ofensa à Constituição afirmada no recurso extraordinário, por pressupor a revisão da interpretação de lei federal ou de tratado, remetê-lo-á ao Superior Tribunal de Justiça para julgamento como recurso especial. Essa fungibilidade torna impossível o limbo jurisdicional criado pela inadmissão do recurso especial com o argumento de a matéria ser constitucional e a inadmissão do recurso extraordinário com o argumento de que a matéria é de lei federal.

O princípio do contraditório é respeitado no recebimento de recurso especial como extraordinário?

Nos termos do art. 1.032, *caput*, do CPC, caso o relator, no Superior Tribunal de Justiça, entenda que o recurso especial versa sobre questão constitucional, deverá conceder prazo de 15 dias para que o recorrente demonstre a existência de repercussão geral e se manifeste sobre a questão constitucional. Não há na norma legal, entretanto, a previsão de intimação do recorrido para que adite suas contrarrazões, nos limites da complementação realizada pelo recorrente. A omissão legal claramente viola o princípio do contraditório e da isonomia, porque permite ao recorrente adequar sua pretensão recursal, mas não faz o mesmo com o recorrido quanto à sua resposta ao recurso. Dessa forma, é correto o Enunciado 79 da I Jornada de Direito Processual Civil do CJF no sentido de que cabe ao relator, após possibilitar que o recorrente adite o seu recurso para inclusão de preliminar sustentando a existência de repercussão geral, oportunizar ao recorrido que, igualmente, adite suas contrarrazões para sustentar a inexistência da repercussão.

588 **O recorrente será intimado para adequar suas razões recursais na hipótese de o relator receber o recurso extraordinário interposto como recurso especial?**

Diferentemente do que ocorre no art. 1.032, *caput*, do Novo CPC, no art. 1.033 do mesmo diploma processual não há previsão para o recorrente, diante da aplicação da fungibilidade recursal, adequar suas razões recursais. A omissão legal é injustificável, porque recebendo-se um recurso por outro, o mais correto será intimar o recorrente para que ele adéque as razões recursais à nova espécie recursal. E feito isso, deve o recorrido também ser intimado para aditar suas contrarrazões, em respeito aos princípios do contraditório e da isonomia. Nesses termos é o Enunciado 80 da I Jornada de Direito Processual Civil do CJF: "Quando o Supremo Tribunal Federal considerar como reflexa a ofensa à Constituição afirmada no recurso extraordinário, deverá, antes de remetê-lo ao Superior Tribunal de Justiça para julgamento como recurso especial, conceder prazo de quinze dias para que as partes complementem suas razões e contrarrazões de recurso".

589 **O entendimento consagrado na Súmula 126/STJ impede a fungibilidade entre recurso especial e extraordinário?**

A parte não é, em regra, obrigada a interpor recurso extraordinário e especial contra o acórdão, podendo optar pela interposição de ambos ou de qualquer um deles. Ocorre, entretanto, que, havendo no acórdão fundamentos constitucional e de lei federal, sendo cada qual apto a sozinho manter a decisão, a parte terá o ônus de ingressar com ambos os recursos (Súmula 126/STJ). A interposição de somente um deles não é apta concretamente a reverter a sucumbência suportada pelo recorrente, de forma que com o ingresso de somente um desses recursos haverá falta de interesse recursal. Na realidade, a parte não só terá o ônus de ingressar com os dois recursos, como, para ter sua pretensão atendida, se sagrar vitoriosa em ambos, única forma de conseguir reformar a decisão impugnada. No caso de interposição de apenas recurso especial com fundamento em matéria constitucional, será inútil a aplicação da fungibilidade recursal, porque mesmo que esse recurso seja recebido como recurso extraordinário, continuará faltando interesse recursal (STJ, 5ª Turma, AgRg no REsp 1.665.154/RS, Rel. Min. Felix Fischer, j. 15/08/2017, *DJe* 30/08/2017). O mesmo deve ser considerado na hipótese de interposição apenas de recurso extraordinário com fundamento em ofensa reflexa à norma federal.

590 **A propositura de recurso especial e extraordinário impede a aplicação do princípio da fungibilidade entre eles consagrado nos arts. 1.032 e 1.033 do Novo CPC?**

Em alguns casos, em dúvida a respeito de o fundamento da decisão a ser recorrida ser constitucional ou federal, o advogado interpõe recurso especial e extraordinário, com basicamente a mesma causa de pedir recursal, ou seja, impugnando o mesmo fundamento da decisão recorrida. Ainda que tal postura já não seja mais necessária em razão da fungibilidade prevista nos arts. 1.032 e 1.033 do Novo CPC, trata-se de postura defensiva comum na praxe forense. Nesse caso, não há necessidade de aplicação da fungibilidade recursal. A conversão de recurso especial em extraordinário apenas criaria um recurso com mesmo conteúdo de outro já interposto (STJ, 2ª Turma, AgRg no REsp 1.665.154/RS, Rel. Min. Mauro Campbell Marques, j. 16/05/2017, *DJe* 22/05/2017). O mesmo ocorre na conversão de recurso extraordinário em recurso especial, porque nesse caso estar-se-á criando um recurso com fundamento idêntico de um recurso especial já julgado pelo Superior Tribunal de Justiça (STF, 2ª Turma, AI 864.807 AgR/SC, Rel. Min. Ricardo Lewandowski, j. 02/12/2016, *DJe* 15/12/2016).

591 **Qualquer ofensa reflexa admite o recebimento de recurso extraordinário como recurso especial?**

Para fins de admissibilidade de recurso extraordinário, o Supremo Tribunal Federal não admite a ofensa reflexa (indireta ou oblíqua) à norma constitucional, exigindo que a ofensa seja direta, ou seja, se a decisão ofendeu uma norma infraconstitucional e somente de maneira reflexa atingiu a Constituição Federal, não caberá recurso extraordinário. Sendo essa norma infraconstitucional municipal ou estadual não há como se aplicar a fungibilidade prevista pelo art. 1.033 do Novo CPC, porque nesse caso não será cabível o recurso extraordinário nem o recurso especial (STF, 2ª Turma,

ARE 1.054.505 AgR/RS, Min. Ricardo Lewandowski, j. 16/06/2017, *DJe* 22/06/2017).

592

É cabível o recebimento de recurso extraordinário como recurso especial na hipótese de recurso interposto contra decisão proferida em Colégio Recursal de Juizados Especiais?

Há uma diferença substancial quanto à decisão no tocante à sua recorribilidade pelos recursos excepcionais. Ainda que tanto para o recurso especial como para o recurso extraordinário a decisão necessite ser de única ou última instância, para o recurso especial ela deve ter sido proferida por tribunal, o que não ocorre com o recurso extraordinário (Súmula 640/STF: "É cabível recurso extraordinário contra decisão proferida por juiz de primeiro grau nas causas de alçada, ou por turma recursal de juizado especial cível e criminal"). Dessa forma, interposto recurso extraordinário contra decisão proferida em Colégio Recursal de Juizados Especiais (abstratamente cabível) e constatando-se ter ocorrido ofensa reflexa à norma federal, não cabe aplicação do art. 1.033 do CPC, porque a fungibilidade nesse caso criaria um recurso não admitido no microssistema dos Juizados Especiais (STF, Decisão monocrática no ARE 992.042/SP, Min. Roberto Barroso, j. 26/10/2016, *DJe* 04/11/2016).

593

A teoria do prazo menor continua a ser aplicável à fungibilidade recursal?

Acredito que a teoria do prazo menor tenha sido tacitamente superada em razão da uniformização dos prazos recursais em 15 dias, salvo na hipótese de embargos de declaração, que continua a ter prazo de cinco dias (art. 1.003, § 5º, do Novo CPC).

594

Caso a parte já tenha apelado da sentença e em razão de provimento de embargos de declaração da parte contrária venha a suportar sucumbência superveniente, poderá complementar sua apelação?

No sentido de pacífico entendimento jurisprudencial formado na vigência do CPC/1973, o art. 1.024, § 4º, do Novo CPC prevê que, caso o acolhimento dos embargos de declaração implique modificação da decisão embargada, o embargado que já tiver interposto outro recurso contra a decisão originária tem o direito de complementar ou alterar suas razões, nos exatos limites da modificação, no prazo de 15 dias, contado da intimação da decisão dos embargos de declaração. Consagra-se em lei, portanto, o princípio da complementariedade.

595 **O que é o princípio da primazia do julgamento do mérito recursal?**

Como há uma preferência ao julgamento do mérito da ação, devendo-se evitar ao máximo possível a prolação da sentença terminativa (arts. 139, IX, e 317 do Novo CPC), o mesmo fenômeno se repete no ambiente recursal, havendo aqui uma preferência pelo julgamento do mérito do recurso, devendo-se evitar ao máximo possível a inadmissão do recurso. Nesse sentido, além de algumas normas legais esparsas, tem essencial relevância o art. 932, parágrafo único, do Novo CPC, ao prever que antes de considerar inadmissível o recurso, o relator concederá o prazo de cinco dias ao recorrente para que seja sanado vício ou complementada a documentação exigível.

596 **Qual espécie de vício formal exige a aplicação do art. 932, parágrafo único, do Novo CPC?**

É natural que, havendo um vício insanável no recurso, não tem qualquer sentido a intimação do recorrente para saná-lo. Nesse caso, entretanto, ele deve ser intimado para se manifestar sobre o vício, antes da inadmissão monocrática, em respeito ao previsto no art. 9º, *caput*, do Novo CPC. Por outro lado, o Enunciado Administrativo 06 do Superior Tribunal de Justiça indica que somente os vícios estritamente formais levam à aplicação do art. 932, parágrafo único, do Novo CPC, dando a entender que vícios, ainda que formais e sanáveis, mas referentes ao conteúdo do recurso, não estão abrangidos pela norma legal ora analisada (STJ, 4ª Turma, RCD no AREsp 1.166.221/MG; Rel. Min. Luis Felipe Salomão, j. 05/12/2017, *DJe* 12/12/2017). O Supremo Tribunal Federal já teve oportunidade de corroborar tal entendimento ao decidir que o art. 932, parágrafo único, do Novo CPC não contempla a intimação do recorrente para complementação ou formulação da fundamentação recursal (*Informativo* 829/STF, 1ª Turma, ARE 953.221 AgR/SP, Rel. Min. Luiz Fux, j. 07/06/2016, *DJe* 05/08/2016). Há precedente do Superior Tribunal de Justiça afastando a aplicação do art.

932, parágrafo único, do Novo CPC, diante da ausência de comparação analítica entre acórdão recorrido e acórdão paradigma em recurso especial interposto com fundamento no art. 105, III, "c", da CF (STJ, 5ª Turma, AgRg no REsp 1.462.629/SC, Rel. Min. Joel Ilan Paciornik, j. 15/08/2017, *DJe* 23/08/2017).

597 | **O relator de recurso, entendendo haver vício insanável, pode inadmiti-lo sem antes intimar o recorrente para manifestação?**

Tratando-se de vício insanável, é natural a não aplicação do art. 932, parágrafo único, do Novo CPC, até porque referido dispositivo expressamente prevê a intimação do recorrente apenas na hipótese de vício sanável, o que é totalmente compreensível, já que nesse caso o recorrente é intimado para sanear o vício em cinco dias, o que só pode ocorrer sendo o vício sanável. O afastamento do art. 932, parágrafo único, do Novo CPC, entretanto, não dispensa o relator, antes de inadmitir o recurso, de intimar o recorrente, nos termos do art. 9º, *caput*, do Novo CPC. Sendo a decisão de inadmissão do recurso contrária ao recorrente, ele deve antes de sua prolação ser intimado para se manifestar a respeito do vício apontado pelo relator. No exercício do contraditório, o recorrente poderá convencer o relator de que não existe o vício apontado ou que o vício na realidade é sanável, sendo a melhor forma de demonstrar tal natureza do vício o seu saneamento imediato.

598 | **É possível preservar o princípio da primazia no julgamento do mérito recursal deixando-se de aplicar o art. 932, parágrafo único, do Novo CPC?**

Existem duas situações em que, mesmo não sendo aplicada a regra consagrada no art. 932, parágrafo único, do Novo CPC, o princípio da primazia no julgamento do mérito recursal será preservado. É possível que exista norma legal voltada a forma específica de saneamento de determinado vício formal do recurso, de forma que, mesmo não sendo aplicado o art. 932, parágrafo único, do Novo CPC, será possível ao recorrente sanear o vício e chegar ao julgamento do mérito recursal. Nesses casos, a norma específica prefere a norma geral, como ocorre, por exemplo, com o art. 1.007, § 4º, do Novo CPC, que prevê que para sanear o vício da ausência de comprovação do preparo no ato de interposição do recurso cabe ao recorrente recolher o preparo em dobro. Por outro lado, ainda que seja regra específica para os tribunais superiores, o art. 1.029, § 3º, do Novo CPC prevê que o Supremo Tribunal Federal ou o Superior Tribunal de Justiça poderá desconsiderar vício formal de recurso tempestivo ou determinar sua correção, desde que não o repute grave. Como se pode notar do dispositivo legal, o tribunal superior poderá simplesmente deixar de considerar o vício formal reputado não grave, chegando ao julgamento do mérito recursal sem nem mesmo haver a necessidade de saneamento do vício. Nesse caso, a aplicação do art. 932, parágrafo único, do Novo CPC será inútil.

599 **A aplicação do art. 1.029, § 3º, do Novo CPC é limitada a vícios sanáveis?**

Diferentemente do previsto no art. 932, parágrafo único, do Novo CPC, o art. 1.029, § 3º, do mesmo dispositivo legal não exige que o vício a ser desconsiderado pelo tribunal superior seja sanável. A distinção de tratamento tem lógica, porque se é impossível sanear vício insanável, na hipótese de desconsiderar o vício e julgar o mérito recursal é irrelevante o vício ser sanável ou insanável. A ausência de prequestionamento, por exemplo, é um vício insanável, já que o responsável por prequestionar a matéria não é o recorrente, e sim o órgão prolator da decisão recorrida. Dessa forma, de nada adiantaria intimar o recorrente para sanear tal vício em cinco dias (art. 932, parágrafo único, do Novo CPC), sendo possível, entretanto, desde que o tribunal superior não o considere grave, desconsiderar a ausência de prequestionamento e decidir o mérito recursal.

600 **Havendo decisão interlocutória com capítulo recorrível por agravo de instrumento e outro recorrível por apelação/contrarrazões, excepciona-se o princípio da unirrecorribilidade?**

O princípio da unirrecorribilidade, também chamado de unicidade ou singularidade, determina o cabimento de apenas uma espécie recursal de cada decisão. Há interessante debate doutrinário a respeito da preservação desse princípio na hipótese da questão ora formulada. Imagine-se uma decisão interlocutória que ao mesmo tempo indefere uma produção de prova pericial requerida por uma das partes e concede tutela antecipada. O primeiro capítulo não consta do rol do art. 1.015 do Novo CPC, enquanto o segundo capítulo está consagrado em seu inciso I. Não resta dúvida do cabimento do agravo de instrumento contra o capítulo que antecipou a tutela; a dúvida é se a parte poderia se aproveitar de tal recurso para também impugnar o capítulo referente ao indeferimento do requerimento probatório. Entendo que, em respeito ao princípio da unirrecorribilidade, deveria ser admitida a ampla impugnação em sede de agravo de instrumento, até porque as justificativas para a vedação ao cabimento de tal espécie de recurso (evitar número excessivo de recursos nos tribunais de segundo grau e algum tipo de embaraço ao andamento do processo em primeiro grau) são inaplicáveis ao caso concreto. É possível, entretanto, que seja criada mais uma exceção ao princípio, de forma a se entender agravável um capítulo e recorrível por apelação/contrarrazões outro.

601 **É cabível a interposição simultânea de agravo interno e de agravo em RE/REsp?**

A recorribilidade da decisão monocrática do presidente ou vice-presidente do tribunal de segundo grau que inadmite o seguimento de recurso especial e/ou extraordinário depende de seu conteúdo. Nos termos do art. 1.042, *caput*, do Novo CPC, cabe agravo em recurso extraordinário e especial contra decisão do presidente ou do vice-presidente do tribunal recorrido que inadmitir recurso extraordinário ou recurso especial, salvo quando fundada na aplicação de entendimento firmado em regime de repercussão geral ou em julgamento de recursos repetitivos, quando a decisão será recorrível por agravo interno (art. 1.021 do Novo CPC). Havendo capítulos na decisão com diferentes recorribilidades, há entendimento do Superior Tribunal de Justiça pela necessidade de ingresso de agravo interno (art. 1.021 do Novo CPC) e de agravo em RE/REsp (art. 1.042 do Novo CPC), em exceção ao princípio da unirrecorribilidade (STJ, 2ª Turma, AgInt no AREsp 827564/BA, Rel. Min. Mauro Campbell Marques, j. 12/12/2017, *DJe* 18/12/2017). No mesmo sentido o Enunciado 77 da I Jornada de Direito Processual Civil do CJF: "Para impugnar decisão que obsta trânsito a recurso excepcional e que contenha simultaneamente fundamento relacionado à sistemática dos recursos repetitivos ou da repercussão geral (art. 1.030, I, do CPC) e fundamento relacionado à análise dos pressupostos de admissibilidade recursais (art. 1.030, V, do CPC), a parte sucumbente deve interpor, simultaneamente, agravo interno (art. 1.021 do CPC) caso queira impugnar a parte relativa aos recursos repetitivos ou repercussão geral e agravo em recurso especial/extraordinário (art. 1.042 do CPC) caso queira impugnar a parte relativa aos fundamentos de inadmissão por ausência dos pressupostos recursais".

3
JUÍZO DE ADMISSIBILIDADE

- Análise da regularidade formal do recurso.
- São pressupostos intrínsecos de admissibilidade recursal aqueles referentes à própria existência do poder de recorrer: cabimento, legitimidade, interesse e inexistência de fato impeditivo ou extintivo do direito de recorrer.
- São pressupostos extrínsecos de admissibilidade recursal aqueles referentes ao modo de exercer esse poder: tempestividade, preparo e regularidade formal.
- A decisão que inadmite o recurso tem natureza declaratória com efeitos *ex tunc*.

A desistência do recurso impede seu julgamento?

Nos termos do art. 200 do Novo CPC, o único ato da parte que depende de homologação judicial para gerar efeitos é a desistência da ação, de forma que a desistência do recurso, quando expressada pelo recorrente, gera efeitos imediatos, independentemente de homologação pelo juiz ou relator. Na vigência do CPC/1973, notou-se uma espécie de manobra na desistência dos recursos especiais paradigmas no julgamento repetitivo na tentativa de evitar a formação do precedente. Contra tal postura, com fundamento na preservação da boa-fé processual, o Superior Tribunal de Justiça passou a rejeitar o pedido de desistência nesse caso e a julgar os recursos paradigmas. O entendimento, ainda que tenha uma premissa interessante de preservação da boa-fé, é flagrantemente ilegal por desconsiderar que o pedido de desistência do recurso gera efeitos imediatos. Na tentativa de equacionar esse problema, o art. 998, parágrafo único, do Novo CPC, prevê que a desistência do recurso não impede a análise de questão cuja repercussão geral já tenha sido reconhecida e objeto de julgamento de recursos extraordinários ou especiais repetitivos. O recurso, portanto, será extinto pela desistência, mas o precedente vinculante será formado ainda assim, criando a norma legal uma espécie de alma sem corpo. Ainda que estranha, a previsão do art. 998, parágrafo único, do Novo CPC certamente desestimulará a desistência do recurso quando escolhido como paradigma no julgamento repetitivo, porque nesse caso a parte não conseguirá evitar a criação do precedente, só tendo o ônus de não poder mais participar de sua formação por ter sido extinto seu recurso.

603 **Caso o recurso seja enviado pelo correio, o que será considerado para fins de contagem de prazo: a data do envio ou a data da recepção do recurso pelo tribunal?**

Superando em boa hora a Súmula 216/STJ, o art. 1.003, § 4º, do Novo CPC prevê que, para aferição da tempestividade do recurso remetido pelo correio, será considerada data de interposição a data de postagem, e não mais a data de recebimento do recurso na secretaria.

604 **O recurso interposto antes da intimação da parte é intempestivo?**

Na vigência do CPC/1973, foi criada a teoria de recurso prematuro, afirmando que o recurso interposto antes da intimação da parte era intempestivo *ante tempus*, e que a única forma de o recorrente evitar sua inadmissão era reiterá-lo no prazo recursal depois de ter sido intimado da decisão. Essa teoria, manifestamente fundada na utopia bárbara da jurisprudência defensiva, encontra-se superada em razão do previsto no art. 218, § 4º, do Novo CPC. Segundo o dispositivo legal, será considerado tempestivo o ato praticado antes do termo inicial do prazo, de forma que, sendo interposto recurso antes da intimação da parte, não há mais qualquer necessidade de sua reiteração depois de a intimação ter ocorrido para que seja considerado tempestivo.

Na interposição de recurso especial e extraordinário, a parte deve provar a existência de feriado local para demonstrar a tempestividade do recurso? Qual o momento adequado?

Quando há durante a contagem do prazo recursal um feriado local, esse dia não será computado, já que o art. 219, *caput*, do Novo CPC prevê que os prazos processuais se contam apenas em dias úteis. Nesse caso, para justificar a interposição dentro do prazo, cabe ao recorrente, nos termos do art. 1.003, § 6º, do Novo CPC, comprovar a ocorrência de feriado local no ato de interposição do recurso. É possível que o recorrente tenha se limitado a alegar a ocorrência de feriado local durante o prazo recursal, sem produzir prova nesse sentido, hipótese em que claramente será aplicável o art. 932, parágrafo único, do Novo CPC, cabendo a intimação do recorrente para juntar o documento comprobatório da ocorrência de feriado local no prazo de cinco dias. Caso o recorrente nem mesmo alegue o feriado local, o relator entenderá que o recurso é intempestivo, espécie de vício insanável, não sendo nesse caso cabível sua intimação para sanear o vício, nos termos do art. 932, parágrafo único, do Novo CPC (contra esse entendimento: Enunciado 66 da I Jornada de Direito Processual Civil do CJF: "Admite-se a correção da falta de comprovação do feriado local ou da suspensão do expediente forense, posteriormente à interposição do recurso, com fundamento no art. 932, parágrafo único, do CPC"). Ocorre, entretanto, que, sendo a inadmissão uma decisão contra o recorrente, em respeito ao art. 9º, *caput*, do Novo CPC, o relator não poderá proferi-la sem antes intimar o recorrente para se manifestar sobre o vício. Sendo intimado para tal finalidade, o recorrente poderá comprovar o feriado local e esclarecer que na realidade o recurso sempre foi tempestivo, com o que será afastada a inadmissibilidade do recurso, ao menos por esse motivo. Infelizmente, entretanto, os tribunais superiores pacificaram o entendimento de que, não sendo provado o feriado local no ato de interposição do recurso, há hipótese de inadmissão recursal liminar, sem intimação prévia do recorrente e tampouco chance posterior para o saneamento do vício (STJ, Corte Especial, AgInt no AREsp 957.821/MS, Rel. Min. Raul Araújo, Rel. p/ acórdão Min. Nancy Andrighi, j. 20/11/2017, *DJe* 19/12/2017; STF, 2ª Turma, ARE 1.033.168 AgR/RJ, Rel. Min. Dias Toffoli, j. 01/09/2017, *DJe* 18/09/2017).

A parte deve recolher o porte de remessa e retorno em processo que tramita em autos eletrônicos?

Não tem qualquer sentido lógico a cobrança de porte de remessa e retorno em processo que tramita em autos eletrônicos, já que essa espécie de custas processuais se destina à remuneração do trabalho administrativo do Poder Judiciário de transporte dos autos quando a interposição do recurso exige a participação de outro órgão jurisdicional distinto daquele que proferiu a decisão impugnada. Nos autos eletrônicos não há remessa nem retorno dos autos, não havendo, portanto, como cobrar por serviço não prestado. Nesse sentido, é elogiável a previsão do art. 1.007, § 3º, do Novo CPC, ao dispensar o recolhimento do porte de remessa e de retorno no processo em autos eletrônicos.

A falta de comprovação do recolhimento do preparo gera a inadmissão do recurso?

Na vigência do CPC/1973, a ausência de comprovação do recolhimento de preparo no ato de interposição do recurso era considerada vício insanável, sendo entendimento consagrado no Superior Tribunal de Justiça a inadmissão do recurso nesse caso, sem a possibilidade de a parte sanear tal vício posteriormente à interposição do recurso. No Novo Código de Processo Civil, o art. 1.007, § 4º, prevê que o recorrente que não comprovar, no ato de interposição do recurso, o recolhimento do preparo, inclusive porte de remessa e de retorno, será intimado, na pessoa de seu advogado, para realizar o recolhimento em dobro, sob pena de deserção. Cabe ao juiz fixar o prazo para o saneamento do vício, e, na hipótese de sua omissão, o prazo será de cinco dias (art. 218, § 3º, do Novo CPC). Como se pode notar, caso o recorrente interponha o recurso sem comprovar o recolhimento do preparo, deverá ser intimado para o saneamento do vício, sendo vedada a inadmissão recursal antes de dar tal oportunidade ao recorrente. A ausência de comprovação pode decorrer da ausência de recolhimento, já que não se pode comprovar o que não existe, e nesse caso não haverá maiores dificuldades de interpretar a regra consagrada no art. 1.007, § 4º, do Novo CPC, no sentido de ser necessário ao recorrente recolher o preparo em dobro e comprovar o recolhimento no prazo legal. É possível, por outro lado, que o recorrente recolha o preparo e deixe de comprovar o recolhimento no ato de interposição do recurso, hipótese em que a interpretação mais racional do art. 1.007, § 4º, do

Novo CPC é de que terá que recolher o mesmo valor já recolhido e comprovar tanto esse recolhimento como o anterior no prazo legal, de forma que ao final reste comprovado o recolhimento do preparo em dobro. A redação do art. 1.007, § 4º, do Novo CPC, entretanto, não é clara nesse sentido, porque prevê que, não sendo comprovado o recolhimento, o recorrente será intimado para recolhê-lo em dobro, possibilitando a interpretação de que, mesmo já tendo recolhido o preparo, se não comprovar o recolhimento no ato de interposição do recurso, deverá fazê-lo em dobro, com o que ao final estaria recolhendo o preparo três vezes.

O equívoco no preenchimento de guia é causa de inadmissão de recurso?

O equívoco no preenchimento de guia de preparo recursal sempre me pareceu um vício sanável, mas no espírito da maligna e traiçoeira jurisprudência defensiva os tribunais, na vigência do CPC/1973, raramente intimavam o recorrente para sanar tal vício, sendo amplamente majoritário o entendimento pela inadmissão do recurso sem que fosse dada oportunidade ao recorrente para corrigir seu erro. Essa realidade foi modificada pelo art. 1.007, § 7º, do Novo CPC, que prevê que o equívoco no preenchimento da guia de custas não implicará a aplicação da pena de deserção, cabendo ao relator, na hipótese de dúvida quanto ao recolhimento, intimar o recorrente para sanar o vício no prazo de cinco dias. A depender do equívoco no preenchimento da guia, a única forma de correção do vício será o recolhimento de novo preparo com a juntada de outra guia preenchida corretamente, hipóteses em que caberá à parte requerer administrativamente a restituição do primeiro preparo recolhido.

Recurso não assinado ou sem procuração do advogado que o assina deve ser inadmitido?

A ausência de assinatura no recurso – algo que só pode ocorrer em processo que tramite em autos físicos – e a ausência de procuração nos autos outorgando poderes para o advogado que assina a peça recursal eram consideradas, ao menos nos recursos de competência dos tribunais superiores, vícios insanáveis, chegando ao exagero de considerar o recurso nesses casos juridicamente inexistente, como se constata do teor da Súmula 115/STJ. Esse entendimento não se sustenta mais diante do art. 932, parágrafo único, do Novo CPC, cabendo ao relator intimar o recorrente concedendo-lhe a oportunidade de comparecer ao cartório e assinar o recurso ou de juntar procuração aos autos após a interposição do recurso.

Recursos em Espécie

1

APELAÇÃO

- A apelação é cabível contra sentença e contra decisão interlocutória não recorrível por agravo de instrumento.
- As contrarrazões de apelação podem ter, ainda que parcialmente, natureza recursal, com a impugnação de decisões interlocutórias não recorríveis por agravo de instrumento.
- A apelação é interposta perante o juízo sentenciante de primeiro grau, que não tem mais competência para o juízo de admissibilidade, de forma que sempre será remetida ao tribunal de segundo grau.
- Não existe mais revisor na apelação.

 **610** **Qual órgão tem competência para fazer juízo de admissibilidade da apelação?**

Diferentemente do que ocorria na vigência do CPC/1973, o juízo de admissibilidade da apelação no Novo Código de Processo Civil passa a ser de competência exclusiva do tribunal de segundo grau. Nesse sentido são as previsões dos parágrafos do art. 1.010 do Novo CPC ao estabelecerem o procedimento da apelação em primeiro grau: intimação do apelado para contrarrazões em 15 dias; caso haja apelação adesiva, intimação do apelante para apresentar contrarrazões em 15 dias; remessa ao tribunal pelo juiz, independentemente de juízo de admissibilidade. Significa dizer que, por mais evidente que seja a inadmissibilidade da apelação, o juízo sentenciante não pode fazer um juízo negativo de admissibilidade e não receber a apelação, sendo obrigatória sua remessa ao tribunal de segundo grau. Caso o juiz de primeiro grau não receba a apelação, estará usurpando a competência do tribunal de segundo grau, sendo contra essa decisão cabível a reclamação, nos termos do art. 988, I, do Novo CPC.

611 **Não tendo mais o juízo de primeiro grau competência para o juízo de admissibilidade da apelação, esse recurso deve ser interposto diretamente no tribunal?**

A retirada da competência do juízo de primeiro grau para analisar os pressupostos de admissibilidade da apelação não altera o procedimento bifásico de tal recurso, que continua a ser interposto em primeiro grau de jurisdição, em que o apelado será intimado para apresentar contrarrazões no prazo de 15 dias, sendo posteriormente enviado o recurso ao tribunal de segundo grau para a realização do juízo de admissibilidade e, sendo o caso, do juízo de mérito.

612 **Quais são as providências a serem adotadas pelo juízo de primeiro grau no procedimento da apelação?**

O juízo sentenciante de primeiro grau não tem mais competência para realizar o juízo de admissibilidade da apelação, mas isso não significa que não tenha providências a adotar diante da interposição de tal espécie recursal. Cabe ao juiz de primeiro grau intimar o recorrido a apresentar contrarrazões no prazo de 15 dias (art. 1.010, § 1º, do Novo CPC), intimar o apelante a contrarrazoar no prazo de 15 dias a apelação adesiva do apelante (art. 1.010, § 2º, do Novo CPC) e intimar o apelante a contrarrazoar as contrarrazões do apelado sempre que nela for impugnada decisão interlocutória não recorrível por agravo de instrumento (art. 1.009, § 2º, do Novo CPC).

613 **Houve ampliação de cabimento do recurso de apelação no Novo Código de Processo Civil?**

O art. 513, *caput*, do CPC/1973 previa ser a apelação o recurso cabível contra sentença, sendo no mesmo sentido a disposição do art. 1.009, *caput*, do Novo CPC. Ocorre, entretanto, que, com a adoção de rol exauriente de decisões interlocutórias recorríveis por agravo de instrumento, o novo diploma legal, para não tornar as decisões interlocutórias não agraváveis irrecorríveis, prevê em seu art. 1.009, § 1º, que tais decisões serão recorríveis por apelação, devendo ser impugnadas em preliminar dessa espécie recursal. Dessa forma, a apelação passa a ser o recurso cabível de sentença e de decisões interlocutórias não recorríveis por agravo de instrumento, mas o momento de interposição continua a depender da prolação de sentença, não podendo a parte apelar de decisão interlocutória não recorrível por agravo de instrumento imediatamente após sua prolação.

614 ### Há interesse recursal na apelação que se limita a impugnar decisão interlocutória?

É plenamente possível que a parte sucumba diante de uma decisão interlocutória não agravável e com a prolação da sentença tenha julgamento de mérito integralmente a seu favor. Nesse caso, não haverá interesse em apelar da sentença, já que a parte com relação a essa decisão não terá sucumbido, mas haverá interesse em recorrer, por apelação, somente da decisão interlocutória que gerou sucumbência à parte vencedora? Tudo dependerá de tal sucumbência ter ou não sido absorvida pela vitória da parte, ou seja, se ainda persiste a sucumbência gerada pela decisão interlocutória não agravável mesmo não tendo sido gerada sucumbência pela sentença. Uma decisão interlocutória que indeferiu um requerimento de prova, por exemplo, passa a ser irrelevante se a parte prejudicada por ela ganhar o processo, porque nessa hipótese, caso a parte derrotada não apele da sentença, haverá o trânsito em julgado, tornando imutável e indiscutível a vitória da parte que havia sucumbido com a decisão interlocutória de indeferimento de prova. Por outro lado, uma decisão interlocutória que tenha fixado multa à parte vencedora, e que não é recorrível por agravo de instrumento por não constar do rol do art. 1.015 do Novo CPC, gera uma sucumbência que não perde sentido ou relevância com a sentença em favor da parte sancionada. Nesse caso, se a parte contrária não apelar da sentença, ela transitará em julgado e a fixação da multa se tornará imutável e indiscutível, sendo indiscutível a existência de interesse recursal da parte sancionada em apelar somente para impugnar a decisão interlocutória que fixou a multa. Nesse sentido, de forma específica, o Enunciado 67 da I Jornada de Direito Processual Civil do CJF: "Há interesse recursal no pleito da parte para impugnar a multa do art. 334, § 8º, do CPC por meio de apelação, embora tenha sido vitoriosa na demanda".

615 **Sendo a parte vitoriosa na demanda, terá interesse de impugnar decisão interlocutória em contrarrazões?**

O art. 1.009, § 1º, do Novo CPC prevê expressamente a recorribilidade de decisão interlocutória não agravável por meio de contrarrazões de apelação. Pode parecer logicamente incongruente à parte recorrer da decisão interlocutória em contrarrazões porque nesse caso o provimento do recurso, ao anular ou reformar a decisão impugnada, gerará como efeito a anulação da sentença que favoreceu a parte recorrente (eficácia expansiva objetiva externa do recurso). Basta imaginar uma decisão interlocutória que indeferiu um requerimento de prova da parte que ao final vence o processo. Interposta apelação pela parte contrária, eventual impugnação de tal decisão em contrarrazões de apelação poderá levar, se acolhida a pretensão recursal, à anulação do processo desde a prolação da decisão interlocutória impugnada, com a consequente anulação da sentença que a favorecia. Nesses termos, não parece interessante recorrer da decisão interlocutória em sede de contrarrazões. Ocorre, entretanto, que, sendo provida a apelação da parte contrária, passa a ser interessante à parte apelada a anulação do processo desde a prolação da decisão interlocutória que indeferiu o requerimento da prova, já que nesse caso a sentença que a favorecia já terá sido reformada pelo julgamento da apelação da parte contrária. Resumindo, se a apelação for inadmitida ou improvida, não haverá interesse de recorrer de decisão interlocutória em contrarrazões de apelação, mas, havendo a reforma da sentença, haverá tal interesse. Como a parte não tem como saber o resultado da apelação ao contrarrazoar o recurso, será caso de expressar em suas contrarrazões um interesse condicionado no julgamento de sua impugnação recursal, deixando claro ao tribunal de segundo grau que o julgamento do capítulo recursal de suas contrarrazões está condicionado ao julgamento da apelação: se ela for inadmitida ou não provida, a parte desiste do julgamento das contrarrazões; se ela for provida, a parte insiste em seu julgamento.

616 **Quando tiverem também natureza recursal, as contrarrazões perdem o objeto se a apelação não for admitida?**

Ainda que não exista nenhuma previsão legal a respeito do tema, não parece possível que as contrarrazões, mesmo tendo natureza recursal, sejam julgadas se a apelação for inadmitida. A exemplo da apelação adesiva, ainda que com esta não se confunda, as contrarrazões, mesmo com natureza recursal, são acessórias da apelação, e nesse sentido perdem o objeto se o recurso principal for inadmitido. A justificativa para essa conclusão é simples: a decisão interlocutória recorrida por contrarrazões pode ser recorrida por apelação, ainda que tal recurso seja utilizado exclusivamente para essa finalidade, já que sem ter sucumbido diante da sentença a parte não terá interesse de apelar de tal decisão. Caso a parte deixe de apelar para impugnar a decisão interlocutória não agravável, preferindo esperar a interposição de apelação da parte contrária e recorrer de tal decisão somente em contrarrazões, terá o julgamento de sua impugnação recursal condicionado ao julgamento do mérito da apelação da parte contrária.

617 **A possível natureza recursal das contrarrazões afeta o direito do apelante de interpor apelação adesiva?**

São formas recursais autônomas e inconfundíveis. A apelação adesiva é cabível quando, diante de uma sucumbência recíproca gerada pela sentença, apenas uma das partes recorre, sendo nesse caso admitida a apelação adesiva pela parte que não recorreu de forma principal no prazo recursal. Como se nota, na apelação adesiva o objeto de impugnação será sempre um capítulo da sentença. Já as contrarrazões com natureza recursal têm como objeto de impugnação decisões interlocutórias não agraváveis, ou seja, decisões proferidas antes da sentença. A parte, portanto, poderá, ao ser intimada da apelação da parte contrária, interpor apelação adesiva para impugnar capítulo da sentença não recorrido e contrarrazões para impugnar decisões interlocutórias não recorríveis por agravo de instrumento.

618 Caso a parte impugne decisão interlocutória juntamente com a sentença, em apelação, como será o recolhimento de preparo? E nas contrarrazões?

*Acesse o **QR Code** e assista à aula explicativa sobre este assunto.*

https://goo.gl/7IN00E

619 Na parte da apelação em que se impugna decisão interlocutória o recurso deve ser recebido no duplo efeito?

Não há dúvida de que a decisão interlocutória recorrível por agravo de instrumento gera efeitos imediatos, e, sendo interposto agravo de instrumento, a suspensão da geração de seus efeitos dependerá de concessão do efeito suspensivo impróprio (*ope iudicis*) desde que preenchidos os requisitos legais previstos no art. 995, parágrafo único, do Novo CPC. Já com relação às decisões interlocutórias não agraváveis, o legislador cometeu uma imperdoável omissão ao deixar de prever a ausência de efeito suspensivo da apelação no art. 1.012, § 1º, do Novo CPC, porque, partindo da premissa de que nesse caso a apelação será recebida no duplo efeito, a decisão interlocutória não agravável não teria eficácia imediata, dependendo a geração de seus efeitos da não interposição de apelação no momento adequado ou do julgamento de tal recurso. O problema desse entendimento é ser praticamente inviável, pois, se a decisão interlocutória não agravável não gera efeitos imediatos, a partir da prolação da primeira delas no processo sua ineficácia poderá paralisar o procedimento. Basta imaginar a decisão interlocutória que determina a produção de uma prova contra a vontade de uma das partes; como ela não geraria efeitos imediatos se da produção da prova depende a continuidade do procedimento? Outras espécies de decisão interlocutória não agraváveis, é verdade, poderiam ser ineficazes, como aquela que fixa multa por ato de má-fé processual, sem afetar o andamento do processo, mas a mera existência de decisões interlocutórias não agraváveis, que precisam gerar efeitos imediatos sob pena de paralisação eterna do procedimento, dá a exata dimensão do problema da omissão do legislador. Entendo que nesse caso, como a apelação cumpre o papel do agravo de instrumento não cabível por opção legislativa, a decisão interlocutória deve gerar efeitos imediatos, e nesse caso a apelação deve ser recebida sem efeito suspensivo, ainda que omisso a esse respeito o art. 1.012, § 1º, do Novo CPC.

620 **Sendo a sentença nula por violar os limites do pedido ou da causa de pedir, como deve o tribunal proceder ao julgar a apelação?**

Na vigência do CPC/1973, o Superior Tribunal de Justiça pacificou o entendimento de que, sendo a sentença *extra petita* ou *extra causa petendi*, cabia ao tribunal anulá-la e devolver o processo para o primeiro grau para a prolação de nova sentença de mérito. Esse entendimento está superado por força do art. 1.013, § 3º, II, do Novo CPC, ao prever que, se o processo estiver em condições de imediato julgamento, o tribunal deve decidir desde logo o mérito quando decretar a nulidade da sentença por não ser ela congruente com os limites do pedido ou da causa de pedir. Na realidade, a exigência de o processo estar em condições de imediato julgamento não será uma preocupação real nesse caso, porque o juiz de primeiro grau, ao proferir sentença *extra petita* ou *extra causa petendi*, julga o processo que já estava pronto para julgamento, não havendo aqui como falar em sentença prematuramente proferida. O momento de proferir a sentença de mérito é o adequado, mas a sentença tem vício intrínseco ao julgar pedido diferente do elaborado pelo autor ou com base em fato jurídico que não compõe a causa de pedir.

621 **Sendo a sentença *citra petita*, como deve o tribunal proceder ao julgar a apelação?**

Na vigência do CPC/1973, o Superior Tribunal de Justiça pacificou o entendimento de que, sendo a sentença *citra petita*, cabia ao tribunal anulá-la e devolver o processo para o primeiro grau para a prolação de nova sentença de mérito. A jurisprudência a respeito do tema era criticável porque o tribunal anulava o que já havia sido julgado em razão daquilo que foi deixado de ser julgado, o que levava a um novo julgamento, ainda que parcial, do que já havia sido decidido. Esse entendimento está superado por força do art. 1.013, § 3º, III, do Novo CPC, ao prever que, se o processo estiver em condições de imediato julgamento, o tribunal deve decidir desde logo o mérito quando constatar a omissão no exame de um dos pedidos, hipótese em que poderá julgá-lo. Nesse caso o legislador foi preciso ao prever a possibilidade de julgamento do pedido não decidido na sentença, porque disso dependerá o pedido estar pronto para imediato julgamento. Como o pedido não foi decidido, é possível que com relação a ele seja necessária a produção de prova, e assim sendo será inviável seu imediato julgamento pelo tribunal na apelação interposta. Nesse caso, o mais racional seria devolver o processo somente para o julgamento do pedido não decidido, mas o mais provável é que sem a aplicação do art. 1.013, § 3º, III, do Novo CPC os tribunais superiores mantenham a jurisprudência formada na vigência do CPC/1973, com a anulação da sentença e retorno do processo ao primeiro grau para prolação de sentença de mérito, agora com o enfrentamento de todos os pedidos formulados, e somente depois de produzida a prova.

622 **Sendo a sentença nula por falta de fundamentação, como deve o tribunal proceder ao julgar a apelação?**

Na vigência do CPC/1973, o Superior Tribunal de Justiça pacificou o entendimento de que, sendo a sentença nula por falta de fundamentação, cabia ao tribunal anulá-la e devolver o processo para o primeiro grau para a prolação de nova sentença de mérito. Esse entendimento está superado por força do art. 1.013, § 3º, IV, do Novo CPC, ao prever que, se o processo estiver em condições de imediato julgamento, o tribunal deve decidir desde logo o mérito quando decretar a nulidade de sentença por falta de fundamentação. Na realidade, a exigência de o processo estar em condições de imediato julgamento não será uma preocupação real nesse caso, porque o juiz de primeiro grau ao proferir sentença não fundamentada julga o processo que já estava pronto para julgamento, não havendo aqui como falar em sentença prematuramente proferida. O momento de proferir a sentença de mérito é o adequado, mas a sentença tem vício intrínseco ao não estar devidamente fundamentada.

<h1 style="text-align:center">2</h1>

AGRAVO DE INSTRUMENTO

- Não existe no Novo Código de Processo Civil a previsão de agravo retido.
- O agravo de instrumento passa a ser cabível somente de algumas decisões interlocutórias expressamente previstas em lei; as demais são recorríveis por apelação ou pelas contrarrazões de apelação.
- O prazo do agravo de instrumento é de 15 dias.
- O agravo de instrumento é interposto diretamente no tribunal competente para seu julgamento.
- A lei não prevê efeito suspensivo no agravo de instrumento, mas o agravante poderá obtê-lo no caso concreto desde que preenchidos os requisitos do art. 995, parágrafo único, do Novo CPC.

O rol previsto no art. 1.015 do Novo CPC é exauriente?

Entendo que o rol previsto no art. 1.015 do Novo CPC seja exauriente, até porque concluir por seu caráter meramente exemplificativo tornaria inútil a tipificação de algumas decisões interlocutórias recorríveis por agravo de instrumento. Trata-se, em minha percepção, de um dos maiores equívocos do novo diploma legal, mas a opção do legislador, mesmo flagrantemente equivocada, deve ser respeitada. Registre-se apenas que, por força do art. 1.015, XIII, do Novo CPC, decisões interlocutórias não previstas no rol do dispositivo legal, mas que têm sua recorribilidade por agravo de instrumento estabelecida de forma específica, serão recorríveis por essa espécie de recurso. Apontem-se nesse sentido o art. 354, parágrafo único, do Novo CPC (decisão terminativa que diminui objetivamente a demanda), o art. 1.037, § 13, I, do Novo CPC (decisão que indefere pedido de continuação de processo com fundamento em distinção em razão de sobrestamento do recurso repetitivo), o art. 1.027, § 1º, do Novo CPC (decisão interlocutória proferida nas causas internacionais), o art. 100 da Lei 11.101/2005 (decisão que decreta a falência da sociedade empresarial), o art. 17, § 10, da Lei 8.429/1992 (decisão que recebe petição inicial na ação de improbidade administrativa) e o art. 19, § 1º, da Lei 4.717/1965 (qualquer decisão interlocutória proferida em ação popular).

624 **O art. 1.015 do Novo CPC pode ser interpretado de forma a ampliar o cabimento do agravo de instrumento além das hipóteses expressamente previstas em lei?**

Como toda norma legal, também o art. 1.015 do Novo CPC deve ser interpretado, e essa interpretação pode levar a uma ampliação do rol das decisões interlocutórias recorríveis por agravo de instrumento. Nessa tarefa interpretativa, parece-me de grande valia o princípio da isonomia, não sendo possível admitir que o conteúdo da decisão interlocutória determine a espécie de recurso cabível, porque assim sendo sempre uma das partes terá acesso ao agravo de instrumento, enquanto a outra terá que esperar a apelação ou as contrarrazões desse recurso para impugnar a decisão interlocutória. O art. 1.015, V, do Novo CPC prevê ser cabível agravo de instrumento contra decisão interlocutória que versar sobre a rejeição do pedido de gratuidade da justiça ou acolhimento do pedido de sua revogação. E a decisão interlocutória que rejeitar o pedido de revogação da gratuidade de justiça? O art. 1.015, VIII, do Novo CPC prevê ser cabível agravo de instrumento contra decisão interlocutória que versar sobre rejeição do pedido de limitação do litisconsórcio. E a decisão interlocutória que acolhe tal pedido? O art. 1.015, X, do Novo CPC prevê ser cabível agravo de instrumento contra decisão interlocutória que versar sobre a concessão, modificação ou revogação do efeito suspensivo aos embargos à execução. E a decisão interlocutória que indeferir o pedido? Acredito que nesse caso, em respeito ao princípio da isonomia, cabe interpretação ampliativa das hipóteses legais de cabimento do agravo de instrumento. Com a mesma conclusão o Enunciado 71 da I Jornada de Direito Processual Civil do CJF: "É cabível o recurso de agravo de instrumento contra a decisão que indefere o pedido de atribuição de efeito suspensivo a Embargos à Execução, nos termos do art. 1.015, X, do CPC".

625 **A interpretação ampliativa do rol previsto no art. 1.015 do Novo CPC pode ser utilizada para concluir pelo cabimento de agravo de instrumento contra decisão interlocutória que não poderia ter ficado fora de tal rol?**

Não tenho dúvidas de que existem decisões interlocutórias que deveriam estar no rol do art. 1.015 do Novo CPC, mas que, inexplicavelmente, ficaram de fora. Nem por isso é possível forçar uma interpretação ampliativa para tornar recorrível por agravo de instrumento determinadas decisões interlocutórias que por vontade do legislador, ainda que equivocada, não são recorríveis por essa espécie de recurso. Assim ocorre com a decisão interlocutória que tem com objeto a competência, ausente do rol do art. 1.015 do Novo CPC e que parcela da doutrina pretende tornar recorrível por agravo de instrumento por interpretação ampliativa do inciso III de referido dispositivo, norma legal também utilizada como justificativa para o cabimento de agravo de instrumento contra decisão que anula o negócio jurídico processual celebrado pelas partes.

626 **Como o Superior Tribunal de Justiça vem interpretando o rol previsto no art. 1.015 do Novo CPC?**

As decisões do Superior Tribunal de Justiça a respeito do tema apontam para a taxatividade do rol, mas com a possibilidade de interpretação extensiva e/ou analógica. Há julgados que parecem fazer uma adequação à interpretação do rol legal, como o precedente que interpretou o art. 1.015, X, do Novo CPC, para admitir agravo de instrumento de decisão interlocutória que indefere o requerimento de concessão de efeito suspensivo em sede de embargos à execução, com a justificativa de que qualquer decisão sobre efeito suspensivo nos embargos é de tutela provisória, sendo aplicável o art. 1.015, I, do CPC (STJ, 2ª Turma, REsp 1.694.667/PR, Rel. Min Herman Benjamin, j. 05/12/2017, *DJe* 18/12/2017). Ou o precedente que admite o cabimento de agravo de instrumento da decisão interlocutória que rejeitou a alegação do réu de prescrição ou decadência, considerando que tais matérias são de mérito, sendo aplicável ao caso a hipótese do art. 1.015. II, do CPC (STJ, 2ª Turma, REsp 1.695.936/MG, Rel. Min. Herman Benjamin, j. 21/11/2017, *DJe* 19/12/2017). Há, entretanto, interpretações menos ortodoxas, como a que, dando um sentido consideravelmente elástico à decisão que versa sobre convenção de arbitragem fez interpretação ampliativa do disposto no inciso III do art. 1.015 do Novo CPC, para admitir agravo de instrumento de decisão que versa sobre competência (STJ, 4ª Turma, REsp 1.679.909/RS, Rel. Min. Luis Felipe Salomão, j. 14/11/2017, *DJe* 01/02/2018). A questão a respeito da natureza do rol do art. 1.015 do Novo CPC e da verificação da possibilidade de sua interpretação extensiva, para se admitir a interposição de agravo de instrumento contra decisão interlocutória que verse sobre hipótese não expressamente consagrada nos incisos do referido dispositivo foi afetada para fixação de precedente vinculante em julgamento de recurso especial repetitivo (STJ, Corte Especial, ProAfR no REsp 1.704.520/MT, Rel. Min. Nancy Andrighi, j. 20/02/2018, *DJe* 28/02/2018).

627 **Como a interpretação ampliativa do rol previsto no art. 1.015 do Novo CPC pode ser traiçoeira?**

A indefinição quanto à abrangência da interpretação ampliativa do rol previsto no art. 1.015 do Novo CPC é extremamente perigosa para a parte. Caso esta interponha agravo de instrumento e o tribunal entenda não ser cabível o recurso em razão do previsto no art. 1.015 do Novo CPC, ela não poderá recorrer novamente da decisão interlocutória em sede de apelação ou de contrarrazões, em razão do princípio da consumação. A preclusão consumativa não depende da adequação do ato, mas de sua mera prática, e, nesse caso, o recurso, ainda que incabível, já terá sido interposto e não será admitida nova interposição. Por outro lado, a parte pode deixar para recorrer da decisão interlocutória em apelação ou contrarrazões e o tribunal entender pelo cabimento do agravo de instrumento, com o que inadmitirá o recurso com o fundamento de preclusão da decisão interlocutória. Entendo que nas hipóteses de fundada dúvida a respeito do recurso cabível, o ideal é impetrar mandado de segurança contra a decisão interlocutória com pedido de fungibilidade para recebimento como agravo de instrumento, caso o tribunal entenda ser esse o recurso cabível. Se o tribunal entender que não cabe agravo de instrumento, julgará o mandado de segurança, ainda que para não o admitir, mas, nesse caso, a parte, por não ter agravado da decisão interlocutória, ainda poderá impugná-la em apelação ou em contrarrazões.

628 **É possível se aplicar a fungibilidade recursal e receber o agravo de instrumento interposto contra decisão interlocutória como apelação?**

Atualmente, sem definição clara do Superior Tribunal de Justiça a respeito do tema, é indiscutível a existência de uma zona cinzenta na qual não se sabe com a mínima segurança jurídica qual o recurso cabível de determinadas decisões interlocutórias. Nesse sentido, e havendo uma dúvida fundada a respeito do recurso cabível, a parte que optar pelo agravo de instrumento não pode ser prejudicada pela inadmissão de seu recurso, caso o tribunal entenda pela recorribilidade nos termos do art. 1.009, § 1º, do Novo CPC. A fungibilidade recursal nesse caso, entretanto, terá algumas singularidades, porque receber o agravo de instrumento interposto como apelação significará receber uma apelação antecipada, já que não existe ainda sentença, e eventual, porque é possível que o agravante nem venha a ter interesse recursal em apelar da sentença a ser proferida. Além disso, não seria possível o julgamento imediato dessa apelação, o que a tornaria um recurso retido. Apesar da extravagância da solução, de se admitir o recebimento, pela fungibilidade recursal, de uma apelação antecipada, eventual e retida, parece mais justo com o recorrente, que em nada contribuiu para a dúvida fundada a respeito do recurso cabível, do que a simples inadmissão de seu agravo de instrumento e a impossibilidade de recorrer da sentença em razão da preclusão consumativa.

629 **Como deve ser interpretado o art. 1.015, I, do Novo CPC?**

Nos termos do art. 1.015, I, do Novo CPC, é cabível o recurso de agravo de instrumento contra decisão interlocutória que versar sobre tutela provisória. O dispositivo deve ser interpretado de forma ampla, sendo recorrível qualquer decisão interlocutória que tenha como conteúdo tutela provisória, seja para concedê-la, rejeitá-la, revogá-la, modificá-la ou mesmo quando por meio dela se posterga a análise de pedido de tutela provisória ou que condiciona sua concessão a qualquer exigência (Enunciado 70 da I Jornada de Direito Processual Civil do CJF).

Como deve ser interpretado o art. 1.015, IV, do Novo CPC?

Nos termos do art. 1.015, IV, do Novo CPC, é cabível o recurso de agravo de instrumento contra decisão interlocutória que versar sobre incidente de desconsideração da personalidade jurídica. A decisão interlocutória que decide referido incidente é indiscutivelmente recorrível por agravo de instrumento, mas existe corrente doutrinária que vai além, afirmando que qualquer decisão interlocutória proferida durante o procedimento do incidente será recorrível por agravo de instrumento. Esse entendimento parte da premissa de que decisão que versa sobre não é somente aquela que decide o incidente, mas que resolve qualquer questão incidental durante seu procedimento. Apesar de engenhosa, entendo que não tem sentido tratar de forma diferente, em termos de recorribilidade, decisões interlocutórias somente pela circunstância de terem sido proferidas em sede de incidente processual e fora dele. Não parece adequado admitir-se agravo de instrumento de decisão que indefere a produção de prova no incidente e não em decisão com o mesmo conteúdo proferido fora dele.

Como deve ser interpretado o art. 1.015, X, do Novo CPC?

Nos termos do art. 1.015, X, do Novo CPC, é cabível o recurso de agravo de instrumento contra decisão interlocutória que versar sobre redistribuição do ônus da prova, nos termos do art. 373, § 1º, do Novo CPC. Essa decisão pode ser a que redistribui o ônus da prova de ofício, a que acolhe pedido nesse sentido e, também, a que indefere tal pretensão. Ou seja, não interessa o conteúdo, bastando tratar da distribuição do ônus probatório. Nesse sentido o Enunciado 72 da I Jornada de Direito Processual Civil do CJF: "É admissível a interposição de agravo de instrumento tanto para a decisão interlocutória que rejeita a inversão do ônus da prova, como para a que a defere".

Existem processos nos quais todas as decisões interlocutórias são recorríveis por agravo de instrumento?

Nos termos do art. 1.015, parágrafo único, do Novo CPC, será cabível agravo de instrumento de todas as decisões interlocutórias proferidas na fase de liquidação de sentença ou de cumprimento de sentença, no processo de execução e no processo de inventário. O Enunciado 69 da I Jornada de Direito Processual Civil do CJF entende ser o dispositivo aplicável também aos processos concursais, de falência e recuperação.

633 **A limitação ao cabimento do agravo de instrumento é aplicável ao processo coletivo?**

O art. 19, § 1º, da Lei 4.717/1965 prevê que das decisões interlocutórias proferidas na ação popular cabe agravo de instrumento. É verdade que o dispositivo, criado na vigência do CPC/1939, teve como objetivo esclarecer qual espécie de agravo era cabível contra as decisões interlocutórias, mas, com o advento da nova regra de rol legal exauriente de decisões interlocutórias recorríveis por agravo de instrumento criada pelo Novo Código de Processo Civil, entendo ser adequada a utilização da norma legal para permitir que qualquer decisão interlocutória proferida em sede de ação popular seja recorrível por agravo de instrumento. E vou ainda mais longe, pois entendo que a norma legal é aplicável a todas as espécies de ação coletiva em razão da intercomunicação das normas legais previstas nas leis de processo coletivo que compõe o microssistema coletivo.

634 **As decisões interlocutórias não recorríveis por agravo de instrumento são irrecorríveis?**

Eventual irrecorribilidade de decisão interlocutória seria insuportável à luz dos princípios da ampla defesa e do contraditório, não sendo essa a realidade imposta pelo Novo Código de Processo Civil. A decisão interlocutória é, em regra, recorrível, salvo raríssimas exceções quando há previsão expressa de irrecorribilidade, sendo o rol legal relevante apenas para determinar qual é a espécie de recurso cabível: estando a decisão interlocutória prevista no rol legal, o recurso cabível é o agravo de instrumento; caso contrário, o recurso cabível é a apelação ou suas contrarrazões.

635 **Das decisões interlocutórias não recorríveis por agravo de instrumento cabe mandado de segurança?**

A recorribilidade das decisões interlocutórias não recorríveis por agravo de instrumento está prevista no art. 1.009, § 1º, do Novo CPC: apelação ou contrarrazões de apelação. Ocorre, entretanto, que, a depender do caso concreto, essa via recursal pode se mostrar inútil, sendo incapaz de reverter de forma eficaz a sucumbência experimentada pela parte, quando entendo ser cabível, ainda que excepcionalmente, o mandado de segurança. Por exemplo, se durante a fase probatória o juiz determinar a quebra do sigilo bancário da parte, não sendo nesse caso hábil para reverter a sucumbência da parte a apelação ou as contrarrazões, quando então deve ser admitido o mandado de segurança contra a decisão judicial. Há, entretanto, precedente do Superior Tribunal de Justiça entendendo que decisão interlocutória não agravável não é passível de impugnação por meio de mandado de segurança (STJ, 2ª Turma, RMS 54.969/SP, Rel. Min. Herman Benjamin, j. 10/10/2017, *DJe* 23/10/2017).

636 Houve ampliação das peças obrigatórias na instrução do agravo de instrumento?

As peças obrigatórias na instrução do agravo de instrumento estão previstas no art. 1.017, I, do Novo CPC: cópias da petição inicial, da contestação, da petição que ensejou a decisão agravada, da própria decisão agravada, da certidão da respectiva intimação ou outro documento oficial que comprove a tempestividade e das procurações outorgadas aos advogados do agravante e do agravado.

637 A cópia da certidão da intimação da decisão agravada é peça obrigatória?

A ciência pelo tribunal da data da intimação da decisão agravada é indispensável para a análise da tempestividade do recurso. A cópia da certidão da intimação da decisão recorrida, embora continue a ser prevista como peça obrigatória, poderá deixar de ser juntada caso haja nos autos do agravo de instrumento outro documento oficial que comprove a tempestividade. O art. 1.017, I, do Novo CPC consagra legislativamente o entendimento jurisprudencial formado na vigência do CPC/1973 no sentido de que o importante é provar a tempestividade, ainda que a peça recursal não esteja instruída com a certidão da intimação da decisão agravada. Uma forma comum e infalível de demonstrar a tempestividade é interpor o agravo de instrumento em até 15 dias úteis da data de prolação da decisão agravada, porque nesse caso, mesmo que a parte tenha sido intimada no mesmo dia da prolação da decisão, seu recurso será tempestivo.

Como deve proceder a parte se a peça obrigatória não existir no caso concreto?

A peça que a lei prevê como obrigatória nem sempre existirá no caso concreto, como na hipótese de procuração da Fazenda Pública ou do Ministério Público, ou da contestação em agravo de instrumento interposto contra decisão interlocutória proferida *inaudita altera partes*. Quando a peça não existir, é óbvio que não será necessária sua juntada, criando o art. 1.017, II, do Novo CPC um requisito formal para esse caso: a declaração pelo advogado, na peça recursal e sob pena de sua responsabilidade pessoal, da inexistência da peça obrigatória. Acredito que o descumprimento da exigência formal gera um vício sanável, de forma a ser aplicável ao caso o art. 932, parágrafo único, do Novo CPC, com a necessária intimação do agravado para sanear o vício no prazo de cinco dias.

A ausência de peça na instrução do agravo de instrumento é causa para a inadmissão do recurso?

Independentemente da natureza da peça – facultativa, obrigatória ou essencial à compreensão da controvérsia –, a ausência de sua juntada no ato de interposição do agravo de instrumento é vício sanável, sendo suficiente o art. 932, parágrafo único, do Novo CPC para exigir do relator a intimação do agravante para juntada da peça no prazo de cinco dias. Afinal, o dispositivo tem o cuidado de especificar a juntada de documento exigido por lei como vício sanável. O legislador, entretanto, parece não ter confiado muito em nossos tribunais, e para não deixar margem a interpretações extravagantes quanto ao tema, prevê, no art. 1.017, § 3º, do Novo CPC, que na falta da cópia de qualquer peça ou no caso de algum outro vício que comprometa a admissibilidade do agravo de instrumento, deve o relator aplicar o disposto no art. 932, parágrafo único, do mesmo diploma legal.

Como se dá a instrução do agravo em processo em trâmite em autos eletrônicos?

Nos termos do art. 1.017, § 5º, do Novo CPC, sendo eletrônicos os autos do processo, dispensa-se a instrução do recurso com cópias de peças dos autos do processo, facultando-se ao agravante anexar outros documentos que entender úteis para a compreensão da controvérsia. A premissa da norma legal é que, sendo os autos eletrônicos, o tribunal terá acesso a tais peças no ambiente virtual, sendo desnecessária a instrução do agravo de instrumento. Observe-se que os autos eletrônicos são os de primeiro grau, porque na excepcional hipótese de serem físicos os autos de primeiro grau e eletrônicos os autos do agravo de instrumento, a instrução com cópias das peças do processo deve ser normalmente realizada. O Superior Tribunal de Justiça, entretanto, tem precedente no sentido de que a aplicação da norma legal ora analisada condiciona-se a serem os autos eletrônicos tanto no primeiro como no segundo grau (STJ, 3ª Turma, REsp 1.643.956/PR, Rel. Min. Ricardo Villas Bôas Cueva, j. 09/05/2017, *DJe* 22/05/2017).

641 A comunicação da interposição de agravo de instrumento em três dias ao juízo do primeiro grau é um dever, ônus ou faculdade do agravante?

*Acesse o **QR Code** e assista à aula explicativa sobre este assunto.*

https://goo.gl/bRg5mz

642 A ausência de comunicação no primeiro grau da interposição do agravo de instrumento constitui-se vício sanável?

Nos termos do art. 1.018, § 2º, do Novo CPC, não sendo eletrônicos os autos, o agravante, no prazo de três dias a contar da interposição do agravo de instrumento, informará o primeiro grau da interposição de referido recurso. O não cumprimento, nos termos do parágrafo seguinte do dispositivo legal mencionado, desde que arguido e provado pelo agravado, importa inadmissibilidade do agravo de instrumento. O vício, aparentemente, é sanável, sendo o agravante intimado a realizar a informação, mesmo depois do vencimento do prazo legal. Partindo dessa premissa, há o Enunciado 73 da I Jornada de Direito Processual Civil do CJF: "Para efeito de não conhecimento do agravo de instrumento por força da regra prevista no § 3º do art. 1.018 do CPC, deve o juiz, previamente, atender ao art. 932, parágrafo único, e art. 1.017, § 3º, do CPC, intimando o agravante para sanar o vício ou complementar a documentação exigível".

643 **Tramitando o processo em autos eletrônicos, cabe ao agravante informar ao juízo de primeiro grau a sua interposição?**

A conjugação do *caput* e do § 2º do art. 1.018 do Novo CPC permite a conclusão de que, tramitando o processo em autos eletrônicos, o agravante está dispensado de requerer a juntada, aos autos do processo, de cópia da petição do agravo de instrumento, do comprovante de sua interposição e da relação dos documentos que instruíram o recurso, no prazo de três dias da interposição do recurso. Significa dizer que, se o recorrente deixar de comunicar a interposição do recurso em primeiro grau, o agravo de instrumento não poderá deixar de ser admitido por isso, mesmo que o descumprimento tenha sido alegado e provado pelo agravado. A dispensa não significa vedação, de forma que, pretendendo o agravante obter a retratação do juízo de primeiro grau, poderá informá-lo da interposição do agravo de instrumento, mas nesse caso não há necessidade de cumprir a diligência no prazo de três dias.

644 **Caso o réu ainda não esteja integrado ao processo, ele deverá ser intimado para contrarrazoar o agravo de instrumento?**

O art. 1.019, II, do Novo CPC prevê que o relator ordenará a intimação do agravado pessoalmente, por carta com aviso de recebimento, quando não tiver procurador constituído. Uma das razões para o agravado não ter advogado constituído nos autos é justamente ainda não ter sido integrado à relação jurídica processual, o que se verifica no agravo de instrumento contra decisão interlocutória proferida *inaudita altera partes*, ocorrência comum no caso de indeferimento de tutela provisória requerida de forma antecedente ou na petição inicial do processo principal. Na vigência do CPC/1973, o Superior Tribunal de Justiça entendia pela dispensa da intimação do agravado nesse caso, entendimento que parece estar superado em razão do previsto no art. 1.019, II, do Novo CPC. A única dúvida diz respeito a eventual retorno negativo da carta com aviso de recebimento, porque nesse caso deve-se questionar se a localização do agravado deve ser buscada por outra forma – oficial de justiça ou até mesmo edital – ou se será dispensada a sua intimação. Entendo que o objetivo do legislador tenha sido garantir a oportunidade do agravado em contrarrazoar o recurso, mesmo que ainda não integrado em primeiro grau à relação jurídica processual, de forma a não fazer sentido para atender a tal premissa simplesmente dispensar sua intimação quando frustrada sua intimação pessoal por meio de carta com aviso de recebimento.

645 **A intimação do réu ainda não integrado ao processo para contrarrazoar o agravo de instrumento dispensa sua citação?**

Ainda que a intimação não se confunda com a citação, a verdade é que se o agravado, devidamente intimado, apresentar contrarrazões ao agravo de instrumento, terá se integrado ao processo voluntariamente, sendo a partir desse momento dispensável a citação. Trata-se de uma situação em que resta escancarada a aplicabilidade da regra consagrada no art. 239, § 1º, do Novo CPC. Nos termos do dispositivo legal, o réu que comparece espontaneamente dispensa a citação, fluindo a partir dessa data seu prazo para contestação. Ocorre, entretanto, que o réu, ao menos em regra, não é mais citado para contestar, mas para comparecer à audiência de conciliação e mediação, não tendo qualquer sentido que as contrarrazões do réu em agravo contra decisão liminarmente proferida deem início à contagem de prazo para a contestação, o que representaria uma indesejável inversão na prática dos atos processuais do procedimento comum. Conclusivamente, o réu ainda não citado será intimado e, comparecendo ao processo para apresentar contrarrazões ao agravo de instrumento, será dispensada a citação em primeiro grau, mas continuará a ser necessária sua intimação para comparecer à audiência de conciliação e mediação.

646 **O réu revel sem advogado constituído será intimado para contrarrazoar o agravo de instrumento?**

A leitura do art. 1.019, II, do Novo CPC, ao prever que o relator ordenará a intimação do agravado pessoalmente, por carta com aviso de recebimento, quando não tiver procurador constituído, poderia levar à conclusão de que o réu revel sem advogado constituído deve ser intimado para contrarrazoar o agravo de instrumento. Entendo, entretanto, que a melhor solução é a dispensa de intimação nesse caso, considerando que o art. 346, *caput*, do Novo

CPC expressamente prevê a dispensa de intimação do réu revel dos atos processuais, que em meu entendimento inclui a intimação para contrarrazões para o agravo de instrumento.

647 **No Novo Código de Processo Civil continua a estar prevista a requisição de informações ao juízo de primeiro grau?**

A requisição de informações ao juízo de primeiro grau não está prevista entre as atribuições do relator no Novo Código de Processo Civil, mas acredito que continua a ser uma faculdade do relator, que, se entender conveniente, poderá determiná-la no caso concreto.

3

AGRAVO INTERNO

- Agravo interno é o recurso previsto contra decisão monocrática do relator.
- O prazo do agravo interno é de 15 dias.
- É cabível o juízo de retratação no agravo interno.
- O procedimento do agravo interno está previsto nos incisos do art. 1.021 do Novo CPC, sendo aplicado subsidiariamente o regimento interno do tribunal competente para seu julgamento.
- Não está determinada a dispensa de preparo no agravo interno no Novo Código de Processo Civil, de forma que poderá ser cobrado por previsão regimental.

648 **O agravo interno é cabível contra toda e qualquer decisão monocrática do relator?**

O art. 1.021, *caput*, do Novo CPC dispõe que, contra decisão proferida pelo relator, caberá agravo interno para o respectivo órgão colegiado. Ao deixar de prever qualquer tipo de limitação quanto ao cabimento de tal espécie recursal é possível concluir por seu cabimento contra qualquer espécie de decisão unipessoal proferida pelo relator. Dessa forma, são recorríveis por agravo interno decisões monocráticas do relator em recurso, reexame necessário e processos de competência originária do tribunal, interlocutória e final, que tenham como objeto questão incidental, que julguem por decisão terminativa recurso, reexame necessário ou o processo de competência originária do tribunal, e decisão de mérito de recurso e de reexame necessário.

649 **A decisão unipessoal proferida pelo presidente do tribunal é recorrível por agravo interno?**

Tratando-se de decisão que inadmite o seguimento de recurso especial ou extraordinário, o recurso cabível será o agravo em recurso especial ou extraordinário previsto no art. 1.042 do Novo CPC ou o agravo regimental, nos termos do art. 1.030, § 2º, do Novo CPC. Atuando o presidente do tribunal em função assemelhada à de relator, entendo serem suas decisões monocráticas recorríveis pelo agravo interno, com aplicação à hipótese do art. 1.021 do Novo CPC. É o caso, por exemplo, da atuação do presidente no incidente de suspensão de segurança, quando poderá proferir decisões monocráticas referentes à tutela de urgência.

650 **É cabível o agravo interno previsto no art. 1.021 do Novo CPC das decisões monocráticas proferidas pelo presidente do tribunal no incidente de suspensão de segurança?**

O art. 15, *caput*, da Lei 12.016/2009 prevê que da decisão unipessoal do relator que suspender a eficácia da decisão impugnada caberá o recurso de agravo no prazo de cinco dias. Entendo tratar-se do agravo interno disposto no art. 1.021 do Novo CPC, inclusive quanto ao prazo de 15 dias, nos termos do art. 1.070 do mesmo diploma legal. Como se pode notar da leitura do art. 15, *caput*, da Lei 12.016/2009, não há previsão de recurso contra a decisão que indefere requerimento de suspensão liminar, mas tal decisão também é recorrível por força do art. 1.021, *caput*, do Novo CPC.

651 **Há alguma especialidade na fundamentação recursal do agravo interno?**

Na realidade não, porque a causa de pedir do agravo interno segue a regra geral de qualquer outro recurso, ou seja, exige a impugnação específica das razões da decisão impugnada. Ocorre, entretanto, que no agravo interno é mais comum o recorrente se limitar a recortar e colar os fundamentos do pedido ou do recurso julgado monocraticamente, imaginando que o recurso não seja propriamente voltado a impugnar a decisão monocrática, mas apenas uma nova chance de convencer de suas razões os demais julgadores que compõem o órgão colegiado. Nesse sentido, justifica-se a previsão do art. 1.021, § 1º, do Novo CPC, ao consagrar que na petição de agravo interno o recorrente impugnará especificadamente os fundamentos da decisão agravada. Registre-se que o art. 932, III, do Novo CPC prevê como causa de inadmissão por decisão monocrática do relator o recurso em que não se tenha impugnado especificamente os fundamentos da decisão recorrida.

652 **O relator pode se valer da fundamentação *per relationem* no julgamento do agravo interno?**

Na vigência do CPC/1973, firmou-se um pacto tácito entre o advogado do recorrente e o relator do agravo interno: o primeiro fingia recorrer ao recortar e colar os fundamentos do pedido ou do recurso julgado monocraticamente, e o segundo fingia decidir o agravo interno ao "decidir" que os fundamentos recursais não eram suficientes para derrubar os fundamentos da decisão monocrática, que eram recortados e colados como razão do decidir do agravo interno. Como o art. 1.021, § 1º, do Novo CPC exige expressamente do recorrente a impugnação das razões decisórias da decisão monocrática, nada mais justo que o art. 1.021, § 3º, do Novo CPC vedar ao relator limitar-se à reprodução dos fundamentos da decisão agravada para julgar improcedente o agravo interno. Dessa forma, ainda que a técnica da fundamentação *per relationem*, com a transcrição de razões de decidir de outra decisão para fundamentar novo pedido ou recurso, seja admitida pelos tribunais superiores, será incabível no agravo interno por previsão expressa do art. 1.021, § 3º, do Novo CPC (*Informativo* 592/STJ, 3ª Turma, REsp 1.622.386-MT, Rel. Min. Nancy Andrighi, por unanimidade, j. 20/10/2016, *DJe* 25/10/2016). A contrapartida à impossibilidade de o relator limitar-se a reproduzir os fundamentos da decisão monocrática para decidir o agravo interno é a regra expressa de impugnação recursal específica consagrada no art. 1.021, § 1º, do Novo CPC (STJ, 2ª Turma, AgInt no AREsp 933.639/PE, Rel. Min. Herman Benjamin, j. 10/11/2016, *DJe* 29/11/2016).

653 **O princípio do contraditório é respeitado no procedimento do agravo interno?**

O princípio do contraditório é garantido pelas previsões contidas no art. 1.021, § 2º, do Novo CPC. Segundo o dispositivo legal, o agravo será dirigido ao relator, que intimará o agravado para manifestar-se sobre o recurso no prazo de 15 dias, ao final do qual, não havendo retratação, o relator levá-lo-á a julgamento pelo órgão colegiado, com inclusão em pauta, independentemente de requerimento do recorrente (STJ, 3ª Turma, AgInt no AgInt no AREsp 1.040.480/SP, Rel. Min. Moura Ribeiro, j. 22/08/2017, *DJe* 06/09/2017). Tanto a intimação para contrarrazões como a inclusão em pauta não eram a realidade na vigência do CPC/1973, mas passam a ser impositivos no Novo Código de Processo Civil.

654 **A decisão unânime que nega provimento ao agravo interno é o suficiente para a aplicação da sanção processual prevista no art. 1.021, § 4º, do Novo CPC?**

O art. 1.021, § 4º, do Novo CPC prevê que, quando o agravo interno for declarado manifestamente inadmissível ou improcedente em votação unânime, o órgão colegiado, em decisão fundamentada, condenará o agravante a pagar ao agravado uma multa fixada entre 1% e 5% do valor atualizado da causa, dando a entender que o mero julgamento unânime de inadmissibilidade ou negativa de provimento seja o suficiente para a aplicação da sanção. Ocorre, entretanto, que essa interpretação gera um manifesto e inadmissível cerceamento de defesa, que viria a inibir significativamente o exercício do direito recursal por meio do agravo interno, ainda mais se considerado o histórico de julgamentos unânimes contra o recorrente nessa espécie de recurso. Uma forma de flexibilizar a rudeza do dispositivo é considerar que o termo "manifestamente" previsto antes do termo "inadmissível" também seja aplicado ao julgamento unânime de inadmissão ou de negativa de provimento, conforme corretamente vêm fazendo os tribunais superiores (STJ, 2ª Seção, AgInt nos EREsp 1.120.356/RS, Rel. Min. Marco Aurélio Bellizze, j. 24/08/2016, *DJe* 29/08/2016); STF, 1ª Turma, ARE 960.736 AgR/SP, Rel. Min. Alexandre de Moraes, j. 19/06/2017, *DJe* 29/06/2017). No mesmo sentido o Enunciado 74 da I Jornada de Direito Processual Civil do CJF: "O termo 'manifestamente' previsto no § 4º do art. 1.021 do CPC se refere tanto à improcedência quanto à inadmissibilidade do agravo".

655 **A sanção prevista no art. 1.021, § 5º, do Novo CPC pode ser excepcionada?**

Além da aplicação da multa, a sanção prevista nos §§ 4º e 5º do art. 1.021 do Novo CPC também envolve o depósito de seu valor em juízo como condição de admissibilidade recursal, de forma que a parte sancionada só terá recurso admitido dali para frente se fizer tal depósito. Essa segunda parte da sanção – depósito do valor da multa – não é aplicada à Fazenda Pública e ao beneficiário de gratuidade da justiça, que farão o pagamento ao final. Embora não previsto expressamente pelo art. 1.021, § 5º, do Novo CPC, entendo que também ao Ministério Público deva ser aplicada a isenção do depósito do valor da multa como condição de admissibilidade de recursos a serem interpostos.

4

AGRAVO EM RECURSO ESPECIAL E EM RECURSO EXTRAORDINÁRIO

- Em regra, a decisão que inadmite o seguimento de recurso especial e extraordinário é recorrível por agravo em recurso especial e em recurso extraordinário.
- O prazo é de 15 dias.
- O tribunal de segundo grau não tem competência para fazer o juízo de admissibilidade do agravo em recurso especial e em recurso extraordinário.
- Cabe reclamação para o tribunal superior caso o agravo em recurso especial e em recurso extraordinário seja inadmitido na origem.
- Cabe juízo de retratação no agravo em recurso especial e em recurso extraordinário.

 656 **Qual o órgão competente para fazer o juízo de admissibilidade do recurso especial e extraordinário?**

Da mesma forma como já ocorria durante a vigência do CPC/1973, os recursos especial e extraordinário serão interpostos perante o tribunal de segundo grau, e seu presidente ou vice-presidente, a depender da previsão regimental, fará o primeiro juízo de admissibilidade de tais recursos. Caso o juízo seja positivo, o recurso será recebido e encaminhado para o tribunal superior, que fará um segundo juízo de admissibilidade.

657 **Toda decisão de inadmissão do recurso especial e do extraordinário no tribunal de origem é recorrível por agravo para os tribunais superiores?**

O agravo de recurso especial e extraordinário previsto no art. 1.042 do Novo CPC é o recurso cabível contra a decisão do presidente ou vice-presidente do tribunal de segundo grau que nega seguimento ao recurso especial e extraordinário. Trata-se de recurso de competência dos tribunais superiores, de forma que o recorrente tem garantido seu acesso a tais tribunais por meio de sua interposição. Ocorre, entretanto, que nem toda decisão que nega seguimento ao recurso especial e extraordinário é recorrível pelo agravo previsto no art. 1.042 do Novo CPC. Nos termos do art. 1.042, *caput*, do Novo CPC, tal espécie de recurso não será cabível contra decisão do presidente ou do vice-presidente do tribunal recorrido que inadmitir recurso extraordinário ou recurso especial com fundamento na aplicação de entendimento firmado em regime de repercussão geral ou em julgamento de recursos repetitivos. Nesse caso, nos termos do art. 1.030, § 2º, do Novo CPC, o recurso cabível será o agravo interno, de competência do próprio tribunal de segundo grau. O Superior Tribunal de Justiça entende que, sendo cabíveis ambas as espécies de agravos, os dois recursos devem ser interpostos (STJ, 2ª Turma, AgInt no AREsp 827.564/BA, Rel. Min. Mauro Campbell Marques, j. 12/12/2017, *DJe* 18/12/2017), e que não existe fungibilidade recursal entre eles (STJ, 3ª Turma, AgInt no TP 826/PE; Rel. Min. Paulo de Tarso Sanseverino, j. 21/11/2017, *DJe* 01/12/2017; STJ, 4ª Turma, AgInt no AREsp 1.095.680/SE, Rel. Min. Maria Isabel Gallotti, j. 28/11/2017, *DJe* 04/12/2017; STF, 1ª Turma, Rcl 28.070 AgR/RJ, Rel. Min. Alexandre de Moraes, j. 01/12/2017, *DJe* 14/12/2017).

658 **Não sendo admitido o recurso especial ou extraordinário na origem e não sendo cabível o agravo previsto no art. 1.042 do Novo CPC, há possibilidade de o processo chegar aos tribunais superiores?**

A combinação dos arts. 1.042, *caput*, e 1.030, § 2º, ambos do Novo CPC, permite a conclusão de que em determinadas hipóteses a decisão do presidente ou vice-presidente do tribunal de segundo grau que inadmite o recurso especial ou extraordinário será recorrível por agravo interno para o próprio tribunal de segundo grau. Entendo que nesse caso o processo não reúne condições de seguir para os tribunais superiores pela via recursal, porque da decisão desse agravo interno será cabível tão somente o recurso de embargos de declaração, também de competência do tribunal de segundo grau. Há corrente doutrinária que defende o cabimento de recurso especial ou extraordinário do acórdão que julga o agravo interno, mas esse entendimento esbarra de forma incontornável na exigência constitucional de que a decisão a ser recorrida pelos recursos excepcionais decida a causa em única ou última instância. Por mais largo que seja o conceito dado ao termo "causa" previsto nos arts. 102, III, *caput*, e 105, III, *caput*, ambos da CF, nunca se chegará ao extremo de se compreender que uma decisão que trata da admissibilidade recursal resolva a causa. Nos tribunais superiores há precedentes no sentido de ser essa decisão impugnável por reclamação, com fundamento no art. 988, § 5º, II, do Novo CPC (STJ, 2ª Seção, AgInt na Rcl 34.061/DF, Rel. Min. Antonio Carlos Ferreira, j. 13/09/2017, *DJe* 21/09/2017; STF, 2ª Turma, Rcl 20.892 AgR/RJ, Rel. Min. Dias Toffoli, j. 15/03/2016, *DJe* 18/04/2016).

5

EMBARGOS DE DECLARAÇÃO

- Recurso de fundamentação vinculada, sendo as matérias alegáveis previstas em lei (omissão, contradição, obscuridade e erro material).
- Embargos de declaração são o único recurso cujo prazo não é de 15 dias; seu prazo é de cinco dias.
- Recurso cabível contra qualquer pronunciamento judicial, inclusive despacho.

659 **Toda decisão é recorrível por embargos de declaração?**

O art. 1.022, *caput*, do Novo CPC, prevê que qualquer decisão judicial é recorrível por embargos de declaração quando presente algum dos vícios formais previstos nos três incisos do referido dispositivo legal. Não vejo razão plausível para se retirar do alcance da norma legal a decisão que inadmite recurso excepcional, sendo, nesse sentido, o Enunciado 75 da I Jornada de Direito Processual Civil do CJF: "Cabem embargos declaratórios contra decisão que não admite recurso especial ou extraordinário, no tribunal de origem ou no tribunal superior, com a consequente interrupção do prazo recursal". Ocorre, entretanto, que a jurisprudência dos tribunais superiores é pacificada em sentido contrário (STF, Tribunal Pleno, ARE 903.247 AgR/DF, Rel. Min. Ricardo Lewandowski, j. 22/10/2015, *DJe* 09/11/2015), admitindo os embargos de declaração tão somente em situações excepcionais, quando a decisão é tão genérica que sequer permite a interposição do agravo (STJ,

2ª Turma, AgInt no AREsp 1.125.268/RJ, Rel. Min. Og Fernandes, j. 28/11/2017, *DJe* 05/12/2017). A não admissão dos embargos de declaração nesse caso afasta a interrupção do prazo recursal do agravo (STJ, 2ª Turma, AgInt no AREsp 1.100.853/RJ, Rel. Min. Assusete Magalhães, j. 16/11/2017, *DJe* 24/11/2017; STF, 2ª Turma, ARE 991.716 AgR/SP, Rel. Min. Celso de Mello, j. 02/05/2017, *DJe* 24/05/2017).

660

O erro material pode ser alegado em sede de embargos de declaração?

O art. 1.022, III, do Novo CPC inclui expressamente o erro material entre os vícios formais alegáveis em sede de embargos de declaração. Erro material é aquele facilmente perceptível e que não corresponda de forma evidente à vontade do órgão prolator da decisão. Mesmo estando prevista como vício passível de saneamento por meio dos embargos de declaração, a arguição de erro material não depende dos embargos de declaração, inclusive não havendo preclusão para sua alegação, que pode ser feita até mesmo depois do trânsito em julgado da decisão. A inclusão do erro material como matéria expressamente arguível em sede de embargos de declaração é importante porque não deixa dúvida de que, alegado o erro material sob a forma de embargos de declaração, assim será tratada procedimentalmente a alegação, em especial quanto à interrupção do prazo recursal.

661

O que pode ser considerado uma decisão omissa?

O legislador consagra o conceito legal de omissão para fins de cabimento de embargos de declaração no art. 1.022, II e parágrafo único, do Novo CPC. Segundo o art. 1.022, I, do Novo CPC, será omissa a decisão quando não for enfrentado e decidido ponto ou questão sobre o qual devia se pronunciar o juiz de ofício ou a requerimento, merecendo nesse tocante destaque a previsão de que a parte poderá originariamente alegar matéria conhecível de ofício em sede de embargos de declaração. Nos termos do inciso I do parágrafo único do art. 1.022 do Novo CPC, é omissa a decisão em que o julgador deixar de se manifestar sobre tese firmada em julgamento de casos repetitivos ou em incidente de assunção de competência aplicável ao caso sob julgamento; enquanto o inciso II do mesmo dispositivo prevê como omissão a decisão na qual o juiz incorrer em qualquer das condutas descritas no art. 489, § 1º, do Novo CPC.

662 São cabíveis embargos de declaração para se requerer que o órgão jurisdicional adéque a decisão a precedente vinculante de tribunal superior criado supervenientemente à decisão impugnada?

Ainda que o art. 1.022, parágrafo único, do Novo CPC, preveja como omissa a decisão que deixa de se manifestar sobre tese firmada em julgamento de casos repetitivos ou em incidente de assunção de competência aplicável ao caso sob julgamento, é natural que o precedente desrespeitado já deva existir à época da decisão prolatada, até porque, se ele não existia, não há como se apontar omissão da decisão em não se manifestar sobre ele (como cobrar a manifestação sobre algo que não existe?). Nesse sentido, o Superior Tribunal de Justiça entende que não é possível atribuir efeitos infringentes aos embargos declaratórios em virtude de mudança jurisprudencial, exceto quando houver omissão proveniente de julgamento anterior de recurso especial repetitivo sobre o tema decidido (STJ, Corte Especial, AgInt nos EAg 1.014.027/RJ, Rel. Min. Jorge Mussi, j. 19/10/2016, *DJe* 26/10/2016).

663 Na hipótese de inadmissão ou negativa de provimento a embargos de declaração, a parte contrária, que já tenha interposto recurso contra a decisão, terá que reiterá-lo?

O art. 1.024, § 5º, do Novo CPC prevê que, se os embargos de declaração forem rejeitados ou não alterarem a conclusão do julgamento anterior, o recurso interposto pela outra parte antes da publicação do julgamento dos embargos de declaração será processado e julgado independentemente de ratificação. Em razão da novidade legislativa, o Superior Tribunal de Justiça revogou a Súmula 418 e editou a Súmula 579 no sentido do texto legal (STJ, 6ª Turma, REsp 1.370.568/DF, Rel. Min. Rogério Schietti Cruz, j. 23/05/2017, *DJe* 30/05/2017).

664 O embargado deve ser intimado para contrarrazoar os embargos de declaração?

O julgamento dos embargos de declaração em regra não exige a intimação do embargado para apresentação de contrarrazões, o que só ocorre se os embargos tiverem efeitos infringentes, ou seja, se seu provimento for capaz de reformar ou anular a decisão recorrida. Nesse sentido o art. 1.023, § 2º, do Novo CPC, ao prever que o juiz intimará o embargado para, querendo, manifestar-se, no prazo de cinco dias, sobre os embargos opostos, caso seu eventual acolhimento implique a modificação da decisão embargada.

665 | **É possível que a reiteração abusiva dos embargos de declaração afaste seu efeito interruptivo?**

A primeira reiteração de embargos manifestamente protelatórios tem como consequência a aplicação das sanções previstas no art. 1.026, § 3º, do Novo CPC: majoração da multa até 10% do valor atualizado da causa e depósito de seu valor como condição de admissibilidade de novos recursos. Nesse caso, portanto, mesmo tratando de ato repudiado pelo princípio da boa-fé objetiva, consagrado no art. 5º do Novo CPC, aplica-se o art. 1.026, *caput*, do Novo CPC, com a interrupção do prazo de outros recursos. No caso da reiteração de embargos de declaração manifestamente protelatórios, o art. 1.026, § 4º, do Novo CPC prevê sua inadmissão, sendo correto interpretar o dispositivo legal como suficiente para, nesse caso, afastar o efeito interruptivo dos embargos de declaração em razão de seu não cabimento.

666 | **Nos Juizados Especiais, os embargos de declaração suspendem ou interrompem o prazo recursal?**

A interrupção do prazo devolve o prazo na íntegra, enquanto a suspensão o devolve apenas pelo saldo. O art. 1.065 do Novo CPC modificou o art. 50 da Lei 9.099/1995, que passa a prever que os embargos de declaração interrompem o prazo para a interposição de recurso. A interrupção, portanto, passa a ser a regra na Justiça Comum e nos Juizados Especiais, não havendo mais hipótese de o prazo para interposição de recursos em razão de interposição de embargos de declaração ser suspenso.

667 | **Qual o prazo para o julgamento dos embargos de declaração?**

O art. 1.024, *caput*, do Novo CPC estabelece que o juiz julgará os embargos em cinco dias de sua interposição, e, apesar de ser regra voltada ao juiz de primeiro grau, também deve ser aplicada nos tribunais para a decisão monocrática dos embargos de declaração interpostos contra decisão unipessoal. O art. 1.024, § 1º, prevê que nos tribunais o relator apresentará os embargos em mesa na sessão subsequente, proferindo voto, em norma aplicável ao julgamento colegiado dos embargos de declaração. Como praticamente todos os prazos judiciais, o prazo de julgamento dos embargos de declaração é impróprio, de forma que seu vencimento não gera preclusão temporal. No caso do julgamento colegiado nos tribunais, entretanto, o art. 1.024, § 1º, do Novo CPC prevê uma consequência para o descumprimento do prazo: a inclusão automática do recurso em pauta. Entendo saudável a previsão legal, mas de difícil implementação, porque na realidade a inclusão em pauta nunca se dá automaticamente, dependendo de pedido nesse sentido do relator. A aplicação concreta da norma, portanto, depende de um sistema informatizado que dispense o ato do relator, com a inclusão em pauta genuinamente automática, o que, por questões de política interna dos tribunais, provavelmente não venha a ocorrer.

668 **É possível obter efeito suspensivo nos embargos de declaração?**

Os embargos de declaração não têm efeito suspensivo próprio (*ope legis*) por força do previsto no *caput* do art. 1.026 do Novo CPC. O embargante, entretanto, poderá obter o efeito suspensivo impróprio (*ope iudicis*) no caso concreto, valendo-se para tanto do § 1º do mesmo diploma legal. Interessante notar que o dispositivo, a exemplo do que faz o art. 1.012, § 4º, do Novo CPC, para a apelação, prevê tanto a tutela de urgência – relevância da fundamentação e risco de dano grave ou de difícil reparação – como a tutela da evidência – probabilidade de provimento do recurso – como hábeis à concessão de efeito suspensivo no caso concreto.

669 **Qual a sanção processual para a hipótese de os embargos de declaração serem considerados manifestamente protelatórios?**

A aplicação de multa não excede a 2% do valor atualizado da causa, nos termos do art. 1.026, § 2º, do Novo CPC. Na reiteração de embargos de declaração manifestamente protelatórios, o § 3º do mesmo dispositivo legal prevê que a multa será elevada a até 10% sobre o valor atualizado da causa, e a interposição de qualquer recurso ficará condicionada ao depósito prévio do valor da multa, à exceção da Fazenda Pública e do beneficiário de gratuidade da justiça, que a recolherão ao final.

670 **A dupla sanção prevista no art. 1.026, § 3°, do Novo CPC pode ser excepcionada?**

Além da majoração do valor da multa já aplicada para até 10% do valor atualizado da causa, o § 3° do art. 1.026 do Novo CPC também prevê como sanção o depósito de seu valor em juízo como condição de admissibilidade recursal, de forma que a parte sancionada só terá recurso admitido dali para frente se fizer tal depósito. Essa segunda parte da sanção – depósito do valor da multa – não é aplicada à Fazenda Pública e ao beneficiário de gratuidade da justiça, que farão o pagamento ao final. Embora não previsto expressamente pelo art. 1.026, § 3°, do Novo CPC, entendo que também ao Ministério Público deva ser aplicada a isenção do depósito do valor da multa como condição de admissibilidade de recursos a serem interpostos.

6

RECURSO ORDINÁRIO CONSTITUCIONAL

- O Recurso Ordinário Constitucional (ROC) é de competência dos tribunais superiores.
- Apesar de ter previsão de cabimento na Constituição Federal – repetida no Novo Código de Processo Civil –, não se confunde com o recurso especial e extraordinário.
- Não se exige prequestionamento como pressuposto de admissibilidade.
- O efeito devolutivo é amplo, abarcando as questões de fato e de direito.

671 **É cabível a aplicação da teoria da causa madura no recurso ordinário constitucional?**

É nesse sentido o art. 1.027, § 2º, do Novo CPC, o que permite ao tribunal superior o julgamento imediato do mérito desde que preenchidos os requisitos dispostos no art. 1.013, § 3º, do Novo CPC.

672 **Qual o órgão competente para realizar o juízo de admissibilidade no ROC?**

O art. 1.028, *caput*, do Novo CPC determina que o recurso ordinário constitucional com hipótese de cabimento exposta no art.

1.027, II, "b", do mesmo diploma legal, segue, quanto aos requisitos de admissibilidade e ao procedimento, as disposições relativas à apelação e ao Regimento Interno do Superior Tribunal de Justiça. Dessa forma, o juízo sentenciante não terá competência para fazer o juízo de admissibilidade do recurso ordinário constitucional, devendo se limitar a intimar o recorrido para apresentação de contrarrazões no prazo de 15 dias e depois, com ou sem resposta, encaminhar o recurso para o Superior Tribunal de Justiça. Para o recurso ordinário constitucional com hipóteses de cabimento previstas no art. 1.027, I e II, "a", do Novo CPC, o art. 1.028, § 3º, do mesmo diploma processual dispõe que a remessa do recurso para o tribunal superior competente para o seu julgado independe de juízo de admissibilidade perante o tribunal prolator da decisão recorrida.

673 **Há incompatibilidade entre o art. 1.027, § 2º, e o art. 1.028, §§ 2º e 3º, ambos do Novo CPC?**

A incompatibilidade é flagrante e ao mesmo tempo preocupante. O art. 1.027, § 2º, do Novo CPC prevê a aplicação do art. 1.029, § 5º, do mesmo diploma legal ao recurso ordinário constitucional. Trata-se de regra legal que regulamenta a competência para o pedido de efeito suspensivo no recurso especial e extraordinário, e que incidentalmente prevê a competência do presidente ou vice-presidente do tribunal de segundo grau para o juízo de admissibilidade de tais recursos. Ocorre, entretanto, que o art. 1.028, § 3º, do Novo CPC é claro quanto à remessa do recurso ordinário ao tribunal superior competente independentemente de juízo de admissibilidade no tribunal em que o recurso foi interposto. Essa incompatibilidade tem uma explicação: o art. 1.029, § 5º, do Novo CPC foi alterado pela Lei 13.256/2016, e o legislador se esqueceu desse "detalhe" na manutenção do texto do art. 1.028, § 3º, do Novo CPC. O ideal teria sido a alteração de tal dispositivo com remissão à aplicação do art. 1.012, § 3º, do Novo CPC, e, apesar do vacilo legislativo, entendo que assim deva ser feito.

674 **Nas chamadas "ações internacionais", como se dá a recorribilidade das decisões interlocutórias?**

Nos processos em que forem partes, de um lado, Estado estrangeiro ou organismo internacional e, de outro, Município ou pessoa residente ou domiciliada no País, de competência da Justiça Federal de primeiro grau (art. 109, II, da CF), não tem o tribunal regional federal como tribunal de segundo grau, sendo as tarefas recursais que tradicionalmente são desempenhadas pelo tribunal de segundo grau de competência do Superior Tribunal de Justiça. No caso da sentença, inclusive, há um recurso distinto da apelação, que é o recurso ordinário constitucional. Já para as decisões interlocutórias, o recurso será o agravo de instrumento, que seguirá o procedimento estabelecido por lei, tendo como singularidade apenas a competência do Superior Tribunal de Justiça para o seu julgamento.

7

RECURSO ESPECIAL
E RECURSO EXTRAORDINÁRIO

- O recurso especial e o extraordinário são interpostos perante o órgão prolator da decisão recorrida.
- O tribunal prolator da decisão recorrida, por meio de seu presidente ou vice-presidente, tem competência para fazer juízo de admissibilidade do recurso especial e extraordinário.
- O prazo é de 15 dias, podendo o recurso especial e o extraordinário serem interpostos em momentos distintos, desde que dentro do prazo.
- É cabível recurso especial e extraordinário adesivos.
- Não é necessário o ingresso de recurso especial e extraordinário contra o acórdão, salvo se os fundamentos constitucionais e federais forem suficientes por si sós a manter a decisão.

 **675** **Como a parte deve prequestionar a matéria federal ou constitucional?**

Durante a vigência do CPC/1973, os tribunais superiores divergiam a respeito das formas de prequestionamento da matéria a ser alegada em sede de recurso especial e extraordinário. Por força da Súmula 211/STJ, o Superior Tribunal de Justiça entendia que o prequestionamento exigia a efetiva decisão da questão federal pelo acórdão recorrido, não sendo suficiente para essa finalidade a mera oposição de embargos de declaração com fins prequestionadores caso esse recurso fosse rejeitado, porque nesse caso a omissão persistiria. Já o Supremo Tribunal Federal, em razão da Súmula 356/STF, admitia que, havendo a oposição de embargos, mesmo com sua rejeição, a matéria constitucional deveria ser considerada prequestionada, admitindo, portanto, o prequestionamento ficto. A divergência foi resolvida pelo art. 1.025 do Novo CPC ao prever que se consideram incluídos no acórdão os elementos que o embargante suscitou, para fins de prequestionamento, ainda que os embargos de declaração sejam inadmitidos ou rejeitados, caso o tribunal superior considere existentes erro, omissão, contradição ou obscuridade. O dispositivo deixa clara a admissão do prequestionamento ficto, de forma que, mesmo a matéria não tendo sido expressamente decidida em grau inferior, tendo o recorrente interposto embargos de declaração com essa finalidade, já será o suficiente para a admissão do recurso especial e extraordinário pelo preenchimento do pressuposto de admissibilidade do prequestionamento.

676 **Como os tribunais superiores vêm interpretando o art. 1.025 do Novo CPC?**

Tanto o Superior Tribunal de Justiça como o Supremo Tribunal Federal entendem que só haverá prequestionamento ficto, nos termos do art. 1.025 do Novo CPC, quando a não apreciação pela Corte local da matéria federal/constitucional ali suscitada em embargos de declaração for reconhecida, pela Corte Superior, como verdadeira e indevida recusa daquele tribunal de sanar existente erro, omissão, contradição ou obscuridade constante do acórdão embargado (STJ, 3ª Turma, AgInt no REsp 1.680.099/SP, Rel. Min. Ricardo Villas Bôas Cueva, j. 12/12/2017, *DJe* 02/02/2018; STF, 1ª Turma, ARE 960.736 AgR/SP, Rel. Min. Alexandre de Moraes, j. 19/06/2017, *DJe* 29/06/2017). Exigem, diante desse entendimento, que no recurso extraordinário/especial seja indicada violação ao art. 1.022 do CPC/2015, para que se possibilite ao órgão julgador verificar a existência do vício inquinado ao acórdão, que, uma vez constatado, poderá dar ensejo à supressão de grau facultada pelo dispositivo de lei (STJ, 3ª Turma, REsp 1.639.314/MG, Rel. Min. Nancy Andrighi, j. 04/04/2017, *DJe* 10/04/2017; STJ, 2ª Turma, EDcl no REsp 1.673.323/RS, Rel. Min. Herman Benjamin, j. 28/11/2017, *DJe* 19/12/2017).

É requisito formal do recurso extraordinário a alegação da repercussão geral como preliminar?

O art. 543-A, § 2º, do CPC de 1973 exigia do recorrente a alegação da repercussão geral como preliminar do recurso extraordinário, não sendo tal previsão repetida no art. 1.035, § 2º, do Novo CPC, que se limita a exigir do recorrente a demonstração de existência da repercussão geral. Diante da novidade legislativa, não existe mais a formalidade de alegar a repercussão geral em sede de preliminar do recurso, cabendo ao recorrente apenas demonstrar, em tópico separado ou no próprio corpo de seu recurso, a existência da repercussão geral. Não basta a alegação, devendo haver fundamentação (STF, 2ª Turma, RE 1.018.956 AgR/GO, Rel. Min. Ricardo Lewandowski, j. 21/08/2017, *DJe* 12/09/2017). Sempre entendi mais lógica a alegação de repercussão geral ao final do recurso, já que sua demonstração dependerá essencialmente da causa de pedir recursal, o que, entretanto, não impede a alegação como preliminar, que, se não é mais obrigatória, certamente não está vetada pelo novo diploma processual. Ocorre, entretanto, que o Supremo Tribunal Federal, em precedentes flagrantemente contrários à previsão legal, continua a exigir a alegação de repercussão geral em sede de preliminar do recurso extraordinário, como se nada tivesse sido – e indiscutivelmente foi – alterado pelo Novo Código de Processo Civil (STF, 1ª Turma, RE 1.009.877 AgR/DF, Rel. Min. Rosa Weber, j. 19/06/2017, *DJe* 01/08/2017); STF, 2ª Turma, ARE 1.034.273 AgR/BA, Rel. Min. Gilmar Mendes, j. 30/06/2017, *DJe* 03/08/2017).

É possível presumir repercussão geral?

O art. 1.035, § 3º, do Novo CPC prevê duas hipóteses de presunção absoluta de repercussão geral: acórdão que contrarie súmula ou jurisprudência dominante do Supremo Tribunal Federal e acórdão que tenha reconhecido a inconstitucionalidade de tratado ou de lei federal, nos termos do art. 97 da Constituição Federal. Há outra hipótese de presunção absoluta de repercussão geral prevista no art. 987, § 1º, do Novo CPC, no recurso extraordinário cabível contra o acórdão do tribunal de segundo grau que julga o incidente de resolução de demandas repetitivas.

679
Qual a consequência de o prazo de um ano para o julgamento de recurso extraordinário que tenha a repercussão geral reconhecida não ser cumprido?

O prazo de um ano para o julgamento do recurso que tiver a repercussão geral reconhecida é de um ano, e para que ele possa ser cumprido, o art. 1.035, § 9º, do Novo CPC consagra o direito de preferência em seu julgamento, ressalvados os processos que envolvam réu preso e os pedidos de *habeas corpus*. A consequência do descumprimento desse prazo era a cessão automática da suspensão dos processos repetitivos sobrestados, conforme previsão contida no § 10 do art. 1.035 do Novo CPC. Ocorre, entretanto, que tal dispositivo foi revogado pela Lei 13.256/2016, de forma que resta sem qualquer consequência processual o descumprimento do prazo de um ano para o julgamento do recurso extraordinário que tiver a repercussão geral reconhecida.

 **680**
Qual o efeito do julgamento da repercussão geral sobre os recursos extraordinários sobrestados?

Acesse o QR Code e assista à aula explicativa sobre este assunto.

https://goo.gl/cruWy5

 **681**
O sobrestamento dos processos repetitivos quando instaurado o julgamento repetitivo de recurso especial/extraordinário ou quando reconhecida a repercussão geral em recurso extraordinário é obrigatório?

O entendimento dos tribunais superiores é no sentido de que o relator pode deixar de suspender os processos (STJ, ProAfR no REsp 1.704.520/MT, Rel. Min. Nancy Andrighi, j. 20/02/2018, *DJe* 28/02/2018) ou até mesmo modulá-los, determinando, por exemplo, a suspensão dos processos somente a partir de determinado momento procedimental (STF, Plenário, RE 966.177 RG/RS, Rel. Min. Luiz Fux, j. 03/11/2016, *DJe* 21/11/2016). Ademais, é pacificado o entendimento nos tribunais superiores de que o sobrestamento é facultativo para os processos em trâmite perante o próprio tribunal, ficando a critério de cada relator o envio do apelo nobre à instância de origem para sobrestamento ou o julgamento do recurso (STJ, CE, AgInt nos EAREsp 922.170/SP) ou do processo de competência originária (STF, 1ª Turma, ACO 2674 AgR-ED/AP, Rel. Min. Luiz Fux, j. 18/12/2017, *DJe* 07/02/2018).

682 **A decisão do relator que, reconhecida a repercussão geral, determina a suspensão dos processos, é recorrível por agravo interno?**

Nos termos do art. 1.035, § 5º, do Novo CPC, reconhecida a repercussão geral, o relator no Supremo Tribunal Federal determinará a suspensão do processamento de todos os processos pendentes, individuais ou coletivos, que versem sobre a questão e tramitem no território nacional. Como se nota do dispositivo legal, não cabe ao relator decidir se suspende ou não os processos, sendo tal postura imposta por lei. Por essa razão, entendo que o pronunciamento do relator não tem carga decisória suficiente para ser considerado uma decisão interlocutória, tratando-se, portanto, de despacho, irrecorrível por força do art. 1.001 do Novo CPC. Ao se admitir, entretanto, como os tribunais superiores vêm fazendo, não se tratar o sobrestamento de dever do relator, que deverá ponderar a respeito de sua adequação no caso concreto, restará evidente a natureza de decisão do pronunciamento, sendo, assim, recorrível por agravo interno (art. 1.021 do Novo CPC).

683 **O sobrestamento do processo à espera da formação do precedente vinculante é sempre integral?**

A única justificativa para que um processo tenha seu andamento sobrestado à espera da formação de precedente vinculante é estar sujeito a tal precedente, o que, entretanto, pode ocorrer apenas com relação à parcela do objeto do processo. Basta imaginar um processo no qual o autor cumula dois pedidos, sendo que somente um deles será afetado pelo precedente vinculante a ser criado. Nesse caso, não há sentido lógico no sobrestamento integral do processo, devendo ser dado andamento ao processo na parte que não será afetada pelo precedente vinculante a ser criado, inclusive com o julgamento antecipado parcial do mérito, quando essa parcela do pedido estiver madura para julgamento (STJ, PET no REsp 1.551.956/SP, Decisão monocrática, Min. Paulo de Tarso Sanseverino, *DJe* 25/05/2016). No mesmo sentido o Enunciado 78 da I Jornada de Direito Processual Civil do CJF: "A suspensão do recurso prevista no art. 1.030, III, do CPC deve se dar apenas em relação ao capítulo da decisão afetada pelo repetitivo, devendo o recurso ter seguimento em relação ao remanescente da controvérsia, salvo se a questão repetitiva for prejudicial à solução das demais matérias".

684 **A partir de que momento serão suspensos os processos em razão da repercussão geral?**

O art. 1.035, § 5º, do Novo CPC determina que a suspensão depende do reconhecimento da repercussão geral, mas o § 8º do mesmo dispositivo prevê que, sendo negada a repercussão geral, o presidente ou o vice-presidente do tribunal de origem negará seguimento aos recursos extraordinários sobrestados na origem que versem sobre matéria idêntica, dando a entender que tais recursos já estavam suspensos antes do reconhecimento da repercussão geral. Para salvar o § 8º do art. 1.035 do Novo CPC, é na realidade preciso desconsiderar o que nele está previsto, entendendo que a inadmissão dos recursos extraordinários sobrestados não decorre da negação de repercussão geral, mas do não provimento do recurso extraordinário julgado sob esse regime. A única possibilidade de aplicação do dispositivo legal é a retratação do próprio Supremo Tribunal Federal a respeito do reconhecimento da repercussão geral. Apesar de raro, tratando-se de juízo de admissibilidade, não há preclusão, de forma que o tribunal pode reconhecer a repercussão geral em sessão virtual, e na sessão presencial decidir pela sua ausência, conforme, inclusive, já decidido pelo Supremo Tribunal Federal. Nessa excepcional situação é possível que os recursos extraordinários sobrestados sejam inadmitidos por ausência de repercussão geral.

685 **A parte que tem seu processo suspenso em razão de repercussão geral pode requerer o seu prosseguimento?**

O pedido sempre será possível, com fundamento na distinção, ou seja, a parte interessada no prosseguimento do procedimento de seu processo poderá alegar que o julgamento a ser realizado pelo

Supremo Tribunal Federal sob o regime da repercussão geral não vinculará a decisão a ser proferida em seu processo, considerando-se as especialidades fáticas e/ou jurídicas da demanda. Tramitando o processo em primeiro grau, a decisão do requerimento terá natureza de decisão interlocutória e não será recorrível por agravo de instrumento, já que ausente do rol do art. 1.015 do Novo CPC. O recurso em tese será a apelação ou contrarrazões de apelação, nos termos do art. 1.009, § 1º, do Novo CPC, mas nesse caso a via recursal prevista em lei é inútil para reverter eficazmente a sucumbência suportada pela parte, sendo cabível o mandado de segurança. Sendo o requerimento formulado em processo que se encontra no tribunal, a decisão monocrática do relator que o decidir é recorrível por agravo interno, nos termos do art. 1.021, *caput*, do Novo CPC.

686 **O recurso extraordinário com vício formal, sobrestado em razão de decisão de relator de recurso extraordinário com repercussão geral, pode ser inadmitido?**

O art. 1.035, § 6º, do Novo CPC prevê que o interessado pode requerer, ao presidente ou ao vice-presidente do tribunal de origem, que exclua da decisão de sobrestamento e inadmita o recurso extraordinário que tenha sido interposto intempestivamente, tendo o recorrente o prazo de cinco dias para manifestar-se sobre esse requerimento. Como se pode notar, a inadmissão de recurso extraordinário sobrestado é admitida apenas na hipótese de intempestividade, podendo ocorrer mesmo durante o período de suspensão do processo. Sendo o pedido acolhido, o recurso extraordinário será inadmitido pelo presidente ou vice-presidente do tribunal de segundo grau, sendo contra essa decisão cabível o recurso de agravo em recurso extraordinário, nos termos do art. 1.042, *caput*, do Novo CPC. O indeferimento do pedido será recorrível por agravo interno, para o próprio tribunal de segundo grau, nos termos do § 7º do art. 1.035 do Novo CPC.

687 **Qual a consequência de o prazo de um ano para o julgamento da repercussão geral não ser cumprido?**

O prazo de um ano para o julgamento dos recursos afetados ao julgamento repetitivo de recurso especial e extraordinário está previsto no art. 1.037, § 4º, do Novo CPC. A consequência do descumprimento desse prazo era a cessão automática da suspensão dos processos repetitivos sobrestados, conforme previsão contida no § 5º do art. 1.037 do Novo CPC. Ocorre, entretanto, que tal dispositivo foi revogado pela Lei 13.256/2016, de forma que resta sem qualquer consequência processual o descumprimento do prazo de um ano para o julgamento dos recursos afetados ao julgamento repetitivo de recurso especial e extraordinário.

688 **Como ocorre a escolha dos recursos especiais e extraordinários paradigmas no julgamento repetitivo?**

O julgamento repetitivo de recurso especial e extraordinário pode ter início em tribunal de segundo grau, permitindo o art. 1.036, § 1º, do Novo CPC que o presidente ou vice-presidente desse tribunal selecione dois ou mais recursos para encaminhamento ao tribunal superior para fins de afetação. Nesse caso, o § 4º do mesmo dispositivo prevê que a escolha não vincula o relator no tribunal superior, que, mesmo concordando com a adoção do julgamento repetitivo, poderá selecionar outros recursos como paradigmas. Também é possível, nos termos do art. 1.036, § 5º, do Novo CPC, que o relator em tribunal superior selecione originariamente dois ou mais recursos em que figura como relator para servirem como paradigmas no julgamento repetitivo.

689 **É possível que processos repetitivos fiquem suspensos mesmo antes de haver decisão de tribunal superior de afetação de recursos nos termos do art. 1.037, *caput*, do Novo CPC?**

O § 1º do art. 1.036 do Novo CPC admite que a seleção de recursos para fins de afetação pelo tribunal superior seja feita pelo presidente ou vice-presidente de tribunal de segundo grau, quando haverá a determinação de suspensão de todos os processos pendentes que versam sobre a mesma matéria jurídica nos limites territoriais de competência do tribunal. Caso seja proferida decisão de afetação pelo relator no tribunal superior, a suspensão dos processos passará a ter abrangência territorial nacional; caso não se proceda a afetação, o art. 1.037, § 1º, do Novo CPC, prevê que se comunicará o fato ao presidente ou ao vice-presidente que os houver enviado, para que seja revogada a decisão de suspensão por ele proferida.

É recorrível a decisão de afetação proferida pelo relator?

A decisão de afetação é responsável pela instauração do julgamento repetitivo de recurso especial ou extraordinário, tendo nesse sentido nítida carga decisória, devendo-se admitir nesse caso o agravo interno, nos termos do art. 1.021, *caput*, do Novo CPC. Nesse pronunciamento, entretanto, haverá um capítulo que entendo ser irrecorrível em razão de sua natureza de despacho: a determinação de suspensão dos processos prevista no art. 1.037, II, do Novo CPC. Sendo a suspensão consequência impositiva da afetação, entendo que nesse tocante não existe propriamente uma decisão do relator, mas apenas um ato de andamento do procedimento do julgamento repetitivo de recurso especial ou extraordinário. E, sendo um despacho, será irrecorrível nos termos do art. 1.001 do Novo CPC.

Qual a consequência de o prazo de um ano para o julgamento do recurso especial/extraordinário repetitivo não ser cumprido?

O prazo para o julgamento dos recursos afetados é de um ano, e, para que o ele possa ser cumprido, o art. 1.037, § 4º, do Novo CPC consagra o direito de preferência em seu julgamento, ressalvados os processos que envolvam réu preso e os pedidos de *habeas corpus*. A consequência do descumprimento desse prazo era a cessão automática da suspensão dos processos repetitivos sobrestados, conforme previsão contida no § 5º do art. 1.037 do Novo CPC. Ocorre, entretanto, que tal dispositivo foi revogado pela Lei 13.256/2016, de forma que resta sem qualquer consequência processual o descumprimento do prazo de um ano para o julgamento dos recursos afetados.

É cabível o requerimento de prosseguimento do processo diante de sua suspensão em razão do julgamento repetitivo de recurso especial ou extraordinário?

O requerimento sempre será possível, com fundamento na distinção, ou seja, a parte interessada no prosseguimento do procedimento de seu processo poderá alegar que o julgamento a ser realizado pelo tribunal superior não vinculará a decisão a ser proferida em seu processo, considerando-se as especialidades fáticas e/ou jurídicas da demanda. Tramitando o processo em primeiro grau, a decisão do requerimento terá natureza de decisão interlocutória, sendo recorrível por agravo de instrumento, por força do art. 1.037, § 13, I, do

Novo CPC. Sendo o requerimento formulado em processo que se encontra no tribunal, a decisão monocrática do relator que o decidir é recorrível por agravo interno, nos termos do desnecessário art. 1.037, § 13, II, do Novo CPC, já que tal cabimento já está garantido pelo art. 1.021, *caput*, do mesmo diploma legal.

693 **O recurso especial ou extraordinário com vício formal, sobrestado em razão de decisão de afetação do relator no julgamento repetitivo, pode ser inadmitido?**

O art. 1.036, § 2º, do Novo CPC prevê que o interessado pode requerer, ao presidente ou ao vice-presidente do tribunal de origem, que exclua da decisão de sobrestamento e inadmita o recurso especial ou extraordinário que tenha sido interposto intempestivamente, tendo o recorrente o prazo de cinco dias para manifestar-se sobre esse requerimento. Como se pode notar, a inadmissão de recurso especial ou extraordinário sobrestado é admitida apenas na hipótese de intempestividade, podendo ocorrer mesmo durante o período de suspensão do processo. Sendo o pedido acolhido, o recurso extraordinário será inadmitido pelo presidente ou vice-presidente do tribunal de segundo grau, sendo contra essa decisão cabível o recurso de agravo em recurso extraordinário, nos termos do art. 1.042, *caput*, do Novo CPC. O indeferimento do pedido será recorrível por agravo interno, para o próprio tribunal de segundo grau, nos termos do § 3º do art. 1.036 do Novo CPC.

694 **Quais providências o relator do julgamento repetitivo de recurso especial e extraordinário poderá adotar para qualificar o julgamento?**

O tema é tratado pelo art. 1.038 do Novo CPC: cabimento de intervenção de *amicus curiae*; realização de audiência pública para colher depoimentos de pessoas com experiência e conhecimento na matéria; requisição de informações aos tribunais inferiores.

695 **Qual é a participação do Ministério Público no julgamento repetitivo de recurso especial e extraordinário?**

Independentemente de fazer parte dos recursos afetados, o Ministério Público será intimado para se manifestar como fiscal da ordem jurídica no prazo de 15 dias. Interessante a previsão do art.

1.038, § 2º, no sentido de que, transcorrido o prazo para o Ministério Público e remetida cópia do relatório aos demais ministros, haverá inclusão em pauta, com o consequente julgamento. Ou seja, a intimação do Ministério Público é indispensável para a regularidade formal do procedimento, o mesmo não se podendo dizer de sua efetiva manifestação.

696

Como se opera a eficácia vinculante do precedente formado no julgamento do recurso especial ou extraordinário repetitivo?

Tudo dependerá do momento de suspensão dos processos. Havendo suspensão em primeiro grau, caberá ao juiz sentenciar o processo, quando estiver pronto para tal julgamento, aplicando a tese firmada no precedente vinculante formado pelo tribunal superior. Sendo suspenso o processo em trâmite no tribunal de segundo grau antes da interposição de recurso excepcional, a solução é a mesma, cabendo o julgamento do recurso, reexame necessário ou processo de competência originária do tribunal em consonância com o precedente vinculante. No caso de sobrestamento de recurso excepcional, passa a interessar o resultado do julgamento: sendo negado provimento aos recursos paradigmas, os recursos sobrestados serão inadmitidos na origem, em decisão recorrível por agravo interno para o próprio tribunal de segundo grau; sendo dado provimento aos recursos paradigmas, os recursos sobrestados serão devolvidos ao órgão que proferiu a decisão recorrida para que exerçam o juízo de retratação (STJ, Corte Especial, EREsp 1.150.549/RS, Rel. Min. Og Fernandes, j. 29/11/2017, *DJe* 12/12/2017) que só pode ser afastado se o órgão demonstrar, de forma fundamentada, a existência de distinção no caso concreto (STJ, 1ª Turma, AgRg no REsp 1.057.179/RJ, Rel. Min. Benedito Gonçalves, j. 28/11/2017, *DJe* 05/12/2017), hipótese na qual o recurso seguirá seu caminho rumo ao tribunal superior.

8

EMBARGOS DE DIVERGÊNCIA

697 **Houve ampliação das hipóteses de cabimento de embargos de divergência?**

As ampliações mais significativas em termos de cabimento dos embargos de divergência estavam consagradas nos incisos II e IV do art. 1.043 do Novo CPC, mas foram revogadas pela Lei 13.256/2016. Restaram duas hipóteses de cabimento, sendo embargável o acórdão de órgão fracionário que em recurso extraordinário ou em recurso especial divergir do julgamento de qualquer outro órgão do mesmo tribunal, sendo os acórdãos, embargado e paradigma, de mérito, e que em recurso extraordinário ou em recurso especial divergir do julgamento de qualquer outro órgão do mesmo tribunal, sendo um acórdão de mérito e outro que não tenha conhecido do recurso, embora tenha apreciado a controvérsia.

698 **Quais acórdãos podem ser utilizados como paradigmas?**

Enquanto o *caput* e os incisos I e III do art. 1.043 do Novo CPC exigem que o acórdão recorrível por embargos de divergência seja proferido em recurso especial ou extraordinário por órgão fracionário, os mesmos dispositivos dispõem que o acórdão paradigma possa ter sido proferido por qualquer outro órgão do tribunal, e o § 1º do mesmo dispositivo prevê que poderão ser confrontadas teses jurídicas contidas em julgamentos de recursos e de ações de competência originária. Dessa forma, não há qualquer limite para o acórdão paradigma, que poderá ter sido proferido por órgão fracionário ou pleno, e julgado qualquer espécie de recurso ou de processo de competência originária do tribunal.

699 Que matérias podem ser objeto de divergência para fins de cabimento dos embargos de divergência?

Nos termos do art. 1.043, § 2º, do Novo CPC, a divergência que autoriza a interposição de embargos de divergência pode verificar-se na aplicação do direito material ou do direito processual. Na hipótese de divergência sobre direito processual, não há necessidade de os julgamentos versarem sobre a mesma circunstância fático-jurídica que determina a aplicação do direito material no caso concreto, sendo a similitude exigida tão somente quanto à questão processual. Numa ação de acidente de trabalho e noutra de rescisão contratual, por exemplo, é possível que uma mesma norma processual tenha interpretação divergente dentro do tribunal superior, o que já será o suficiente para o cabimento dos embargos de divergência.

700 O cabimento de embargos de divergência exige necessariamente que o acórdão recorrido e o acórdão paradigma tenham sido proferidos por diferentes órgãos?

O § 3º do art. 1.043 do Novo CPC abre uma exceção a essa exigência ao admitir que o acórdão paradigma seja da mesma turma que proferiu a decisão embargada, desde que sua composição tenha sofrido alteração em mais da metade de seus membros.

701 A parte deve interpor simultaneamente recurso extraordinário e embargos de divergência?

A interposição desses recursos é sucessiva, não concomitante, sendo nesse sentido o art. 1.044, § 1º, do Novo CPC, ao prever que a interposição de embargos de divergência no Superior Tribunal de Justiça interrompe o prazo para interposição de recurso extraordinário por qualquer das partes.

702 O que ocorre no caso de uma das partes interpor embargos de divergência e a outra parte interpor recurso extraordinário?

Nos termos do art. 1.044, § 2º, do Novo CPC, se os embargos de divergência forem desprovidos ou não alterarem a conclusão do julgamento anterior, o recurso extraordinário interposto pela outra parte antes da publicação do julgamento dos embargos de divergência será processado e julgado independentemente de ratificação. Afasta-se, dessa forma, a possibilidade de aplicação da tese do recurso prematuro. Ocorre, entretanto, que o julgamento dos embargos de divergência pode gerar uma sucumbência superveniente para a parte que já tiver interposto o recurso extraordinário, devendo ser no caso aplicado, por analogia, o art. 1.024, § 4º, do Novo CPC. Nesse sentido o Enunciado 83 da I Jornada de Direito Processual Civil do CJF: "Caso os embargos de divergência impliquem alteração das conclusões do julgamento anterior, o recorrido que já tiver interposto o recurso extraordinário terá o direito de complementar ou alterar suas razões, nos exatos limites da modificação, no prazo de quinze dias, contados da intimação da decisão dos embargos de divergência".

Direito Intertemporal

1

DIREITO INTERTEMPORAL

703 **Em que dia entrou em vigência o Novo Código de Processo Civil?**

O art. 1.045 do Novo CPC, ao prever que o novo diploma processual entra em vigor após decorrido um ano da data de sua publicação oficial, não evitou intensa discussão doutrinária a respeito da exata data de início de sua vigência. Formaram-se três correntes doutrinárias apontando os dias 16, 17 e 18 de março como de início de vigência do novo diploma processual. Notando os problemas práticos que tal definição geraria em termos de direito intertemporal, tanto o Conselho Nacional de Justiça como o Superior Tribunal de Justiça resolveram se posicionar a respeito do tema. Em sessão plenária realizada pelo Plenário do Conselho Nacional de Justiça no dia 03/03/2016, em resposta à consulta da Ordem dos Advogados do Brasil, ficou decidido que a data de vigência do Novo Código de Processo Civil foi o dia 18 de março de 2016. No mesmo sentido se posicionou o Superior Tribunal de Justiça por meio de seu Enunciado Administrativo nº 1, aprovado no dia 02/03/2016.

704 **Como funciona a regra de aplicação imediata do Novo CPC aos processos em trâmite?**

Mantendo a tradição da lei processual, o art. 1.046, *caput*, do Novo CPC prevê que a partir da entrada em vigência do novo estatuto processual (18 de março de 2016), suas disposições se aplicarão desde logo aos processos pendentes, ficando revogado o CPC/1973. Diferentemente do que ocorreu com o Código Civil atualmente em vigência – bem como com todas as demais leis de direito material –, a aplicação do novo diploma processual é imediata, alcançando processos já em trâmite. Não custa lembrar, portanto, que a data da relação jurídica material conflituosa levada a juízo no processo é irrelevante, sendo plenamente possível que, mesmo tendo ocorrido até o dia 17 de março de 2016, o processo já seja regido pelo novo diploma processual, bastando para tanto que a propositura da ação tenha ocorrido a partir do dia 18 de março do mesmo ano. E mesmo em processos iniciados antes dessa data se aplicam imediatamente as normas do novo diploma legal, mas nesse caso deve se resguardar a eficácia dos atos processuais já realizados na forma da legislação anterior, bem como as situações jurídicas consolidadas sob a vigência da norma revogada (STJ, 3ª Turma, REsp 1.666.321/RS, Rel. Min. Nancy Andrighi, j. 07/11/2017, *DJe* 13/11/2017). Além disso, existem disposições expressas que afastam a aplicação imediata, como ocorre, por exemplo, com o art. 1.046, § 1º, do Novo CPC, que institui a manutenção do procedimento sumário consagrado no CPC/1973 aos processos ainda não sentenciados até o dia 18 de março de 2016 propostos com tal procedimento, com o art. 1.052 do Novo CPC, que mantém o procedimento da execução contra devedor insolvente até que seja editada lei específica sobre o tema, e com o art. 1.054 do Novo CPC, que prevê a incidência do disposto no art. 503, § 1º, do Novo CPC somente aos processos iniciados já na vigência do novo diploma processual.

705 **As novidades a respeito do juízo de admissibilidade recursal instituídas pelo Novo Código de Processo Civil são aplicáveis aos processos em trâmite?**

Segundo os Enunciados Administrativos 02 e 03 do Superior Tribunal de Justiça, aos recursos interpostos com fundamento no CPC/1973 (relativos a decisões publicadas até 17 de março de 2016) devem ser exigidos os requisitos de admissibilidade na forma nele prevista, com as interpretações dadas, até então, pela jurisprudência do Superior Tribunal de Justiça, enquanto para os recursos interpostos com fundamento no CPC/2015 (relativos a decisões publicadas a partir de 18 de março de 2016) serão exigidos os requisitos de admissibilidade recursal na forma do Novo CPC. O curioso e lamentável é que o próprio Superior Tribunal de Justiça confunde publicação (quando a decisão se torna pública) com intimação (informação às partes da decisão), havendo precedentes que interpretam o termo publicação constante nos Enunciados Administrativos como sendo a intimação das partes por publicação na imprensa oficial (STJ, 3ª

Turma, AgInt no AREsp 1.159.237/SP, Rel. Min. Ricardo Villas Bôas Cueva, j. 05/12/2017, *DJe* 19/12/2017; STJ, 2ª Turma, EDcl nos EDcl no REsp 1.610.626/SC, Rel. Min. Herman Benjamin, j. 15/08/2017, *DJe* 12/09/2017).

706 **O respeito com a ordem cronológica para o julgamento será exigido assim que o Novo CPC entrar em vigência?**

Nos termos do art. 1.046, § 5º, do Novo CPC, a primeira lista de processos para julgamento em ordem cronológica observará a antiguidade da distribuição entre os já conclusos na data da entrada em vigor do novo diploma processual. O ideal para o cumprimento do dispositivo legal é que os cartórios judiciais primeiro julguem todos os processos conclusos antes da entrada em vigência do Novo Código de Processo Civil, e nesse caso respeitem a ordem de conclusão de tais processos, para somente depois passarem a julgar, também seguindo uma ordem cronológica, os processos conclusos a partir do dia 18 de março de 2016. É possível, entretanto, que o acervo de processos conclusos até o dia 17 de março de 2016 não esteja em ordem, porque na vigência do CPC/1973 essa ordem cronológica de conclusão era irrelevante. Nesse caso, o julgador poderá argumentar não existir ordem cronológica a ser seguida, julgando o acervo na ordem que melhor lhe parecer, valendo-se, para tanto, do art. 12, *caput*, do Novo CPC, que prevê que a ordem cronológica deve ser seguida preferencialmente. O que não parece possível, entretanto, é o julgamento de processos conclusos a partir do dia 18 de março de 2016 antes daqueles conclusos antes dessa data, salvo em situações excepcionais devidamente previstas em lei ou justificadas pelo julgador.

707 **A partir de quando o advogado da parte deve passar a intimar as testemunhas que arrolou?**

O art. 455 do Novo CPC prevê como regra que cabe ao advogado da parte a intimação das testemunhas arroladas por ele, sendo a intimação pelo cartório excepcionalmente realizada nos termos do § 4º do dispositivo legal. Essa novidade, entretanto, tem sua incidência regulamentada pelo art. 1.047 do Novo CPC, ao determinar que as disposições de direito probatório adotadas no novo diploma processual se aplicam apenas às provas requeridas a partir da data de início de sua vigência. Há, entretanto, um grave problema de interpretação de referido dispositivo legal, porque não há definição do exato momento em que a prova tenha sido requerida: petição inicial e contestação ou a especificação de provas? Não custa lembrar que, nos termos do art. 319, VI, do Novo CPC, cabe ao autor em sua petição inicial indicar as provas com que pretende demonstrar a verdade dos fatos alegados, e que, nos termos do art. 336 do Novo CPC, cabe ao réu na contestação a indicação das provas que pretende produzir. Ocorre que tais requerimentos são realizados de forma genérica, sendo extremamente comum que num momento posterior as partes sejam intimadas a especificar os meios de prova que efetivamente pretendem produzir no caso concreto. Havendo petição inicial ou contestação oferecida até o dia 17 de março de 2016 e provas especificadas a partir do dia 18 de março do mesmo ano, qual o diploma processual deve ser aplicado quanto à intimação das testemunhas? Nesse caso haverá dois requerimentos de prova, o primeiro na vigência do CPC/1973 e o segundo na vigência do Novo Código de Processo Civil, sendo mais adequado compreender pela aplicação do novo diploma processual, adotando-se como critério a especificação de provas e não o requerimento genérico formulado na petição inicial ou contestação. É possível, entretanto, que o juiz não intime as partes para a especificação da prova, valendo-se de especificação já realizada na petição inicial ou contestação. Nesse caso, acredito que, tendo sido a contestação oferecida na vigência do novo diploma processual, mesmo com a ação tendo sido proposta na vigência do CPC/1973, ambas as partes devem intimar as testemunhas nos termos do art. 455 do Novo CPC, não se admitindo um procedimento probatório distinto para cada uma delas.

708 **Como deve se dar a intimação de testemunhas indicadas pelo juiz de ofício?**

A questão parece ser facilmente respondida pelo art. 1.047 do Novo CPC, ao prever que as disposições de direito probatório adotadas pelo novo diploma processual se aplicam apenas às provas determinadas de ofício a partir da data de início de sua vigência. Realmente a questão de direito intertemporal não é complexa nesse caso, devendo-se aplicar o Novo Código de Processo Civil sempre que a decisão judicial determinando de ofício a oitiva de testemunha tiver sido proferida após o dia 17 de março de 2016. Ocorre, entretanto, que tal hipótese não foi devidamente regulada pelo art. 455 do Novo CPC, porque o ônus do advogado da parte em intimar testemunhas é, nos termos do *caput* do dispositivo legal, exclusivo das testemunhas que arrolar, enquanto o § 4º não prevê entre as exceções à regra a testemunha indicada de ofício pelo juiz. Trata-se de lamentável lapso legislativo, já que tal hipótese merecia estar prevista no § 4º do art. 455 do Novo CPC, mas, mesmo não estando, não há outra conclusão possível que não a intimação ter que ser realizada pelo cartório judicial, já que não se pode atribuir ônus ao advogado da parte não previsto expressamente em lei. Conclusivamente, será irrelevante a data em que o juiz determinou de ofício a oitiva de testemunha, sendo sempre realizada sua intimação pelo cartório judicial.

709 **A aplicação da regra de direito probatório intertemporal prevista no art. 1.047 do Novo CPC pode violar o princípio da isonomia?**

Tomando como base de incidência do novo diploma processual no campo probatório a data de requerimento da prova, é possível que o autor faça tal requerimento na vigência do CPC/1973 e o réu o faça na vigência do Novo Código de Processo Civil, o que, nos termos do art. 1.047 do Novo CPC, levaria a um tratamento diferenciado entre as partes. Por exemplo, enquanto as testemunhas arroladas pelo autor seriam intimadas pelo cartório, caberia ao advogado do réu, ao menos em regra, intimar as testemunhas por ele arroladas. Essa quebra da isonomia pode ser afastada tomando-se como data-base para a incidência do novo diploma processual a especificação de provas, que será realizada no mesmo prazo pelas partes, mas mesmo nesse caso poderá haver diferença na hipótese de o prazo ter início na vigência do CPC/1973 e o término na vigência do Novo Código de Processo Civil, podendo ter uma das partes especificado as provas antes do dia 17 de março de 2016 e a outra depois dessa data. Acredito que nesse caso deva-se desprezar a data do requerimento, considerando a data de vencimento do prazo do requerimento da prova, ou seja, se o prazo venceu na vigência do novo diploma legal, é ele que deve ser aplicado, independentemente da data de protocolo da petição das partes especificando as provas que pretendem produzir.

A partir de quando as partes podem escolher o perito?

Nos termos do art. 471, *caput*, I e II, do Novo CPC, as partes, desde que sejam plenamente capazes e a causa puder ser resolvida por autocomposição, podem escolher de comum acordo o perito. Essa novidade, entretanto, tem sua incidência regulamentada pelo art. 1.047 do Novo CPC, ao prever que as disposições de direito probatório adotadas no novo diploma processual se aplicam apenas às provas requeridas a partir da data de início de sua vigência. Há, entretanto, um grave problema de interpretação de referido dispositivo legal, porque não há definição do exato momento em que a prova tenha sido requerida: petição inicial e contestação ou a especificação de provas? Não custa lembrar que, nos termos do art. 319, VI, do Novo CPC, cabe ao autor em sua petição inicial indicar as provas com que pretende demonstrar a verdade dos fatos alegados, e que, nos termos do art. 336 do Novo CPC, cabe ao réu na contestação a indicação das provas que pretende produzir. Ocorre que tais requerimentos são realizados de forma genérica, sendo extremamente comum que num momento posterior as partes sejam intimadas a especificar os meios de prova que efetivamente pretendem produzir no caso concreto. Havendo petição inicial ou contestação oferecida até o dia 17 de março de 2016 e na especificação de provas o requerimento de realização de prova pericial a partir do dia 18 de março do mesmo ano, qual diploma processual deve ser aplicado? Nesse caso, haverá dois requerimentos de prova, o primeiro na vigência do CPC/1973 e o segundo na vigência do Novo Código de Processo Civil, sendo mais adequado compreender pela aplicação do novo diploma processual, adotando-se como critério a especificação de provas e não o requerimento genérico formulado na petição inicial ou contestação.

A partir de que momento a solução da questão prejudicial pode fazer coisa julgada material independentemente de ação declaratória incidental?

A formação de coisa julgada da solução da questão prejudicial sofreu profunda alteração em razão do disposto no art. 503, §§ 1º e 2º, do Novo CPC. Essa novidade, entretanto, só é aplicável aos processos iniciados na vigência do Novo Código de Processo Civil, ou seja, em todos os processos já iniciados até o dia 17 de março de 2016 não se aplicará a regra de incidência imediata da norma processual. Nos termos do art. 1.054 do Novo CPC, para os processos iniciados na vigência do CPC/1973 continua a ser necessária a ação declaratória incidental para a formação de coisa julgada da solução da questão prejudicial, devendo para tanto ser aplicados os arts. 5º, 325 e 470 do CPC/1973.

712 **Qual deve ser o termo inicial da prescrição intercorrente para os processos já em trâmite?**

Nos termos do art. 1.056 do Novo CPC, considerar-se-á termo inicial do prazo da prescrição prevista no art. 924, V, inclusive para as execuções em curso, a data de vigência do Novo Código de Processo Civil. O dispositivo é duplamente criticável: primeiro porque o art. 924, V, do Novo CPC não menciona qualquer prazo, limitando-se a antever a extinção da execução em razão da prescrição intercorrente, e segundo porque se limita a especificar a regra geral de aplicação imediata da norma processual aos processos em trâmite. Apesar das impropriedades do dispositivo legal, sua interpretação é no sentido de que, nas execuções em trâmite paralisadas em razão da não localização de bens penhoráveis do executado, no dia 18 de março de 2016 se iniciou a contagem do prazo de um ano, previsto no art. 921, § 1º, do Novo CPC. Haverá, portanto, no dia 18 de março de 2016, o início da suspensão da execução por um ano de forma automática, sendo sucessivamente contado o prazo de mais um ano para a extinção do processo. Cabe ao advogado do exequente, portanto, nesse prazo de dois anos diligenciar na busca de bens do executado para evitar que a execução venha a ser extinta nos termos do art. 924, V, do Novo CPC.

713 **Aplica-se aos atos já praticados e que aguardam apreciação do juiz o princípio da boa-fé objetiva?**

Entendo que o princípio da boa-fé objetiva, apesar de não estar expressamente consagrado no CPC/1973, já era um princípio não escrito em nosso ordenamento processual. Dessa forma, ainda que não seja técnico o juiz sancionar a parte que praticou ato de má-fé praticado na vigência do CPC/1973 valendo-se do art. 5º do Novo CPC, já que tal dispositivo não estava em vigência à época da prática do ato, não tenho dúvida de que a sanção deve ser aplicada.

É possível em grau recursal requerer a anulação de decisão proferida na vigência do CPC/1973 por violação ao princípio do contraditório (com fundamento nos arts. 9° e 10 do Novo CPC)?

Acredito que o art. 9°, *caput*, do Novo CPC não seja propriamente uma novidade, porque mesmo na vigência do CPC/1973 já era considerada nula a decisão proferida contra a parte sem sua oitiva prévia quando não cabível a adoção da técnica do contraditório diferido. Se uma das partes faz um requerimento e o juiz o acolhe sem a oitiva prévia da parte contrária, haverá violação ao princípio do contraditório, e, mesmo tendo sido a decisão proferida na vigência do CPC/1973, e por tal razão não ser aplicável a ela no novo diploma legal, o fundamento recursal será constitucional. Mais delicada é a decisão proferida na vigência do CPC/1973 a respeito de matéria conhecível de ofício, sem a provocação da parte, porque nesse caso a jurisprudência firmada na vigência do diploma legal revogado era firme no sentido de dispensa da oitiva prévia das partes. Filio-me a doutrina amplamente majoritária para defender que mesmo na vigência do CPC/1973 essa decisão era absolutamente nula por violação ao princípio do contraditório, mas reconheço que sem a possibilidade de aplicação do art. 10 do Novo CPC será difícil a anulação da decisão por via recursal. Ainda que tecnicamente não se possa defender a aplicação do art. 10 do Novo CPC à decisão proferida na vigência do CPC/1973, é possível a menção a tal dispositivo para reforçar a alegação de nulidade da decisão.

A parte pode alegar em sede de embargos de declaração a omissão de decisão proferida na vigência do CPC/1973 por violação ao art. 489, § 1°, do Novo CPC?

O art. 1.022, parágrafo único, II, do Novo CPC prevê ser omissa a decisão que incorrer em qualquer das condutas referidas no art. 489, § 1°, do Novo CPC. É natural que tal dispositivo só possa ser aplicado em decisões publicadas – tornadas públicas – do dia 18 de março de 2016 em diante, mas nesse caso é interessante observar que os três primeiros incisos do art. 489, § 1°, do Novo CPC não são exatamente uma novidade, limitando-se a prever o mínimo em termos de fundamentação de decisão judicial, exigências essas já presentes na vigência do CPC/1973, apesar da omissão legislativa nesse sentido. A alegação de omissão em sede de embargos de declaração, portanto, pode ser formulada mesmo diante de decisão publicada na vigência do CPC/1973, mas nesse caso não será técnico se valer do art. 1.022, parágrafo único, II, do Novo CPC. Com relação aos três últimos incisos do art. 489, § 1º, do Novo CPC, entendo serem efetivamente novidades no tocante à fundamentação de decisões judiciais, de forma a serem aplicáveis somente às decisões publicadas a partir do dia 18 de março de 2016.

716 **A parte pode em emenda da petição inicial adequar a competência territorial a regra nova prevista no Novo CPC?**

Não é possível tal aditamento porque a competência se perpetua no ato de propositura da demanda, nos termos do art. 43 do Novo CPC. Tendo sido a ação proposta na vigência do CPC/1973, são aplicáveis ao processo as regras de competência territorial de tal dispositivo legal.

717 **É possível alegar a incompetência do juízo com fundamento em regra prevista no Novo Código de Processo Civil em demanda ajuizada na vigência do CPC/1973?**

Tendo sido a demanda proposta na vigência do CPC/1973, as normas de competência territorial previstas no novo diploma processual não se aplicam, porque, nos termos do art. 43 do Novo CPC, a competência se perpetua no momento de propositura da ação, não sendo afetada por normas supervenientes. Trata-se da aplicação do princípio da *perpetuatio jurisdictionis*, de forma a tornar inviável a alegação de incompetência relativa com base em regras do Novo Código de Processo Civil em processo iniciado na vigência do CPC/1973.

718 **Qual o destino dos atos praticados na vigência do CPC/1973 se a incompetência territorial for reconhecida por decisão proferida na vigência do Novo Código de Processo Civil?**

O destino dos atos praticados por juízo incompetente era regulado pelo art. 113, § 2º, do CPC/1973 e passou a ser regido pelo art. 64, § 4º, do Novo CPC. Nesse caso, não interessa a época da prática dos atos processuais, mas da prolação da decisão que reconhece a incompetência, porque a geração de efeitos da incompetência sobre os atos já praticados depende da prolação de decisão judicial nesse sentido. Dessa forma, independentemente da data da prática dos atos processuais, tendo sido proferida decisão reconhecendo a incompetência territorial na vigência do novo diploma legal, deve ser aplicado o art. 64, § 4º, do Novo CPC.

719 **Em processo em que já houve o indeferimento de requerimento de reunião das demandas por conexão, a parte pode pedir novamente a reunião com fundamento no art. 55, § 3º, do Novo CPC?**

Já tendo sido indeferido requerimento de reunião de processos em razão de conexão, o pedido não poderá ser renovado com base nas mesmas circunstâncias fático-jurídicas por força do previsto no art. 505, *caput*, do Novo CPC. Mas o art. 55, § 3º, do Novo CPC dispõe hipótese de reunião de processos não conexos, desde que haja risco de prolação de decisões conflitantes ou contraditórias, de forma que o fundamento legal não se confunde com aquele que foi utilizado para requerer a reunião dos processos por conexão. Dessa forma, mesmo já tendo sido indeferido requerimento de reunião dos processos por conexão, será possível à parte formular novo pedido de reunião com novo fundamento jurídico, qual seja o risco de prolação de decisões conflitantes ou contraditórias.

720 **É possível em recurso de apelação pedir a aplicação das novas regras de honorários advocatícios contra a Fazenda Pública previstas no Novo CPC?**

Valendo-se do disposto no art. 1.046 do Novo CPC, que prevê a aplicação imediata das normas do novo diploma processual aos processos em trâmite, é possível defender que no momento de julgamento da apelação cabe ao tribunal fixar os honorários advocatícios a serem pagos pela Fazenda Pública nos termos do art. 85, § 3º, do Novo CPC. Ocorre, entretanto, que a sentença proferida na vigência do CPC/1973, ao condenar a Fazenda Pública ao pagamento de honorários advocatícios, cria um direito material de crédito em favor do advogado, sendo nesse caso mais adequada a aplicação de regras de direito material intertemporal, de forma que o tribunal, ao julgar a apelação, deve se valer dos critérios de fixação de honorários previstos no diploma processual em vigência à época da prolação da sentença recorrida. Há um indicativo de que venha a ser esse o entendimento do Superior Tribunal de Justiça a respeito do tema, que no Enunciado Administrativo nº 7 definiu a aplicação do art. 85, § 11, do Novo CPC somente às decisões recorridas publicadas a partir do dia 18 de março de 2016. Ou seja, os honorários recursais, novidade do Novo Código de Processo Civil, só se aplicam em recursos interpostos de decisões publicadas na vigência do novo diploma processual, tendo o Superior Tribunal de Justiça tomado a data da prolação da sentença para definir a aplicação dos honorários recursais (2ª Turma, EDcl no REsp 1.684.733/RJ, Rel. Min. Herman Benjamin, j. 05/12/2017, *DJe* 19/12/2017; STJ, 3ª Turma, AgInt no AREsp 1.034.509/SP, Rel. Min. Moura Ribeiro, j. 06/06/2017, *DJe* 13/06/2017). Se assim foi feito quanto aos honorários recursais, o mais provável é que tal entendimento seja também aplicado às outras novidades quanto aos honorários advocatícios, inclusive o art. 85, § 3º, do Novo CPC.

721 **No cumprimento provisório de sentença iniciado na vigência do CPC/1973 é possível a fixação de honorários advocatícios?**

Caso o executado ainda não tenha sido intimado para o pagamento, parece não haver dúvida da aplicação do art. 520, § 2º, do Novo CPC, de forma que, não havendo o pagamento em 15 dias, passarão a ser devidos honorários advocatícios no valor de 10% do valor exequendo. Caso o executado já tenha sido intimado, estando seu prazo para pagamento em trâmite, ou mesmo já tendo vencido sem a satisfação do direito do exequente, não será possível a aplicação do novo diploma legal porque, se a contagem de seu prazo teve início na vigência do CPC/1973, deve ser aplicado o entendimento do Superior Tribunal de Justiça consolidado na vigência do diploma processual revogado de não cabimento de honorários advocatícios em cumprimento provisório de sentença. Nesse caso, entretanto, será possível ao exequente formular requerimento de nova intimação para pagamento na vigência do Novo Código de Processo Civil, porque, mesmo reabrindo um prazo já vencido, essa circunstância será favorável ao exequente, uma vez que sem o pagamento será fixada multa de 10% do valor da causa e a incidência de honorários advocatícios no mesmo valor. Parece estranho reabrir prazo já vencido, mas tal reabertura se justifica porque na vigência do CPC/1973 o não pagamento no prazo de 15 dias no cumprimento provisório de sentença não gerava as consequências agora expressamente previstas no art. 520, § 2º, do Novo CPC.

Já tendo sido indeferido pedido de concessão de gratuidade, a parte pode pedir a concessão parcial, gratuidade para ato específico ou desconto?

Apesar de os §§ 5º e 6º do art. 98 do Novo CPC preverem formas inovadoras de concessão de gratuidade da justiça, entendo que, já havendo um indeferimento do pedido formulado na vigência do CPC/1973, o art. 505, *caput,* do Novo CPC impedirá a concessão dessas novas formas de gratuidade. Havendo decisão que indeferiu o pedido de gratuidade, o juiz já terá considerado que a parte tem condições de fazer frente ao custo do processo, não tendo sentido posteriormente, sem qualquer mudança na circunstância fático-jurídica, a parte ser tutelada para pagar custas com desconto, de forma parcelada ou a dispensa para ato específico. Afinal, se tem condições de arcar com a integralidade do custo do processo, não há como afastar a preclusão gerada por tal decisão para tutelar a parte.

Aplica-se o art. 932, parágrafo único, do Novo CPC a recursos interpostos na vigência do CPC/1973?

No Enunciado Administrativo nº 5 do Superior Tribunal de Justiça se estabelece que, nos recursos tempestivos interpostos com fundamento no CPC/1973 (relativos a decisões publicadas até 17 de março de 2016), não caberá a abertura de prazo prevista no art. 932, parágrafo único, c/c o art. 1.029, § 3º, do Novo CPC.

O número de litisconsortes pode ser reduzido na fase de cumprimento de sentença em processo iniciado na vigência do CPC/1973?

A partir do momento em que o art. 113, § 1º, do Novo CPC prevê que o requerimento de limitação do litisconsórcio multitudinário pode ser elaborado na fase de cumprimento de sentença, é correto compreender que, por força do art. 1.046 do Novo CPC, essa regra tenha incidência imediata nos processos em trâmite. Dessa forma, é irrelevante o processo ter se iniciado na vigência do CPC/1973, porque a regra a ser aplicada é o art. 113, § 1º, do Novo CPC.

725 **O ato praticado por litisconsorte simples na vigência do CPC/1973 pode beneficiar os demais litisconsortes na vigência do Novo Código de Processo Civil?**

O art. 117 do Novo CPC regulamenta a atuação dos litisconsortes, prevendo que estes serão considerados, em suas relações com a parte adversa, como litigantes distintos, exceto no litisconsórcio unitário, caso em que os atos e as omissões de um não prejudicarão os outros, mas os poderão beneficiar. Apesar da aplicação imediata da norma processual consagrada no art. 1.046, do Novo CPC, nesse caso o art. 117 do mesmo diploma legal só pode ser aplicado para atos praticados pelo litisconsorte já na vigência do novo diploma processual. Caso o ato tenha sido praticado na vigência do diploma processual revogado, a afetação dos demais litisconsortes será regulada pelo art. 48 do CPC/1973.

726 **A nomeação à autoria realizada na vigência do CPC/1973, mas ainda não decidida, deve seguir o procedimento estabelecido pelo Novo Código de Processo Civil?**

Tendo o réu nomeado à autoria um terceiro na vigência do CPC/1973 e estando pendente de análise seu requerimento na entrada em vigência do Novo Código de Processo Civil, entendo que se deva aplicar imediatamente o novo diploma processual, mais precisamente os arts. 338 e 339. Ainda que a nomeação à autoria não esteja mais prevista como forma de intervenção de terceiro no novo diploma processual, a possibilidade de correção do vício gerado pela ilegitimidade passiva continua a estar prevista, cabendo nesse caso a aplicação imediata das normas que regulamentam tal correção. Dessa forma, mesmo tendo sido feita a nomeação à autoria na vigência do CPC/1973, entendo que não só nas hipóteses dos arts. 62 e 63 do diploma processual ela deva ser admitida, já que no novo diploma processual não existe mais qualquer limitação nesse sentido. Por outro lado, não cabe mais a necessidade de aceitação do terceiro para que ele se torne réu, exigência presente no texto legal revogado e ausente no Novo Código de Processo Civil, de forma que, sendo a nomeação aceita pelo autor, o terceiro nomeado se torna automaticamente réu no processo, sendo o sujeito que compunha o polo passivo excluído do processo. O novo réu (ex-terceiro), portanto, será citado para ser integrado à relação jurídica processual, independentemente de sua vontade de participar do processo.

727 Nos pedidos já elaborados na vigência do CPC/1973 de desconsideração da personalidade jurídica, deve-se adotar imediatamente o procedimento previsto no Novo Código de Processo Civil para o incidente de desconsideração?

*Acesse o **QR Code** e assista à aula explicativa sobre este assunto.*

https://goo.gl/py4EC0

728 As partes podem celebrar o negócio jurídico previsto no art. 190 do Novo CPC em processos iniciados na vigência do CPC/1973?

O negócio jurídico processual previsto no art. 190 do Novo CPC pode ser celebrado a qualquer momento, tanto antes como durante o processo. Sendo cabível sua celebração durante o processo, é irrelevante a data de seu início, sendo o dispositivo de aplicação imediata, alcançando inclusive os processos já em trâmite quando da entrada em vigência do novo diploma processual. O negócio jurídico processual, entretanto, só pode regular situações processuais e adaptar o procedimento a partir de sua celebração, de forma que atos processuais já praticados antes desse momento não podem ser objeto de negociação entre as partes.

729 A contagem de prazo somente em dias úteis se aplica a prazos em andamento na data da entrada de vigência do Novo Código de Processo Civil?

Tendo sido a contagem de prazo iniciada na vigência do CPC/1973, não vejo como aplicar a regra consagrada no art. 219, *caput*, do Novo CPC, no sentido de que os prazos processuais só são contados em dias úteis. Não é possível que um mesmo prazo tenha duas formas de contagem, uma à luz do diploma processual revogado e outra à luz do Novo Código de Processo Civil. Dessa forma, tendo a contagem do prazo se iniciado na vigência do CPC/1973, mesmo os dias não úteis devem ser computados.

Pedido de tutela antecipada indeferido na vigência do CPC/1973 pode ser renovado com base no Novo Código de Processo Civil?

A renovação de pedido de tutela antecipada indeferido depende da ocorrência de novas circunstâncias no processo, já que, nos termos do art. 506 do Novo CPC, as questões já decididas não podem ser decididas novamente, vedação, entretanto, limitada à manutenção da situação fático-jurídica que levou à primeira decisão. A questão, portanto, é saber se o advento do Novo Código de Processo Civil é uma circunstância superveniente apta a ensejar a renovação do pedido de tutela antecipada. Tudo dependerá da premissa de ter o novo diploma processual criado novos requisitos para a concessão da tutela antecipada, que poderiam não estar presentes quando do indeferimento do pedido formulado na vigência do CPC/1973, mas que podem estar preenchidos à luz dos novos requisitos previstos pelo novo diploma processual. O art. 273, I, do CPC/1973, exigia para a concessão de tutela antecipada o fundado receio de dano irreparável ou de difícil reparação, enquanto o art. 300, *caput*, do Novo CPC exige o perigo de dano ou o risco ao resultado útil do processo. Trata-se do mesmo requisito, fundado na ideia do tempo como inimigo, não sendo, portanto, factível acreditar que, se não havia tal risco no momento do primeiro pedido, ele passa a existir no momento do segundo pedido sem alteração fática. Por outro lado, o art. 273, *caput*, do CPC/1973, exigia a prova inequívoca da verossimilhança da alegação, enquanto o art. 300, *caput*, do Novo CPC, exige a existência de elementos que evidenciem a probabilidade do direito. Como defendo que os elementos que levam à evidência da probabilidade do direito podem ser exclusivamente argumentativos, é possível a renovação do pedido de tutela antecipada desde que o indeferimento do pedido tenha fundamento na inexistência da prova inequívoca, exigência que em meu entender não existe mais no novo diploma processual.

O juiz pode determinar a emenda de petição inicial que deu início a processo na vigência do CPC/1973 para obrigar o autor a adequar o valor da causa à luz de nova regra prevista no Novo Código de Processo Civil?

A exigência de emenda da petição inicial nesse caso não é correta porque o valor da causa deve ser aquele indicado pela legislação vigente à época da propositura da ação, já que o valor da causa, nos termos do art. 319, V, do Novo CPC, é requisito formal da petição inicial, instrumento processual da propositura da ação. Como a emenda da petição inicial só é cabível para a hipótese de vício sanável, e nesse caso não se pode falar em vício superveniente à propositura da ação, não é cabível a determinação de emenda da petição inicial.

732 **Sendo a citação frustrada na vigência do CPC/1973, a renovação do ato processual já deve ser realizada de acordo com as regras do Novo Código de Processo Civil?**

Tendo sido a citação frustrada, o ato processual não chega a ser praticado, de forma que sua efetiva realização, ocorrendo na vigência do novo diploma processual, já deve ocorrer à luz da nova realidade legislativa a respeito do tema.

733 **Nos processos propostos na vigência do CPC/1973, cabe a designação da audiência de conciliação e mediação?**

O momento de propositura da ação nesse caso é irrelevante, já que a audiência de conciliação ou de mediação prevista no art. 334 do Novo CPC é designada depois do início do processo e antes da citação do réu. Dessa forma, tendo sido proposta a ação na vigência do CPC/1973, mas ainda não tendo sido determinada pelo juiz a citação do réu, caberá a designação de referida audiência. Já tendo sido determinada a citação do réu na vigência do CPC/1973, concomitantemente com sua intimação para contestar em 15 dias, não será cabível a audiência prevista no art. 334 do Novo CPC.

734 **O réu citado na vigência do CPC/1973 deve contestar com base no diploma legal revogado ou no Novo Código de Processo Civil?**

Entendo que, tendo sido citado e intimado o réu para responder à petição inicial no prazo de 15 dias na vigência do CPC/1973, o réu passa a ter o direito de se defender nos termos da legislação vigente à época do surgimento concreto de seu direito a responder à pretensão do autor. Significa dizer que, mesmo vencendo o prazo de contestação na vigência do Novo CPC, tendo a contagem de tal prazo se iniciado na vigência do diploma processual revogado, caberá ao réu alegar em peças autônomas a contestação, a reconvenção, a exceção de incompetência relativa, a impugnação ao valor da causa e a impugnação à concessão da gratuidade da justiça. Caso o juiz tenha entendimento contrário, bastará pelo princípio da fungibilidade receber todas as espécies de resposta apresentadas em peças autônomas como uma só resposta. Nessa situação, é mais adequado pecar pelo excesso, porque, se o advogado entender que a legislação aplicável é o Novo Código de Processo Civil e apresentar todas essas respostas numa só peça chamada contestação, o juiz pode entender pela incidência do CPC/1973 e indeferir determinadas espécies de resposta por vício formal. Não há dúvida de que seria uma decisão formalmente exagerada, mas não vale a pena correr o risco.

735 **Decisão de saneamento proferida na vigência do CPC/1973 pode ser objeto de agravo de instrumento?**

Tendo sido a decisão proferida na antiga audiência de conciliação prevista no art. 331 do CPC/1973, terá se tornado pública na própria audiência, de forma que sua recorribilidade deve seguir as regras consagradas no diploma processual revogado, sendo, portanto, recorrível por agravo de instrumento. Tendo sido a decisão proferida por escrito, é importante determinar em qual dia se tornou pública, ou seja, qual o dia em que ela foi juntada aos autos. Caso tenha sido juntada aos autos até o dia 17 de março de 2016, aplica-se o CPC/1973, sendo a decisão saneadora recorrível por agravo de instrumento. Caso tenha sido juntada aos autos do dia 18 de março de 2016 em diante, aplica-se o Novo Código de Processo Civil, de forma que o único capítulo dessa decisão recorrível por agravo de instrumento é o referente à distribuição do ônus da prova, por força do art. 1.015, XI, do Novo CPC.

736 **O juiz pode adotar a tese da distribuição dinâmica do ônus da prova em processos que já tenham encerrado sua fase probatória na vigência do CPC/1973?**

Tendo sido a fase probatória encerrada na vigência do CPC/1973, parece não haver espaço para a aplicação de regras de direito probatório previstas no Novo Código de Processo Civil. Ocorre, entretanto, que não existe preclusão para a produção de prova de ofício pelo juiz, sendo possível que, mesmo estando os autos conclusos para sentença, prova maior de que a instrução probatória já se encerrou, o juiz poderá converter o julgamento em diligência e determinar de ofício a produção de prova. Nesse caso, é inegável que essa produção será regida nos termos do novo diploma processual, por força do previsto no art. 1.047 do Novo CPC, e nesse sentido poderão ser aplicadas a ela as novas regras referentes à distribuição do ônus da prova.

737

O procedimento da ação cautelar probatória prevista no Novo CPC deve seguir o rito cautelar disposto no CPC/1973?

A ação probatória autônoma, ou seja, o processo destinado exclusivamente à produção de prova, está regulamentada pelos arts. 381 a 383 do Novo CPC, havendo previsão de três hipóteses de cabimento. Enquanto a hipótese prevista no inciso I tem natureza cautelar, associada ao risco gerado pelo tempo à produção da prova, nos dois demais incisos o cabimento não tem qualquer natureza cautelar. Essa diferente natureza jurídica das hipóteses de cabimento, entretanto, é irrelevante para a determinação do procedimento a ser observado, que deverá ser sempre aquele descrito nos arts. 381 a 383 do Novo CPC.

 **738**

No caso de abandono do processo configurado na vigência do CPC/1973, o autor, intimado na vigência do Novo Código de Processo Civil para dar andamento ao processo, terá prazo de 48 horas ou de cinco dias?

Nesse caso, apesar de o abandono ter se configurado na vigência do CPC/1973, o direito de o autor evitar a extinção terminativa nos termos do art. 485, II, do Novo CPC, surge já na vigência do novo diploma legal, uma vez que sua intimação para dar andamento ao processo ocorreu depois do dia 17 de março de 2016. Dessa forma, tendo tal intimação ocorrido na vigência do Novo Código de Processo Civil, o prazo concedido ao autor para dar andamento ao processo é de cinco dias.

739

Numa apelação de sentença que extinguiu o processo sem resolução do mérito com fundamento na confusão, o tribunal pode manter a sentença, mas julgando o mérito do processo?

*Acesse o **QR Code** e assista à aula explicativa sobre este assunto.*

https://goo.gl/ELqcBu

740 **A alegação de coisa julgada inconstitucional em processo transitado em julgado na vigência do CPC/1973 deve ser veiculada em ação rescisória caso a declaração de inconstitucionalidade ocorra depois do trânsito em julgado?**

A necessidade de alegar a coisa julgada inconstitucional por meio de ação rescisória, nos termos dos arts. 525, §§ 14 e 15, e 535, §§ 7º e 8º, todos do Novo CPC, é aplicável somente às decisões transitadas em julgado após a entrada em vigência do novo diploma legal, sendo aplicável àquelas decisões transitadas em julgado até o dia 17 de março de 2016 o disposto nos arts. 475-L, § 1º, e 741, parágrafo único, do CPC/1973 (art. 1.057 do Novo CPC).

741 **Aplica-se o art. 85, § 11, do Novo CPC a recursos interpostos na vigência do CPC/1973?**

Nos termos do Enunciado Administrativo nº 7 do Superior Tribunal de Justiça, somente nos recursos interpostos contra decisão publicada a partir de 18 de março de 2016 será possível o arbitramento de honorários sucumbenciais recursais, na forma do art. 85, § 11, do Novo CPC.

742 **As novas regras de fraude à execução se aplicam a fraudes praticadas na vigência do CPC/1973?**

Apesar de a fraude à execução ser um fenômeno processual, ela depende de um ato fraudulento de alienação de bem, ou seja, de um ato regido pelo direito material. Essa observação é importante porque as regras referentes à fraude à execução devem ser aquelas vigentes à época do ato fraudulento, e não de seu reconhecimento em juízo, que na realidade terá um efeito *ex tunc*. Dessa forma, tendo sido praticado o ato fraudulento até o dia 17 de março de 2016, a fraude à execução será regida pelo CPC/1973, só cabendo a aplicação do Novo Código de Processo Civil às fraudes à execução cometidas do dia 18 de março de 2016 em diante.

743 **Tendo sido oferecida caução em cumprimento provisório de sentença, o exequente pode pedir seu levantamento se conseguir tipificar seu processo em alguma das novas causas de sua dispensa?**

É plenamente possível que na vigência do CPC/1973 o exequente provisório tenha prestado caução para levantar dinheiro, alienar o bem penhorado ou praticar qualquer ato que gere grave dano ao executado. E assim o fez porque sua situação fático-jurídica não era uma daquelas dispostas no art. 475-O, § 2º, do Novo CPC, que previa as hipóteses de dispensa da caução. Com a entrada em vigência do novo diploma processual, houve uma significativa modificação das hipóteses de dispensa da caução no cumprimento provisório de sentença, como se pode notar da mera leitura do art. 521, do Novo CPC. Caso essa modificação passe a beneficiar o exequente provisório, ele passará a ter imediatamente direito à dispensa da caução, de forma que poderá requerer em juízo seu levantamento e a continuação do cumprimento provisório da sentença sem a garantia do juízo. O termo "dispensa", previsto no art. 521, *caput*, do Novo CPC, deve ser interpretado como desnecessidade de garantia do juízo como condição de seguimento do cumprimento provisório de sentença, o que significa tanto a dispensa em prestar como a possibilidade de levantar caução já prestada.

744 **A sentença proferida e transitada em julgado na vigência do CPC/1973 pode ser protestada?**

O protesto da sentença, regulado no art. 517 do Novo CPC, é medida de execução indireta a ser aplicada a partir do momento em que o executado, intimado a pagar em 15 dias, deixa de satisfazer o direito do exequente. Ou seja, sendo medida executiva do cumprimento de sentença, é irrelevante o momento de prolação e do trânsito em julgado da sentença a ser protestada. Trata-se da aplicação do art. 1.046, do Novo CPC, que prevê a aplicação imediata das regras processuais aos processos em trâmite.

745 **Tendo sido o executado intimado a pagar, no cumprimento de sentença, na vigência do CPC/1973, o termo inicial de contagem de prazo para a impugnação, segue a regra do diploma legal revogado ou do Novo Código de Processo Civil?**

Trata-se de situação bastante singular, porque o termo inicial do prazo de impugnação sofreu importante alteração. Enquanto o art. 475-J, § 1º, do CPC/1973 vinha sendo interpretado pelo Superior Tribunal de Justiça no sentido de só ser o executado no cumprimento de sentença intimado para a impugnação após a garantia do juízo, o art. 525, *caput*, do Novo CPC, prevê que a contagem do prazo de 15 dias para a impugnação se inicia do não pagamento no prazo de 15 dias da intimação para esse fim. Ainda que o prazo para o pagamento vença na vigência do Novo Código de Processo

Civil, não é possível aplicar o art. 525, *caput*, do Novo CPC, porque nesse caso a intimação para o pagamento foi realizada em época em que não havia prazos sucessivos para pagar e impugnar. Ou seja, o executado terá sido intimado somente a pagar, não se podendo dar início da contagem de seu prazo para impugnar diante de seu inadimplemento. Por outro lado, não é mais possível continuar a aplicar o art. 475-J, § 1º, do CPC/1973, porque a garantia do juízo não é mais condição de admissibilidade da impugnação, nos termos do art. 525, *caput*, do Novo CPC. A solução desse impasse exige que, assim que encerrado o prazo de 15 dias para o pagamento, o juiz, diante da inércia do executado, intime-o novamente, agora para impugnar o cumprimento de sentença no prazo de 15 dias.

746 **Caso as *astreintes* já tenham sido fixadas na vigência do CPC/1973 e ainda não tenha se iniciado a execução, sua executabilidade segue a regra do Novo Código de Processo Civil? E se já estiver sendo executada?**

Mesmo tendo sido as *astreintes* fixadas na vigência do CPC/1973, com a entrada em vigência do Novo Código de Processo Civil sua execução deve seguir as regras previstas no novo diploma processual, sendo irrelevante nesse caso se a execução ainda não teve início ou se já está em trâmite. Não há por que deixar de aplicar o art. 1.046, do Novo CPC, que prevê a incidência imediata das normas processuais, com especial destaque ao disposto no art. 537, § 3º, do Novo CPC, que determina ser a decisão que fixa a multa passível de cumprimento provisório, devendo ser depositada em juízo, permitido o levantamento do valor após o trânsito em julgado da sentença favorável à parte.

747 **O pedido de parcelamento do pagamento efetuado na vigência do CPC/1973 mas ainda não decidido é espécie de moratória legal?**

Na vigência do CPC/1973, o Superior Tribunal de Justiça pacificou o entendimento de que o pedido de pagamento parcelado previsto no art. 745-A daquele diploma processual poderia ser indeferido pelo juiz caso o exequente o convencesse de razões plausíveis para não o aceitar. Acredito que tal panorama tenha se modificado por conta do disposto no art. 916, § 1º, do Novo CPC, que limita a manifestação do exequente diante de tal pedido ao apontamento de vícios formais. O pagamento parcelado, portanto, passa a ser um direito potestativo do executado, criando uma espécie de moratória legal imposta ao exequente. Ocorre, entretanto, que tal novidade não alcança os pedidos de pagamento parcelado elaborados na vigência do CPC/1973, porque, a partir do momento em que esse requerimento foi elaborado antes da vigência do Novo Código de Processo Civil, passa a existir um direito do exequente de se opor ao pagamento parcelado além das questões meramente formais.

748 Os precedentes e súmulas formados na vigência do CPC/1973 se tornam vinculantes à luz do Novo CPC?

Acesse o **QR Code** e assista à aula explicativa sobre este assunto.

https://goo.gl/6TFRu5

749 As regras de sustentação oral se aplicam a recurso interposto na vigência do CPC/1973?

Sendo a sustentação oral ato processual a ser praticado no momento do julgamento do recurso, ação rescisória, mandado de segurança e na reclamação, entendo que deve ser aplicada a norma vigente em tal momento. Dessa forma, mesmo que o recurso tenha sido interposto na vigência do CPC/1973, sendo o julgamento realizado depois do dia 18 de março de 2016, será à sustentação oral aplicável o art. 937 do Novo CPC. Registre-se que os Enunciados Administrativos ns. 02 e 03 do Superior Tribunal de Justiça se limitam a tratar dos requisitos de admissibilidade recursal, que com a sustentação oral não se confundem, de forma a serem inaplicáveis para a determinação da legislação aplicável a tal espécie de ato processual.

750 A parte pode se valer do termo inicial da ação rescisória com fundamento em prova nova caso a decisão rescindenda tenha transitado em julgado na vigência do CPC/1973?

O art. 966, VII, do Novo CPC, prevê o cabimento de ação rescisória com fundamento em prova nova, sendo que seu correspondente no diploma processual revogado, o art. 485, VII, do CPC/1973, estabelecia tal cabimento com base em documento novo. Essa ampliação do cabimento da ação rescisória, que a partir do Novo Código de Processo Civil passa a ser cabível com base em qualquer meio de prova e não mais somente na documental, não pode aproveitar à parte que busca desconstituir decisão transitada em julgado na vigência do CPC/1973. A possibilidade de rescindir decisão é regida pela lei vigente à época do trânsito em julgado da decisão, porque é nesse momento que nasce o direito à rescisão.

751

Em agravo interno, a parte consegue reverter a extinção terminativa da ação rescisória fundada em incompetência?

Caso a decisão monocrática do relator da ação rescisória tenha sido publicada na vigência do CPC/1973, dificilmente o autor conseguirá reverter a extinção terminativa da ação por meio de agravo interno. Isso porque, na vigência do diploma processual revogado, o Superior Tribunal de Justiça havia pacificado o entendimento pela inviabilidade de remessa de ação rescisória de um tribunal para outro quando constatada a incompetência absoluta do juízo. Justamente em razão dessa jurisprudência defensiva o Novo Código de Processo Civil criou o disposto no art. 968, § 5º, que expressamente prevê a natureza dilatória da incompetência absoluta na ação rescisória. Ocorre, entretanto, que essa novidade legislativa não alcança decisões publicadas até o dia 17 de março de 2016. Ainda que o Enunciado Administrativo nº 02 do Superior Tribunal de Justiça se limite a tratar dos requisitos de admissibilidade dos recursos, sua razão de ser parece totalmente aplicável aos processos de competência originária dos tribunais, como é o caso da ação rescisória.

752

Decisões terminativas proferidas na vigência do CPC/1973 podem ser objeto de ação rescisória?

A possibilidade de cabimento de ação rescisória contra decisão terminativa transitada em julgado vem consagrada no art. 966, § 2º, do Novo CPC, e somente será aplicável às decisões transitadas em julgado na vigência do novo diploma legal.

Sentença proferida na vigência do CPC/1973 está sujeita às novas regras de dispensa do reexame necessário?

Tendo sido a sentença publicada a partir do dia 18 de março de 2016, passa a ser aplicável a ela a nova realidade quanto à dispensa do reexame necessário, prevista no art. 496, §§ 3º e 4º, do Novo CPC.

As novas hipóteses de aplicação da teoria da causa madura podem ser aplicadas em apelação interposta contra sentença proferida na vigência do CPC/1973?

A teoria da causa madura é uma regra de julgamento que permite ao tribunal, no julgamento da apelação, anular a sentença e decidir imediatamente o mérito da ação sem a devolução do processo ao primeiro grau. Não se trata, portanto, de requisito de admissibilidade, mas de técnica de julgamento, de forma que deve ser a lei vigente nesse momento a aplicável ao caso. Dessa maneira, pouco importa ter sido o recurso interposto na vigência do CPC/1973, porque, ocorrendo seu julgamento durante a vigência do Novo Código de Processo Civil, deve ser a ele aplicado o seu art. 1.013, § 3º.

Decisão interlocutória proferida na vigência do CPC/1973 deve ter sua recorribilidade analisada à luz do diploma legal revogado ou do Novo Código de Processo Civil?

A recorribilidade faz parte do requisito de admissibilidade recursal conhecido por cabimento. Sendo assim, deve-se aplicar o Enunciado Administrativo nº 02 do Superior Tribunal de Justiça: "Aos recursos interpostos com fundamento no CPC/1973 (relativos a decisões publicadas até 17 de março de 2016) devem ser exigidos os requisitos de admissibilidade na forma nele prevista, com as interpretações dadas, até então, pela jurisprudência do Superior Tribunal de Justiça".

Os novos prazos recursais previstos no Novo Código de Processo Civil serão contados para prazos em andamento?

As normas legais aplicáveis a prazos processuais são aquelas vigentes na data de início da contagem do prazo, de forma que, tendo-se iniciado a contagem de prazo na vigência do CPC/1973, o prazo previsto em tal diploma processual deverá ser respeitado.

757

As regras de adaptabilidade na fungibilidade previstas pelo Novo Código de Processo Civil se aplicam a recursos já interpostos?

Partindo-se da premissa de que a fungibilidade recursal é uma regra de julgamento, é possível defender a aplicação de tais regras a recursos já interpostos, porque nesse caso a legislação a ser considerada é aquela vigente à época de julgamento do recurso. Ocorre, entretanto, que a fungibilidade está associada aos requisitos de admissibilidade do cabimento recursal, parecendo nesse caso ser aplicável o Enunciado Administrativo nº 02 do Superior Tribunal de Justiça: "Aos recursos interpostos com fundamento no CPC/1973 (relativos a decisões publicadas até 17 de março de 2016) devem ser exigidos os requisitos de admissibilidade na forma nele prevista, com as interpretações dadas, até então, pela jurisprudência do Superior Tribunal de Justiça".

758

Recurso interposto sem recolhimento de preparo na vigência do CPC/1973 pode ser "salvo" pelo recolhimento em dobro previsto pelo Novo Código de Processo Civil?

Não havia no CPC/1973 norma como a prevista no art. 1.007, § 4º, do Novo CPC, tendo sido na vigência do diploma processual revogado consagrado o entendimento pelo Superior Tribunal de Justiça no sentido de ser inadmissível o recurso interposto sem o comprovante do recolhimento do preparo, sem que fosse dada chance ao recorrente para o saneamento do vício. Diante de tal realidade, espera-se a aplicação à hipótese do Enunciado Administrativo nº 02 do Superior Tribunal de Justiça: "Aos recursos interpostos com fundamento no CPC/1973 (relativos a decisões publicadas até 17 de março de 2016) devem ser exigidos os requisitos de admissibilidade na forma nele prevista, com as interpretações dadas, até então, pela jurisprudência do Superior Tribunal de Justiça".

759

Decisão interlocutória proferida na vigência do CPC/1973 e não agravada pode ser impugnada em apelação ou contrarrazões?

Tendo sido a decisão interlocutória publicada na vigência do CPC/1973, deve ser aplicada a ela a realidade recursal prevista em tal diploma processual, de tal forma que, sendo à época recorrível por agravo de instrumento, e não tendo sido tal espécie recursal interposta pela parte interessada, a decisão terá precluído, sendo inviável dela recorrer por meio de apelação ou de contrarrazões de apelação. O novo sistema de recorribilidade das decisões interlocutórias, com fundamento nos arts. 1.009, § 1º, e 1.015, ambos do Novo CPC, é aplicável somente para as decisões publicadas na vigência do novo diploma processual.

760 **Qual o destino dos agravos retidos interpostos na vigência do CPC/1973?**

O Novo Código de Processo Civil não prevê mais o recurso retido, mas aqueles que tenham sido interpostos na vigência do CPC/1973 devem ser normalmente julgados, e para isso devem ser aplicadas as normas legais atinentes ao tema previstas no diploma processual revogado.

761 **Em decisão interlocutória proferida na vigência do CPC/1973, as peças obrigatórias do agravo são aquelas previstas no diploma legal revogado ou no Novo CPC?**

Nos termos do Enunciado Administrativo nº 02 do Superior Tribunal de Justiça: "Aos recursos interpostos com fundamento no CPC/1973 (relativos a decisões publicadas até 17 de março de 2016) devem ser exigidos os requisitos de admissibilidade na forma nele prevista, com as interpretações dadas, até então, pela jurisprudência do Superior Tribunal de Justiça". Tendo sido o agravo de instrumento interposto na vigência do CPC/1973, as peças obrigatórias são aquelas previstas no art. 525, I, do CPC/1973.

762 **Ao recurso de agravo de instrumento interposto na vigência do CPC/1973 se aplica a dispensa de informação de interposição no primeiro grau para os processos que tramitam em autos eletrônicos?**

Apesar da razoabilidade da regra consagrada no art. 1.018, § 2º, do Novo CPC, essa dispensa só é aplicável aos recursos de agravo interpostos contra decisão interlocutória publicada na vigência do novo diploma processual. Como a informação da interposição do recurso em primeiro grau é um pressuposto específico de admissibilidade do agravo de instrumento, aplica-se ao caso o Enunciado Administrativo nº 02 do Superior Tribunal de Justiça: "Aos recursos interpostos com fundamento no CPC/1973 (relativos a decisões publicadas até 17 de março de 2016) devem ser exigidos os requisitos de admissibilidade na forma nele prevista, com as interpretações dadas, até então, pela jurisprudência do Superior Tribunal de Justiça".

763 **Decisão monocrática do relator irrecorrível por norma legal, proferida na vigência do CPC/1973, é passível de agravo interno com base no Novo Código de Processo Civil?**

Nesse caso, a previsão de cabimento recursal diz respeito à admissibilidade do recurso, mais precisamente ao pressuposto do cabimento, não sendo possível querer aplicar uma regra de cabimento presente no novo diploma processual se no diploma legal vigente à época da publicação da decisão interlocutória ela era irrecorrível. Tratando-se de admissibilidade recursal, deve-se aplicar o Enunciado Administrativo nº 02 do Superior Tribunal de Justiça: "Aos recursos interpostos com fundamento no CPC/1973 (relativos a decisões publicadas até 17 de março de 2016) devem ser exigidos os requisitos de admissibilidade na forma nele prevista, com as interpretações dadas, até então, pela jurisprudência do Superior Tribunal de Justiça".

764 **Em agravo interno interposto na vigência do Novo Código de Processo Civil é exigida a intimação do agravado para contrarrazoar em 15 dias?**

O art. 1.021, § 2º, do Novo CPC, prevê a necessidade de intimação do agravado para contrarrazoar o agravo interno no prazo de 15 dias, sendo certo que na vigência do CPC/1973, diante da omissão de regra com tal conteúdo, os tribunais superiores haviam pacificado o entendimento pela dispensa de tal intimação. Acredito que nesse caso deve-se aplicar o disposto no art. 1.046 do Novo CPC, com a aplicação imediata da norma processual, ou seja, em todos os agravos internos interpostos na vigência do CPC/1973 e não julgados até o dia 17 de março de 2016 cabe ao relator determinar a intimação do agravado, concedendo-lhe prazo de 15 dias para as contrarrazões. Nesse caso, não são aplicáveis os Enunciados nsº 02 e 03 do Superior Tribunal de Justiça, porque a intimação para contrarrazões não se confunde com os requisitos de admissibilidade recursal.

Em agravo interno interposto na vigência do Novo CPC é exigida a inclusão em pauta?

O art. 1.021, § 2º, do Novo CPC prevê a necessidade de inclusão em pauta do agravo interno, sendo certo que na vigência do CPC/1973 os tribunais superiores haviam pacificado o entendimento pela dispensa de tal inclusão diante da previsão de que o recurso deveria ser apresentado em mesa (art. 557, § 1º, do CPC/1973). Acredito que nesse caso deve-se aplicar o disposto no art. 1.046, do Novo CPC, com a aplicação imediata da norma processual, ou seja, em todos os agravos internos interpostos na vigência do CPC/1973 e não julgados até o dia 17 de março de 2016 cabe ao relator determinar a inclusão do recurso em pauta. Nesse caso, não são aplicáveis os Enunciados nos 02 e 03 do Superior Tribunal de Justiça, porque a intimação para contrarrazões não se confunde com os requisitos de admissibilidade recursal.

766 **A recorribilidade apenas por agravo interno de algumas espécies de decisão que inadmitem o seguimento de recurso especial e extraordinário se aplica a decisão proferida na vigência do CPC/1973?**

A recorribilidade diz respeito ao pressuposto de admissibilidade recursal do cabimento, devendo a ela ser aplicado o Enunciado Administrativo nº 02 do Superior Tribunal de Justiça: "Aos recursos interpostos com fundamento no CPC/1973 (relativos a decisões publicadas até 17 de março de 2016) devem ser exigidos os requisitos de admissibilidade na forma nele prevista, com as interpretações dadas, até então, pela jurisprudência do Superior Tribunal de Justiça". O disposto no art. 1.030, § 2º, do Novo CPC, portanto, é aplicável somente às decisões de inadmissão de recurso especial e extraordinária proferidas na vigência do novo diploma processual.

767 **Embargos de declaração interpostos na vigência do CPC/1973 exigem o respeito ao contraditório se forem potencialmente infringentes?**

Apesar de a exigência expressa de intimação do embargado nesse caso só ter sido consagrada no art. 1.023, § 2º, do Novo CPC, na vigência do CPC/1973 o Superior Tribunal de Justiça já tinha consagrado o entendimento de que, sendo capazes os embargos de declaração de reformar ou anular a decisão impugnada, era indispensável a intimação do embargado para apresentar contrarrazões. Dessa forma, independentemente do momento de interposição dos embargos de declaração, será necessária a intimação do recorrido para apresentação de contrarrazões, sob pena de nulidade do julgamento por violação ao princípio do contraditório.

768 **A dispensa de alegação expressa como preliminar de repercussão geral se aplica aos recursos extraordinários interpostos na vigência do CPC/1973?**

A alegação de repercussão geral na forma de preliminar do recurso, prevista no art. 543-A, § 2º, do CPC/1973 e abandonada pelo art. 1.035, § 2º, do Novo CPC, só pode ser exigida dos recursos extraordinários interpostos de decisão publicada na vigência do CPC/1973. Nesse caso, tratando-se da forma de alegação da repercussão geral de pressuposto específico de admissibilidade do recurso extraordinário, aplica-se o Enunciado Administrativo nº 02 do Superior Tribunal de Justiça: "Aos recursos interpostos com fundamento no CPC/1973 (relativos a decisões publicadas até 17 de março de 2016) devem ser exigidos os requisitos de admissibilidade na forma nele prevista, com as interpretações dadas, até então, pela jurisprudência do Superior Tribunal de Justiça".

769 **O prazo de um ano para o julgamento do recurso especial ou extraordinário previsto no Novo CPC se aplica aos julgamentos em trâmite?**

Acesse o *QR Code* e assista à aula explicativa sobre este assunto.

https://goo.gl/xxzWZN

770 **Como devem ser aplicadas as novas regras que excepcionam o reexame necessário aos processos em trâmite?**

As regras de dispensa do reexame necessário são aquelas vigentes no momento em que a sentença se torna pública, de forma que, tendo ocorrido a publicação a partir do dia 18 de março de 2016, deve-se aplicar ao caso o art. 496, §§ 3º e 4º, do Novo CPC. Para as sentenças publicadas até o dia 17 de março de 2016, são aplicáveis as hipóteses de dispensa previstas no art. 475, §§ 2º e 3º, do CPC/1973.

771 **Qual o órgão competente para o juízo de admissibilidade da apelação para recurso interposto na vigência do CPC/1973?**

A competência para o juízo de admissibilidade não se confunde com os pressupostos de admissibilidade, e nesse sentido não vejo como responder ao questionamento à luz dos Enunciados Administrativos nºs 02 e 03 do Superior Tribunal de Justiça. Entendo que a incompetência do juízo de primeiro grau para fazer juízo de admissibilidade da apelação, novidade do Novo Código de Processo Civil, tenha aplicação imediata, alcançando mesmo as apelações já interpostas na vigência do CPC/1973. Entendimento em sentido contrário criaria a inusitada hipótese de o juiz de primeiro grau não receber a apelação e não haver no sistema previsão no art. 1.015, do Novo CPC, de cabimento de agravo de instrumento contra tal decisão.

Pré-impressão, impressão e acabamento

grafica@editorasantuario.com.br
www.graficasantuario.com.br
Aparecida-SP

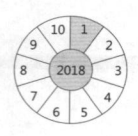